A Economia das
Trocas Simbólicas

Coleção Estudos
Dirigida por J. Guinsburg

Equipe de realização – Tradução: Sergio Miceli, Silvia de Almeida Prado, Sonia Miceli e Wilson Campos Vieira; Revisão: Mary Amazonas de Barros; Produção: Ricardo W. Neves e Sergio Kon.

Pierre Bourdieu

A ECONOMIA DAS TROCAS SIMBÓLICAS

INTRODUÇÃO, ORGANIZAÇÃO E SELEÇÃO

SERGIO MICELI

PERSPECTIVA

© Pierre Bourdieu

Dados Internacionais de Catalogação na Publicação (CIP)
(Câmara Brasileira do Livro, SP, Brasil)

Bordieu, Pierre, 1930-2002.
  A economia das trocas simbólicas / Pierre Bourdieu ; introdução, organização e seleção Sergio Miceli. – 8 ed. – São Paulo : Perspectiva, 2015. – (Coleção estudos ; 20 / dirigida por J. Guinsburg)

  Vários tradutores.
  ISBN 978-85-273-0140-4

  1. Ciências sociais 2. Trocas simbólicas I. Miceli, Sergio. II. Guinsburg, J. III. Título II. Série.

04-4074   CDD-302.2223

Índices para catálogo sistemático:
1. Trocas simbólicas : Ciências sociais:
      Sociologia   302.2223

8ª edição
[PPD]

Direitos reservados em língua portuguesa à
EDITORA PERSPECTIVA LTDA.
Av. Brigadeiro Luís Antônio, 3025
01401-000 São Paulo SP Brasil
Telefax: (011) 3885-8388
www.editoraperspectiva.com.br

2019

Sumário

INTRODUÇÃO: A FORÇA DO SENTIDO – *Sergio Miceli* VII

1. CONDIÇÃO DE CLASSE E POSIÇÃO DE CLASSE 3
2. GÊNESE E ESTRUTURA DO CAMPO RELIGIOSO 27
   1. Os progressos da divisão do trabalho religioso e o processo de moralização e de sistematização das práticas e crenças religiosas .. 34
   2. O interesse propriamente religioso 45
   3. Função própria e funcionamento do campo religioso 57
   4. Poder político e poder religioso 69

APÊNDICE I: UMA INTERPRETAÇÃO DA TEORIA DA RELIGIÃO DE MAX WEBER 79

3. O MERCADO DE BENS SIMBÓLICOS 99
   A lógica do processo de autonomização 100
   A estrutura e o funcionamento do campo de produção erudita . 105
   O campo das instâncias de reprodução e consagração 116
   Posições e tomadas de posição 154

4. CAMPO DO PODER, CAMPO INTELECTUAL E HABITUS DE CLASSE 183

5. SISTEMAS DE ENSINO E SISTEMAS DE PENSAMENTO 203
   Escola e integração cultural 205
   Escolas de pensamento e culturas de classe 212

Escola e personalidade intelectual de uma nação 222

APÊNDICE II: A EXCELÊNCIA E OS VALORES DO SISTEMA DE
ENSINO FRANCÊS 231

    Os fatores sociais da excelência escolar 234
    As contradições do sistema de valores escolares 242
    Valores dominantes e valores dominados 257

6. MODOS DE PRODUÇÃO E MODOS DE PERCEPÇÃO ARTÍSTICOS 269

7. REPRODUÇÃO CULTURAL E REPRODUÇÃO SOCIAL 295

    O papel do sistema de ensino na reprodução da estrutura de
    distribuição do capital cultural 296
    Reprodução cultural e reprodução social 311

8. ESTRUTURA, HABITUS E PRÁTICA 337

Introdução:
A Força do Sentido

A FORÇA DO SENTIDO

> À memória de Marialice M. Foracchi
>
> "Na discussão entre Roma e Bizâncio sobre a procissão do Espírito Santo, seria ridículo buscar na estrutura da Europa Oriental a afirmação de que o Espírito Santo decorre apenas do Pai, e na do Ocidente a afirmação de que ele decorre do Pai e do Filho."
>
> (A. Gramsci, Concepção Dialética da História, p. 119.)

Nos últimos anos, o estudo da "ideologia" e da "cultura" passou a constituir um dos objetos cruciais das ciências humanas.

Um bom indicador da nova maré são as inúmeras correntes teóricas e métodos de análise recentemente surgidos tanto na Europa como nos Estados Unidos, abrangendo desde a "etnociência", a "etnometodologia", o interacionalismo simbólico, até a releitura das obras de Gramsci, a corrente althusseriana, a sociologia semiológica de Verón e a sociologia dos sistemas simbólicos de Bourdieu [1]. Por outro lado, a releitura

---

[1] A coletânea de textos reunidos por Stephen A. Tyler sob o título *Cognitive Anthropology*, Holt, Rinehart and Winston, New York, 1969, inclui trabalhos importantes de adeptos da "etnociência". No caso da "etnometodologia", pode-se consultar a coletânea organizada por Hans Peter Dreitzel, *Recent Sociology* (nº 2), e mais, Harold Garfinkel, *Studies in Ethno-methodology*, New York, Prentice-Hall, 1967. Os autores mais conhecidos do interacionalismo simbólico são Erving Goffman e Peter Berger. Do primeiro, ver em especial *Asylums*, New York, Doubleday, 1961, e do segundo, *The Social Construction of Reality*, New York, Anchor Books, 1967 e *El dosel sagrado (elementos para una sociologia de la religión)*, Buenos Aires, Amorrortu, 1971.

dos clássicos elegeu a problemática da ideologia como preocupação central. Por detrás de todas essas denominações está em jogo o saldo passível de ser extraído das contribuições dos fundadores e, ao mesmo tempo, um confronto entre diferentes concepções da realidade social no que se refere à questão do simbolismo reposta pela análise estrutural e pela influência sempre maior dos modelos lingüísticos e semiológicos. Se a revisão estruturalista do marxismo levada a cabo pelos althusserianos tomou o historicismo para carniça, é fácil perceber a presença de uma orientação fenomenológica subjacente a muitos trabalhos produzidos nesta área nos Estados Unidos.

Vários autores já afirmaram que a importância e a eficácia de uma teoria científica dependem de sua capacidade para fixar os elementos constantes deixando de lado a variedade da aparência. Mas não pelo enlevo com o que há de constante mas como passo necessário de um projeto que almeja transformar o existente. Mesmo que isso não se aplique à obra de Pierre Bourdieu, crítico arguto do que denomina a "tentação profética" em que podem incorrer os cientistas humanos, é por esta razão que sua leitura nos parece relevante [2].

Segundo o próprio Bourdieu, poder-se-ia distinguir duas posturas principais dentre as diversas orientações que lidam com sistemas de fatos e de representações comumente recobertos pelo conceito mais abrangente de *cultura* [3]. De um lado, a problemática kantiana que encontra seus herdeiros em Cassirer, Sapir, inclusive Durkheim e Lévi-Strauss, considera a cultura — e por extensão todos os sistemas simbólicos, como a arte, o mito, a linguagem etc. — em sua qualidade de instrumento de comunicação e conhecimento responsável pela forma nodal de consenso, qual seja o acordo quanto ao significado dos signos e quanto ao significado do mundo. De outro, tende-se a considerar a cultura e os sistemas simbólicos em geral como um instrumento de poder, isto é, de legitimação da ordem vigente. Refere-se, neste caso, à tradição marxista e à contribuição de Max Weber que, a despeito desta aproximação, acham-se separados por outros tantos motivos.

A limitação mais grave da primeira tendência reside no fato de privilegiar a cultura como *estrutura estruturada* em lugar de enxergá-la enquanto *estrutura estruturante*, relegando, portanto, as funções econômicas e políticas dos sistemas

---
(2) A respeito do que chama "a tentação do profetismo", ver *Le métier de sociologue*. Paris, Mouton/Bordas, 1968, pp. 47-50.
(3) Sobre o conceito de *cultura*, objeto de tantas controvérsias, consultar A. L. Kroeber e C. Kluckhohn, *Culture: a critical review of concepts and definitions*, New York, Vintage Books, Random House.

simbólicos e enfatizando a análise interna dos bens e mensagens de natureza simbólica. Por esse motivo, não consegue deixar de ser uma teoria da integração lógica e social de "representações coletivas" cujo paradigma é a obra de Durkheim. Embora no caso da etnometodologia, o acesso à construção social da realidade se faça através do conjunto de representações tal como se manifestam na consciência do agente [4] — o que contradiz em pontos cruciais algumas das exigências estruturalistas — a intenção consiste em levar às últimas conseqüências o desafio de Lévi-Strauss no sentido de explorar a dimensão simbólica do social tida como a única em condições de incorporar todos os níveis da realidade. A tradição materialista, por sua vez, salienta o caráter alegórico dos sistemas simbólicos numa tentativa de apreender tanto seu caráter organizacional próprio — o núcleo do projeto weberiano — como as determinações que sofre por parte das condições de existência econômica e política e a contribuição singular que tais sistemas trazem para a reprodução e a transformação da estrutura social.

Se, por um lado, Bourdieu reconhece a contribuição decisiva da ciência estruturalista por haver propiciado os instrumentos teóricos e metodológicos para descobrir a lógica imanente de um bem simbólico, por outro critica a semiologia porque aplica a qualquer objeto a teoria do consenso implicada no primado conferido à questão do sentido.

Pelo fato de que a ciência objetivista — cujo paradigma mais recente é a hermenêutica estruturalista — assume um ponto de vista absoluto que não se atém via de regra aos esquadros que provêm do observado e/ou do observador, acredita na ilusão da ciência como "uma espécie de espectador divino". Assim, Saussure entende a língua "como objeto autônomo e irredutível às suas atualizações, quer dizer, aos atos de fala que torna possíveis"[5], ou seja, constitui a língua em termos de um sistema de relações objetivas irredutível tanto às práticas através das quais se realiza e se manifesta como às intenções dos sujeitos e à consciência que podem tomar de suas injunções e de sua lógica. Nestas condições, compreende-se as razões que levam a tratar "as práticas ou as obras enquanto fatos simbólicos que é preciso *decifrar*, ou melhor,

---

(4) A etnometodologia tende a colocar a questão dos sistemas simbólicos em termos de mera comunicação, como se os agentes sociais fossem senhores dos significados que eles mesmos produzem e mobilizam no processo de interação. Ao se dispor a enxergar a realidade do ponto de vista do ator, privilegiando assim a questão do significado das ações sociais, este trajeto minimiza os aspectos macrossociológicos em favor das estratégias de interpretação, tipificação e rotulação a que o ator recorre nos processos interativos com que se defronta.

(5) Pierre Bourdieu, *Esquisse d'une théorie de la pratique*. Genebra. Droz, 1972, p. 164.

a preferência em tratá-las enquanto obras prontas e não enquanto práticas". Nas palavras de Bourdieu, muito embora a falta cometida no plano da fala revele de imediato a língua como sua norma objetiva, convém lembrar que "a fala aparece como a condição da língua, tanto do ponto de vista individual como do ponto de vista coletivo, uma vez que a língua não pode ser aprendida fora da fala, e porque sua aprendizagem se realiza através da fala (...)", origem das inovações e transformações por que passa a língua [6].

Estamos, portanto, a um passo da óptica que privilegia as condições lógicas do deciframento onde a língua aparece como a condição de inteligibilidade da fala, a mesma perspectiva que privilegia as relações que os signos mantêm entre si — sua estrutura — em detrimento de suas funções práticas que devem abranger tanto suas funções de comunicação e/ou de conhecimento como suas funções políticas e econômicas. Todavia, a conseqüência mais grave dessa postura reside nos perigos de etnocentrismo que ameaçam o observador. Sendo a língua a condição primeira do discurso, dando conta tanto de sua produção como das possibilidades abertas a seu deciframento, isto supõe, via de regra, uma coincidência total entre a competência que o agente mobiliza em seu discurso e em sua prática e a competência mobilizada pelo observador em sua percepção do discurso e/ou da prática. Em todos os casos em que não se dá tal paralelismo, quer dizer, na maioria dos casos, sucede algum "erro quanto ao crivo" que o observador adota para decifrar o discurso e/ou a prática. Eis a razão pela qual Bourdieu acaba privilegiando as funções sociais cumpridas pelos sistemas simbólicos, as quais tendem, no limite, a se transformarem em funções políticas na medida em que a função lógica de ordenação do mundo subordina-se às funções socialmente diferenciadas de diferenciação social e de legitimação das diferenças.

As críticas de Bourdieu se dirigem tanto aos que acreditam que a sociologia dos fenômenos simbólicos não passa de um capítulo da sociologia do conhecimento e, portanto, nada tem a ver com o sistema de poder, como aos que a entendem em termos de uma dimensão da sociologia do poder para a qual os sistemas simbólicos não possuem uma realidade própria. A segunda tendência implica, em conseqüência, um privilegiamento da *temática* das diversas linguagens simbólicas, ao passo que a outra implica um privilegiamento de sua *sintaxe,* ou então, nas palavras do autor, a "sua maneira de falar" em detrimento "do que se fala". Passar ao largo

(6) *Idem, ibidem*, pp. 167-8.

deste conflito e superá-lo exige o conhecimento dos princípios
que sustentam a eficácia própria dos símbolos e destarte
lhes conferem um poder externo, quer dizer, político.

De qualquer modo, ambas as tendências acabam, em
certa medida, concedendo um espaço bem delimitado à experiência [7] ou à vontade do agente social [8], reforçando o peso
explicativo daquilo que manifesta acerca da realidade. Afora
os problemas atinentes à relação que se instaura entre observador e informante no curso da pesquisa — problemática
recorrente nos trabalhos de inúmeras correntes antropológicas
que lidam com representações, valores e crenças [9] —, convém
salientar o fato de que a valorização da dimensão simbólica
ou ideológica dos processos sociais liga-se seja a uma ênfase
quanto às determinações específicas do sistema de dominação
(como nos casos de Weber e Gramsci), seja a um privilegiamento excessivo dos modos pelos quais o agente ordena
a realidade que o envolve. Ainda que sejam distintas as direções assumidas por ambas as linhas de investigação, um
traço comum é a suspensão de esquemas rígidos de explicação,
mormente os de tipo "economicista". A contribuição weberiana encaminha-se no sentido de privilegiar o exame das condições econômicas e políticas que presidem à formação de
aparelhos de produção simbólica institucionalizados, como por
exemplo no caso dos estudos de sociologia religiosa [10]. Em
Gramsci, poder-se-á verificar as oscilações entre a recusa do
que considera materialismo "mecânico" ou "fatalista" e a tentativa de livrar-se de uma concepção voluntarista do processo

(7) Como indica Dreitzel, o conceito de "negociação" que dá conta dos processos de interpretação e tipificação a que recorrem os agentes envolvidos numa dada situação, leva a considerar o ator como sede última do sentido e da significação. Em conseqüência, a estrutura social surge como se estivesse fundada nos procedimentos interpretativos de seus membros, a tal ponto que se chega à seguinte afirmação: "if men define a situation as real, it is real in its consequences". Tal frase não quer dizer apenas que os símbolos e significados vigentes possuem um peso de realidade efetiva — no que todos concordariam, em especial os interessados em conceder à ideologia uma autonomia relativa — mas significa também que as definições de que o agente é construtor ou portador, dão conta do processo global de interação. Ver H. P. Dreitzel, *op. cit.*, p. XII e ss.

(8) Referimo-nos ao papel crucial que o elemento *vontade* desempenha na concepção de Gramsci no tocante à ideologia. Infelizmente, neste trabalho, é inviável apontar, mesmo de modo sucinto, as implicações disso para a compreensão de sua teoria dos aparelhos ideológicos, o que esperamos poder fazer em breve.

(9) Em especial, no caso da "etnociência", a relação observado/observador é objeto de amplas e fundas preocupações. Visando eliminar todo e qualquer risco de etnocentrismo, esta corrente procurou refinar seu instrumental de trabalho de campo e dedica grande parte de seu esforço metodológico às "técnicas da explicitação controlada" e aos "métodos de análise formal". Ver "Notes on queries in etnography" de Charles O. Frake, in S. Tyler, *op. ci..* pp. 123-137. Para uma resenha crítica da "etnociência", consultar Marcel Fournier, "Réflexions théoriques et méthodologiques à propos de l'ethnoscience" in *Revue Française de Sociologie*, XII, 1971, pp. 459-482.

(10) Ver em especial, o texto "Tipos de Comunidad Religiosa (sociología de la religión)", item V da segunda parte de *Economía y Sociedad*. Vol. I, México, Fondo de Cultura Económica, pp. 328-492.

histórico em que os fatores políticos e ideológicos teriam lugar de peso [11].

Diante da tentativa de elaborar uma teoria regional dos fatos culturais capaz de compatibilizar as contribuições dos fundadores — (...) Marx, Weber e Durkheim — num esforço de compensar as carências e omissões derivadas da perspectiva unilateral que assumiram, muitos poderiam, apressadamente, qualificar tal projeto de "eclético", "pluralista", "sincrético" e, até mesmo, pensar em *bricolage*. Na verdade, o que Bourdieu pretende é retificar a teoria do consenso por uma concepção teórica capaz de revelar as condições materiais e institucionais que presidem à criação e à transformação de aparelhos de produção simbólica cujos bens deixam de ser vistos como meros instrumentos de comunicação e/ou de conhecimento.

"Uma vez que os sistemas simbólicos derivam suas estruturas da aplicação sistemática de um simples *principium divisionis* e podem assim organizar a representação do mundo natural e social dividindo-o em termos de classes antagônicas; uma vez que fornecem tanto o significado quanto um consenso em relação ao significado através da lógica de inclusão/exclusão, encontram-se predispostos por sua própria estrutura a preencher funções simultâneas de inclusão e exclusão, associação e dissociação, integração e distinção. Somente na medida em que tem como sua função lógica e gnosiológica a ordenação do mundo e a fixação de um consenso a seu respeito, é que a cultura dominante preenche sua função ideológica — isto é, política —, de legitimar uma ordem arbitrária; em termos mais precisos, é porque enquanto uma *estrutura estruturada* ela reproduz sob forma transfigurada e, portanto, irreconhecível, a estrutura das relações sócio-econômicas prevalecentes que, enquanto uma *estrutura estruturante* (como uma problemática), a cultura produz uma representação do mundo social imediatamente ajustada à estrutura das relações sócio-econômicas que, doravante, passam a ser percebidas como naturais e, destarte, passam a contribuir para a conservação simbólica das relações de força vigentes" [12].

O período transcrito sintetiza bem a concepção da cultura subjacente à sociologia dos fatos simbólicos. Primeiro, a óptica da reprodução mediante a qual a sociologia da cultura se constitui como ciência das relações entre a reprodução social e a reprodução cultural, vale dizer, de que maneira as relações entre os grupos e/ou as classes obedecem a uma lógica que se reproduz de forma dissimulada no plano das

---

(11) Antonio Gramsci *Maquiavel, a política e o Estado moderno*. Rio de Janeiro, Civilização Brasileira, 1968; *Los intelectuales y la organización de la cultura*. Buenos Aires, Nueva Visión, 1972.
(12) Pierre Bourdieu. "The thinkable and the unthinkable", in *The Times Literary Supplement*. 15/out./1971, pp. 1255-6.

significações. Contudo, antes que se possa atribuir à cultura uma função externa, como por exemplo justificar uma ordem social arbitrária, convém conhecer os aparelhos de produção simbólica onde se constituem suas linguagens e representações e por meio dos quais ela ganha uma realidade própria. Antes, portanto, de se poder apontar a dissimulação que a cultura opera, é preciso dar conta dos domínios mais ou menos autônomos do campo simbólico cuja organização interna determina, em boa medida, o caráter propriamente simbólico que ostentam os bens aí produzidos. Ainda que a religião se apresente de imediato como se fosse um sistema de símbolos "fechado" e "autônomo" cuja inteligibilidade parece estar contida na hierarquia alegórica que propõe — como por exemplo, nos casos em que se descreve uma teodicéia em termos estritamente existenciais — a compreensão de suas práticas e discursos encontra-se referida às lutas dos grupos de agentes cujos interesses materiais e simbólicos tornam o campo religioso um terreno de operação para as lutas entre diferentes empresas de bens de salvação.

De outro modo, se estaria afirmando a contribuição singular de uma dimensão do real que, em si mesma, não possui realidade alguma. Por conseguinte, um determinado sistema simbólico — por exemplo, a profecia judaica —, deriva grande parte de suas determinações de um dado estado das condições materiais de existência tal como se fazem sentir no campo das relações de classe. Entretanto, uma vez que a cultura só existe efetivamente sob a forma de símbolos, de um conjunto de significantes/significados, de onde provém sua eficácia própria, a percepção dessa realidade segunda, propriamente simbólica, que a cultura produz e inculca, parece indissociável de sua função política. Assim como não existem puras relações de força, também não há relações de sentido que não estejam referidas e determinadas por um sistema de dominação. Da perspectiva adotada, porém, importa identificar as relações de sentido, modalidade com que as relações de força se manifestam. Na redução do sentido à força as relações de classe revelam seu fundamento, ao passo que a metamorfose da força em sentido reforça com uma força própria o caráter arbitrário das relações de classe enquanto relações de força. Para além das representações que os agentes incorporam, capazes de propiciar justificativas simbólicas para a posição que ocupam, o observador deve reconstruir o sistema completo de relações simbólicas e não-simbólicas, ou seja, as condições de existência material e a hierarquia social daí resultante.

O trajeto de Bourdieu visa aliar o conhecimento da organização interna do campo simbólico — cuja eficácia reside justamente na possibilidade de ordenar o mundo natural e social através de discursos, mensagens e representações, que não passam de alegorias que simulam a estrutura real de relações sociais — a uma percepção de sua função ideológica e política e legitimar uma ordem arbitrária em que se funda o sistema de dominação vigente.

Tal solução liga-se a uma determinada imagem da sociedade e, em particular, da sociedade capitalista cujo desenvolvimento baseia-se numa divisão do trabalho altamente complexa e diferenciada a que corresponde uma sociedade de classes, cujas posições respectivas e cujo peso relativo encontram seu fundamento nas formas pelas quais se reparte, de maneira desigual, o produto do trabalho, sob as modalidades de capital econômico e cultural. É claro, do ângulo da reprodução, a concepção de um campo simbólico dotado de autonomia relativa envolve uma regionalização da realidade social cujos fundamentos, como veremos, derivam tanto de um processo histórico singular quanto de categorias aí produzidas que passam a informar e justificar o princípio de diferenciação em que se apóia uma dada concepção teórica. Implica, ademais, uma imagem do campo das relações de classe que, neste caso, é entendida segundo a formulação weberiana, quer dizer, um sistema de condições e posições de classe. Exige ainda, um conjunto de instrumentos e métodos de análise adequadas aos alvos da explicação a que se propõe. A intenção aqui é tão-somente dar algumas indicações a respeito das formações teóricas cuja presença parece significativa para a compreensão rigorosa de um sistema de conceitos como este, não havendo, assim, qualquer pretensão de formular um quadro teórico substantivo. Neste sentido, o caminho adequado talvez seja retomar alguns elementos da tradição do pensamento sociológico a que o autor se filia, matriz de sua concepção singular do campo simbólico.

I

A despeito das críticas que dirige à hermenêutica estruturalista, Bourdieu não consegue furtar-se a certos temas recorrentes na escola francesa, de Durkheim a Lévi-Strauss. Sem chegar à posição extremada de Lévi-Strauss no tocante

INTRODUÇÃO: A FORÇA DO SENTIDO XV

à postura durkheimiana [13], a noção que enxerga os sistemas simbólicos enquanto *estruturas estruturadas*, liga-se à noção de forma primitiva de classificação [14].

De início, a classificação é definida em termos de uma operação lógica que consiste em hierarquizar as coisas do mundo sensível em grupos e gêneros cuja delimitação apresenta um caráter arbitrário. A hierarquia que se estabelece entre as coisas agrupadas numa dada classe tem muito mais o sentido de uma ordem cujos fundamentos devem ser buscados fora do sistema classificatório. Segundo Durkheim, "a classificação das coisas reproduz a classificação dos homens", vale dizer, a organização social constitui a base e o fundamento último do sistema de classificação das coisas. Neste ponto, já transparece uma divergência de peso, pois, para o fundador, o sistema classificatório não deve ser considerado à maneira de um sistema simbólico que transfigura e dissimula as relações reais que se dão entre os homens, guardando com o sistema social uma relação de íntima correspondência. Para Durkheim, o sistema lógico reproduz de perto o sistema social — uma reprodução bastante fiel com léxicos próprios mas tendo um mesmo referente — e as relações de exclusão//inclusão, distância/proximidade, associação/dissociação que informam a hierarquia entre as diversas classes de seres recobrem, sem qualquer solução de continuidade, o arcabouço da organização social repartida em fratrias, clãs e outros grupamentos menores que resultam de processos de segmentação [15]. Por conseguinte, ao invés de entender o sistema simbólico como a representação alegórica do mundo natural e social dividido em termos de classes antagônicas e, cumprindo portanto, sua função político-ideológica de legitimar uma ordem arbitrária, Durkheim afirma que o sistema de classificação configura uma ordem lógica que recobre a ordem social (e recobre no sentido literal de "revestir"), impondo-se sobre o agente e regulando não apenas a apropriação dos símbolos mas também fornecendo as regras e os materiais significantes com que

(13) C. Lévi-Strauss. La sociología francesa, in Sociología del Siglo XX, G. Gurvitch e W. E. Moore (orgs.), "El Ateneo" Editorial, Barcelona, t. II, 2ª ed., 1964, p. 14.

(14) Émile Durkheim e Marcel Mauss. "De quelques formes primitives de classification (contribution à l'étude des représentations collectives)", 1903, in Marcel Mauss, *Oeuvres*, vol. 2. *Représentations collectives et diversité des civilisations*. Paris, Minuit, 1969. O texto citado consta também de Marcel Mauss, *Essais de Sociologie*, Paris, Minuit, 1969, e as referências a este trabalho remetem a essa última edição.

(15) A idéia de que "toda classificação implica uma ordem hierárquica" já se faz presente em Durkheim e é nesse sentido que se deve entender a afirmação de Bourdieu: "a cultura classifica e classifica os classificadores (...) Estabelece uma oposição entre as coisas consideradas como objetos dignos de serem pensados (...) e aquelas consideradas indignas da conversação e do pensamento, o "impensável" ou "indigno de ser mencionado", in "The thinkable and the unthinkable", já citado, p. 1 255.

os grupos dão sentido às suas práticas. O totemismo seria, então, o grupamento dos homens em clãs que obedece à ordem lógica dos objetos naturais e, ao mesmo tempo, um grupamento dos objetos naturais que obedece à ordem dos grupamentos sociais. Em última análise, os sistemas de classificação constituem *representações coletivas* cujas divisões internas remetem às divisões morfológicas do grupo como um todo. Logo, o que se pode concluir do texto é o seguinte: ou a organização social efetiva é aquela que o sistema de classificação sugere, ou então, a cultura nessas sociedades não constitui propriamente um sistema simbólico. O esforço de Durkheim em encontrar os fundamentos sociais do simbolismo não se completa porque, via de regra, refere um sistema classificatório a um outro (aquele tido como social) com a diferença de que este último nomeia mais de perto — no jargão da moda, os modelos conscientes — o que os agentes reconhecem como sendo seu sistema social "vivido". A cultura restringe-se, então, à sua função de integração lógica e moral reproduzindo, com materiais significantes próprios, a classificação social que reparte os homens pela hierarquia. A sociedade-sujeito constitui, portanto, o fundo comum que articula o sistema social e o sistema lógico. Tanto pela função que lhe atribui como pela teoria do consenso aí implicada, Durkheim elimina a problemática da dominação.

Para Bourdieu, a organização do mundo e a fixação de um consenso a seu respeito constitui uma função lógica necessária que permite à cultura dominante numa dada formação social cumprir sua função político-ideológica de legitimar e sancionar um determinado regime de dominação. O consenso tornou-se a ilusão primeira a que conduz qualquer sistema de regras capazes de ordenar os materiais significantes de um sistema simbólico. Por exemplo, no caso da religião, a divisão dos seres e dos homens em classes antagônicas encontra-se referida a um sujeito transcendente que "cimenta" tal divisão. Em Durkheim, a fundamentação empírica da teoria do consenso se preocupa sobretudo em mostrar que as divisões internas por que passam os diversos grupos são recuperadas numa situação de equilíbrio. Embora um determinado clã esteja proibido de comer certos animais, o balanço de forças se refaz porque os outros clãs são atingidos por proibição idêntica. A diversidade das regras e dos significados não ameaça a imagem mais alta do grupo como um todo unificado [16]. Não é por acaso que Durkheim faz

(16) No texto de introdução às *Oeuvres* de Mauss por cuja publicação é responsável, V. Karady observa que o ambiente intelectual em que se expandiu a escola francesa no início do século estava impregnada tanto pelas teorias,

questão de frisar a ausência de uma hierarquia de dominação/subordinação entre os clãs [17]; a rigor, sua noção de hierarquia possui o sentido de uma ordem lógica imposta às divisões por que passa o mundo sensível em suas diversas espécies e gêneros. É verdade que, em outros trechos, se empenha em chamar a atenção para um possível grau de assimetria e descompasso entre a função classificatória e as constantes subdivisões que sucedem no plano da organização social [18]. Não obstante, subsiste o esquema nuclear segundo o qual a organização das idéias corre paralela à organização da sociedade.

Um outro ponto reelaborado por Bourdieu diz respeito às representações individuais. No texto que vimos tratando, faz-se menção às representações que o agente possui acerca das relações que os grupos de coisas assim classificadas mantêm uns com os outros. Em alguns casos, o agente as concebe sob a forma de relações de parentesco cujo quadro de referência é o próprio indivíduo [19]. Às vezes, tais relações são pensadas sob a forma de "possuidores" e "possuídos"; logo, no plano das representações individuais os agentes podem viver os sistemas de classificação sob a forma de relações de dominação. Adiante, Durkheim transfere a questão da posse e da propriedade ao plano do sistema de fatos, vale dizer, torna-se um item do próprio sistema classificatório [20]. Um terceiro tipo de representação seria aquele em que o agente desenvolve uma experiência da hierarquia das coisas numa ordem exatamente inversa, ou seja, são as mais distantes que

evolucionistas como pela influência da lingüística comparada e da biologia, tomadas como modelos de explicação pelos sociólogos. Ver V. Karady, "Présentation" in *Oeuvres de Marcel Mauss*, ed. cit.

(17) No caso de Mauss, existe um esboço de sociologia política cuja preocupação central refere-se às condições capazes de criar o consenso entre os Estados e no interior das sociedades arcaicas. Aliás, no *Essai sur le don*, Mauss rabisca uma teoria da esmola segundo a qual ela "vinga os pobres e os deuses pelo excesso de felicidade e riqueza de certos homens (...)", pp. 169-170, in Marcel Mauss, *Sociologie et Anthropologie*, Paris, Presses Universitaires de France, 1968. Mas segundo Durkheim, não se deve considerar o processo de segmentação como "o produto de movimentos revolucionários e tumultuosos", p. 185, texto citado. À página 175, afirma outra vez a inexistência de uma hierarquia entre os clãs.

(18) O que sucede em especial quando trata do sistema classificatório dos chineses, p. 213 e ss., do texto citado. Neste caso, salienta a margem de autonomia de que dispõe tal sistema em face da organização social.

(19) "Quand la classification se fait simplement par phratries, sans autre subdivision, chacun se sent parent et également parent des êtres attribués à la phratrie dont il est membre; ils sont tous, au même titre, sa chair, ses amis, tandis qu'il a de tout autres sentiments pour les êtres de l'autre phratrie. Mais lorsque, à cette division fondamentale, s'est superposée la division en classes ou en clans totémiques, ces rapports de parenté se différencient", p. 179, texto citado.

(20) "A parler exactement, ce n'est pas l'individu qui possède par lui-même le sous-totem: c'est au totem principal qu'appartiennent ceux qui lui sont subordonnés. L'individu n'est là qu'un intermédiaire. C'est parce qu'il a en lui le totem (lequel se trouve également chez tous les membres du clan) qu'il a une sorte de droit de propriété sur les choses attribuées à ce totem", pp. 179-80, *op. cit.*

considera como sendo as mais importantes. Talvez se pudesse entender este caso segundo um modelo semelhante ao esquema weberiano da legitimidade, não fosse a sentença de que "na verdade, as coisas mais essenciais ao indivíduo não são as mais próximas a ele, as que se referem de modo mais imediato a sua pessoa individual", uma vez que "a essência do homem é a humanidade" [21].

Como o texto em pauta não oferece referências empíricas a respeito das condições econômicas e políticas, torna-se impossível verificar em que medida o sistema classificatório cumpre funções não-lógicas, isto é, propriamente políticas. Por exemplo, no caso das confrarias religiosas, a divisão social do trabalho e a estrutura de dominação simbólica derivam sua organização e seu sentido do próprio sistema classificatório.

Não havendo uma definição rigorosa e exaustiva do que entende por organização social, tudo se passa como se Durkheim tivesse a preocupação de entender o sistema classificatório em termos de uma repartição de símbolos que propiciam uma identidade no interior do grupo, num estágio de civilização ainda muito preso a uma carga afetiva e moral. Diversamente de Lévi-Strauss, lida com dois sistemas a que correspondem dois modelos, a despeito das inúmeras ambiguidades e omissões do texto. Todavia, talvez se pudesse entender a proposta de análise durkheimiana de outro modo; com efeito, consegue sublinhar a unidade profunda que permeia todos os sistemas simbólicos de uma determinada formação, isto é, o conjunto dos aparelhos de produção simbólica que constituem a cultura obedece a um mesmo princípio divisório, a uma mesma lógica. De outro lado, não haveria, como Durkheim pretende, uma correlação entre ambos os sistemas, mas tão somente uma duplicação, uma extensão redundante através da qual somos informados de que maneira as relações de parentescos entre os totens reproduz a lógica das relações entre os clãs.

Logo, o sistema classificatório aparece como o produto de um pensamento coletivo e capaz de conferir às práticas um conteúdo derivado do sistema. A natureza é partilhada entre os deuses do panteão assim como o universo é repartido entre os clãs. E mais, neste movimento, o sistema de classificação pode alcançar margem elevada de autonomia pois, muitas vezes, obedece a um ritmo singular infenso às mudanças no plano da organização social. Por exemplo, o monoteísmo (passo da evolução que sofre o pensamento religioso) corresponde a

(21) *Op. cit.*, p. 180.

um processo interno de desenvolvimento ao nível do próprio sistema classificatório: consistiria de uma tendência pela qual os deuses se reduziriam cada vez mais uns aos outros até chegar o momento em que um deles acaba se apropriando dos atributos dos demais, a começar pelos nomes. E ao cabo desta evolução, teríamos o surgimento dos tipos abstratos e racionais que estão na base das primeiras classificações filosóficas.

Neste ponto, o projeto heurístico de Durkheim surge em sua grandeza e, por que não, em sua miséria. A análise dos sistemas classificatórios coloca-se como o estudo de uma etapa anterior das primeiras classificações científicas, ainda que os sistemas "arcaico" e científico guardem inúmeros traços comuns: a) trata-se de sistemas de noções hierarquizadas onde as coisas dispostas em grupos mantêm entre si relações bem definidas cujo conjunto compõe um único todo; b) ambos constituem um instrumento de conhecimento e comunicação pelo qual a sociedade confere um sentido unitário ao universo, ou seja, "fazem compreender e tornam inteligíveis as relações que existem entre os seres"; c) ambos dependem de condições sociais pois, na verdade, são as relações sociais entre os homens que serviram de base e modelo para as relações lógicas entre as coisas. Claro está que se deve entender o conceito de relações sociais no sentido ambíguo e indeterminado já referido. Os homens não classificam os seres visando encobrir ou justificar as relações que mantêm entre si; os homens classificam os seres por uma necessidade lógica que também os leva a pensar em sua existência em termos de grupamentos e divisões.

Todavia, "se a totalidade das coisas é concebida como um sistema uno, é porque a própria sociedade é concebida da mesma maneira", "ela é um todo, ou melhor, ela é o todo único em relação ao qual tudo está referido". Embora os liames lógicos possam assumir o sentido das relações domésticas, familiares, embora possam surgir como relações de dominação/subordinação econômica ou política, constituem sempre estados da alma coletiva. A classificação lógica é uma forma primitiva de uma ordenação do universo através de conceitos, mas já constitui um estágio mais complexo do que o estágio puramente afetivo. A forma primitiva de classificação se coloca no mesmo plano do conceito e, junto com ele, se opõe à emoção. Ora, a classificação não passa de uma categoria do entendimento e a história da classificação científica não é senão a história das etapas no curso das quais se deu o enfraquecimento progressivo do elemento afetividade em favor das categorias próprias do entendimento. Naturalmente, o alvo último de Durkheim é fundamentar empiricamente as categorias *a priori* do entendimento humano segundo o programa da filosofia kantiana.

A despeito de todas as diferenças na abordagem, Bourdieu retém a idéia central do texto, a saber, a organização interna dos sistemas de classificação obedece a um modelo fornecido pela sociedade. E ainda que não conceda o mesmo grau de autonomia e independência a tais sistemas, acolhe o enfoque dos sistemas simbólicos como se fossem linguagens dotadas de uma lógica própria.

Como se sabe, a tradição sociológica francesa encara o fato social como coisa e representação e, por esta razão, trata-se de uma indagação ociosa saber se são as idéias que deram origem às sociedades ou se foram estas que deram existência às representações. E por isso, Bourdieu recusa-se a tornar o agente social mero "suporte" de estruturas investidas do poder de determinar outras estruturas[22] e institui como objeto "as leis segundo as quais as estruturas tendem a se reproduzir produzindo os agentes dotados do sistema de disposições capaz de engendrar práticas adaptadas às estruturas e contribuindo, por esta via, para reproduzir tais estruturas"[23]. A mediação operada pelo agente tendo em vista a reprodução social associa-se, segundo a mesma tradição, ao papel estratégico que o processo de socialização desempenha através das agências educativas, seja o sistema de ensino, seja os meios de comunicação de massa, seja a inculcação familiar. Deste ângulo, a ênfase recai portanto no processo de moldagem por que passa o agente a fim de incorporar os princípios e as significações de um determinado arbitrário cultural. Para muitos, os agentes não vivem outra coisa a não ser suas próprias representações, de onde derivam a posição e o peso de cada elemento do mundo físico e social. Entretanto, sem chegar a esse extremo, deve-se-lhes conceder um grau mínimo de consciência e domínio prático que lhes permita ao menos executar atos e rituais cujo sentido completo lhes escapa. Do ponto de vista do agente, e tão-somente em certa medida, o mundo é

(22) Ver o texto "Reprodução Social e Reprodução Cultural" nesta coletânea.
(23) Tal postura contém uma crítica implícita que se pode aplicar tanto às correntes que absolutizam o ponto de vista manifestado pelo agente como por exemplo no caso da etnometodologia, como à concepção de Poulantzas no tocante às classes sociais. Em virtude dos malabarismos para exorcizar o "historicismo", Poulantzas rejeita qualquer concepção que torne a "luta de classes" o elemento dinâmico-diacrônico do sistema de estruturas. Adiante, retomarei esta questão quando tratar da concepção de classe social em Bourdieu. Ver N. Poulantzas, *Pouvoir Politique et Classes Sociales*, Paris, Maspéro, 1968, pp. 61-63.

o que consta de seu universo de representações, as quais devem forçosamente ser incorporadas à construção do objeto a cargo do observador.

Não ficam por aí as relações com a escola francesa. Na obra de Mauss, é possível assinalar outros tantos elementos e problemas retomados pelo autor desta coletânea. Desde a caracterização do ato social inspirado por um sentido, quer dizer, no contexto teórico de Mauss, por uma representação, o que aliás não está longe da concepção de Weber [24]. Mas as representações possuem uma existência material e, em geral, traduzem-se em atos e práticas. O problema do simbolismo passa, no entanto, por uma retificação de perspectiva; a sociedade é definida como um sistema de relações onde cada elemento traz uma contribuição para o todo. É preciso, pois, classificar os fenômenos sociais segundo diferentes categorias que, em última análise, correspondem aos diversos tipos de arranjo institucional. Por esta via, Mauss propõe uma segunda regionalização, de caráter operacional, que visa construir um objeto passível de análise empírica concreta [25]. As diferentes modalidades institucionais — religião, direito etc. — correspondem a diferentes pontos de vista acerca da vida social total. De outro lado, a preocupação com o problema das condições de comparabilidade leva ao estudo de fatos passíveis de serem agrupados em gêneros e que devem, pois, exibir indicadores empíricos manifestos. As razões que justificam um recorte cujos critérios parecem quase sempre ligados a um processo de institucionalização, dando algumas vezes a impressão de que os diversos níveis de realidade correspondem às múltiplas funções técnicas (tanto no plano da divisão do trabalho material como no plano da divisão do trabalho simbólico), encontram seu fundamento em processos histó-

---

(24) A respeito da noção de ação social e relação social em Weber, consultar o excelente comentário de Eliseo Verón, "O sentido da ação social", in *Ideologia, Estrutura e Comunicação*, São Paulo, Cultrix, 1970. Seria interessante ampliar a análise de Verón, mostrando os elementos comuns entre Mauss e Weber no tocante à noção de ação social. Inclusive, como aponta Karady, não há mais dúvidas de que o sociólogo francês tomou conhecimento de pelo menos parte da obra de Weber. Ver, a respeito, V. Karady, texto citado, pp. XLII-XLIII.

(25) A regionalização inicial de onde parte Durkheim estabelece uma distinção entre os fatos sociais, os fatos psíquicos e os fatos orgânicos. "Este estudo dos grupos secundários, dos meios de que se compõem o meio total, a sociedade, o estudo de suas variações, alterações, de suas ações recíprocas e reações, constitui (...) uma das coisas mais urgentes. Muito mais do que na prática social, é aí — uma vez que a instituição é em alguma medida "figée" — que se constata a vida verdadeira, ao mesmo tempo material e moral, o comportamento do grupo", in M. Mauss, "Division concrète de la sociologie", in *Essais de Sociologie*, p. 59.

ricos ao fim dos quais determinados âmbitos da realidade social surgem autonomizados [26].

Segundo Mauss, a origem desses pontos de vista que acabam por constituir domínios específicos da realidade, resulta do estado histórico das civilizações de que também é produto nossa ciência sociológica. A separação e a distinção de um domínio da realidade se efetiva no momento em que tal sucede na prática e no pensamento de uma dada sociedade. Em outros termos, os pontos de vista passíveis de serem adotados pela ciência derivam da divisão do trabalho e do processo de especialização crescente. Bourdieu certamente subscreveria a afirmação de que "toda atividade social que, em uma sociedade, criou para si mesma uma estrutura e à qual um grupo de homens se dedicou de maneira especial, corresponde seguramente a uma necessidade da vida dessa sociedade" [27]. Os diversos níveis institucionais e os diferentes grupos especializados — confrarias religiosas, sociedades secretas, tropas militares, hierarquias políticas etc. — correspondem a uma dada função, a um determinado objetivo [28].

As referências que até agora vimos fazendo envolvem em geral textos do período em que colaborou de modo estreito com Durkheim. Não é de estranhar, portanto, que incorpore quase em estado puro os postulados e o programa científico do fundador [29]. Contudo, os trabalhos do último período da atividade científica de Mauss, sem chegarem a rejei-

---

(26) "Celles-ci (refere-se às sociologias especiais) n'existent que parce que les principales activités et idéations auxquelles elles correspondent se sont divisées au cours de la très longue évolution cent et cent fois millénaire de l'humanité. Mais, si elles se sont divisées, c'est que, par rapport à elles, au moins de façon momentanée, les gens de ces sociétés se sont divisés eux-mêmes. Nous ne sommes pas toujours artisans ou toujours religieux, mais quand nous le sommes, nous le sommes généralement dans un atelier ou dans une église. Les activités sociales ont abouti, dans nombre de cas, à diviser les sociétés en de nombreux groupements variés, plus ou moins fixes. L'étude de ces groupements ou sous-groupes est, sinon la fin de la démonstration sociologique, du moins l'un des guides les plus sûrs (...)". "Division concrète de la sociologie", op. cit., p. 57.

(27) M. Mauss. "Division...", op. cit., p. 58.

(28) Em Gramsci, é possível encontrar indicações no mesmo sentido. Quando se refere ao conceito de classe social, procura distingui-lo do conceito de grupo. Este último conceito dá conta da classe em si, definida por critérios objetivos independentes da consciência de seus membros. Além de surgirem historicamente antes das classes, "sua base é uma 'função essencial', de caráter econômico ou técnico, não só no mundo da produção econômica mas também na esfera política, cultural e militar". Não fosse tal distinção teórica, Gramsci não poderia nem mesmo pensar sua teoria dos aparelhos ideológicos, uma vez que é a complexidade crescente da divisão do trabalho dando origem a aparelhos de produção simbólica que contam com corpos de agentes altamente especializados o que permite a Gramsci avaliar o peso específico do campo ideológico para a determinação da realidade social. Ver o artigo de Luciano Gallino, "Gramsci y las ciencias sociales", in Gramsci y las ciencias sociales, Córdoba, Cuadernos de Pasado y Presente/19, 1970, p. 83.

(29) No texto de apresentação das obras de Mauss, Karady sugere que Gurvitch teria apreciado na teoria do "fato social total" os germes de uma teoria sociológica do conhecimento, enquanto que Lévi-Strauss tende a enxergar Mauss como precursor do método estrutural.

tar o legado de Durkheim, introduzem uma problemática que a sociologia de corte estruturalista procurou empalmar. Para Lévi-Strauss, o conceito de fato social total deve ser entendido à maneira de uma utopia conceitual pois permite dar conta das principais dimensões e perspectivas com que se pode apreender o objeto social. De modo simplificado, comportaria as diferentes modalidades do social encaradas do ponto de vista sincrônico — econômico, jurídico, religioso, estético, técnico etc., que correspondem, *grosso modo,* aos diversos perfis institucionais —, mais uma dimensão diacrônica — quer dizer, os diferentes momentos de uma história individual, nascimento, infância, adolescência, morte — e uma dimensão físico-psicológica, isto é, as diversas formas de expressão, desde os fenômenos de base fisiológica em sua tradução social — reflexos, secreções, técnicas do corpo etc. — até as categorias inconscientes e as representações individuais e coletivas. Todos esses níveis de apreensão do social devem reunir-se em torno de uma experiência concreta, isto é, não apenas uma sociedade localizada no tempo e no espaço, mas também em um indivíduo qualquer dessa sociedade. O sentido e a função de uma dada instituição se revelam sob a condição de que o investigador chegue a captar sua incidência na consciência individual. Este obriga-se, pois, a verificar os nexos entre a objetividade da análise histórica ou comparativa com a subjetividade da experiência vivida. Segundo L. Strauss, o psíquico é ao mesmo tempo elemento de significação para um simbolismo que o ultrapassa e único meio de verificação de uma realidade cujos múltiplos aspectos só podem ser captados sob forma de síntese fora dele. O caráter singular do fato social que o torna simultaneamente *coisa* e *representação* compele o cientista a passar de uma apreensão externa, objetiva, a uma apreensão subjetiva através da qual incorpora-se a mesma realidade do ângulo em que se encontra o agente individual capaz de vivê-la em seu cotidiano [30].

Aparentemente, não se está longe da postura de Bourdieu ao afirmar que "o princípio da não-consciência impõe (...) que se construa o sistema das relações objetivas nas quais os indivíduos se encontram inseridos e que se exprimem de modo mais adequado na economia ou na morfologia dos

---

(30) "Para compreender convenientemente um fato social, é preciso apreendê-lo totalmente, ou seja, de fora como uma coisa, mas como uma coisa de que faz parte integrante a apreensão subjetiva (consciente e inconsciente) que dela faríamos se vivêssemos o fato como indígena em lugar de observá-lo como etnógrafo". C. Lévi-Strauss, "Introduction à l'oeuvre de Marcel Mauss", in *Sociologie et Anthropologie.* Paris, P. U. F., 1968, p. XXVIII.

grupos do que através das opiniões e intenções manifestas dos sujeitos". E considera tal exigência tanto como "a condição de captação da verdade objetivada dos sujeitos" como "a condição da compreensão completa da relação vivida que os sujeitos mantêm com sua verdade objetivada em um sistema de relações objetivas"[31]. Trata-se, portanto, de uma reconstrução objetiva a cargo do cientista que inclui a apreensão sistemática e ordenada do que o agente individual lhe transmite. A diferença entre ambos reside no fundamento capaz de justificar essa dupla apreensão. Para Lévi-Strauss, tem-se o inconsciente como campo de conciliação entre o eu e o outro, ao passo que, para Bourdieu, tem-se o princípio de não-consciência segundo o qual "existem relações exteriores, necessárias, independentes das vontades individuais e, caso se prefira, inconscientes (mas no sentido de que não se oferecem à mera reflexão) que só podem ser captadas através da observação e da experimentação objetivas". Diversamente da ciência natural, "uma antropologia total não pode restringir-se a uma descrição das relações objetivas porque a experiência das significações faz parte da significação total da experiência, e a sociologia menos suspeita de subjetivismo recorre a conceitos intermediários e mediadores entre o subjetivo e o objetivo, como alienação, atitude ou *ethos*"[23].

Sem pretender aqui aprofundar o sentido de sua contribuição como precursor do estruturalismo[33], limitamo-nos a salientar o caráter original de sua teoria da cultura. Deste ângulo, sua obra se faz presente na sociologia dos sistemas simbólicos tanto pelos caminhos que abre à análise estrutural — à qual, em parte, Bourdieu se filia — quanto pela caracterização do fato social como algo *arbitrário*, a que se liga uma nova postura diante da história e da etnografia.

"Todos os fenômenos sociais são, em algum grau, obra de vontade coletiva e, quem diz vontade humana, diz escolha entre diferentes opções possíveis (...). O domínio do social é o domínio da modalidade (...) tudo tem uma forma ao mesmo tempo comum a grandes números de homens e por eles escolhida dentre outras formas possíveis"[34].

(31) P. Bourdieu. *Le métier...* pp. 40-41.
(32) *Idem, ibidem*, pp. 41-42.
(33) Como observa Karady, na última fase de sua produção científica, Mauss abandona a preocupação teórica e empírica com a religião e deixa de atribuir um valor heurístico ao estudo dos chamados fatos "primitivos", até então tidos como simples e originais, segundo os ensinamentos de Durkheim. E passa a aderir à "idéia funcionalista de considerar os fatos em sua relação com o conjunto do corpo social de que fazem parte e de compreendê-los a partir de seus usos sociais". Nestas condições, os fatos sociais derivam seu sentido do lugar que ocupam numa totalidade concreta que é a própria sociedade no conjunto de suas instituições. Ver V. Karady, texto citado, p. XLIV.
(34) M. Mauss. *Essais de...*, p. 244.

E como "o reino do social é o reino do arbitrário", Mauss passa a elaborar uma teoria da cultura infensa à "dupla armadilha do determinismo causal e funcionalista" [35] cujo objetivo consiste em tornar as realidades singulares meras modalidades contingentes de mecanismos mais fundos aos quais se chega através da análise comparativa. Não é outra a raiz do método estrutural: não cabe mais "partir das formas contingentes e chegar ao tipo, o que não passaria do conjunto dos traços comuns às formas". Antes, "o objetivo da pesquisa será captar as variáveis funcionais que permitem definir cada modalidade enquanto configuração específica e concreta do mecanismo estudado" [36]. Com este fim em mente, procura-se separar nos fatos sociais os traços contingentes dos traços funcionais estritamente determinados por sua posição no sistema ou estrutura de que fazem parte.

Esta postura se entrosa, no geral, com o programa heurístico de Bourdieu. Tomemos, por exemplo, sua concepção do campo religioso em termos de um campo de forças onde se enfrentam o corpo de agentes altamente especializados (os sacerdotes), os leigos (os grupos sociais cujas demandas por bens de salvação os agentes religiosos procuram atender) e o "profeta" enquanto encarnação típica do agente inovador e revolucionário que expressa, mediante um novo discurso e por uma nova prática, os interesses e reivindicações de determinados grupos sociais. As posições que esses grupos ocupam configuram um campo de batalha ideológica, expressão da luta de classes e do processo prevalecente de dominação. O alvo explicativo consiste em abranger as configurações particulares que o campo religioso assume em diversas formações sociais, tendo sempre como quadro de referência o campo de forças propriamente religiosas no interior do qual se defrontam os representantes religiosos dos grupos dominantes e dominados, e cuja dinâmica depende das transformações por que passa a estrutura social, seja pelo surgimento de novos grupos com interesses determinados, seja pela ruptura ou crise do sistema de dominação, seja pelas novas alianças entre grupos e/ou frações que detêm o papel hegemônico.

Mas o caráter arbitrário dos fenômenos e processos sociais não decorre de suas funções tal como a tradição materialista entende os processos de simbolização; resulta antes de uma opção, de uma escolha que cada sociedade realiza em face de um estoque ou matriz mais ampla de modalidades possíveis. Como diz Bourdieu, " a seleção de significações

(35) V. Karady, *op. cit.*, p. XLVI.
(36) *Idem, ibid.*, p. XLVII.

que define objetivamente a cultura de um grupo ou de uma classe como sistema simbólico é *arbitrária* na medida em que a estrutura e as funções desta cultura não podem ser deduzidas de qualquer princípio universal, físico, biológico ou espiritual, não estando unidas por nenhuma espécie de relação interna com a "natureza das coisas" ou com uma "natureza humana" [37]. Destarte, a noção de arbitrário não deve ser confundida com a idéia de gratuidade, uma vez que um determinado sistema simbólico é sociologicamente necessário porque deriva sua existência das condições sociais de que é o produto, e sua inteligibilidade da coerência e das funções da estrutura das relações significantes que o constituem. É por esta via que Bourdieu pretende livrar-se de uma visão puramente sincrônica que se deixa impregnar pelo que chama "amnésia da gênese", ou então, que se entrega aos usos substancialistas da noção de inconsciente cultural.

Do ponto de vista expresso por Mauss, o caráter arbitrário do fato social constitui uma qualidade profunda e extensiva: *"Todo fenômeno social* tem na verdade um atributo essencial: seja um símbolo, uma palavra, um instrumento, uma instituição; seja mesmo a língua, e até a ciência mais bem feita; seja ele o instrumento mais bem adaptado aos melhores e mais numerosos fins, seja ele o mais racional possível, o mais humano, *ele é ainda arbitrário"* [38]. A ausência de uma indagação explícita e sistemática a respeito do poder explica-se, em parte, pelo fato de que toda modalidade social deve obedecer a certos requisitos e mecanismos responsáveis pelo equilíbrio que ostenta. Cabe a cada uma delas decidir, por uma escolha no mais das vezes inconsciente, apenas quanto ao tipo, quanto ao perfil singular que deverá atualizar. Importam muito pouco os pontos internos de conflito e antagonismo pois os mecanismos integradores propiciam recursos práticos e simbólicos (ritos e mitos) suficientemente eficazes a ponto de compensarem, no plano interno de sua organização, os desequilíbrios que acaso venham a surgir como resultado dos contatos e trocas que se efetuam entre agentes situados em posições sociais assimétricas. Enfim, sendo a modalidade instaurada o produto de uma seleção arbitrária a partir de um fundo comum que inclui todas as alternativas possíveis, inclusive aquelas ainda não atualizadas, o caráter arbitrário que marca qualquer modalidade traz consigo tamanho poder de inscrever seu selo no mais ínfimo objeto, regra ou valor que, pela mesma razão, consegue envolver os agentes

---

(37) P. Bourdieu. *La reproduction*. Paris, Minuit, 1970, p. 22.
(38) M. Mauss. "Les civilisations: éléments et formes", in *Essais de Sociologie*, ed. cit., p. 244.

em representações, crenças e símbolos concordes com o arbitrário instituído. Sendo assim, a nenhum grupo é dada a possibilidade de enxergar o caráter arbitrário de "ordem social sob pena de ultrapassar os limites e as oposições significantes que delimitam sua operação. A única exceção, de Mauss a Lévi-Strauss, seria o "desviante", capaz de pôr em questão e relativar as regras sociais vigentes ao nortear seu comportamento e sua *praxis* por uma lógica radicalmente outra e estranha àquela prevalecente no interior do grupo. O que não deixa de constituir uma forma de lidar com o problema do questionamento quanto à validez da ordem vigente. Subsiste, no entanto, a operação persistente de mecanismos cuja necessidade se coloca fora do alcance e da vontade do agente; não importa quais os conteúdos particulares de que se revestem os sistemas de relações, mas sim apreender a estrutura que os permeia. Eis a nova feição que assume a preocupação da escola francesa em fundamentar empiricamente o "cimento integrador do corpo social" que, numa primeira fase, transparecia através do primado lógico e cronológico que se conferia à religião. É evidente o parentesco dessas proposições com a solução que Bourdieu constrói para enfrentar a mesma problemática.

As críticas que dirige a Lévi-Strauss, bem como as diferenças de postura que delas resultam, são de outra ordem. Tendo em vista que a incorporação apressada da construção teórica subjacente à lingüística de Saussure dispensou, via de regra, qualquer esforço de reflexão acerca das condições singulares em que operam a antropologia e a sociologia, o partido crítico que Bourdieu adota toma como alvo as condições teóricas em que se assenta tal modelo. Em primeiro lugar, parte-se da suposição de um emissor e um receptor impessoais e intercambiáveis sem levar em conta as propriedades funcionais que cada mensagem deve à sua utilização em uma determinada interação socialmente estruturada. Em outros termos, "as interações simbólicas dependem não apenas da estrutura do grupo no interior da qual se realizam mas também de estruturas sociais em que se encontram inseridos os agentes em interação, a saber, a estrutura das relações de classe [39]. Demais, é insustentável a premissa de que o conhecimento do *código* constitui condição suficiente para que se possam apreender as interações lingüísticas de fato realizadas. Assim, "o sentido de um elemento lingüístico depende tanto de fatores **extralingüísticos** como de fatores lingüísticos, isto é, do *contexto* e da *situação* em que é empregado", quer dizer, a recep-

(39) P. Bourdieu. *Esquisse...*, p. 168.

ção e a emissão dependem em ampla medida da estrutura objetiva das relações entre as posições objetivas na estrutura social dos agentes em interação [40].

A diferença crucial, no entanto, diz respeito à tendência comum ao estruturalismo lingüístico e etnológico em eliminar da teoria tudo que se refira a prática, haja vista sua incacidade de pensar a fala a não ser em termos de execução. O caráter puramente negativo da prática apresenta algumas implicações graves no que concerne à compreensão das relações entre o modelo e a norma. Segundo Bourdieu, "fazer da *regularidade*, isto é, do que se produz com uma certa *freqüência*, estatisticamente mensurável, o produto do *regulamento* conscientemente formulado e conscientemente respeitado (...) ou da *regulação* inconsciente de uma misteriosa mecânica cerebral e/ou social, é passar do modelo da realidade à realidade do modelo" [41]. Eis a raiz do ponto mais consistente e original da contribuição de Bourdieu, qual seja o esforço de pensar a prática como algo distinto da pura execução de uma norma social coletiva e onipotente, algo diverso do produto "pobre" e "menor" de um modelo abrangente ao qual a ciência objetivista confere mais realidade do que à própria realidade. Não caberia, portanto, tomar as práticas e as representações como atualizações mais ou menos deformadas, mais ou menos próximas, do sistema de relações objetivas que o modelo pretende dar conta; cumpre, antes, integrá-las no âmbito mesmo da significação completa do fenômeno a ser explicado.

Por último, o efeito de reificação da teoria se manifesta com todo seu vigor no caso de práticas "que se definem pelo fato de que sua estrutura temporal, quer dizer, sua orientação e seu ritmo, é *constitutiva* de seu sentido: toda manipulação desta estrutura, inversão, aceleração ou amortecimento, exerce sobre elas uma *desestruturação*, irredutível ao efeito de uma simples mudança de eixo de referência" [42]. Deste modo, a apreensão totalizante que Lévi-Strauss aplica ao fenômeno da troca tal como aparece formulado em Mauss, omite o caráter *reversível* dessa estrutura impingindo-lhe "uma sucessão objetivamente irreversível". Mas a postura assumida por Bourdieu não deve ser entendida como se fosse uma tentativa disfarçada de revigorar a problemática fenomenológica às voltas com a reconstrução fiel da experiência vivida da prática da troca; na verdade, "o intervalo de tempo que separa o dom e o contradom é o que permite perceber como *irreversível*

---

(40) *Idem, ibidem*, p. 169.
(41) *Idem, ibidem*, pp. 171-172.
(42) *Idem, ibidem*, p. 222.

uma estrutura de troca sempre ameaçada de aparecer (...) como reversível, isto é, ao mesmo tempo, obrigada e interessada"[43]. Em conseqüência, "a ação do tempo e o tempo da ação" passam ao estatuto de injunções determinantes na captação das práticas que manipulam a *duração* a fim de dissimular, aos olhos dos próprios agentes, a verdade das práticas "que o etnólogo e seus modelos revelam substituindo pura e simplesmente o esquema que só se efetua em seu tempo e no tempo pelo modelo intemporal"[44].

Daí se explica o uso característico que faz da história e do conhecimento etnográfico, que se tornam instrumentos de controle capazes de impedir a "naturalização" do objeto explicado pela sociologia. Ao afirmar que "a verdade de um fenômeno cultural depende do sistema de relações históricas e sociais nos quais ele se insere"[45], pretende exorcizar os perigos em que incorre a explicação transistórica ou transcultural cujo apego aos traços constantes perde de vista sua especificidade histórica ou sua originalidade cultural. Neste ponto, a postura sistêmica não consegue superar algumas ambigüidades, mormente no tocante ao estatuto explicativo da história. Uma breve menção a certos instrumentos metodológicos de que se utiliza poderá esclarecer melhor este ponto.

Na parte do breviário metodológico dedicada à construção do objeto sociológico, o ponto de partida se compõe de duas citações que se harmonizam. Começa pela frase de Saussure "o ponto de vista cria o objeto" e prossegue com a de Marx para quem "a totalidade concreta enquanto totalidade pensada, concreto pensado, é na verdade um produto do pensamento, do ato de conceber". Se por acaso prosseguisse citando o resto do texto de Marx, leríamos o seguinte algumas páginas adiante: "(...) até as categorias mais abstratas, apesar de sua validade — precisamente por causa de sua natureza abstrata — para todas as épocas, são, contudo, no que há de determinado nesta abstração, do mesmo modo o produto de condições históricas, e não possuem plena validez senão para estas condições e dentro dos limites destas mesmas condições"[46]. Não estamos querendo dizer que Bourdieu truncou o sentido do texto de Marx, mas apenas apontar a decisão teórica implicada no trecho que escolheu. Mesmo porque,

(43) Idem, ibidem, p. 223.
(44) Idem, ibidem, p. 223.
(45) P. Bourdieu. *Le métier...*, pp. 42-53. Sobre o mesmo ponto, ver do autor, *La Reproduction*, Paris, Minuit, 1970, p. 22 e ss.
(46) P. Bourdieu. *Le métier...*, p. 59. O trecho que citamos foi extraído da tradução de Florestan Fernandes da *Crítica da Economia Política*, São Paulo, Flama, p. 224. Chamamos de breviário a obra *Le métier de sociologue*.

em outras passagens de seu breviário e sobretudo em sua última obra, é fácil encontrar trechos que encaminham o problema de modo distinto [47].

Por outro lado, também é verdade que sua noção de modelo inscreve a exigência de uma explicação ao mesmo tempo sincrônica e diacrônica. Em seu esboço de uma teoria de estratificação, chama atenção para "o sentido diferente que dois elementos semelhantes na ordem das simultaneidades podem derivar de sua pertinência a sistemas diferentes na ordem da sucessão" [48]. Todavia, tendo em vista a concepção da ciência sociológica herdada da escola francesa, fazendo com que, por exemplo, o modelo explicativo se confunda com as exigências postas pela comparação, os demais instrumentos metodológicos encontram-se, como não poderia deixar de ser, nitidamente marcados pelo contexto teórico de onde se originaram. Tudo isso leva Bourdieu a exigir do conceito propriedades contraditórias: se, por um lado, critica a importação apressada e inconsistente de imagens e vocábulos extraídos do discurso biológico e mecânico, de outro, solicita "elasticidade nas definições" e "disponibilidade semântica dos conceitos" como uma das condições para a invenção sociológica. Afora o fato de que ele próprio levou às últimas conseqüências a analogia econômica ao transpor para a análise do campo simbólico o vocabulário da esfera propriamente econômica — capital cultural, bem simbólico, empresa de salvação etc. — são os alvos explicativos da sociologia sistêmica fundada no método comparativo que, na verdade, justificam o equipamento metodológico a que recorre. Sua teoria do conceito estabelece uma distinção entre conceitos "operacionais" dotados de rigor analítico e formal e conceitos "sistêmicos" cuja utilização supõe a referência permanente ao sistema completo de suas inter-relações. Ao trajeto comparativo alia-se o raciocínio analógico — "princípio primeiro da invenção científica" [49] — que manipula os dados que lhe são fornecidos pela história e pela etnografia. Compreende-se, então, as razões que o levam a pulverizar a distinção que estabelecera

(47) As inúmeras aproximações da situação social da sociologia nos tempos atuais com os percalços da física, da química, na época em que ainda se encontravam muito dependentes de seu público mundano no século XVIII, ou quando insiste sobre a necessidade da "análise das condições sociais da impregnação de uma ciência pela atmosfera intelectual do tempo (...)", *Le mé:ier...*, p. 347.

(48) P. Bourdieu. *Le métier...*, p. 75. No texto "Condição e Posição de Classe", nesta coletânea, Bourdieu expõe com maior precisão o que entende por um corte diacrônico da estratificação social, chamando atenção para as determinações que um dado sistema deriva de sua história passada.

(49) "A analogia é uma forma legítima da comparação e a comparação é o único meio prático de que dispomos para chegar a tornar as coisas inteligíveis"; E. Durkheim, *Sociologie et Philosophie*, cit. por Bourdieu à p. 78, *Le métier...*

entre dois tipos de conceitos; o uso que faz do tipo-ideal acaba por esvaziá-lo de seu conteúdo histórico. Tomado na qualidade de um paradigma, quer dizer, uma pura ficção obtida pelo "acentuamento unilateral" das propriedades pertinentes e capaz de exibir no mais alto grau o maior número de propriedades do objeto construído, o conceito preserva apenas um sentido "residual" cuja inteligibilidade plena exige a referência ao contexto do discurso teórico original, muito embora, por operar de maneira paradigmática como um caso teoricamente privilegiado em um grupo construído de transformações, sirva para dar conta de agentes que ocupam posição semelhante no âmbito de uma outra formação histórico-social. Neste ponto, a intenção de Bourdieu é dupla pois pretende, ao mesmo tempo, conferir limites teoricamente definidos e rigorosos para a manipulação conceitual e rebater o conteúdo histórico a ser retido pela explicação para o âmbito do sistema completo de relações em que se constitui, por exemplo, o campo religioso numa dada formação. A primeira exigência se concretiza ao repor uma dada categoria — o conceito weberiano de profeta, por exemplo — na história da própria sociologia. Trata-se, portanto, de um artifício teórico que visa neutralizar uma possível carga transistórica das categorias usadas pela transparência histórica que passam a ostentar quando referidas ao contexto teórico original, no caso a sociologia weberiana da religião [50].

Consciente dos perigos formalistas que envolvem o uso de modelos, Bourdieu procura caracterizar o tipo-ideal como "guia para a construção das hipóteses", como uma construção concebida para ser confrontada ao real e, ao mesmo tempo, procura distingui-lo dos modelos. Nestas condições, não se deve usar o tipo-ideal "à maneira de uma amostra reveladora que seria suficiente copiar para conhecer a verdade da coleção inteira", mas sim como "(...) um elemento de um grupo de transformações referindo-o a todos os casos da família de que ele é um caso privilegiado" [51]. Em suma, os tipos-ideais servem para a descrição e construção rigorosas dos sistemas de relações, "um meio privilegiado de compreender a gama das condutas reais que o tipo-ideal permite objetivar, objetivando sua distância diferencial para o tipo puro" [52]. De uma perspectiva estritamente metodológica, os postulados durkheimianos se revelam os instrumentos por excelência de

(50) De outro lado, diz Bourdieu, a eficácia e o rigor de um modelo não resultam do simbolismo conceitual e muito menos de uma falsa respeitabilidade teórica, como a que se poderia alcançar através do recurso a conceitos "canônicos" na história da sociologia.
(51) P. Bourdieu. *Le métier...*, p. 80.
(52) *Idem, ibidem*, p. 80.

sua concepção da ciência sociológica; a começar pelas críticas às pré-noções, ao senso comum, à linguagem cotidiana, passando pela concepção comparativa da explicação científica, até o uso do raciocínio analógico e o estatuto peculiar que se concede à história e à etnografia.

Seria demasiado fácil lançar contra as proposições de Bourdieu a munição propiciada pela crítica externa, isto é, argumentos derivados de uma outra tradição teórica que sem muito esforço dão a impressão de destruir os sistemas de conceitos que rezam por uma outra cartilha. Bem mais fecundo, nos parece, é o trabalho de revelar sua coerência interna, suas inconsistências, e sobretudo salientar os caminhos que abre à investigação acerca dos campos da realidade com que lida.

II

"Até agora, o principal defeito do materialismo de todos os filósofos — inclusive o de Feuerbach — é que o objeto, a realidade o mundo sensível são captados por eles apenas sob a forma de *objeto* ou de intuição, mas não enquanto *prática,* de maneira subjetiva. É o que explica por que o aspecto *ativo* foi desenvolvido pelo idealismo, em oposição ao materialismo, — mas somente de maneira abstrata, pois o idealismo não conhece naturalmente a atividade real, concreta, como tal" (K. Marx, *Teses sobre Feuerbach,* epígrafe do último texto publicado de Bourdieu).

Em um artigo sintomático da posição assumida pela ciência social norte-americana no tocante aos problemas com que se defronta a sociologia do conhecimento e da cultura, Clifford Geertz encara o estudo dos condicionantes sociais da ideologia através de dois enfoques: a teoria do interesse e a teoria da tensão. A primeira enxerga a ideologia à luz da luta de classes movidas por interesses contraditórios, o que corresponde de modo sumamente simplificado à tradição marxista. Todavia, acentua o autor, "a imagem da sociedade como um campo de batalha, como um choque de interesses tenuamente disfarçados sob a forma de um choque de princípios, desvia a atenção do papel que as ideologias desempenham ao definir (ou obscurecer) categorias sociais, estabilizando (ou quebrando) expectativas sociais, mantendo (ou enfraquecendo) normas sociais, fortalecendo (ou debilitando) o consenso social, aliviando (ou exacerbando) tensões sociais"[53]. Qualquer um pode perceber que tais críticas se

---

(53) Clifford Geertz. "La ideología como sistema cultural", in *El proceso ideológico,* organiz. por Eliseo Verón. Buenos Aires, Editorial Tiempo Contemporáneo, 1971, pp. 13-46.

apóiam no quadro de referência elaborado por Parsons de onde o autor extrai seu equipamento conceitual. Ele mesmo reconhece que a solução parsoniana, matriz das teorias da tensão, resulta de uma tentativa de conciliar num mesmo quadro teórico os nexos entre sistema social e sistema da personalidade, temática canônica que remonta a Durkheim. Define a ideologia como "reação pautada a uma tensão pautada de um papel social", sendo assim capaz de propiciar uma solução vicária para distúrbios vividos ao nível da personalidade que, por sua vez, são gerados pelo sistema social.

Diante disso, a solução prática de Geertz dá ênfase ao que denomina "o processo autônomo de formulação simbólica" tendo em vista que ambas as teorias mencionadas "procedem diretamente da análise das fontes para a análise das consequências sem nunca examinar com seriedade as ideologias como sistemas de símbolos inter-relacionados, como pautas de significados interfuncionais" [54]. A questão que o preocupa diz respeito, portanto, à maneira de como os "símbolos simbolizam, de como mediatizam os significados", problemática que ocupa lugar de peso no programa da semiologia, do estruturalismo e da linguística. Embora não concordemos com a tacada simplista de Geertz em relação às diversas orientações marxistas de análise da cultura, parece urgente a necessidade de se encontrar uma perspectiva de análise aplicável às diversas linguagens simbólicas — desde a própria ação social entendida como uma sequência significante até o discurso científico — e um quadro teórico suficientemente fecundo a ponto de se poder estabelecer os vínculos que prendem os sistemas simbólicos à estrutura social.

Hoje, quando se fala em ideologia no sentido marxista, convém de imediato saber qual a leitura de Marx que guia os usos do conceito. Entre Gramsci e Adorno, ou então, entre Lukács e Gramsci, os pontos comuns são os que menos contam. Enquanto a escola de Frankfurt incorpora o legado freudiano e, ademais, teve que enfrentar um contexto histórico marcado pelo nazismo e pelo exílio na América, o diálogo de Gramsci se realiza com o idealismo crociano, e seu objeto privilegiado de análise inclui tanto o Risorgimento como os aparelhos ideológicos vigentes numa formação como a Itália onde uma igreja internacionalista aparece como a presença hegemônica na esfera política e simbólica, tendo em mãos o monopólio da educação e da cultura. Por outro lado, em virtude das condições sociais que determinam a produção inte-

(54) *Idem, ibidem*, p. 28.

lectual e científica nas sociedades capitalistas, em especial na área das ciências humanas, a obra de Marx mais parece o cadáver de Polinices insepulto por ordem das incontáveis revisões que, à maneira de Creon, obrigam-na ao velório permanente. A coisa chega a tal ponto que a corrente althusseriana achou por bem fundar uma igreja pronta a erigir uma teoria maiúscula a fim de resguardar o legado marxista do processo real e das ideologias rivais. Atuando à maneira de uma Antígona às avessas, enterrou duas vezes o cadáver do irmão, primeiro ao estabelecer uma separação radical entre "objeto de pensamento" e "objeto real" e, segundo, ao demarcar instâncias regionais que inovaram muito além do que rezam os textos as bases da análise dialética. Sem a pretensão de invocar a autoridade da obra de Marx usando-a como escudo para encobrir formalizações duvidosas, Bourdieu também não pôde furtar-se ao desafio de fazer seu próprio deciframento. Se, por um lado, e é assim que vemos os contornos de sua leitura, parte de uma interpretação aparentemente tradicional do texto célebre — *a Introdução a uma Crítica da Economia Política* — que, até tempos recentes, constituiu o fiel da balança nas discussões acerca do método marxista, por outro, assume o corte entre "objeto de pensamento" e "objeto real" que reelabora, como veremos, em termos próprios [55]. Com esse fim, estabelece uma distinção entre as diversas teorias particulares do sistema social — mormente aquelas construídas pelos "fundadores" — e a teoria do conhecimento sociológico. Esta última vem a ser, ao mesmo tempo, uma epistemologia na medida do possível isenta dos estereótipos tradicionais no tocante à irredutibilidade das ciências humanas, e uma análise das condições sócio-históricas que presidem à produção das obras sociológicas. Sem incorrer no erro de fundar uma "lógica anterior e exterior à história da ciência", como os que pretendem instituir por um ato de vontade e/ou invenção as teorias "maiúsculas" e "totalizantes", Bourdieu se esforça por operar uma reconciliação entre tradições teóricas cujas oposições e dife-

---

(55) Antes, já fizemos alusão a essa distinção, tentando mostrar as implicações teóricas do trecho citado por Bourdieu. Certamente, a leitura dos *Grundisse*, recentemente publicados em espanhol e francês, deverá reabrir com elementos novos os debates em torno do método marxista. No Brasil conhecemos três textos críticos do modelo althusseriano, todos empenhados em "dedar" o rigor formalista e idealista subjacente às principais formulações daquele grupo: José Arthur Gianotti, "Contra Althusser", in *Teoria e Prática*, 3, abril de 1968; Fernando Henrique Cardoso, *Althusserianismo ou marxismo: a propósito do conceito de classes em Poulantzas*. Mérida, 1971, mim.; Miriam Limoeiro Cardoso, "A ideologia como problema teórico", Cap. 2 de sua tese de doutoramento, *Ideologia do Desenvolvimento. Brasil: JK-JQ*. Universidade de São Paulo, 1972.

renças derivam suas razões de ser da própria realidade social de que são o produto[56].

Deixando de lado por ora as críticas ao esquema althusseriano mais tarde remanejado por Poulantzas em alguns pontos essenciais, a leitura de Bourdieu encontra-se muito mais próxima da metáfora espacial — isto é, a estrutura econômica como base e as formas de consciência social ou formas ideológicas como superestruturas. O que estaria de acordo com os que voltam a insistir quanto à validade de uma leitura mais presa ao próprio texto de Marx, onde, na verdade, não se trata em nenhum momento de circunscrever um domínio de realidade para o econômico, outro para o político e um terceiro para o ideológico. Pelo contrário, Marx refere-se às "formas jurídicas, políticas, religiosas, artísticas ou filosóficas, em resumo, as formas ideológicas em que os homens tomam consciência desse conflito e lutam para resolvê-lo". Ao que tudo indica, portanto, a significação mais rigorosa do texto de Marx não parece incluir uma distinção entre níveis ou estruturas; antes, o que está em jogo é uma concepção das superestruturas que envolve tanto o político como as diversas formas e manifestações ideológicas, determinadas pela base econômica definida como o conjunto das relações de produção [57]. O saldo consiste, portanto, numa ênfase das relações entre a base econômica — a estrutura — e as formas de consciência social — as superestruturas. Sem entrar na discussão ociosa a respeito de conceitos práticos e conceitos propriamente teóricos, de onde a corrente althusseriana extrai toda uma postura epistemológica, a rigor o texto de Marx se apóia na idéia de uma totalidade articulada por dois termos, a saber, a estrutura econômica que determina o grau de autonomia relativa de que dispõem as formas ideológicas. Em conseqüência, a metáfora do "edifício social" não tem nada de gratuito pois contém não somente a indicação acerca das esferas da realidade autonomizadas mas também a maneira rigorosa de enfrentar a problemática da determinação. Destarte, "ficam, pois, esboçados, embora não mais do que esboçados, a determinação do econômico, a autonomia relativa e a ação de retorno da superestrutura à base"[58]. Como

---

(56) Ver os trabalhos de Victor Karady a respeito do ambiente social e intelectual francês na segunda metade do século XIX. V. Karady "Normaliens et autres enseignants à la Belle Époque. Note sur l'origine et la réussite dans une profession intellectuelle", in *Revue Française de Sociologie*, vol. XII, nº 1, 1972.

(57) "Sendo assim, o sinal da indicação não seria na direção da *pluralidade* das instâncias, mas na da dominação que as perspassa, que não é algo que se *acrescenta* à multiplicidade das instâncias, mas algo que é fundamental para defini-la", p. 27 do texto citado de M. Limoeiro Cardoso.

(58) M. Limoeiro Cardoso, *op. cit.*, p. 32.

diz F. H. Cardoso, "o horror à problemática do sujeito" e o temor de retomar a lógica hegeliana fazem com que se elabore uma imagem da sociedade essencialmente estática onde, com base na distinção entre relações de estrutura e relações sociais, os agentes da produção são definidos como "suportes" de estruturas, quer dizer, o mesmo que cindir a realidade social entre, de um lado, o domínio das estruturas, e de outro, o domínio das práticas.

Qual a postura que permite a Bourdieu recuperar a tradição materialista do marxismo na linha epistemológica do positivismo francês, tão marcado nos últimos tempos pelo estruturalismo? Tudo se passa como se uma determinada formação social estivesse fundada numa divisão social do trabalho cujos agentes, instituições, práticas e produtos circulam no âmbito de um mercado material e de um mercado simbólico que, por sua vez, encontram-se fundamente imbricados.

A parte final do texto que dá o título à sua última obra publicada [59] pode ser lida em dois registros: de um lado, trata-se de uma crítica implacável aos que impingem as categorias da análise econômica válidas para o sistema capitalista ao estudo das economias "arcaicas", sem levar em consideração o modo singular de imbricação entre a prática propriamente econômica e as demais práticas sociais vigentes nesse tipo de formação social; de outro, contudo, trata-se de uma exposição explícita das premissas históricas que, a seu ver, legitimam sua concepção da estrutura social. Assim, o traço distintivo da economia "arcaica" seria o estado de indiferenciação entre o trabalho produtivo e o trabalho improdutivo, entre o trabalho rentável e o não-rentável, pois ela só conhece a oposição entre quem comete uma falta por não cumprir seu dever social e o trabalhador que leva a cabo sua função própria, socialmente definida, qualquer que possa ser o produto de seu esforço. A oposição entre o tempo de trabalho propriamente dito e o tempo de produção, "princípio de estruturação de toda a atividade técnica e ritual (e por esta via, de toda a visão do mundo)" [60], aparece *socialmente reprimida* a ponto de bloquear qualquer estimativa acerca da eficácia técnica ou da rentabilidade econômica. Em suma, não havendo lugar, nesse tipo de formação, para quaisquer distinções entre atividades "técnicas" economicamente rentáveis e atividades puramente "simbólicas", elas só poderiam surgir a partir da aplicação de categorias alheias à experiência do camponês e como conseqüência do influxo exercido pela

---

(59) Referimo-nos ao texto "Esquisse d'une théorie de la pratique", segunda parte do livro já citado, pp. 153-267.
(60) P. Bourdieu. *Esquisse...*, p. 233 e ss.

dominação econômica e pela generalização das trocas monetárias.

Desta perspectiva, Bourdieu deriva os fundamentos lógicos da distinção teórica capital que estabelece no objeto que constrói — mercado material e mercado simbólico — do processo mesmo da divisão e separação do trabalho. As mesmas condições sociais que conduziram à separação e à divisão do trabalho simbólico, que passa a ter características singulares (afora os traços comuns que compartilha com a produção em geral) são responsáveis pela constituição de teorias puras cuja possibilidade é dada justamente pela omissão da questão acerca das condições em que opera a divisão geral do trabalho. Parece, assim, haver encontrado uma saída para o dilema posto pela distinção entre "objeto de conhecimento" e "objeto real", quando exige uma reflexão sistemática a respeito da prática subjetiva incluindo a própria prática teórica cujo modo de operação e cujos resultados se ligam diretamente às "condições de possibilidade teóricas e sociais da apreensão objetiva e, ao mesmo tempo, dos limites deste modo de conhecimento"[61]. Deste ângulo, a questão pertinente incide sobre as condições sociais necessárias para que uma categoria particular de agentes venha a poder exercer uma atividade de tipo teórico. Ou melhor, como dizia Comte, ao contrário dos proletários, "operadores diretos", "os únicos diretamente às voltas com a natureza" e por este motivo predispostos ao espírito positivo, os burgueses "se ligam sobretudo com a sociedade" e pensam adotando olimpicamente seu ponto de vista[62]. De fato, o trabalho teórico não é outra coisa senão "a experiência de um mundo social sobre o qual pode-se agir, de maneira quase mágica, por signos — palavras ou dinheiro — quer dizer, pela mediação do trabalho de outro (...)"[63]. A atividade teórica repousa, portanto, no *privilégio* e nos casos em que se omite tal fundamento tende-se a omitir a questão das condições sociais de possibilidade da teoria. Não fosse assim, toda e qualquer "teoria pura" deixaria de sê-lo no mesmo momento em que abrisse lugar às determinações exercidas pela divisão social do trabalho cujo esquecimento é o que lhe dá existência.

Nestes termos, justifica-se a ambição de sua teoria regional dos fatos simbólicos que procura enxergá-los antes de tudo no próprio processo através do qual se constitui a di-

(61) Idem, ibidem, p. 156.
(62) A. Comte. *Discours sur l'esprit positif*, citado por Bourdieu in *Esquisse...*, p. 158.
(63) P. Bourdieu. *Esquisse...*, p. 158.

visão do trabalho simbólico, cujos aparelhos, agentes, produtos e representações, correspondem aos diversos domínios da realidade em vias de autonomização. Sem dúvida, o que permeia tal concepção é a idéia de uma situação "arcaica" indiferenciada onde e quando não é possível distinguir entre o trabalho propriamente econômico e o trabalho propriamente simbólico, fato atestado pelo léxico e pelas categorias do pensamento "arcaico". No curso de um processo complexo de divisão do trabalho, chega-se à separação final entre mercado material e mercado simbólico, entre trabalho material e trabalho simbólico, entre empresa de bens econômicos e empresa de bens simbólicos, entre lucro econômico e lucro simbólico, entre empresário econômico e empresário de bens de salvação, entre capital econômico e capital simbólico, e assim por diante, fazendo-se presente em todo o aparato conceitual que dá conta da organização interna do campo simbólico.

Uma vez revelada a economia em sua verdade objetiva, enquanto domínio autônomo da realidade, a tarefa de dissimulação e transfiguração das relações de classe — até então cumprida de outro modo, segundo um outro ritmo — passa a requerer um trabalho institucionalmente organizado por parte das diversas instâncias do campo simbólico. Finda "a idolatria da natureza" que bloqueia a constituição da natureza como matéria-prima e a constituição da ação humana como *trabalho,* estão dadas as condições que acabam por atribuir a função de dissimulação das relações sociais vigentes a empresas simbólicas que contam, a serviço de uma atividade continuada, com um quadro de agentes especialmente treinados, dotados de uma competência estrita, e cujo trabalho está voltado para a produção de bens cujo caráter próprio consiste, em última análise, em "naturalizar", "eternizar", "consagrar" e "legitimar" a ordem vigente. Esta, por sua vez, deve ser entendida como um sistema de relações objetivas fundado na produção de bens econômicos e simbólicos cuja distribuição desigual resulta do passivo de lutas entre os grupos e/ou as classes.

Do momento em que a descoberta do trabalho leva à constituição do "solo comum da produção" e ao "desencantamento de um mundo natural doravante reduzido à sua única dimensão econômica", "as atividades mais sagradas encontram-se negativamente constituídas como *simbólicas,* (...) destituídas de efeito concreto e material, em suma *gratuitas,* vale dizer, desinteressadas mas inúteis" [64]. Com base nas recomendações de Marx, seria absurdo invocar uma "definição restrita do interesse econômico" visando dar conta das economias "arcaicas", uma vez que as categorias teóricas empregadas pela análise econômica constituem, em sua forma acabada, um produto histórico do capitalismo.

E o mesmo processo que dá origem à constituição de domínios relativamente autônomos da prática — ensino, indústria cultural, direito, religião etc. — acaba por constituir um princípio próprio de diferenciação cuja expressão última leva a distinguir entre o capital econômico e o capital simbólico. Bourdieu recusa o materialismo redutor e a separação em que se apóia, qual seja a "dicotomia do econômico e do não-econômico que impede apreender a ciência das práticas econômicas como um caso particular de uma *ciência geral da economia das práticas*, capaz de tratar todas as práticas, inclusive aquelas que se pretendem desinteressadas ou gratuitas, e destarte libertas da economia, como práticas econômicas, orientadas para a maximização do lucro, material ou simbólico" [65].

Passamos, então, a expor o ponto de vista da reprodução que requer um modelo dinâmico, de tipo gerativo, capaz de correlacionar o domínio das estruturas ao domínio das práticas através do *habitus*. O modo de conhecimento praxeológico "tem por objeto não apenas o sistema das relações objetivas que o modo de conhecimento objetivista constrói, mas também as relações *dialéticas* entre estas estruturas objetivas e as *disposições* estruturadas pelas quais elas se atualizam e que tendem a reproduzi-las, vale dizer, o duplo processo de interiorização da exterioridade e de exteriorização da interioridade (...)" [66]. Neste sentido, a incapacidade de pensar a prática como algo distinto da pura execução impede sua incorporação à teoria, fazendo com que a orientação objetivista passe a transformar em enteléquias os objetos construídos pela ciência — "classes sociais", "estruturas", "cultura", "modos de produção" etc. — impingindo-lhe uma eficácia social que dispensa os sujeitos concretos responsáveis pelas ações históricas. Sucede, nesse ponto, uma coincidência entre o formalismo althusseriano e a hermenêutica estruturalista. Pelo fato de que ambos tendem a privilegiar a realidade do modelo em detrimento do modelo da realidade, só conseguem pensar a *praxis* social em termos de uma atualização mais ou menos próxima do sistema de relações cons-

(64) P. Bourdieu. *Esquisse...*, p. 234.
(65) *Idem, ibidem*, pp. 239-240.
(66) *Idem, ibidem*, p. 163.

truído no plano estritamente teórico. Nesse movimento, o modelo da realidade não retém os processos que ocorrem no tempo da história coletiva e, de outro lado, não se dá conta de que o processo real pode transformar a lógica provisória com que opera a ciência. Isto é o mesmo que omitir o influxo permanente que a *praxis* social, em todas as suas modalidades, infunde ao processo de conhecimento.

A filiação do objetivismo althusseriano à postura canônica de Durkheim [67] verifica-se também através da tendência para a *personificação dos coletivos* em frases do tipo "a burguesia pensa que...", "a classe operária não aceita que...", que implicam na existência de uma "consciência coletiva" de grupo e/ou de classe. Como diz Bourdieu, "atribuindo aos grupos ou às instituições disposições que só podem se constituir nas consciências individuais, ainda que sejam o produto de condições coletivas, como por exemplo, *a tomada de consciência* dos interesses de classe, deixa-se de lado a análise de tais condições e, em particular, as que determinam o grau de homogeneidade objetiva e subjetiva do grupo considerado e o grau de consciência de seus membros" [68]. E por esta via, Bourdieu rejeita a teoria da ação enquanto mera execução do modelo (no duplo sentido de norma e de construção científica) e adere à sentença de Marx para quem "as coisas da lógica não devem ser tomadas pela lógica das coisas".

A passagem das estruturas constitutivas de um tipo singular de contexto ao domínio das práticas e representações faz intervir a mediação exercida pelo *habitus,* "sistemas de *disposições* duráveis, estruturas estruturadas predispostas a funcionar como estruturas estruturantes, quer dizer, enquanto princípio de geração e de estruturação de práticas e de representações que podem ser objetivamente "reguladas" e "regulares" sem que, por isso, sejam o produto da obediência a regras, objetivamente adaptadas a seu objetivo sem supor a visada consciente dos fins e o domínio expresso das operações necessárias para atingi-las e, por serem tudo isso, coletivamente orquestradas sem serem o produto da ação combinada de um maestro" [69]. As práticas resultam da relação dialética entre uma *estrutura* — por intermédio do *habitus* como *modus operandi* — e uma *conjuntura* entendida como as condições de atualização deste *habitus* e que não passa de um estado particular da estrutura. Por sua vez, o *habitus*

---

(67) Ver o texto citado de Gianotti, um dos muitos que fazem esta aproximação, a nosso ver, inteiramente fundada.
(68) P. Bourdieu. *Esquisse...,* p. 174.
(69) *Idem, ibidem,* p. 175.

deve ser encarado como "um sistema de disposições duráveis e transferíveis que, integrando todas as experiências passadas, funciona a cada momento como uma matriz de percepções, apreciações e ações, e torna possível a realização de tarefas infinitamente diferenciadas, graças às transferências analógicas de esquemas que permitem resolver os problemas da mesma forma e graças às correções incessantes dos resultados obtidos, dialeticamente produzidas por estes resultados" [70] Com efeito, o *habitus* constitui um princípio gerador que impõe um esquema durável e, não obstante, suficientemente flexível a ponto de possibilitar improvisações reguladas. Em outras palavras, tende, ao mesmo tempo, a reproduzir as regularidades inscritas nas condições objetivas e estruturais que presidem a seu princípio gerador, e a permitir ajustamentos e inovações às exigências postas pelas situações concretas que põem à prova sua eficácia. A mediação operada pelo *habitus* entre, de um lado, as estruturas e suas condições objetivas, e de outro, as situações conjunturais com as práticas por elas exigidas, acabam por conferir à *praxis* social um espaço de liberdade que, embora restrito e mensurável porque obedece aos limites impostos pelas condições objetivas a partir das quais se constitui e se expressa, encerra as potencialidades objetivas de inovação e transformações sociais. O *habitus* vem a ser, portanto, um princípio operador que leva a cabo a interação entre dois sistemas de relações, as estruturas objetivas e as práticas. O *habitus* completa o movimento de interiorização de estruturas exteriores, ao passo que as práticas dos agentes exteriorizam os sistemas de disposições incorporadas.

A ausência de um princípio-mediação como o *habitus* está na base de todas as representações artificialistas da ação coletiva, tanto os que reconhecem "a decisão consciente e meditada como único princípio unificador da ação ordinária ou extraordinária de um grupo ou de uma classe, como aqueles que tornam "a tomada de consciência uma espécie de *cogito* revolucionário, o único capaz de dar existência ao constituí-la como *classe para si*" [71]. Para Bourdieu, o *habitus* constitui o fundamento mais sólido e melhor dissimulado da integração dos grupos ou das classes; o reverso desta postura seria omitir "a questão das condições econômicas e sociais da tomada de consciência" dessas mesmas condições, passo necessário dos que entendem a ação revolucionária — Sartre, por exemplo — como ato absoluto de doação de sentido,

(70) *Idem, ibidem*, pp. 178-179.
(71) *Idem, ibidem*, p. 180.

uma "invenção" ou uma conversão, ou então, dos que confiam "à iniciativa absoluta dos "agentes históricos", individuais ou coletivos, como o 'Partido'(...) a tarefa indefinida de arrancar o todo social, ou a classe, da inércia do 'prático-inerte' " [72]. Nesta direção, o *habitus* aparece como o terreno comum em meio ao qual se desenvolvem os empreendimentos de mobilização coletiva cujo êxito depende forçosamente de um certo grau de coincidência e acordo entre as disposições dos agentes mobilizadores e as disposições dos grupos ou classse cujas aspirações, reivindicações e interesses, os primeiros empalmam e expressam através de uma conduta exemplar ajustada às exigências do *habitus* e através de um discurso "novo" que reelabora o código comum que cimenta tal aliança.

Também poder-se-ia entender o *habitus* em termos de uma recuperação "controlada" do conceito de consciência de classe. Primeiro, em virtude da ênfase conferida ao domínio das práticas onde se constituem os empreendimentos de mobilização conducentes à transformação social em momentos de crise econômica ou conflito político. Segundo, pelo fato de que o *habitus* enquanto *modus operandi* e condição primeira de qualquer objetivação, exige, da parte dos grupos e/ou das classes de agentes, um mínimo de controle e domínio de um código comum, ainda que segundo um registro não-consciente. Ou melhor, o *habitus* seria um conjunto de esquemas implantados desde a primeira educação familiar, e constantemente repostos e reatualizados ao longo da trajetória social restante, que demarcam os limites à consciência possível de ser mobilizada pelos grupos e/ou classes, sendo assim responsáveis, em última instância, pelo campo de sentido em que operam as relações de força. Para além da "comunicação das consciências", os grupos e/ou as classes compartilham das inúmeras competências que perfazem seu capital cultural, como uma espécie de princípio que rege as trajetórias possíveis e potenciais das práticas. É este o único processo, no entender de Bourdieu, em condições de explicar o grau de acordo efetivo de que se revestem as práticas de um mesmo grupo e/ou classe, "dotadas de um sentido objetivo ao mesmo tempo unitário e sistemático, que transcende as intenções subjetivas e os projetos conscientes, individuais ou coletivos" [73]. De outro lado, quaisquer tipos de interação entre grupos e/ou classes encontram-se definidos pela *estrutura objetiva* da relação entre os grupos envolvidos, antes mesmo que suas práticas respondem à *situação conjuntural*.

(72) *Idem, ibidem*, p. 249.
(73) *Idem, ibidem*, p. 183.

Em conseqüência, as ações coletivas de um grupo ou de uma classe aparecem como produto de uma conjuntura, isto é, da conjunção necessária de disposições e de um acontecimento objetivo, uma vez que a "tomada de consciência" requer um tipo determinado de disposições e a posse, direta ou mediata, de um discurso capaz de assegurar o domínio simbólico dos princípios praticamente dominados do *habitus* de classe" [74]. Mediante tal relação dialética, configura-se a conjuntura capaz de transformar em ação coletiva os princípios objetivamente coordenados por estarem associados a necessidades objetivas parcial ou totalmente idênticas, quer dizer, engendradas pelas bases econômicas de uma dada formação social.

O passo seguinte consiste em saber quem são os portadores do *habitus* visto nos termos de uma competência adquirida junto a um grupo e/ou classe homogêneo e, portanto, capazes de atualizá-lo e expressá-lo através de suas práticas. Se não contamos mais com as estruturas enquanto "sujeitos" que delimitam, de antemão, o âmbito destinado à *praxis* dos agentes, cabe apenas recorrer às "pessoas sociais" que constituem grupos e/ou classes em virtude de uma posição presente e passada na estrutura social. Os conceitos de *grupo* e de *classe*, usados quase sempre de modo alternativo nos escritos teóricos, ligam-se às próprias premissas em que assenta tal concepção. Como vimos, a idéia de um processo histórico responsável pela autonomização de domínios específicos da realidade social — cujo resultado mais acabado são campos mais ou menos institucionalizados no interior da esfera simbólica a qual, por sua vez, passa a distinguir-se da atividade econômica entendida como um campo autônomo — torna os corpos de agentes dedicados às diversas atividades simbólicas (os sacerdotes, os empresários da indústria cultural, os artistas etc.) *grupos* cujo trabalho lhes permite fazer valer seus interesses no campo das relações de classe. E a contribuição que trazem à reprodução das relações de força e de sentido entre as classes acaba por lhes conceder certa margem de autonomia. Por esta razão, não convém enxergar seus interesses segundo a óptica redutora que incorpora sem mais quaisquer reivindicações dando-lhes o estatuto redentor de elementos de *classe*. Pelos mesmos motivos apontados, cumpre levar às últimas conseqüências a distinção metodológica entre o campo das relações de classe e o campo das relações entre os diversos grupos que ocupam uma determinada posição no âmbito da divisão do trabalho simbólico. Nesta di-

(74) *Idem, ibidem*, p. 185.

reção, é preciso salientar que a concepção de estratificação social de corte weberiano reelaborada por Bourdieu tem a ver diretamente com a idéia fecunda — presente tanto em Weber como em Gramsci — segundo a qual o campo simbólico, ou melhor, os diversos campos regionais de produção simbólica derivam sua autonomia relativa do trabalho específico realizado por grupos de agentes especialmente treinados, "funcionários" que, embora estejam sempre atendendo aos interesses materiais e ideais das classes, não podem eles mesmos serem considerados em termos de uma definição restrita de *classe* tal como propõem as vulgatas recentes do marxismo e, que por esta razão, se aproximam mais do conceito de *grupo social* tal como é definido por Gramsci. Assim, o sentido rigoroso do texto de Gramsci que serve de epígrafe a este trabalho reside no fato de que as distinções e divisões ideológicas devem-se a "necessidades internas de caráter organizativo, isto é, (...) à necessidade de dar coerência a um partido, a um grupo, a uma sociedade" [75]. Vale dizer, o que se coloca na base das lutas ideológicas entre as diversas igrejas, por exemplo, explica-se em larga medida pelas respectivas necessidades internas de organização e pelos interesses de seus agentes em preservar ou alcançar uma posição hegemônica.

Quando a distinção entre mercado material e mercado simbólico, cujas raízes no processo histórico que conduz ao capitalismo são evidentes, é entendida em termos de uma leitura funcionalista do marxismo, como afirma Poulantzas, tal se deve ao fato de que repõe a problemática do historicismo. Nas palavras do comentarista, "esta interpretação funcionalista (refere-se ao próprio Bourdieu) define a formação social enquanto sistema de estruturas apenas como quadro referencial, objeto de um exame estático, estando o elemento dinâmico-diacrônico deste sistema representado pela 'luta de classes'" [76]. A não ser que se dispense uma teoria da *praxis* social no marxismo, e que se elimine de uma penada todos os itens da problemática historicista — desde a indagação a respeito do "sujeito" até a questão da transformação social — projeto em parte negado num dos últimos textos do próprio Poulantzas [77], não vemos de que maneira escapar de uma concepção do marxismo que, por incrível que seja, se encon-

---
(75) A. Gramsci. *Concepção dialética da história*, p. 118.
(76) N. Poulantzas. *Pousoir politique et classes sociales*. Paris, Maspéro. p. 61.
(77) A conceituação de classe social em Poulantzas sofreu modificações de peso no trabalho recente *Les classes sociales*, 1.R.F.E.D., onde afirma por exemplo: "Produção, nestas sociedades, significa ao mesmo tempo, e num mesmo movimento, divisão em classes, exploração e luta de classes", p. 6.

tra muito próxima da lingüística estrutural em sua tendência de encarar a prática apenas no registro da mera *execução*. Vejamos, então, como isso ocorre.

Tomemos, de início, a noção de prática em geral conforme o sentido que lhe atribui a corrente althusserina: "todo processo de transformação de uma matéria-prima determinada em um produto determinado, transformação que se efetua mediante um trabalho humano determinado e que utiliza meios de produção determinados" [78]. A prática política seria o processo de transformação de relações sociais dadas em novas relações sociais produzidas mediante certos instrumentos políticos, ao passo que a prática ideológica constituiria uma transformação de uma dada "consciência" em uma nova "consciência" produzida mediante uma reflexão da consciência sobre si mesma. Desde logo, mesmo no plano das práticas pode-se constatar o modo singular com que se encara a relação entre as diferentes instâncias, tratadas como "diferentes traduções da mesma frase" o que permite, através da linguagem da "articulação", reencontrar qualquer uma das instâncias a partir de uma delas. Com isso, o princípio de transformação das estruturas consiste, como diz Bourdieu, em uma espécie de partenogênese teórica.

De outro lado, a prática política e a prática ideológica acham-se estreitamente imbricadas pois o *discurso,* constitui, na formulação dos althusserianos, o instrumento de expressão e transformação da prática política. As ideologias seriam as formas de produção política e, sem elas não poderia haver uma prática política, uma vez que esta última remete às ideologias mediante as quais ela se expressa e concretiza sua existência. Por enquanto, aparentemente não estamos longe da posição de Bourdieu para quem não existem puras relações de força. Ademais, "uma vez que a exigência social se formula através delas (ideologias) dentro da prática política, compreende-se que tais ideologias não tenham de modo algum o caráter flutuante e inessencial de uma *nuvem,* como as que havíamos encontrado na prática técnica, mas sim a necessidade essencialmente aderente do *cimento* que mantém o todo em seu lugar (...). Na prática política, *a ideologia é o poder que trabalha".* [79] Afora a referência explícita à concepção de Gramsci — cuja obra constitui sem dúvida uma

---
(78) L. Althusser. "Sur la dialectique matérialiste" in *Pour Marx.* Paris, Maspéro, 1966, p. 167 e ss.
(79) Thomas Herbert. "Reflexiones sobre la situación teórica de las ciencias sociales y de la psicología social en particular" in *El proceso ideológico,* Eliseo Verón (org.), Buenos Aires, Tiempo Contemporáneo, 1971, p. 209.

contribuição capital à sociologia dos intelectuais e da cultura — também não se está distante da postura weberiana cujo núcleo consiste de uma análise da *demanda* que emana das relações sociais. Se produzir significa produzir para alguém, "a demanda que emana das relações sociais determina ao mesmo tempo não só a produção do objeto mas também a maneira em que será consumido" [80]. Pelo menos, quanto a este ponto, todos os autores até agora referidos estariam de acordo. Entretanto, para a corrente althusseriana, a prática ideológica constitui uma maneira de reformular a demanda social, tarefa que se realiza mediante um *discurso*. Nas palavras de Herbert, as práticas ideológicas que "aderem à prática política, 'parecem' ter a função de *anular uma distância, produzindo-a*", quer dizer, produzindo um sistema simbólico, ou melhor, uma linguagem e um discurso que repõem a demanda social — a luta de classes — pelo caminho do encobrimento, da dissimulação, da transfiguração. Por esta via, reforça-se a idéia segundo a qual, no âmbito da prática política, cabe à ideologia fornecer uma realidade expressiva, ou seja, é ela que efetivamente submete as relações sociais vigentes numa dada formação a um tratamento sistemático que acaba por desfigurá-las, podendo então propiciar à prática política sistemas mais ou menos articulados de respostas com que a ideologia dominante sacia a demanda dos dominados. Em suma, a ideologia constitui uma prática no sentido estrito de que transforma as *relações sociais* entre os homens (matéria-prima do trabalho ideológico) em um *discurso* (enquanto sistema articulado), seja sob a forma de um mito (na linha de Sorel via Gramsci), seja sob a modalidade de um sistema. As práticas ideológicas que "funcionam produzindo a resposta a sua própria demanda — isto é, produzindo um 'produto' sob a forma de um discurso", "têm por função a transformação das relações sociais dentro da prática social, de tal modo que a estrutura global desta não se modifique" [81].

A despeito dos pontos comuns que, aparentemente, aproximam inúmeras posições dos althusserianos da concepção expressa por Bourdieu — muitos dos quais se explicam pelo fato de que operam num mesmo campo intelectual — as divergências me parecem muito mais relevantes. A começar pela própria noção de *ideologia* cujo conteúdo é bem mais restrito na obra de Bourdieu, a saber, trata-se de termo reservado para designar as produções eruditas de um corpo de agentes profissionais, como por exemplo as ideologias reli-

(80) *Idem, ibidem*, p. 208.
(81) *Idem, ibidem*, p. 209.

giosas de um corpo de sacerdotes. Em seguida, Bourdieu passa à distinção entre os esquemas geradores das práticas — "que se pode chamar cultura, competência cultural, ou então, para evitar equívocos, *habitus*" [82] — e as representações que envolvem tais práticas. Como vimos, entre as estruturas e as práticas, coloca-se o *habitus* enquanto sistema de estruturas interiorizadas e "condição de toda objetivação". O *habitus* constitui a matriz que dá conta da série de estruturações e reestruturações por que passam as diversas modalidades de experiências diacronicamente determinadas dos agentes. Assim como o *habitus* adquirido através da inculcação familiar é condição primordial para a estruturação das experiências escolares, o *habitus* transformado pela ação escolar constitui o princípio de estruturação de todas as experiências ulteriores, incluindo desde a recepção das mensagens produzidas pela indústria cultural até as experiências profissionais. O objeto para análise não se restringe apenas às práticas dos grupos mas incide sobre os princípios de produção de que são o produto, vale dizer, o *habitus* de classe e os princípios de produção de tal *ethos,* a saber, as condições materiais de existência. Nesta direção, todo o problema consiste em captar o processo pelo qual as estruturas produzem os *habitus* tendentes a reproduzi-las, isto é, produzem agentes dotados de um sistema de disposições conducentes a estratégias tendentes por sua vez a reproduzir o sistema das relações entre os grupos e/ou as classes.

Para tanto, Bourdieu desenvolveu um modelo gerativo por meio do qual visa restituir a trajetória típica das diversas classes do ângulo da reprodução de seu *ethos,* e por conseguinte, de seu capital econômico e simbólico. Neste sentido, os conceitos que melhor espelham tal processo são aqueles que encerram uma dimensão temporal explícita: hereditariedade cultural, futuro de classe, carreira, trajetória social, duração estrutural, geração social, biografia construída etc. Em termos meramente descritivos, teríamos o seguinte esquema gerativo no caso do sistema de determinações da carreira escolar: a) ponto de partida do processo de reprodução — as classes definidas por características econômicas, sociais, culturais, morfológicas e demográficas, dotadas de um *ethos* e de um certo montante de capital econômico e cultural; b) os diversos graus do sistema escolar — primário, secundário, superior etc. — com suas respectivas probabilidades objetivas para cada classe ou fração de classe, sendo que, a cada etapa do processo, o aparelho de produção simbólica — no

(82) P. Bourdieu. *Esquisse...*, p. 255.

caso em pauta, o sistema de ensino —, se encarrega de atualizar o sistema de determinações ligados à classe de origem em função do peso diferente que pode assumir um dado fator tendo em vista a estrutura dos fatores retidos pelo modelo construído no curso das diversas etapas; c) o processo de retradução interna ao sistema de ensino, vale dizer, o peso progressivo das determinações propriamente escolares à medida que nos aproximamos das etapas mais elevadas do *cursus;* d) o ponto de chegada do processo de reprodução que estabelece as margens de possibilidade para a utilização profissional das qualificações obtidas no sistema escolar. Trata-se, pois, de um processo com lucros e perdas no curso do qual os grupos e/ou as classes lutam para conservar ou melhorar sua posição relativa na hierarquia (com o montante de capital econômico e cultural inerente à posição) e manter ou modificar o sentido de sua trajetória. Não fosse o perigo de uma leitura equivocada, nem seria preciso dizer que o ponto de chegada do processo de retradução incessante da competência incorporada, tal como aparece congelado no modelo construído pelo observador, não é senão um estado conjuntural em que se encontra o campo das relações de classe numa determinada formação.

Demais, o trabalho de transformação das relações sociais em ideologias localiza-se não apenas no plano dos discursos, mas envolve a etiqueta, os signos de respeito, em suma, o campo inteiro do "taken for granted", quer dizer, "os atos aparentemente mais insignificantes da vida cotidiana, os atos que a educação e as estratégias de inculcação reduzem ao estado de automatismos, são os princípios mais fundamentais de um arbitrário cultural e de uma ordem política que se impõem segundo a modalidade do evidente (...)"[83]. Logo, não se entende por que conferir eficácia especial ao discurso, e muito menos, debruçar-se nele para lhe aplicar a lógica de mecanismos construídos à imagem das exegeses eruditas cujos resultados apresentam as taxas mais elevadas de redundância. Voltemos, então, às propostas da corrente althusseriana.

Como vimos antes, o que ela propõe não passa de uma transferência para o plano da produção ideológica da combinação geral passível de ser aplicada a qualquer outro tipo de prática que é sempre o efeito combinado de instâncias articuladas. Trata-se de uma combinação específica do objeto (matéria-prima), do instrumento e da força de trabalho que, em cada caso, arma-se de conceitos operatórios adequados. Por exemplo, o discurso elaborado pelas ciências sociais pro-

(83) P. Bourdieu. *Esquisse...*, p. 199.

duz um resultado que constitui "a realização técnica do 'real' sob a égide de uma ideologia de forma técnico-empírica que assegura o sentido do objeto produzido"[84], desde as ideologias das relações humanas na empresa até as teorias da administração. E o núcleo central da forma empirista da ideologia reside na "produção" de um ajuste entre uma "significação" e a "realidade" correspondente. Nestas condições, um discurso ideológico tem como núcleo central "a coerência das relações sociais de produção com base no modelo de um discurso articulado que contém em transparência a lei do ajuste dos sujeitos entre si"[85]. Em outros termos, transforma as relações sociais eliminando os conflitos e ajustando os agentes às suas respectivas posições, além de transferir o fundamento de tais relações para entidades — a divindade, no caso do discurso religioso — e planos em meio aos quais todos os agentes acabam "igualados" e "reconciliados". Todavia, o que mais importa nos trabalhos desse grupo é a montagem de um esquema analítico que acreditam adequado para análise dos produtos ideológicos, ou melhor, dos discursos. Distingue-se a forma empírica da forma especulativa de ideologia; a primeira refere-se à relação entre uma "significação" e uma "realidade", ao passo que a segunda concerne à articulação de significações entre si sob a modalidade geral do discurso. A primeira envolve, ademais, uma função semântica, isto é, a coincidência do significante com o significado, a segunda envolve uma função sintática, isto é, a conexão dos significantes entre si. Por estar muito colada à exigência de propiciar uma resposta à demanda que provém do que delimita como "realidade", a forma empírica acaba atribuindo ao homem/sujeito o estatuto de produtor-distribuidor das significações no âmbito da "realidade" concebida nesses termos. A ideologia especulativa, por sua vez, aponta para a conexão dos significantes entre si, ou seja, para a própria mensagem com que ela se expressa. Dessa tendência resultam dois efeitos persistentes: o "efeito de linguagem" diz respeito à trama de relações que se estabelecem, entre seus materiais significantes, quer dizer, a ênfase recai no enfoque da mensagem como *fait accompli,* como *opus operatum,* como estrutura estruturada, exatamente na linha metodológica em que opera a hermenêutica estruturalista; o "efeito de sociedade" concerne à função de reconhecimento dos sujeitos entre si, forma complicada de dizer que um discurso ideoló-

---

(84) Thomas Herbert. "Notas para una teoría general de las ideologías", in *El processo ideológico,* p. 230.
(85) *Idem, ibidem,* p. 230.

gico constitui uma estratégia de encobrimento das relações sociais objetivas.

Enfim, como era de se esperar, rejeita-se a problemática ligada à gênese dos materiais significantes, o que contradiz frontalmente a exigência de Bourdieu no sentido de se averiguarem as condições materiais e institucionais que determinam a conservação, a reprodução ou a transformação da matriz de significações. Para Herbert, a relação significante/significado resulta de uma propriedade da cadeia significante que produz, pelo jogo de uma necessária polissemia, os "pontos de amarra" pelos quais se fixa sobre o significado. Tal postura remete ao plano interno da própria mensagem a questão das determinações que a realidade exterior exerce sobre ela, pois é o efeito de similaridade metafórica o único a permitir que se formule corretamente o estatuto da realidade externa em face do discurso e, ainda mais, do ângulo propriamente explicativo, é por seu intermédio que se chega às *provas* desta realidade contidas no próprio discurso.

O trajeto proposto por Bourdieu é radicalmente distinto. A inteligibilidade das práticas, dos rituais, é condição necessária para a compreensão do discurso mítico, vale dizer, o discurso enquanto *opus operatum* encobre por meio de suas significações reificadas o momento constitutivo da prática. Sendo o que são, vale dizer, produto de práticas, os sistemas simbólicos "só podem preencher suas funções práticas na medida em que envolvem (...) princípios que são não apenas coerentes — isto é, capazes de engendrar práticas intrinsecamente coerentes e ao mesmo tempo compatíveis com as condições objetivas —, mas também práticos, no sentido de cômodos, quer dizer, imediatamente passíveis de controle e de manipulação porque obedecem a uma lógica pobre e econômica"[86]. Eis o que justifica a recusa de conceder aos sistemas simbólicos uma coerência e uma complexidade maiores do que as que efetivamente possuem e que lhes permitem funcionar nos sistemas historicamente instituídos. Isto porque a aplicação das técnicas e métodos da análise estrutural não leva em conta, em geral, as condições sociais de produção e de utilização dos textos e discursos que examina; tende a privilegiar os discursos e relatos altamente formalizados, relegando a segundo plano as modalidades diversas de acumulação e conservação do saber, os modos de fatura dos bens simbólicos, a formação dos agentes que os produzem e reproduzem, as diferenças impostas pelos diversos modos de transmissão, em resumo, uma série complexa de determinações sociais que não

---

(86) P. Bourdieu. *Esquisse*..., p. 216.

se fazem presentes na textura dos próprios discursos e documentos com que lida o observador e cuja relegação é responsável por uma infinidade de erros de leitura e deciframento das significações sociais aí estabilizadas e reificadas. Por esta via, Bourdieu procura reconduzir o estudo dos sistemas simbólicos às suas bases propriamente sociais, ou melhor, às práticas com que os agentes afirmam seu código (matriz) comum de significações presentes nos objetos, instrumentos e agentes mítica e ritualmente qualificados. Este código ordena-se em torno de um número restrito de oposições que têm como princípio "movimentos ou estados do corpo humano", lugar geométrico que move a *praxis* social *latu sensu* a qual recebe uma tradução mítica que submete o universo inteiro nomeado pelo código a uma divisão lógica, "produto de um mesmo e único *principium divisionis*".

III

Em diversas passagens, o leitor já terá percebido a presença de Max Weber cujos alvos teóricos centrais, mormente a intenção de esclarecer a organização interna dos domínios de realidade autonomizados na prática e nas categorias do processo de racionalização e burocratização conducentes à sociedade capitalista, encontram-se incorporados nos trabalhos de Bourdieu. Poder-se-ia entender a problemática teórica com que lida Bourdieu em termos de um novo tratamento sistemático ao nexo tão insistentemente buscado por Weber, qual seja a relação entre idéias e comportamento econômico. Pois, na verdade, Weber desenvolveu uma indagação quase obsessiva acerca do processo de constituição — com seus avanços e recuos — das categorias econômicas e jurídicas que exprimem as transformações materiais e as mudanças na divisão social do trabalho cujo resultado mais acabado é o sistema capitalista. A idéia de *ascese,* por exemplo, não é outra coisa senão a expressão socialmente determinada de um novo esquema de disposições em face da atividade econômica na empresa capitalista nascente.

E mesmo a noção genérica que Bourdieu possui a respeito do poder lembra de perto a definição weberiana segundo a qual a violência e a força constituem a última *ratio* do sistema de dominação, o que não impede a ênfase concedida por ambos à problemática do simbolismo de que se reveste toda e qualquer dominação. Assim, deixam em suspenso a questão dos aparelhos diretamente repressivos em que se assenta uma determinada forma de dominação em favor dos tipos de legitimidade que consolidam o circuito propriamente político entre dominantes e dominados através dos diversos aparelhos de produção simbólica. O tema central diz respeito portanto, às relações entre sistemas simbólicos — como por exemplo, as crenças religiosas, ou então, a indústria cultural — e o sistema de classes e grupos de *status*, e a estrutura de poder daí resultante. Do ponto de vista diacrônico, haveria um outro foco relevante que incide sobre o processo de mudança e/ou inovação representado pelos portadores das grandes religiões [87].

Com relação ao primeiro tema referido, a teoria da religião weberiana entende o impulso ético de um sistema de dogmas em termos de uma resposta aos interesses materiais e ideais de determinados grupos sociais e, também, como uma resposta aos interesses materiais e ideais do corpo de agentes, interno ao próprio campo religioso. Como se sabe, o alvo último de Weber consiste em compreender o processo de difusão e mobilização através do qual uma dada orientação religiosa pode tornar-se a concepção do mundo dominante para toda uma sociedade.

Segundo Bendix, a imagem da sociedade recorrente na obra de Weber consiste de "um compósito de grupos de *status* cuja divergência parcial de idéias e interesses constitui uma resposta direta para situações de *status* divergentes e cuja convergência parcial de idéias e interesses requer um exame acerca dos conflitos passados e das razões para uma eventual solução nos termos de um padrão de dominação e sujeição"[88]. A despeito do simplismo com que Bendix entende a concepção weberiana da estratificação social, sua leitura se encaminha no mesmo sentido da interpretação dada por Bourdieu [89]. Assim, em virtude de uma postura que privilegia a análise do campo propriamente simbólico, procura-se explorar ao máximo os nexos entre os grupos de *status* (que Weber define como sendo portadores de todas as convenções que se atualizam mediante um dado estilo de vida) e os sistemas simbólicos de que são portadores. Neste sentido, a cultura de uma sociedade deve ser construída como resultado da hegemonia de um grupo e dos conflitos entre as forças mestras no curso de seu desenvolvimento histórico. Emerge daí uma concepção geral da sociedade que implica uma ênfase

---

(87) Em sua exposição do processo de emergência da racionalidade legal, Bendix privilegia os grandes tipos de procedimentos legais e os grupos sociais e instituições que se colocaram à testa deste processo. Ver R. Bendix, *Max Weber an intelectual portrait*. Londres, Methuen, 1966, p. 391 e ss.
(88) R. Bendix, *op. cit.*, p. 259.
(89) Ver o texto "Condição de Classe e Posição de Classe", nesta coletânea.

da dimensão política. E Bourdieu leva às últimas conseqüências a imagem da sociedade como um campo de batalha operando com base na força e no sentido, ou melhor, dando ênfase à força do sentido. Para além das lutas que sucedem no plano material — isto é, segundo Weber, no espaço inclusivo do *mercado* onde os critérios decisivos são a propriedade, a valorização do trabalho e a monopolização das oportunidades de negócios lucrativos — a luta que se desenvolve entre os diversos grupos sociais assume o caráter de um conflito entre valores últimos que se materializam através de um estilo de vida baseado na usurpação do prestígio e na dominação que se exerce por intermédio das instituições que dividem entre si o trabalho de dominação simbólica. Por esta via, a intenção não é elaborar uma teoria culturalista da sociedade, mas sim mostrar o processo histórico das lutas entre classes e grupos sociais, responsável pela imposição de uma "cultura" particular, ou então, segundo o vocabulário de Bourdieu, a matriz das significações dominantes que compõem um arbitrário cultural que mascara tanto o caráter arbitrário de tais significações como o caráter arbitrário da dominação. Demais, tal processo de imposição de uma cultura de classe permite sempre, em alguma medida, o surgimento e a manifestação de sistemas simbólicos a serviço da expressão política e simbólica dos grupos dominados, desde que não ponham em risco o sistema prevalecente de dominação política e simbólica.

Mas o privilegiamento de um campo simbólico visto como um conjunto de aparelhos mais ou menos institucionalizados de produção de bens culturais tem que levar em consideração os corpos de agentes altamente especializados na produção e difusão desses bens. Em outras palavras, o grau de autonomia relativa de que dispõe uma dada instância simbólica deriva, em grande parte, de seu peso e eficácia na tarefa de dominação bem como das determinações singulares que provoca a existência de agentes treinados e ordenados segundo uma hierarquia interna de posições capaz de dar conta de suas disposições, práticas e discursos.

Deixando de lado a concepção do carisma como "um dom que o objeto ou a pessoa possuem por natureza" que, no entender de Bourdieu, constitui o ponto mais frágil da teoria da religião proposta por Weber [90], a ênfase recai no aparato institucionalizado em que se assenta a produção simbólica.

(90) Bourdieu rejeita também a tendência de encarar as relações de sentido entre as classes e/ou grupos como se fossem relações intersubjetivas.

Convém, então, apresentar agora um dado campo simbólico — por exemplo, o campo religioso [91] — em termos de um conflito típico-ideal entre os agentes encarregados de produzir, veicular e consumir um certo tipo de bens. No caso da religião, seguindo-se o modelo construído por Weber, teríamos o corpo de sacerdotes, os leigos, o profeta, e os pequenos empresários da salvação de que são exemplos o mago ou o feiticeiro. Muito embora o plano das significações seja responsável em última análise por um ordenamento sistemático e arbitrário do mundo natural e social, requer, contudo, um aparato mais ou menos institucionalizado que conta a seu serviço com corpos de agentes profissionais cuja produção própria destina-se a grupos e/ou classes ocupando uma posição determinada na estrutura social.

Paralelamente à constituição de uma instância simbólica especializada na produção de determinados bens culturais, dá-se o processo de formação e consolidação de uma unidade política que transfere para a figura de uma divindade o controle e o arbítrio das relações entre os grupos, dissimulando desta maneira a dominação vigente. Nas palavras de Weber, "toda união política permanente tem, em geral, um deus especial que garante o êxito da atividade política coletiva", sendo ademais "exclusivo em relação ao exterior" [92] cunhando uma imagem do estrangeiro que passa a ser visto como antagônico, tanto no plano político como no religioso. Mediante mecanismos de transfiguração, o panteão religioso reproduz a estrutura de poder prevalecente, dando lugar a que grupos dominados possam expressar vicariamente sua existência material e simbólica, precária e indigna, através de santos e divindades especiais. Entretanto, a hierarquia que rege os deuses que integram um panteão deriva sua unidade do monopólio da divindade conquistado pelos deuses da classe dominante. Seja qual for a instância regional — indústria cultural, sistema de ensino, campo religioso etc. —, o processo de simbolização cumpre sua função essencial de legitimar e justificar a unidade do sistema de poder, fornecendo-lhe o estoque de símbolos necessário à sua expressão. No âmbito cultural, as significações constituem mensagens de todo tipo que delimitam o espaço arbitrário em que se movem os diversos grupos e classes que integram uma dada estrutura social.

(91) Num texto anterior, aplicamos este mesmo modelo na descrição e explicação da indústria cultural. Ver Sergio Miceli, *A noite da madrinha*, São Paulo, Perspectiva, 1972, especialmente a "Introdução" do capítulo intitulado "O Campo Simbólico Dependente" e a "Conclusão".
(92) M. Weber. *Economia y Sociedad*, vol. I. México, Fondo de Cultura Económica, 1964, p. 338.

Nas sociedades com elevada unificação material e política e, conseqüentemente, com elevada concentração e unificação simbólica, o papel de encobrimento e dissimulação das relações de força cabe às diversas instâncias internas ao campo cultural. Nestes casos, pode ocorrer que o corpo de sacerdotes profissionais venha a ocupar posição de relevo no sistema de poder, passando então a proteger a ordem sagrada (e por seu intermédio, seus próprios interesses), assim como, em sociedades como a nossa, a universidade prepara quadros de "funcionários da ideologia" [93] dispostos a produzir os discursos condizentes com os interesses dos grupos detentores do poder. Logo, a luta entre deuses não passa de uma modalidade simbólica do conflito objetivo que sucede entre grupos sociais concretos. E as lutas que ocorrem no interior do próprio campo religioso — como por exemplo, nos casos da Índia e do Egito onde a classe sacerdotal detinha a primazia do monopólio de imposição de uma matriz de significações —, remetem de pronto às lutas propriamente políticas que se desenvolvem no âmbito da sociedade global. O que está em jogo no campo simbólico é, em última análise, o poder propriamente político, muito embora não existam puras relações de força a não ser mediatizadas por sistemas simbólicos que, ao mesmo tempo, tornam-nas visíveis e irreconhecíveis pois lhes conferem uma existência através de linguagens especiais encobrindo as condições objetivas e as bases materiais em que tal poder se funda. Assim, o processo de "universalização" do Deus, quer dizer, a expansão do monoteísmo se faz na razão direta da consolidação de uma dominação política unificada, como no caso do império chinês, e corre paralela à formação de um corpo de agentes especializados capazes de administrar o culto em bases "burocráticas" [94]. Através dos obstáculos com que se depara o desenvolvimento do monoteísmo, Weber introduz os agentes estruturais com que constrói sua teoria do campo religioso: a) a presença de uma classe sacerdotal composta por funcionários profissionais capazes de exercer influência sobre os deuses, com todos os interesses materiais e ideais daí resultantes; b) a presença dos leigos (isto é, dos diversos grupos sociais onde se recrutam os adeptos dos diversos cultos) cujo interesse religioso dirige-se tendencialmente para um objeto palpável e próximo de sua situação material; c) a presença da "profecia" enquanto matriz potencial de representação de grupos cujos interesses não são atendidos pela religião dominante institucionali-

(93) O termo é de Gramsci, tendo sido incorporado por Poulantzas e pela corrente althusseriana.
(94) M. Weber. *Economia...*, p. 342.

zada; d) a presença de pequenos empresários religiosos capazes de dispensar bens de salvação, dentre os quais os magos dispostos a intervir junto aos deuses mediante uma "coerção" ou através de manobras com os "demônios".

Assim, os sacerdotes — e por extensão, todo e qualquer corpo de agentes especializados de uma determinada instância simbólica institucionalizada — devem ser considerados em sua qualidade de *funcionários* de uma "empresa" permanente e organizada em moldes "burocráticos" que conta com lugares e instalações especiais para o culto. Recebem uma formação adequada que lhes transmite um saber específico sob a forma de uma doutrina firmemente estabelecida, fonte de toda sua qualificação profissional. Tal "doutrina" é ao mesmo tempo um sistema intelectual e racional e uma ética específica, sistemática e coordenada, cuja difusão se realiza através de um culto regular. Passam ainda por uma aprendizagem das coisas referentes ao culto e dos problemas práticos atinentes à cura das almas, dispondo de uma metafísica racional, modalidade elaborada e erudita das indagações que os leigos fazem acerca do "sentido último da existência", e de uma ética religiosa destinada a regular a vida cotidiana dos destinatários leigos.

Por sua vez, os profetas são produtores e portadores das "revelações" metafísicas ou ético-religiosas, isto é, veiculam "novos" discursos e práticas religiosos em oposição à doutrina estabelecida do corpo de sacerdotes. O profeta é o portador de uma nova visão do mundo que surge aos olhos dos leigos como "revelação", como um mandato divino. Ou então, nos termos de Bourdieu, o profeta é o portador de um "discurso de origem", vale dizer, o intermediário e o anunciador de mudanças sociais. "O poder do profeta tem por fundamento a força do grupo que ele mobiliza por sua aptidão para *simbolizar* em uma conduta exemplar e/ou em um discurso (quase) sistemático os interesses propriamente religiosos de leigos que ocupam uma posição determinada na estrutura social" [95]. Sua figura associa-se à gênese de uma nova ética religiosa e de um novo discurso cosmológico, em concorrência com a religião dominante gerida pela Igreja através do corpo de sacerdotes. Como Bourdieu ressalva, o profeta é menos a "contracultura" do que o protagonista do campo religioso que se torna responsável, em diversas ocasiões, pela assunção, mobilização e organização sistemática das reivindicações e interesses de certos grupos sociais que contes-

---

(95) Ver os textos "Gênese e estrutura do campo religioso" e "Uma interpretação da sociologia da religião de Max Weber", nesta coletânea.

tam, por seu intermédio, a própria tradição dominante. Ao invés de ele se apoiar no carisma pessoal, como Weber assinalou, sua força simbólica deriva em última instância do poder político que ostentam os grupos sociais de quem se faz representante. Isto significa que a questão do profeta deve ser pensada forçosamente através de sua relação com os leigos e de sua relação com o sacerdócio que os leigos contestam através de sua pessoa. Assim, compreende-se melhor a necessidade de determinar em cada caso particular, "as características sociologicamente pertinentes de uma biografia singular que fazem com que um determinado indivíduo encontre-se *socialmente* predisposto a sentir e a exprimir com uma força e uma coerência particulares, disposições éticas ou políticas já presentes em estado implícito, em todos os membros da classe ou do grupo de seus destinatários"[96]. Sendo o construtor e o portador de uma contralegitimidade, o profeta dispensa uma salvação *gratuita*. Todavia, diversamente de Bourdieu, Weber procura mostrar que, embora os profetas se envolvam na "política social", tais ações constituem meios para um fim, isto é, o fundamento de seu poder reside em seu carisma pessoal e não em uma delegação de interesses que assume.

Por extensão, Weber aproxima os profetas dos mestres intelectuais de salvação (os "gurus" indianos), dos reformadores sociais, dos moralistas filósofos, dos publicistas políticos, em suma, de todos os portadores de contralegitimidades que contestam a legitimidade da cultura e da tradição dominantes, de todos os portadores de contra-ideologias, de contra-sabedorias etc. Em termos simples, o profeta constitui o exemplo típico-ideal de um agente social de inovação e mudança. Entretanto, a revelação profética também se baseia em uma "visão unitária da vida alcançada por meio de uma atitude consciente, de sentido unitário pleno", fazendo com que a vida e o mundo, bem como os acontecimentos sociais e cósmicos sejam preenchidos por certos sentidos no âmbito de sua visão do mundo. O discurso profético seria, então, uma tentativa de sistematizar e ordenar todas as manifestações da vida, de coordenar todas as ações humanas através de um estilo de vida.

Destarte, o campo religioso apresenta-se como uma luta entre três protagonistas centrais: os sacerdotes, os profetas e os leigos, sendo que os dois primeiros constituem agentes a serviço da sistematização e racionalização da ética religiosa

(96) Trecho de "Uma interpretação da sociologia da religião..." nesta coletânea.

cujo alvo último é o grupo de leigos. O que os separa não é tanto sua tarefa mas sim sua posição respectiva em face das relações de força vigentes; os sacerdotes como funcionários profissionais a serviço de uma empresa religiosa que administra e reproduz a matriz de significações impostas pela cultura da classe dominante, e os profetas como portadores de um discurso e uma prática "novos" e exemplares que representam as demandas de grupos sociais fora do poder. Por último, os leigos ocupantes de posições determinadas na estrutura social confundem-se com os grupos e/ou as classes sociais onde são recrutados e de cuja situação material e simbólica derivam seus interesses, valores, disposições, constituindo, desta maneira, o fiel da balança no interior do campo religioso. Do resultado das lutas entre os diversos grupos de leigos e de suas relações com os sacerdotes e com os profetas, bem como do grau de autonomia de que dispõe a igreja dominante, teremos as diferentes modalidades de remanejamento do próprio campo religioso: pode haver incorporação do sacerdócio pela profecia, pode ocorrer a aniquilação do profeta etc. Nas palavras de Weber, "o caráter sagrado da nova revelação está contra o sagrado da tradição e, conforme o êxito das duas demandas, a classe sacerdotal celebra compromissos com a nova profecia, adota-a, supera-a, elimina-a ou é eliminada" [97]. Embora ainda tenha que enfrentar outros elementos, como por exemplo o tradicionalismo e o intelectualismo leigos, o sacerdócio constitui a única força social capaz de entronizar a nova doutrina vencedora, ou então, reelaborar sistematicamente a doutrina tradicional nos casos em que consegue derrotar os ataques proféticos.

Nestas condições, sacerdotes e profetas se colocam em termos de um *continuum*: de um lado, a tradição, a regularidade, a continuidade, a legitimidade, a domesticação e, de outro, a ruptura, a mudança, a crítica, a contralegitimidade. O profeta, seu corpo de auxiliares permanentes e o círculo mais amplo de adeptos leigos, configuram as bases de assentamento de uma nova religião canônica. O resultado desta interação vem a ser o que Weber denomina *congregação*, produto das exigências cotidianas visando assegurar a continuidade da "revelação". A congregação confere existência econômica à profecia pois lhe propicia seus fundamentos e suas bases materiais (dinheiro, serviços, alimentação) em troca das esperanças de salvação. Contudo, pelo fato de que tal situação não é de interesse dos encarregados do culto, estes procuram transformar a adesão pessoal em uma congregação

(97) M. Weber. *Economia...*, ed. cit., p. 367.

onde o ensino do profeta passa a constituir tarefa de uma instituição permanente, de uma igreja. Neste processo, os discípulos do profeta transformam-se paulatinamente em sacerdotes ou curas de almas e exercem sua ação através da congregação dos leigos.

Estamos agora no âmbito mesmo da atividade simbolizadora que se traduz em primeiro lugar por uma classificação que separa o sagrado do não-sagrado, impondo tal divisão à crença dos grupos leigos, seus destinatários. Demais, cabe ao sacerdócio produzir os instrumentos e os meios adequados à transmissão e à inculcação de sua doutrina: manuais, livros canônicos, dogmas etc. E a produção de tais instrumentos é tanto maior nas situações de crise por que passa o campo religioso, quando se torna necessário enfrentar as doutrinas concorrentes pela consagração do sentido que se associa à tradição dominante.

No geral, a posição central de Weber aproxima-se da tradição materialista que enfatiza na religião — e por extensão, qualquer outra instância ou sistema simbólico — suas funções extra-religiosas, isto é, econômicas e políticas. Neste sentido, os exemplos de Weber procuram mostrar a religião como garantia e proteção, justificação e legitimação de interesses econômicos e sociais: proteção de bens materiais, proteção da propriedade, proteção das barreiras sociais etc. A religião serve interesses extra-religiosos na medida em que instaura um sistema de símbolos ordenados em torno de uma ética. Na verdade, não passa de um sistema de regras e normas, de um *habitus* que orienta as condutas e os pensamentos dos leigos, de acordo com uma doutrina que justifica a ordem social prevalecente numa determinada sociedade. A eficácia desta doutrina acerca da ordem do mundo reside no fato de que retira do plano das relações sociais objetivas o arbítrio e o controle desta ordem, que passa a ser entendida como produto de uma vontade divina e inacessível.

Entretanto, a contribuição original de Weber encontra-se num segundo ponto, qual seja seu esforço em demonstrar os fundamentos sociais das atividades de simbolização. Procura aliar uma indagação a respeito do papel econômico e político (sobretudo este último) da religião a uma investigação a respeito dos protagonistas centrais dos sistemas simbólicos entendidos como aparelhos institucionalizados de produção. Neste sentido, sua teoria da religião vale como paradigma de análise sociológica da composição social interna de qualquer sistema simbólico. Importa menos saber qual a teoria sociológica que informa tal análise histórico-comparativa. É fácil perceber que trabalha com os instrumentos e o equipamento conceitual que ele mesmo "canonizou" através de sua postura historicista: os tipos ideais, a noção de carisma, o conceito de estamento, para citar apenas alguns dos principais. Muito mais importante é sua tentativa de identificar os protagonistas sociais que se defrontam no campo de batalha religioso. Sua caracterização desses agentes possibilita, ademais, referir a produção de bens simbólicos às demandas singulares por parte das classes e estamentos, sujeitos últimos de quaisquer significações.

Vai ainda mais longe ao perceber que a eficácia de uma dada doutrina ou discurso simbólico reside justamente na transfiguração que opera da ordem social ao criar uma realidade segunda que cimenta pela dissimulação o sistema de relações sociais objetivas.

Segundo Weber, o discurso do agente religioso, seja ele sacerdote ou profeta, não constitui mero epifenômeno da realidade social. Sem os símbolos que são os materiais significantes que a doutrina transmite como se fossem significações não-arbitrárias, não pode haver expressão de uma esfera propriamente econômica e muito menos uma estrutura de poder. Os discursos, os ritos e as doutrinas constituem não apenas modalidades simbólicas de transfiguração da realidade social, mas sobretudo ordenam, classificam, sistematizam e representam o mundo natural e social em bases objetivas e nem por isso menos arbitrárias. Quer dizer, a reelaboração simbólica que um discurso efetiva é parte integral da realidade social e, por esta razão, tal realidade é também constituída, ou melhor, determinada pela própria atividade de simbolização. Ao contrário de inúmeras correntes contemporâneas preocupadas com a análise da lógica interna dos sistemas de signos, a contribuição weberiana apresenta sua dimensão mais consistente nos momentos em que consegue aliar uma análise das funções externas (econômicas e políticas) ao sentido interno para cuja compreensão exige o concurso de fatores propriamente sociais, como por exemplo as injunções derivadas da própria organização interna de um determinado aparelho de produção simbólica. Afinal, não basta refinar o modelo canônico que remete de pronto e sem mediações os símbolos aos interesses materiais e simbólicos das classes e/ou dos grupos sociais; convém, antes, proceder à investigação dos processos de produção simbólica para o qual concorrem de maneira determinante os próprios agentes produtores dos diversos aparelhos e instâncias do campo simbólico.

Deste ângulo, *o símbolo serve tanto para exprimir certas demandas por significados como também* — o que não é de modo algum menos relevante — *constitui tal expressão na medida em que lhes oferece os materiais significantes com que se veiculam as significações visadas pelos interesses e reivindicações dos diversos grupos sociais.*

Sergio Miceli

A Economia das
Trocas Simbólicas

1. Condição de Classe e Posição de Classe*

Acaso os sociólogos sempre empregam a palavra *estrutura* num mesmo sentido quando falam de "estrutura social"[1]? No entanto, é preciso indagarmos em que medida as partes constitutivas de uma sociedade estratificada, classes ou grupos de *status*, formam uma estrutura, isto é, atendo-nos a uma definição minimal, se e em que medida tais partes mantêm entre si outras relações além da mera justaposição e, por conseguinte, manifestam propriedades que resultam de sua dependência relativamente à totalidade. Mais precisamente, de sua posição no sistema completo das relações que determina o sentido de cada relação particular.

Levar a sério a noção de estrutura social supõe que cada classe social, pelo fato de ocupar uma posição numa estrutura social historicamente definida e por ser afetada pelas relações que a unem às outras partes constitutivas da estrutura, possui *propriedades de posição* relativamente independentes de propriedades intrínsecas como por exemplo um certo tipo de prática profissional ou de condições materiais de existência[2].

---

(1) "O termo estrutura é, algumas vezes, utilizado de acordo com o senso comum, como quando falamos de estrutura de uma dança. Seu significado enfatiza por vezes a forma, ou a organização. Tal ocorre com a expressão "estrutura social" que tende a substituir "organização social" aparentemente sem acrescentar novos conteúdos ou ênfases diferentes de significados." A. L. Kroeber, "Structure, Function and Pattern in Biology and Anthropology", *The Scientific Monthly*, LVI (1943), pp. 98-120.

(2) "Desta maneira, escreve Radcliffe-Brown, (...) quando tratamos de um sistema estrutural, lidamos com um sistema de *posições* sociais, ao passo que, no caso de uma organização, lidamos com um sistema de *papéis*." In *Structure and Function in Primitive Society*. Londres, 1963, p. 11.

(*) "Condition de classe et position de classe", originalmente publicado in *Archives Européennes de Sociologie*, VII (1966), pp. 201/223. Tradução de Sônia Miceli, com base numa versão ligeiramente modificada pelo autor.

Por exemplo, podemos, como faz Weber, isolar na condição do camponês o que ela deve à situação e à prática de trabalhador da terra, ou seja, um certo tipo de relação com a natureza, feito de dependência e submissão e correlativo de determinados traços recorrentes da religiosidade camponesa, ou o que deve à posição do camponês numa dada estrutura social. Apesar de esta posição ser bastante variável segundo as sociedades e as épocas, é sempre dominada pela relação com o citadino e com a vida urbana. Daí Redfield sustentar que o camponês, enquanto tipo humano, só pode ser definido se referido a cidade ", sendo a relação com o citadino e com a vida urbana sob todos os aspectos uma das características constitutivas da existência camponesa: "o caçador ou o aldeão 'pré-civilizado' é 'pré-letrado'; o camponês é iletrado" [4]. E assim como alguns traços universais da religião camponesa dependem da situação e da prática do camponês, outros só se tornam compreensíveis quando referidos à sua posição. Assim, na Argélia tradicional, a religião rural extrai inúmeras características do fato de julgar-se sempre em relação à religião urbana e de interpretar a forma e a significação de suas práticas segundo as normas da religião islâmica. Sem dúvida, as propriedades de posição e as de situação só podem ser dissociadas por uma operação do espírito — pelo simples fato de que a situação de classe pode também ser definida como posição no sistema de relações de produção e, sobretudo porque a situação de classe define a *margem de variação*, em geral muito pequena, deixada às propriedades de posição. Todavia, a única maneira de medir o valor desta distinção consiste em provar sua fecundidade heurística.

Se, segundo a distinção de Wertheimer [5], a classe social não é apenas um "elemento" que existiria em si mesmo, sem ser em nada afetado ou qualificado pelos elementos com os quais coexiste, mas é também uma "parte", ou seja, um elemento constituinte determinado por sua integração numa estrutura, vemos que a ignorância das determinações específicas que uma classe social recebe do sistema de suas relações com

---

(3) "(A palavra 'camponês'), tal como vem sendo usada, para designar qualquer comunidade de pequenos produtores para o mercado, devemos reservá-la para designar um novo tipo. Este tipo precisa da cidade para existir. Não havia camponeses antes das primeiras cidades. E aqueles povos primitivos sobreviventes, que não vivem nos moldes urbanos, não podem ser considerados camponeses (...) O camponês é um nativo do meio rural cuja organização de vida, embora há muito tempo já fixada, leva bastante em conta a cidade." R. Redfield. *The Primitive World and its Transformations*. New York, Cornell University, 1961, p. 31.
(4) *Idem*, p. 36.
(5) Wertheimer. "Untersuchungen zur Lehre von der Gestalt". In *Psychogische Forschung*, I, 1921, pp. 45-60.

as outras classes pode levar-nos a estabelecer identificações falsas e a omitir analogias reais. Neste sentido, o sistema de critérios utilizado para definirmos esta ou aquela classe social numa pequena comunidade, uma vez aplicado a uma cidade grande ou à sociedade global, determinará uma categoria estruturalmente bem diferente. Por exemplo, a classe superior de uma cidade pequena apresenta a maioria das características das classes médias de uma cidade grande; isto não significa apenas, como Lipset e Bendix [6] sugerem, que os membros dos círculos mais fechados da sociedade da província seriam freqüentemente excluídos dos círculos equivalentes de uma cidade grande, mas, quer dizer, acima de tudo, que, colocados em posições sociais estruturalmente diferentes, eles se distinguem por inúmeras condutas e atitudes dos indivíduos com os quais podem partilhar certas características econômicas, sociais e culturais [7].

Considerar propriedades de posição deve impedir os sociólogos de transferirem indevidamente esquemas descritivos e explicativos de uma sociedade à outra, ou a uma outra época da mesma sociedade. Mas, ao mesmo tempo não os colocaria diante da alternativa — bem conhecida pelos etnólogos [8] — do universalismo abstrato e vazio da ideografia, que a preocupação com recolocar cada grupo ou cada traço cultural na rede de suas relações com os outros grupos ou com os outros traços de cada sistema particular torna incapaz de apreender as formas e os processos comuns? De fato, quando Marx fala de objetivismo pequeno burguês [9], ou quando

(6) S. M. Lipset e R. Bendix. "Social Status and Social Structure: A Re-examination of Data and Interpretations: II". In *The British Journal of Sociology*, II, 1951, pp. 230-254.

(7) Assim, uma vez que a significação e a função que cada classe social confere à fotografia, se definem em oposição às significações e funções que lhe são conferidas pelas outras classes, a prática fotográfica que as classes altas, sobretudo em Paris e na região parisiense, tendem a recusar como vulgar porque muito difundida, pode encontrar, em outros contextos, seu valor de signo de "distinção" estatutária. Mais afastada do centro dos valores culturais, com menos ocasiões de se entregar a distrações nobres, a burguesia das cidades médias da província pode ver, numa prática semelhante à das classes médias de Paris, um meio de exprimir uma posição diferente numa estrutura social diferente. Por sua vez, a pequena burguesia emancipada, num burgo do sudeste da Córsega, revela — através de uma adesão, às vezes fervorosa, a uma prática copiada da sociedade urbana, sede de toda distinção — o desejo de livrar-se dos lazeres rotineiros, encontros no café ou noitadas familiares, e de romper com a rotina monótona de uma sociedade tradicional que organiza os encontros sociais muito mais segundo as relações de parentesco do que segundo a diversidade de condições. Ver P. Bourdieu e outros, *Un Art Moyen, essai sur les usages sociaux de la photographie*, Paris, Éd. de Minuit, 1965.

(8) Ver A. R. Radcliffe-Brown. "The Comparative Method in Social Anthropology". In *Method in Social Anthropology*, M. N. Srinivas (org.), Chicago, The University of Chicago Press, 1958, pp. 109-110, e C. Lévi-Strauss "La Sociologie Française." In *La Sociologie du XXe siècle*, Paris PUF, 1947, p. 536.

(9) "O democrata — porque representa a pequena burguesia que é uma classe intermediária, no seio da qual se conjugam os interesses de duas classes

Weber atribui a cada classe ou a cada grupo de *status,* como camponeses, burocratas, guerreiros ou intelectuais, propriedades transistóricas ou transculturais, tais como uma certa atitude diante do mundo ou um tipo certo de religiosidade [10], ambos dão por resolvida a questão das *condições da comparabilidade* de "partes" de estruturas diferentes, e da validade das leis gerais em sociologia, questão análoga à que se coloca à etnologia estrutural quando pretende comparar traços culturais inseridos em culturas de estruturas diferentes [11].

Se é verdade que duas classes (ou duas sociedades), definidas por condições de existência e práticas profissionais idênticas ou semelhantes, podem apresentar propriedades diferentes quando, inseridas em estruturas sociais diferentes, ocupam posições estruturalmente diferentes [12] e, inversamente, se duas classes (ou dois grupos), caracterizadas por condições de existência e práticas profissionais diferentes, podem apresentar propriedades comuns porque ocupam posições homólogas em duas estruturas diferentes, o estabelecimento de proposições gerais, transculturais e transistóricas não pode resultar da simples aproximação de casos isolados do contexto histórico e social em que estão inseridos. Como observa Georges Dumézil, "o comparatista deve se ater às estruturas, tanto ou mais do que a seus elementos" [13]. A comparação só pode ser feita efetivamente entre *estruturas* equivalentes ou entre partes estruturalmente equivalentes das mesmas. Da mesma forma que um circuito elétrico e um circuito hidráulico que tenham estruturas semelhantes apresentam propriedades análogas — no sentido de que estas propriedades podem ser traduzidas da linguagem da eletricidade para a linguagem hidráulica, com uma correspondência biunívoca dos elementos de cada estrutura — assim também as estruturas sociais de duas sociedades diferentes podem apresentar propriedades estruturalmente equivalentes, a despeito das diferenças profundas ao nível das características objetivas (e em particular, as econômicas) das classes que as constituem. A

opostas, — imagina que está acima dos antagonismos de classe." K. Marx. *Le 18 Brumaire de Louis Bonaparte.* Paris, Éd. Sociales, 1963, p. 45.

(10) O capítulo de *Wirtschaft und Gesellschaft* (Economia e Sociedade) intitulado "Stände. Klassen und Religion", contém exemplos particularmente típicos de proposições gerais sobre as classes em sua universalidade (Colônia-Berlin, Kiepenheuer und Witsch, 1964, vol. I, pp. 368 e ss.)

(11) Ver A. R. Radcliffe-Brown. "The study of Kinship systems". In *Structure and Function in Primitive Society.* Londres, 1963, pp. 53-54, 86-87 e 194.

(12) Isto é igualmente verdadeiro para as línguas e culturas: "Duas culturas, escreve C. Kluckhohn, podem ter inventários quase idênticos e ser, entretanto, extremamente diferentes." *Mirror for Man.* New York, McGraw-Hill, 1949, p. 34.

(13) G. Dumézil. *L'héritage indo-européen à Rome.* Paris, Gallimard, 1949, p. 38.

distinção entre uma apreensão estrutural e uma apreensão "realista" das classes sociais seria gratuita, se não permitisse submeter cada classe social a uma interrogação mais sistemática e metódica. E ganharíamos ao menos em clareza se observássemos que dentre as proposições gerais sobre classes sociais existem aquelas que, aplicando-se a unidades definidas exclusiva ou primordialmente por sua posição diferencial em uma estrutura social, estabelecem ligações regulares entre *posições homólogas* e entre certas características das unidades localizadas nestas posições, ao passo que outras proposições aplicáveis a grupos definidos exclusiva ou primordialmente por sua situação, estabelecem relações entre situações que podem ser consideradas idênticas ou semelhantes (na medida em que não devem nada ou muito pouco ao contexto histórico-cultural) e certas características dos grupos colocados nestas situações. Ao primeiro tipo pertenceria, por exemplo, a proposição que encontramos com ligeiras variações em Sombart e Weber, segundo a qual o ressentimento, sob os disfarces da indignação moral, está historicamente associado a uma posição inferior na estrutura social, ou em termos mais precisos, à pertinência à camada inferior das classes médias. Ao segundo tipo pertenceria a proposição, segundo a qual a insegurança econômica (associada, entre outras coisas, à instabilidade de emprego) impede que os subproletários possam constituir um corpo coerente de reivindicações econômicas e sociais.

É óbvio que a força explicativa das proposições de tipo estrutural varia consideravelmente de acordo com a posição das classes sociais às quais são aplicadas, e conforme o grau em que as propriedades de posição são irredutíveis às propriedades de situação. Talvez não seja por acaso que as proposições universais acerca dos subproletários estabeleça relações entre os determinismos objetivos, que definem a situação e as atitudes ou as representações que constituem efeito direto destas condições interiorizadas. Por sua vez, as proposições sobre as classes médias — cujas condutas são bem menos determinadas pelas respectivas condições materiais, dependendo muito mais de uma posição definida dinamicamente — são evidentemente de tipo estrutural.

A posição de um indivíduo ou de um grupo na estrutura social não pode jamais ser definida apenas de um ponto de vista estritamente estático, isto é, como posição relativa ("superior", "média" ou "inferior") numa dada estrutura e num dado momento. O ponto da trajetória, que um corte sincrônico apreende, contém sempre o sentido do *trajeto social*.

Logo, sob pena de deixar escapar tudo o que define concretamente a experiência da posição como etapa de uma ascensão ou de um descenso, como promoção ou regressão, é necessário caracterizar cada ponto pela diferencial da função que exprime a curva, isto é, por toda a curva. Em conseqüência, podemos distinguir *propriedades ligadas à posição definida sincronicamente e propriedades ligadas ao futuro da posição*. Assim, duas posições aparentemente idênticas do ponto de vista da sincronia podem se revelar muito diferentes quando referidas apenas ao contexto real, isto é, ao futuro histórico da estrutura social em conjunto, e portanto, ao futuro da posição. Ao contrário, indivíduos (por exemplo, os que Jurgen Ruesch denomina *climbers* — indivíduos em vias de ascensão — ou *strainers* — indivíduos que aspiram em vão à ascensão — ou ainda os que Harold L. Wilensky e Hugh Edwards chamam *skidders* — indivíduos em declínio) ou grupos (classes ascendentes ou classes em declínio) podem ter propriedades comuns na medida em que lhes seja comum, se não a trajetória social, ao menos o sentido ascendente ou descendente de seu trajeto [14].

Para mostrar que duas classes sociais que ocupam a mesma posição (sincronicamente, mas sobretudo diacronicamente) em estruturas sociais diferentes, podem apresentar certo número de propriedades comuns, a despeito das diferenças de situação que uma definição aristotélica registraria mecanicamente, — e isto tanto mais, evidentemente, por deverem suas propriedades à sua posição diferencial — basta um exemplo: "Podemos distinguir na sociedade elisabetana, afirma Louis B. Wright, um amplo grupo médio cujas preocupações eram comerciais e cujos interesses intelectuais estavam marcados pelas *particularidades de seu lugar na ordem social*" [15]. Situada a meio caminho entre, de um lado, a classe alta composta pela nobreza de títulos, pela nobreza de terras e pelos membros das profissões eruditas e, de outro lado, os camponeses iletrados, os pequenos artesãos e os trabalhadores não-qualificados, a classe média compunha-se principalmente de mercadores e artesãos abastados, desenvolvia um estilo de vida original, opondo suas virtudes de poupança aos lazeres ruinosos da nobreza e à pobreza imprevidente das

---

(14) J. Ruesch. "Social Technique, Social Status and Social Change in Illness",In C. Kluckhohn e H. A. Murray. *Personality in Nature, Society and Culture.* New York. Alfred Knopf, 1964, pp. 131-132; H. L. Wilensky e H. Edwards. "The Skidder: Ideological Adjustments of Downward Mobil Workers." *American Journal of Sociology,* XXIV (1959), pp. 315-331.

(15) L. B. Wright. *Middle-Class Culture in Elisabethan England.* Chapel Hill, The University of North Carolina Press, 1935, Prefácio, VII. O grifo é nosso.

classes populares. A descrição deste estilo de vida aponta inúmeros traços que, sobretudo em matéria de atitudes com relação à educação e à cultura, seriam válidos, afora um certo colorido circunstancial, para as classes médias de nossa sociedade: a crença no valor da educação como instrumento de ascensão social, como "meio de curar os males sociais, de produzir felicidade e tornar a humanidade mais sábia, mais rica e mais piedosa" [16], a reivindicação de uma educação "prática" capaz de propiciar um treinamento na futura profissão, a estética "utilitarista" que leva a julgar o valor de um livro segundo sua utilidade (daí, por exemplo, os prefácios e dedicatórias declarando as virtudes das obras ou invocando intenções didáticas e morais). E os burgueses elisabetanos exprimem, através do interesse pelas obras de vulgarização histórica e científica (que florescem ao mesmo tempo que os manuais de *savoir vivre*), ou através de seu desprezo suspeitoso pela ficção frívola, o mesmo *ethos* dominado pelos valores de utilidade e seriedade, a mesma boa vontade cultural e a mesma tentativa ansiosa de identificação com a cultura (cultura objetiva e cultura objetivada) da elite que levam os pequenos burgueses de nossa sociedade a lerem *Ciência e Vida, História,* ou a literatura de marca que são os prêmios literários [17].

Desta forma, a abordagem estrutural permite captar, pelo estudo sistemático de um caso particular, traços transistóricos e transculturais, que aparecem, com poucas variações, em todos os grupos com posições equivalentes. Pode-se sugerir, sem entrar nos detalhes de uma análise minuciosa, que a pequena burguesia, classe de transição que se define fundamentalmente por aquilo que não é mais e pelo que ainda não é, extrai inúmeras atitudes, tal como sua inclinação para o objetivismo, de uma posição de dupla oposição, em relação às classes superiores e em relação às classes populares. Não é por acaso que há muitos pontos em comum entre as célebres descrições de Groethuysen nas *Origens do Espírito Burguês na França,* as de Sombart em *O Burguês,* as de Goblot mostrando em *A Barreira e o Nível* que algo

---

(16) *Idem.,* p. 44.

(17) Igualmente, Dina Bertoni Jovine mostra que na Itália, na segunda metade do século XIX, a literatura de vulgarização atinge sobretudo as classes médias: "O público destas classes era o mais aberto para sofrer a influência destes livros: um público que reconhecia, de boa vontade, nos exemplos de trabalho e de honestidade, o reflexo de sua própria existência e da de seus pais, e que abominava a violência e a desordem; pessoas que estavam a salvo da incerteza econômica e que haviam superado uma condição social modesta, ao preço de paciência, constância, inteligência e atividade, mas também de sacrifícios e renúncia." Ver *Storia dell'educazione popolare in Italie* Bari, Universale Laterza, 1965, p. 318.

do rigor jansenista se havia conservado na pequena burguesia francesa dos séculos XIX e XX, ou as de Max Weber sobre a afinidade estrutural entre o espírito da burguesia nascente e o puritanismo, ou ainda as que os sociólogos, psicólogos e psiquiatras americanos fazem do "indivíduo modal" das classes médias (ou seja, do pequeno burguês, caso tomemos como referência à estrutura particular de nossa sociedade)[18]. Portanto, o rigor das classes médias que se manifesta, por exemplo, numa primeira educação mais rígida e repressiva, e que se opõe tanto ao liberalismo (*permissiveness*) das classes populares quanto ao laxismo das classes superiores, apresenta, sem dúvida, uma afinidade estrutural com sistemas éticos ou religiosos que exaltam o trabalho, o esforço, a seriedade, a moderação e a poupança [19]. Não é nada absurdo reconhecer, na oposição entre aqueles que hoje esperam a salvação escolar e intelectual da ascese das obras e aqueles que a esperam da graça dos dons, uma forma moderna do debate entre o ascetismo jansenista da burguesia ascendente e o laxismo jesuítico da burguesia enriquecida. Quase impossível não nos surpreendermos diante da analogia entre as expectativas (freqüentemente difusas e confusas) que as crianças das classes populares e médias trazem para o universo escolar e que, se explicitadas e sistematizadas, poderiam conduzir à reivindicação de uma pedagogia racional — fundada no estabelecimento de um contrato que define explicitamente aquilo que pode ser exigido, e na racionalização das técnicas de transmissão da cultura e de controle do saber — e as expectativas da burguesia ascendente em matéria de salvação: "Deus, insensivelmente, ver-se-á substituído por uma lei, uma constituição, e os destinos humanos serão regulamentados de modo que a criatura possa saber exatamente o quanto falta para sua salvação. Não queremos mais política secreta, queremos que as coisas se façam abertamente para

---

(18) Ver por exemplo, A. Davis and R. J. Havigurst. *Father of the Man*. Boston, 1947 e "Social Class and color differences in Child Rearing". In *American Sociological Review*, XI (1946), pp. 698-710; M. C. Ericson. "Child-Rearing and Social Status". In *American Journal of Sociology*, LII (1946), pp. 190-192. Já se conseguiu mostrar como a formas diferentes de repressão correspondem formas diferentes de doenças mentais: "A cultura das classes baixas, escreve J. Ruesch, favorece condições de desordem e rebelião, a cultura das classes médias favorece a formação de sintomas físicos e de reações psicossomáticas, e a cultura das classes altas favorece psiconeuroses de tipo maníaco-depressivo." Ver "Social Technique, Social Status and Social Change in Illness" in C. Kluckhohn and H. A. Murray. *Personality in Nature, Society and Culture*. New York, 1964, pp. 123-136. Num outro sentido, E. M. Duvall salienta que as classes médias insistem no "desenvolvimento" enquanto que as classes populares são mais "tradicionais". Ver "Concentions of Parenthood". *In American Journal of Sociology*, LII, (1946), pp. 193-203.

(19) Como o "estético" espontâneo é quase sempre uma dimensão do *ethos*, compreende-se também que as classes médias façam do trabalho do artista um dos critérios fundamentais da apreciação artística.

que se possa saber em que se agarrar e, em seguida, tomar as providências necessárias: tudo é simples e bem ordenado num mundo sem mistério. Nossa salvação é nossa própria obra, com o apoio da graça; é uma recompensa e não um golpe do acaso, como a sorte na loteria, sobre a qual nossos esforços e desejos não têm nenhuma influência. A grande desconhecida, o segredo terrível que antigamente enchia de pavor o coração dos fiéis, não existe mais" [20].

O ressentimento surgiu como uma das dimensões fundamentais do *ethos* e da ética ascética da pequena burguesia (ou de modo mais geral, da burguesia em sua fase ascendente), sem dúvida porque ele autoriza os membros das classes médias — conscientes de que sua ascensão resulta de privações e sacrifícios de que estão livres, ao menos em sua óptica, os membros das classes populares e os membros das classes superiores — a fazerem, como se costuma dizer, da necessidade virtude, e a condenarem tanto o laxismo dos que não tiveram que pagar o preço da ascensão como o descuido imprevidente dos que não souberam ou não quiseram pagar tal preço. O pai Bourdaloue explicita os princípios do *ethos* burguês (ou em relação a outra estrutura, pequeno-burguês): "Porque, digamos a verdade, se há inocência no mundo, onde estará senão nas condições e nos Estados em que a lei do trabalho é observada rigorosamente? Entre os grandes, os nobres, os ricos, isto é, entre aqueles cuja vida é apenas indolência e divertimento, não procureis a verdadeira piedade e não espereis encontrar a pureza dos costumes [...] Onde, então, poderá ser encontrada? Nas cabanas de uma pobreza ociosa que não tem outra preocupação a não ser a mendicância"? Vemos, imediatamente, como a indignação moral se associa à convicção do mérito: "Se ele [o burguês] tornou-se pobre, foi por sua culpa; se enriqueceu, atribui o mérito a si próprio. E face da divindade, ele estabelece suas próprias responsabilidades" [21].

Não devemos, pois, identificar certos traços aparentes das camadas mais baixas da pequena burguesia (empregados, funcionários médios e subalternos), tais como a tendência a se refugiar no formalismo ou o extremo rigor da relação com o regulamento, como um efeito puro e simples da organização e da prática burocráticas. Ao contrário, é fácil mostrar que esses traços, que podem também ser encontrados fora da situação burocrática, exprimem, segundo a lógica desta

---
(20) B. Groethuysen. *Origines de l'esprit bourgeois en France*, I, *L'Eglise et la bourgeoisie*. Paris, NRF, 1927, p. 116.
(21) Citado por Groethuysen. *Op. cit.*, pp. 200 e 223.

situação, o sistema de valores implícitos ou explícitos ou as "virtudes", como probidade, minúcia, rigor moral e propensão para a indignação moral [22], que os membros das camadas inferiores das classes médias (onde são recrutados os pequenos funcionários) derivam de sua posição (definida dinamicamente) na estrutura social e que seriam suficientes para fazer com que se disponham a aderir aos valores do serviço público e às virtudes exigidas por uma burocracia; se as carreiras administrativas não constituíssem para eles o meio por excelência de ascensão social [23].

Seria preciso mostrar igualmente como as características das diferentes classes sociais dependem não apenas de sua posição diferencial na estrutura social, mas também de seu *peso funcional* nesta estrutura, peso proporcional à contribuição dessas classes para a constituição desta estrutura, e que não se resume apenas à sua importância numérica. Por exemplo, em sociedades em que o precário desenvolvimento da economia, mais precisamente, da indústria, confere à burguesia industrial e ao proletariado um pequeno peso funcional, é o sistema das relações entre a pequena burguesia que fornece os quadros administrativos do Estado, e a imensa massa de subproletários, formada por desempregados, trabalhadores intermitentes das cidades e camponeses migrados, que determina e domina toda a estrutura da sociedade. Por isso, a pequena burguesia, composta por trabalhadores permanentes e não manuais, pode apresentar muitos traços que a aproximam das classes médias de sociedades mais desenvolvidas do ponto de vista econômico, como a inclinação para o ascetismo e para o moralismo. Contudo, inúmeras de suas outras características originais, como por exemplo, no campo da ação política, resultam de sua posição em relação ao proletariado que contesta seu "aburguesamento" e seus privilé-

---

(22) Svend Ranulf. *Moral Indignation and Middle Class Psychology*. Copenhague, 1938. Nearl E. Miller e John Dollard mostram também que a agressividade (que encontra uma válvula de escape "legítima" na reprovação moral) aparece sobretudo nas pessoas em franca ascensão social. Ver *Social Learning and Imitation*. Yale, 1964, p. 6; ver também A. Davis e John Dollard. *Children of Bondage*. Washington, American Council on Education, 1940.

(23) "Imaginai o burguês formado segundo as regras da Igreja. Ele se deita e se levanta em horas regulares. Tem suas horas de trabalho e de repouso. Nunca fará esforços muito grandes e não se afastará dos limites que traçou para si. O espírito de sua vida é a regularidade. É preciso que os dias corram numa perfeita uniformidade e que nada se altere na ordem estabelecida. O trabalho, para ele, faz parte do ritmo geral da vida; não trabalha pela necessidade de alcançar algo, trabalha para dar consistência à sua vida, que de outra forma não teria. A Igreja o abençoa por sua seriedade e por seu apego ao que está estabelecido. Certamente, este burguês existe, é o empregado-modelo. A Igreja não só contribuiu para a formação de um tipo de burguesia média, mas também para povoar os escritórios. Homem de bem, este burguês modesto e organizado vai todos os domingos à missa, e todos os dias da semana ao seu escritório.". Ver B. Groethuysen. *Op. cit.*, pp. 218-219.

gios embora seja ainda fraco demais para lhe impor suas exigências, e em relação aos subproletários prontos a aderirem às profecias milenaristas que a "inteligência proletaróide" originária das classes médias lhes propõe.

Se é verdade que as classes sociais são, sob certo ponto de vista, "partes" da totalidade social, e de outro, "elementos", e de ambos, em graus desiguais segundo sua posição na estrutura social e segundo a estrutura social, é pois possível estabelecer dois tipos de proposições transistóricas e transculturais relacionando algumas características das classes sociais com sua situação e outras com sua posição na estrutura. As proposições de tipo estrutural estabelecem regularidades ligadas a homologias de posição, mas não se deve ignorar o que as classes sociais devem à sua posição numa estrutura social de determinado tipo, nem pressupor a referência à série completa dos casos históricos, ao contrário das proposições que Lewin chamaria de "aristotélicas".

Em outras palavras, assim como a descoberta das estruturas de uma língua multidialetal supõe a apreensão prévia das estruturas particulares dos diferentes dialetos que a compõem, também as proposições pretensamente universais sobre as sociedades globais, ou sobre os grupos constitutivos destas sociedades, tais como as classes, não passam de classificações abstratas enquanto as categorias propostas não refletirem estruturações que podem ser descobertas nos sistemas concretos [24]. O esforço para descobrir e descrever a estrutura específica de uma sociedade particular, isto é, o sistema das relações que se estabelecem entre suas diferentes partes, conferindo a cada uma destas partes, e à totalidade que compõem, uma singularidade irredutível, não impede a comparação entre partes pertencentes a totalidades diferentes. Tal esforço constitui a condição de validez de uma comparação que só estará realmente fundamentada se estabelecida entre partes estruturalmente equivalentes.

---

(24) Na lógica do pensamento de Saussure, que considerava a língua — em oposição à linguagem que seria uma língua particular, como o francês ou o alemão — como o único objeto concreto da lingüística, Kenneth L. Pike opõe *ética* a *êmica*. Por ser capaz de estabelecer proposições gerais sobre os dados, a primeira permite identificar, descrever e classificar sistematicamente todos os dados comparáveis de todas as línguas e de todas as culturas do mundo graças a um sistema de critérios (elaborado pelo analista antes do estudo da cultura particular de onde extrai seus dados), bem como organizar em tipos os elementos assim classificados. A segunda se propõe a descobrir e a descrever o modelo de uma língua ou de uma cultura particular "levando em conta a maneira particular segundo a qual os diferentes elementos desta cultura estão ligados uns aos outros no funcionamento de um modelo particular". Ver K. L. Pike, *Language in Relation to a Unified Theory of the Structure of Human Behavior, I.* Glendale, Summer Institute of Linguistics, 1965, p. 8.

Uma classe não pode jamais ser definida apenas por sua situação e por sua posição na estrutura social, isto é, pelas relações que mantém objetivamente com as outras classes sociais. Inúmeras propriedades de uma classe social provêm do fato de que seus membros se envolvem deliberada ou objetivamente em relações simbólicas com os indivíduos das outras classes, e com isso exprimem diferenças de situação, e de posição segundo uma lógica sistemática, tendendo a transmutá-las em *distinções significantes*. É a independência relativa do sistema de atos e procedimentos expressivos, ou por assim dizer, das *marcas de distinção*, graças às quais os sujeitos sociais exprimem, e ao mesmo tempo constituem para si mesmos e para os outros, sua posição na estrutura social (e a relação que eles mantêm com esta posição) operando sobre os "valores" (no sentido dos lingüistas) necessariamente vinculados à posição de classe, uma duplicação expressiva que autoriza a autonomização metodológica de uma ordem propriamente cultural. De fato, esta "expressão sistemática" (segundo as palavras de Engels) da ordem econômica e social pode, como tal, ser legitimamente constituída e tratada como sistema, e por conseguinte, pode tornar-se o objeto de uma apreensão estrutural. É evidente que as diferenças de segunda ordem, vale dizer, as marcas de distinção como duplicação simbólica dos valores de posição vinculados a cada posição na estrutura social (a cada "nível"), dependem das atitudes que os agentes desenvolvem para se apropriar dos modelos da transmutação das diferenças em distinções, transmutação esta que depende principalmente da educação dos agentes e, portanto, de sua condição e de sua posição estrutural.

Ao constatar que o poder econômico puro e simples e sobretudo "a força nua do dinheiro" não constituem, necessariamente, um fundamento reconhecido do prestígio social, Max Weber distingue a classe social enquanto um grupo de indivíduos que, por partilharem a mesma "situação de classe", isto é, a mesma "situação de mercado", possuem as mesmas chances típicas no mercado de bens e de trabalho, as mesmas condições de existência e de experiências pessoais, e os grupos de *status* (*Stände*) que são conjuntos de homens definidos por uma certa posição na hierarquia da honra e do prestígio. Ao que tudo indica, Weber opõe a classe e o grupo de *status* como dois tipos de unidades *reais* que se confundiriam de modo mais ou menos freqüente, conforme o tipo de sociedade (isto é, ao que parece, conforme o grau de autonomização e de dominação da ordem econômica). Para restituir às análises weberianas toda sua força e alcance, antes é preciso reconhecer que os grupos de *status* e as classes constituem unidades *nominais* que podem restituir a realidade de modo mais ou menos completo segundo o tipo de sociedade, mas que são sempre o resultado *da opção de acentuar o aspecto econômico ou o aspecto simbólico*, aspectos que sempre coexistem na própria realidade (em proporções diferentes conforme as sociedades e as classes sociais de uma mesma sociedade), uma vez que as distinções simbólicas são sempre secundárias em relação às diferenças econômicas que as primeiras exprimem, transfigurando-as.

O que Max Weber chama "a ordem propriamente social", enquanto modo de distribuição do prestígio social, dispõe apenas de uma autonomia relativa, posto que se une à ordem econômica como modo de distribuição e de utilização dos bens e das prestações econômicas através de relações de interdependência mais ou menos estreitas e mais ou menos intensas segundo as sociedades [25]. Mas esta ordem social deriva sua autonomia parcial da possibilidade de desenvolver sua própria lógica enquanto universo de relações simbólicas. De fato, é notável como todos os traços que Weber atribui ao grupo de *status* pertencem à ordem simbólica, quer se trate do estilo de vida ou de privilégios honoríficos (tais como o uso de roupas particulares, o consumo de iguarias específicas proibidas a outros, o porte de armas, o direito de se dedicar como diletante a práticas artísticas) ou ainda, as regras e proibições que regulam as trocas sociais, particularmente os casamentos. Mais especificamente, "todo tipo de situação de classe, sobretudo quando repousa sobre o poder da propriedade como tal, realiza-se em sua forma mais pura quando todos os outros determinantes das relações recíprocas estão, tanto quanto possível, ausentes" — "sendo posse e não-posse as categorias fundamentais da situação de classe". Por sua vez, os grupos de *status* se definem menos por um ter do que por um ser, irredutível a seu ter, menos pela posse pura e simples de bens do que por uma certa maneira de usar estes bens, pois a busca da distinção pode introduzir uma forma inimitável de raridade, a raridade da arte de bem consumir capaz de tornar raro o bem de consumo mais trivial. É por isto que, como observa ainda Weber, "poderíamos dizer, ao preço de uma simplificação excessiva, que as classes se diferenciam segundo sua relação com a produção e com a aquisição de bens, e os grupos de *status*, ao con-

(25) M. Weber. *Op. cit.*, t. II, p. 688.

trário, segundo os princípios de seu consumo de bens, consumo que se cristaliza em tipos específicos de estilo de vida"[26].

Vale dizer, as diferenças propriamente econômicas são duplicadas pelas distinções simbólicas na maneira de usufruir estes bens, ou melhor, através do consumo, e mais, através do consumo simbólico (ou ostentatório) que transmuta os bens em signos, *as diferenças de fato em distinções significantes,* ou, para falar como os lingüistas, em "valores", privilegiando a *maneira,* a forma da ação ou do objeto em detrimento de sua função. Em conseqüência, os traços distintivos mais prestigiosos são aqueles que simbolizam mais claramente a posição diferencial dos agentes na estrutura social — por exemplo, a roupa, a linguagem ou a pronúncia, e sobretudo "as maneiras", o bom gosto e a cultura — pois aparecem como propriedades essenciais da pessoa, como um ser irredutível ao ter, enfim como uma *natureza,* mas que é paradoxalmente uma natureza cultivada, uma cultura tornada natureza, uma graça e um dom. O que está em jogo no jogo da divulgação e da distinção é, como se percebe, a excelência humana, aquilo que toda sociedade reconhece no homem cultivado.

Portanto, não é por acaso que, como Weber aponta, "os grupos de *status* são os portadores de todas as 'convenções': toda estilização da vida, seja qual for a forma sob a qual se manifesta, tem sua origem num grupo de *status* ou é mantida viva por um grupo de *status*"[27]. Dar ênfase à *maneira* é privilegiar a forma da ação às custas de sua função e dos instrumentos materiais que ela utiliza. Por conseguinte, como observa Weber, não há nada que repugne mais vivamente a honra das ordens estamentais do que o regateio, peça fundamental do jogo do mercado, em tudo diferente do jogo das trocas simbólicas. É, portanto, natural que, a exemplo das sociedades tradicionais, os grupos de *status* imponham aos que neles desejam participar, além de modelos de comportamento, modelos da modalidade dos comportamentos, ou seja, regras convencionais que definem a maneira justa de executar os modelos. "Vale a pena ressaltar, escreve Veblen, que toda esta categoria de regras e observâncias cerimoniais, classificadas no capítulo geral das maneiras, ocupa um lugar mais importante na estima dos homens no estágio

---

(26) Por conseguinte, observa Weber, as "diferenças entre as classes se entrecruzam de mil maneiras com as distinções de *status*". Em outros termos, se a posse de bens tende a tornar-se, a longo prazo, a condição necessária de pertinência a um grupo de *status*, não é jamais uma condição suficiente. Logo, a honra de uma ordem estatutária não está necessariamente ligada a uma situação de classe; ao contrário, em geral, distingue-se radicalmente das pretensões à propriedade pura e simples.

(27) M. Weber. *Op. cit.,* t. II, p. 686.

cultural em que o lazer ostentatório está em voga enquanto marca de honorabilidade, do que em estágios ulteriores do desenvolvimento cultural [...]. Na óptica popular, as maneiras acabam tendo uma utilidade substancial por si mesmas por haverem adquirido um caráter sacramental". Dissociar os fins almejados da maneira de atingi-los e propor tal maneira como objeto de uma apreensão específica, privilegiar o estilo em detrimento da eficácia e submetê-lo à estilização, tomar a execução acabada da divisão social realizada como o signo por excelência da realização social, tudo isto significa fazer da arte de viver uma das belas-artes, e transmutar as coerções naturais em regras culturais, propriamente humanas.

Destarte, a lógica do sistema de atos e procedimentos expressivos não pode ser compreendida independentemente de sua função, que é dar uma tradução simbólica do sistema social "como sistema de inclusão e de exclusão", segundo a expressão de McGuire [28], mas também, significar a comunidade e a distinção transmutando os bens econômicos em signos e as ações orientadas para fins econômicos em atos de comunicação (que podem exprimir inclusive a recusa de comunicar). De fato, nada mais falso do que acreditar que as ações simbólicas (ou o aspecto simbólico das ações) nada significam além delas mesmas: na verdade, elas exprimem sempre a posição social segundo uma lógica que é a mesma da estrutura social, a lógica da distinção. Os signos enquanto tais "não são definidos positivamente por seu conteúdo mas sim negativamente através de sua relação com os demais termos do sistema" [29] e, por serem apenas o que os outros não são, derivam seu "valor" da estrutura do sistema simbólico e, por esta razão, estão predispostos por uma espécie de harmonia preestabelecida a exprimir o "nível" estatutário que, como a própria palavra indica, deve o essencial de seu "valor" à sua posição em uma estrutura social definida como sistema de posições e oposições.

Desta forma, tudo se passa como se os sistemas simbólicos estivessem destinados pela lógica de seu funcionamento enquanto estrutura de homologias e de oposições, ou melhor, de desvios diferenciais, a preencher uma função social de sociação e dissociação, ou então, a exprimir os desvios diferenciais que definem a estrutura de uma sociedade enquanto sistema de significações, arrancando os elementos constitutivos desta estrutura, grupos ou indivíduos, da *insignificância*.

(28) McGuire. "Social Stratification and Mobility Patterns". In *American Sociological Review*, XV (1950), pp. 195-204.
(29) L. Hjelmslev. *Essais Linguistiques*. Travaux du Cercle Linguistique de Copenhague, Copenhague, 1959, vol. XII, p. 106.

Assim, a linguagem e as roupas, ou melhor, certas maneiras de tratar a linguagem e as roupas, introduzem ou exprimem desvios diferenciais no interior da sociedade, sob forma de signos ou insígnias da condição ou da função [30].

Dentre todos os tipos de consumo e de conduta passíveis de abrigar uma função expressiva, quer se trate da compra de um automóvel, da decoração de um apartamento ou da escolha de uma escola para os filhos, são as roupas e os enfeites (em virtude de seu elevado rendimento simbólico) que, ao lado da linguagem e da cultura, melhor realizam a função de sociação e dissociação. Como observa Simmel, a moda do vestuário é um processo que combina a individualização e a imitação que — a exemplo do *Sich-gleich-machen* (igualar-se) hegeliano — exprime de modo paradoxal a vontade de afirmar a particularidade pela busca da diferença última. E Simmel observa ainda que a moda, porque permite marcar simbolicamente "a distinção" pela possibilidade de adotar sucessivamente diferentes signos distintivos, obedece a uma lógica semelhante à da honra (pelo menos a que se observa nas sociedades estratificadas), na medida em que também confere uma marca comum aos membros de um grupo particular, distinguindo-os dos estranhos ao grupo [31]. De fato, a lógica da divulgação (que Bernard Barber e Lyle. S. Lobel chamam de *trikle down pattern*) ao mesmo tempo autoriza e exige a busca de diferenças sutis sobre um fundo de semelhança grosseira. Por exemplo, nos Estados Unidos, à medida que se difundem estilos novos de origem parisiense, os costureiros passam a produzir imitações em número limitado, e portanto bem caras, e os criadores das diferentes séries de preço inferior procuram introduzir da melhor maneira possível em suas linhas os traços da nova moda, com o objetivo de satisfazer à demanda atual ou antecipada das pessoas de posição inferior. Conseqüentemente, como a língua, o vestuário, enquanto sistema simbólico com função expressiva, obedece à lógica das oposições significativas: no ápice da hierarquia social, as velhas famílias da Nova Inglaterra afirmam uma "distinção" fundada no nascimento e na hereditariedade (em oposição ao sucesso profissional) recusando as audácias da moda francesa, e invocando a aristocracia inglesa em seu gosto pelos *tweeds* e *woolens* e em todo seu estilo de vida. Abaixo, estão as famílias de fortuna antiga (*old money families*) que encontram na moda parisiense símbolos de vestuá-

(30) Ver C. Lévi-Strauss. *Le cru et le cuit.* Paris, Plon, 1964, p. 60.
(31) G. Simmel. "Fashion". In *International Quarterly*, X (1904), pp. 130 a 135, reeditado in *American Journal of Sociology*, LXII (1957), pp. 541-558.

rio ligados à riqueza e a um estilo de vida mais cosmopolita, que exprimem melhor sua condição econômica e sua posição social do que a moda conservadora da alta sociedade. Preocupadas em se definir tanto em relação à classe superior como em relação à inferior, essas famílias se esforçam por associar a opulência à elegância discreta e procuram o *chic* e a "sofisticação" (em oposição à distinção aristocrática da classe alta), evitando a ostentação exagerada do novo-rico. As classes médias recusam a moda parisiense como "ousada", "extravagante" e "excessiva", substituindo a procura da "respeitabilidade distinta" expressa pela palavra *smart,* pela preocupação com o efeito procurado, ou seja com o *chic* [32]. Ainda que a divulgação da moda suponha a produção em série, condição da redução dos preços, os produtores procuram evitar a uniformidade completa "distribuindo a mercadoria sobre uma vasta área geográfica e colocando na encomenda, que se destina a uma só cidade ou a um só varejista, apenas um número limitado de roupas de estilo, talhe e origem iguais" [33]. A dialética da divulgação e da distinção dá conta, inteiramente, tanto do funcionamento do sistema quanto das mudanças incessantes que o caracterizam. De fato, um estilo deve mudar necessariamente quando já foi totalmente divulgado, uma vez que, se pretende ser um signo distintivo, não pode universalizar-se sem que perca a significação, o "valor" (no sentido de Saussure) que deriva de sua posição num sistema e de sua oposição aos outros elementos do sistema. Sem dúvida alguma, é este o mesmo princípio que impõe à busca pela distinção a necessidade de renovação constante dos seus procedimentos expressivos em todas as esferas onde (a partir da produção em série, por exemplo) os índices tradicionais de *status* tornam-se mais amplamente acessíveis e onde a preocupação de marcar as diferenças deve exprimir-se pela rejeição de certos tipos de consumos e práticas considerados muito comuns (a fotografia, a televisão ou um certo tipo de turismo), ou então, pela maneira original de sujeitar-se a

(32) B. Barber e L. S. Lobel. *Loc. cit.*
(33) Se as regras que orientam as escolhas estéticas de cada classe se expressam geralmente sob a forma de preceitos negativos, elas podem ser negativas, ou melhor, opositivas, sem se reduzirem à negação das regras a que obedecem as outras classes. A recusa da "vulgaridade" enquanto busca da distinção se exprime segundo uma lógica própria a cada classe, uma vez que deve sua forma e sua coloração particular aos *ethos* de cada classe. Destarte, a oposição entre as velhas famílias e as famílias de antiga fortuna se organiza em torno do princípio objetivo das diferenças que as separam e dos valores associados a este princípio, ou seja, de modo genérico: a hereditariedade e o dinheiro. Da mesma forma, a desenvoltura e o desprendimento com que os membros das classes superiores se entregam à fotografia (isto é, quando de fato se entregam), opõe-se à ascese árdua da aquisição que se exprime, por exemplo, no verbo "fazer" de "fazer a Itália", assim como a distinção natural se opõe ao esforço embaraçado.

tais consumos e práticas. Neste último caso, o desvio diferencial deverá surgir ao nível da modalidade dos comportamentos. Não é por acaso que o esnobe, enquanto personagem social, criador e imitador de procedimentos expressivos em matéria de vestuário, de habitação e de estilo de vida, é contemporâneo da revolução industrial e do desaparecimento das "ordens" estatutárias. Ao contrário, tudo leva a crer que, à medida que se atenuam as diferenças objetivas, econômicas ou de *status,* a renovação incessante dos procedimentos expressivos que caracteriza o esnobismo se impõe cada vez mais, nas esferas mais diversas e a grupos cada vez mais extensos.

É uma lógica do mesmo tipo que regula os fenômenos de dissimulação observáveis no uso da língua. Também aqui, a lógica da simbolização da posição social não deve nada ou quase nada às intenções individuais. Como a busca mais explícita da distinção se organiza segundo regras socialmente definidas, as condutas "distintas" estão para o sistema de procedimentos expressivos assim como as falas estão para uma língua [34]. "Nas comunidades lingüísticas muito diferenciadas, observa Troubetskoy, estas distinções são bem marcantes nas pronúncias que se baseiam numa estrutura local, profissional ou cultural da sociedade [...]. A língua corrente em Viena falada por um funcionário do ministério soa completamente diferente da falada por uma balconista. Na Rússia pré-revolucionária, os membros do clero se distinguiam pela pronúncia aspirada do *g* [...], mesmo quando falavam a língua literária mais pura; existia uma pronúncia considerada particularmente "nobre" e uma pronúncia "comerciante" do russo literário. Em todas as línguas há uma oposição entre a pronúncia do campo e a pronúncia das cidades, bem como entre a pronúncia das pessoas cultas e a dos ignorantes. Freqüentemente, existe uma pronúncia "mun-

---

(34) Portanto, tudo se passa como se as diferentes sociedades e as diferentes classes sociais propusessem a seus membros diferentes sistemas de índices de diferenciação. Em nossas sociedades, as práticas culturais apresentam um elevado rendimento simbólico por serem o meio de expressão por excelência da busca da diferença pela diferença. Contudo, tal busca também pôde manifestar-se em outras épocas e em outras esferas, por exemplo, através da religião: "Por essa razão, se acontecer que aqueles que antigamente eram apenas simples crentes adotem a linguagem das pessoas esclarecidas, será para provarem a si mesmos e aos outros que pertencem a uma classe mais alta, e que se tornaram "de algum modo pessoas". Eis mais uma prova de que a religião se tornou um "negócio" do povo. Para ser burguês, é preciso não crer. Este homem que "olha com desprezo e do alto de sua grandeza para este pobre povo que assiste, com todo respeito, aos Santos Mistérios", este homem que "acredita ser um personagem de categoria porque não se inclina como os demais o fazem, nem faz genuflexões ou orações [...], no mesmo instante em que renega sua religião, estabelece uma distinção entre duas classes sociais, faz uma espécie de declaração para que sejam reconhecidos seus direitos de burguesia". Ver B. Groethuysen. *Origines de l'esprit bourgeois en France, I, L'Eglise et la bourgeoisie.* Paris, NRF, 1927, p. 31.

dana", caracterizada por uma articulação indolente e própria dos dândis e dos esnobes de todo tipo" [35]. Percebe-se que a diferenciação dos procedimentos expressivos da língua exprime a diferenciação social segundo uma lógica original. Logo, uma vez que cada procedimento expressivo deriva seu "valor" de sua posição no sistema dos procedimentos expressivos, seria bastante ingênuo atribuir a este ou àquele traço certas características como a "vulgaridade" ou a "distinção". Como observa Gérard Genette, a tradição retórica "define as figuras como maneiras de falar distintas das maneiras de falar consideradas naturais e ordinárias, ou então [...], simples e comuns [...]. Em outras palavras, se é fácil qualificar o *efeito* das figuras (vivacidade, nobreza, charme), seu *ser* só se define porque cada figura é uma figura à parte, e as figuras em geral se distinguem das expressões não figuradas pelo fato de sofrerem uma modificação particular, a que chamamos figura" [36]. Por outro lado, podemos observar traços constantes nos grupos sociais de posição elevada: assim como Troubetskoy caracteriza a pronúncia mundana por sua "indolência", observando que "a negligência na articulação das consoantes e os *r* uvulares são procedimentos expressivos pelos quais se reconhece um dândi' [37], Weber também atribui aos grupos privilegiados uma tendência para a "estilização" da vida, e uma atitude de desprezo pela "atividade aquisitiva racional", e em especial, pela atividade empresarial. Demais, podemos observar que os membros das classes cultivadas manifestam forte inclinação pelo diletantismo e por uma representação carismática da relação com a cultura [38]. Deve-se levar em conta que a procura consciente ou inconsciente da distinção toma inevitavelmente a forma de uma busca do *refinamento* e pressupõe o domínio das regras desses jogos refinados que são monopólio dos homens cultivados de uma sociedade. Ora, tal domínio depende do lazer para adquiri-lo, isto é, do tempo livre e, por conseguinte, da posição no sistema de produção. Nestas condições, entende-se por que a posições homólogas na estrutura social correspondem condutas simbólicas com estilos equivalentes.

De fato, diversamente do sistema lingüístico propriamente dito, os sistemas simbólicos que podemos denominar *expressivos* (utilizando a palavra com que Troubetskoy designa

---

(35) N. S. Troubetskoy. *Principes de phonologie*. Paris, Klincksieck, 1957, pp. 21-22.
(36) G. Genette. *Figures*. Paris, Seuil, 1966, p. 209. (Trad. bras., *Figuras*, Ed. Perspectiva, S.P., 1972, col. Debates, 57.)
(37) *Ibid.*, p. 22.
(38) Ver P. Bourdieu e A. Darbel. *L'Amour de l'art, le musée et son public*. Paris, Minut, 1965.

os procedimentos fonológicos que, "em uma comunidade lingüística, servem para caracterizar um determinado grupo de sujeitos falantes")[39], constituem sistemas hierarquizados que se organizam em torno de um termo fixo que pode ser as maneiras *distintas* do grupo de posição mais elevada, ou então, as maneiras *comuns* do grupo de nível inferior [40]. O princípio dos sistemas expressivos consiste da busca da diferença, ou melhor, da *distinção,* no sentido de marca de diferença que separa do vulgo por "um toque de elegância, nobreza e bom tom", como aponta o Littré. Compreende-se, então, por que os grupos de *status* tendem a distinguir-se uns dos outros por oposições mais ou menos sutis e, também, por que os grupos de nível mais elevado são os que melhor realizam o sobrelanço do refinamento, quer se trate de linguagem, de vestuário ou de todo *habitus* em geral.

A busca da diferença em matéria de linguagem pode conduzir à "bifurcação lingüística" pura e simples, pois as classes cultivadas usam uma linguagem distinta das classes populares [41]. Mas a intenção de distinguir-se se realiza talvez de maneira mais acabada nos refinamentos trazidos à linguagem comum. Por exemplo, no Ceilão, a linguagem dos sacerdotes e dos chefes é abundante, suave, elegante, cortês, tal como as pessoas que dela se utilizam. Um observador nota o gosto dos cingaleses pelos refinamentos estilísticos, tanto mais admirados quanto mais artificiais[42]. De fato, as maneiras mais elaboradas nem sempre são as mais complexas e o jogo de oposições pode, no caso de certas estruturas sociais, levar os grupos de nível elevado a adotarem os costumes "mais simples" por uma espécie de dupla negação. Destarte, da mesma forma que o estilo *simples* da retórica clássica só se define como tal por carência, isto é, em relação ao sistema de figuras, também os estilos expressivos, observa Troubetskoy, podem distinguir-se tanto pela ênfase na função de apelo como por sua redução: "Comparemos, por exemplo, o discurso exageradamente carregado de afetividade de uma dama afetada, com o discurso solenemente fleumático de um velho e importante dignitário". Do mesmo modo, também em nossa sociedade, a preocupação de escapar ao zelo ingênuo dos fotógrafos entusiastas, quase sempre originários das classes médias, pode levar os membros da classe cultivada a exprimir

(39) *Ibid.*, p. 22.
(40) "Fala-se de um rosto *comum,* diz Kant, em oposição a um rosto que se distingue". Ver E. Kant. *Anthropologie du point de vue pragmatique.* Paris, Vrin, 1964, p. 147.
(41) Ralph Pieris. "Speech and Society: a Sociological Approach to language". In *American Sociological Review,* XVI (1951), pp. 499-505.
(42) *Loc. cit.,* p. 26.

por intermédio de uma prática fotográfica aparentemente muito semelhante à das classes populares, uma adesão reservada e comedida (muitas vezes assumida como que por despeito ou por desprezo) a uma atividade tachada como vulgar em virtude de sua divulgação. Numa sociedade diferenciada, não se trata apenas de diferir do comum, mas de diferir diferentemente, e por conseguinte, a lógica das inversões do para e do contra acaba engendrando tais convergências, como por exemplo entre a simplicidade simples dos "simples" e a simplicidade elaborada dos refinados [43].

Através deste último exemplo, vimos que é preciso englobar na simbólica da posição de classe não apenas os procedimentos expressivos, isto é, os atos específica e intencionalmente destinados a exprimir a posição social, mas também o conjunto dos atos sociais que, independentemente do nosso querer ou saber, traduzem ou revelam aos olhos dos outros e, sobretudo dos estranhos ao grupo, uma certa posição na sociedade (uma vez que a percepção da situação de classe, tanto da própria como da dos outros, é espontaneamente "estrutural"). Mesmo em nossas sociedades (e *a fortiori*, nas sociedades tradicionais que acentuam como que por prazer a ambigüidade das condutas), a autonomização do aspecto econômico das ações nunca se realiza de maneira tão perfeita a ponto de fazer com que as ações mais diretamente orientadas para fins econômicos sejam totalmente desprovidas de funções simbólicas. É claro, tal afirmação é particularmente verdadeira no que concerne aos atos de consumo os quais, como indicou Veblen, exprimem sempre (embora secundariamente) a posição social (ela mesma dotada de um "valor", determinado por oposição a outras posições) daqueles que os praticam, por serem característicos de um grupo de determinado *status*. Em outros termos, se os procedimentos expressivos enquanto atos subjetiva e intencionalmente destinados a exprimir a posição social, se opõem aos atos objetivamente expressivos (isto é, todos os atos sociais), pelo fato de veicularem significações de segundo grau, produtos de uma duplicação expressiva das significações de primeiro grau que os atos sociais devem necessariamente à posição na estrutura social daqueles que os efetuam, passamos

(43) "Na pretensão de pensar como operário, Citroën pretendia separar de vez a função material do automóvel de seu valor simbólico. Um Jaguar tipo E, por exemplo, é um puro símbolo. É excessivamente caro, anda depressa demais, não tem bastante espaço, é frágil demais, etc., em suma, é rigorosamente inútil (...) O "Citroën deveria ser um instrumento (...). Entretanto, muitos idealistas e intelectuais se deixaram levar. (...). O Citroën que pretendia ver-se livre de qualquer símbolo, tornou-se um símbolo ao inverso". Ver J. F. Held. "Quatre roues sous un parapluie". In *Le Nouvel Observateur*. 24 de novembro de 1965.

gradualmente pela ênfase intencional (que pode ir até à autonomização da função expressiva) dos atos sociais mais comuns aos procedimentos expressivos e à busca da maximização do rendimento simbólico dos procedimentos expressivos. Tal fato sucede, por exemplo, em matéria de vestuário, quando se desenvolve um esforço, pela comparação sistemática, para adquirir pelo menor custo o maior valor simbólico possível [44].

Todas as classes sociais de todas as sociedades não estão igualmente disponíveis para o jogo da duplicação expressiva das diferenças de situação e de posição. Diversas vezes, observou-se que a opinião dos indivíduos acerca de sua posição na hierarquia social e da hierarquia das posições sociais, ou seja, acerca dos *critérios de hierarquização,* é função direta de sua posição na hierarquia social. Destarte, Davis e Gardner observam que os critérios de pertinência a uma classe variam de uma classe para outra: as classes inferiores se referem sobretudo ao dinheiro, as classes médias ao dinheiro e à moralidade, enquanto as classes superiores acentuam o nascimento e o estilo de vida [45]. Assim, por exemplo, a hierarquia proposta por Warner a partir dos índices de estilo de vida e de prestígio social, expressa, como muitas vezes já se observou, o ponto de vista das classes superiores mais atentas às distinções estatutárias do que as classes médias e populares [46]. Estas observações fazem lembrar as *condições de possibilidade econômicas e sociais* da transmutação simbólica das diferenças econômicas e sociais. De fato, as classes mais desfavorecidas do ponto de vista econômico não intervêm jamais no jogo da divulgação e da distinção, forma por excelência do jogo propriamente cultural que se organiza *objetivamente* em relação a elas, a não ser a título de *refugo,* ou melhor, de *natureza.* O jogo das distinções simbólicas se realiza, portanto, no interior dos limites estreitos definidos pelas coerções econômicas e, por este motivo, permanece um

(44) Bernard Barber e Lyle S. Lobel descrevem muito bem o *"shopping pattern"* segundo o qual, com auxílio das revistas, as mulheres americanas se esforçam por obter, pelo menor preço, as roupas mais carregadas de valor simbólico, isto é, aquelas situadas nos pontos mais altos da hierarquia dos valores da moda. Ver B. Barber e Lyle S. Lobel. "Fashion in Women's Clothes and the American Social System". In *Social Forces,* XXXI (1952), pp. 124-131.
(45) Allison Davis, Burleigh B. Gardner e Mary R. Gardner. *Deep South.* Chicago, University of Chicago Press, 1941, pp. 60-72, citado por Ruth Rosner Korhauser, "The Warner Approach to Social Stratification", in Bendix e Lipset, *op. cit.,* p. 249.
(46) Da mesma forma, pode-se observar que a referência às diferenças de estilo de vida é infinitamente mais rara, em todos os níveis da hierarquia social, numa sociedade economicamente pouco desenvolvida, como por exemplo a Argélia, onde os determinismos econômicos pesam de maneira mais brutal de modo que todos os critérios subjetivos e objetivos de estratificação se referem direta ou indiretamente à ordem econômica.

jogo de privilegiados das sociedades privilegiadas, que podem se dar ao luxo de dissimular as oposições de fato, isto é, de força, sob as oposições de sentido.

Tentar apreender as regras do jogo da divulgação e da distinção segundo as quais as classes sociais exprimem as diferenças de situação e de posição que as separam, não significa reduzir todas as diferenças, e muito menos a totalidade destas diferenças, a começar por seu aspecto econômico, a distinções simbólicas, e muito menos, reduzir as relações de força a puras relações de sentido. Significa optar por acentuar *explicitamente,* com fins heurísticos, e ao preço de uma abstração que deve revelar-se como tal, um *perfil* da realidade social que, muitas vezes, passa despercebido, ou então, quando percebido, quase nunca aparece enquanto tal.

Toda uma dimensão das relações objetivas ou intencionais que se estabelecem entre as classes sociais pode constituir o objeto de um estudo estrutural porque as marcas de distinção se organizam em sistemas, com base na homologia de estrutura entre o significante, a saber, os atos e procedimentos expressivos, e o significado, isto é, o sistema de posições estatutárias definidas principalmente por sua oposição a outras posições estatutárias. A lógica das relações simbólicas impõe-se aos sujeitos como um sistema de regras absolutamente necessárias em sua ordem, irredutíveis tanto às regras do jogo propriamente econômico quanto às intenções particulares dos sujeitos: as relações sociais não são jamais redutíveis a relações entre subjetividades movidas pela busca de prestígio ou por qualquer outra "motivação" porque elas não passam de relações entre condições e posições sociais que se realizam segundo uma lógica propensa a exprimi-las e, por este motivo, estas relações sociais têm mais realidade do que os sujeitos que as praticam. A autonomia que torna possível a instauração das relações simbólicas, ao mesmo tempo sistemáticas e necessárias, é apenas relativa: as relações de sentido que se estabelecem no interior da margem restrita de variação deixada pelas condições de existência, apenas exprimem as relações de força, sujeitando-as a uma transformação sistemática. Tratar-se-ia, portanto, de estabelecer de que maneira a estrutura das relações econômicas pode, ao determinar as condições e as posições dos sujeitos sociais, determinar a estrutura das relações simbólicas que se organizam nos termos de uma lógica irredutível à lógica das relações econômicas.

2. Gênese e Estrutura do Campo Religioso*

"O homem, dizia Wilhelm von Humboldt, apreende os objetos principalmente — poder-se-ia dizer exclusivamente uma vez que seus sentimentos e ações dependem de suas percepções —, da forma como a linguagem os apresenta. Segundo o mesmo processo pelo qual ele desfia a linguagem para fora de seu próprio ser acaba por se confundir com ela, e cada linguagem desenha um círculo mágico em torno do povo a que pertence, um círculo de que não se pode sair sem saltar para dentro de outro"[1]. Esta teoria da linguagem como modo de conhecimento que Cassirer estendeu a todas as "formas simbólicas" e, em particular, aos símbolos do rito e do mito, quer dizer, à religião concebida como linguagem, aplica-se também às teorias e, sobretudo, às teorias da religião como instrumentos de construção dos fatos científicos. Na verdade, tudo se passa como se a exclusão das questões e princípios que tornam possíveis as outras construções dos fatos religiosos, fosse parte das condições de possibilidade implícitas de cada uma das principais teorias da religião. Veremos em seguida, todas podem ser situadas em relação a três posições simbolizadas pelos nomes de Marx, Weber e Durkheim. Para sair de um ou de outro dos círculos mágicos sem cair simplesmente num outro ou sem se condenar a ficar pulando de um para outro, em suma, para poder reunir os meios de integrar em um sistema coerente as contribuições das diferentes teorias parciais e mutuamente exclusivas (contribuições que parecem tão *insupe-*

---

(1) Humboldt, W. von. *Einleitung zum Kawi-Werk*, VI, 60, citado por E. Cassirer, in "Sprache und Mythos", *Studien der Bibliothek Warburg*, Leipzig, VI, 1925, reproduzido in *Wesen und Wirkung des Simbolbegriffs*, Darmstadt, Wissenschaftliche Buchgesellschaft, 1965, p. 80.

(*) "Genèse et structure du champ religieux", publicado originalmente in *Revue Française de Sociologie*, Vol. XII, Nº 3, jul.-set. de 1971, pp. 295-334. Tradução de Sergio Miceli.

ráveis hoje como as antinomias que as opõem) sem cair nas armadilhas da compilação escolar ou do amálgama eclético, é preciso situar-se no lugar geométrico das diferentes perspectivas. Vale dizer, é preciso situar-se no ponto de onde se torna possível perceber, ao mesmo tempo, o que pode e o que não pode ser percebido a partir de cada um dos pontos de vista.

A primeira tradição trata a religião como uma língua, ou seja, ao mesmo tempo enquanto um instrumento de *comunicação* e enquanto um instrumento de *conhecimento,* ou melhor, enquanto um *veículo simbólico a um tempo estruturado* (e portanto, passível de uma análise estrutural) e *estruturante,* e a encara enquanto condição de possibilidade desta forma primordial de consenso que constitui o acordo quanto ao sentido dos signos e quanto ao sentido do mundo que os primeiros permitem construir. Tal tradição procede da intenção objetiva ou consciente de fornecer uma resposta científica ao problema kantiano do conhecimento em sua forma mais geral, a mesma que lhe dá Cassirer em sua tentativa de estabelecer a função que a língua, o mito (ou a religião), a arte e a ciência, cumprem na construção das diferentes "regiões de objetividade" [2]. Esta intenção teórica surge de maneira inteiramente explícita em Durkheim que, ao considerar a sociologia da religião como uma dimensão da sociologia do conhecimento, tenciona superar a oposição entre o apriorismo e o empirismo para encontrar em uma "teoria sociológica do conhecimento" [3], o mesmo que uma sociologia das formas simbólicas, o fundamento "positivo" e "empírico" do apriorismo kantiano [4]. Muitas vezes passa despercebida a dívida, assumida no entanto em diversas ocasiões, do *estruturalismo* etnológico com relação à escola de Durkheim. Tal coisa dá ensejo a que os filósofos possam maravilhar-se com sua perspicácia ao descobrir a sobrevivência de uma proble-

---

(2) E. Cassirer. *Philosophie der symbolischen Formen.* Berlim, Bruno Cassirer, 1923-1929; "Structuralism in Modern Linguistics". *Word,* I (1945), pp. 99/120. Cassirer que havia escrito, em 1922, um ensaio intitulado "Die Begriffsform im mythischen Denken", (*Studien der Bibliothek Warburg,* Leipzig, I, 1922), retoma por sua própria conta as teses fundamentais da escola de Durkheim ("o caráter fundamentalmente social do mito é indiscutível — *An essay on man,* New York, Doubleday, 1956, 1ª ed., Yale University Press, 1944, p. 107) e emprega o conceito de "forma de classificação" como um equivalente de sua noção de "forma simbólica" (*The Myth of the State.* New York, Doubleday, 1955, 1ª ed., Yale University Press, 1946, p. 16).

(3) E. Durkheim. *Les formes élémentaires de la vie religieuse.* Paris, Alcan, p. 25. Daqui por diante, esta obra será indicada pela abreviatura F.E.V.R.

(4) "Assim renovada, a teoria do conhecimento parece destinada a reunir as vantagens contrárias das duas teorias rivais, sem os seus inconvenientes. Ela conserva todos os princípios essenciais do apriorismo, mas ao mesmo tempo inspira-se por este espírito de positividade a que o apriorismo esforça-se em satisfazer". *Op. cit.,* nota 3, p. 27.

mática kantiana em trabalhos, como por exemplo o capítulo de *O Pensamento Selvagem* dedicado à "lógica das classificações totêmicas"[5], que constituem uma resposta sem dúvida incomparavelmente mais elaborada ao problema posto por Durkheim, e portanto kantiano, das "formas primitivas de classificação"[6]. Se isso acontece o motivo não se restringe à violenta repressão imposta às contribuições fundamentais da escola de Durkheim pelas censuras conjuntas do bom-mocismo espiritualista e do bom-tom intelectual, a tal ponto que essas contribuições só podem surgir na discussão categorizada sob o travesti mais conveniente da lingüística de Saussure[7]. Tal recusa explica-se também pelo fato de que a contribuição mais decisiva da ciência estruturalista consiste em fornecer os instrumentos teóricos e metodológicos que permitem realizar praticamente a intenção de descobrir a lógica imanente do mito ou do rito. Esta intenção permaneceria letra morta — embora já apareça expressa na *Philosophie der Mythologie* de Schelling, defensor de uma interpretação "tautegórica" oposta à interpretação "alegórica" do mito — caso o interesse pelo mito enquanto *estrutura estruturada,* interesse estimulado graças ao modelo da lingüística estrutural, não houvesse levado a melhor sobre o interesse pelo mito enquanto *princípio de estruturação do mundo* (ou "forma simbólica", "forma primitiva de classificação", "mentalidade"). Por outro lado, embora exista a propensão a deixar de lado ao menos a título provisório a questão das funções econômicas e sociais dos sistemas míticos, rituais e religiosos submetidos à análise, pois na medida em que requerem uma interpretação "alegórica", impedem a aplicação do método estrutural, esta tomada de posição metodológica mostra-se cada vez mais estéril e perigosa à medida que nos afastamos das produções simbólicas das sociedades menos

(5) C. Lévi-Strauss. *La pensée sauvage.* Paris, Plon, 1962, pp. 48-99; M. Mauss e E. Durkheim, "De quelques formes primitives de classification. Contribution à l'étude des représentations collectives", in M. Mauss, *Oeuvres,* Paris, Éd. de Minuit, 1969, t. II, pp. 13-15.

(6) "Por isso sou particularmente grato a Paul Ricoeur por haver salientado o parentesco que poderia existir entre meu trabalho e o de Kant. Em suma, trata-se de uma transposição da investigação kantiana para a esfera etnológica, com a diferença de que meu trabalho encaminha-se para uma direção-limite, ao invés de utilizar a introspecção ou de refletir sobre o estado da ciência na sociedade particular em que o filósofo encontra-se situado: pela investigação acerca do que pode haver de comum entre a humanidade que nos parece mais afastada, e a maneira com que nosso próprio espírito trabalha. Logo, trata-se de uma tentativa de captar as propriedades fundamentais e coercitivas de todo espírito, qualquer que seja". Ver C. Lévi-Strauss. "Réponses à quelques questions". *Esprit,* 11, novembro, 1963, pp. 628-653.

(7) Sobre a relação entre Durkheim e Saussure, os dois pais fundadores, desigualmente reconhecidos, do estruturalismo, ver W. Doroszewski, "Quelques remarques sur les rapports de la sociologie et de la linguistique: E. Durkheim et F. de Saussure", *Journal de Psychologie,* 15 jan.-abr., 1933 republicado em Cassirer e outros, *Essais sur le langage,* Paris, Minuit, 1969, pp. 99-109.

diferenciadas ou das produções simbólicas menos diferenciadas (como a língua, produto do trabalho *anônimo e coletivo* de sucessivas gerações) das sociedades divididas em classes [8].

Pelo simples fato de abrir um campo ilimitado a um método que encontrou na fonologia e na "mitologia" suas aplicações mais fecundas e mais rigorosas sem que tenha feito qualquer indagação a respeito das condições sociais de possibilidade deste privilégio metodológico, a semiologia trata implicitamente todos os sistemas simbólicos como meros instrumentos de comunicação e de conhecimento. Contudo, a validez de tal postulado restringe-se, a rigor, ao nível fonológico da língua. Desta maneira, a semiologia corre o risco de impingir a qualquer objeto a teoria do consenso subjacente ao primado concedido à questão do sentido que Durkheim enuncia explicitamente sob a forma de uma teoria da função de *integração lógica e social* das "representações coletivas" e, em particular, das "formas de classificação" religiosas [9].

Tanto pelo fato de que os sistemas simbólicos derivam sua estrutura, o que é tão evidente no caso da religião, da aplicação sistemática de um único e mesmo princípio de divisão e, assim, só podem organizar o mundo natural e social recortando nele classes antagônicas, como pelo fato de que engendram o sentido e o consenso em torno do sentido por meio da lógica da inclusão e da exclusão, estão propensos por sua própria estrutura a servirem simultaneamente a funções de inclusão e exclusão, de associação e dissociação, de integração e distinção. Estas "funções sociais" (no sentido de Durkheim ou no sentido "estrutural-funcionalista" do termo) tendem sempre a se transformarem em funções políticas na medida em que a função lógica de ordenação do mundo que o mito preenchia de maneira socialmente indiferenciada operando uma *diacrisis* ao mesmo tempo arbitrária e sistemática no universo das coisas, subordina-se às funções social-

---

(8) Em outras palavras, tem-se o direito de suspeitar *a priori* de todas as tentativas de aplicar aos produtos da indústria cultural ou às obras de arte erudita, métodos que não passam de uma transposição mais ou menos mecânica da análise lingüística, pelo fato de abstraírem tanto a posição dos produtores no campo de produção como as funções que estes objetos simbólicos cumprem para os produtores e para as diferentes categorias de consumidores.

(9) "Portanto, se a cada momento do tempo, os homens não chegassem a um entendimento no tocante a estas idéias essenciais, se não tivessem uma concepção homogênea do tempo, do espaço, da causa, do número etc., todo acordo se tornaria impossível entre as inteligências e, por conseguinte, seria impraticável qualquer vida comum. Por isso, a sociedade não pode abandonar as categorias ao livre arbítrio de indivíduos particulares sem abandonar-se a si própria. Para poder viver, tem necessidade não apenas de um *conformismo moral* suficiente, mas também de um mínimo de *conformismo lógico* sem o qual não poderá subsistir". Ver E. Durkheim. (*F.E.V.R.* p. 24, os grifos são nossos.)

mente diferenciadas de diferenciação social e de legitimação das diferenças, ou seja, na medida em que as divisões efetuadas pela ideologia religiosa vêm recobrir (no duplo sentido do termo) as divisões sociais em grupos ou classes concorrentes ou antagônicas.

A idéia de que os sistemas simbólicos, religião, arte e língua, sejam veículos de poder e de política, ou seja, que sua temática refira-se à ordem embora em sentido bastante distinto, parece estranha a duas correntes: primeiro, àqueles que tornam a sociologia dos fatos simbólicos uma dimensão da sociologia do conhecimento — cujo interesse pela estrutura destes sistemas, por sua maneira de falar daquilo que falam (sua sintaxe), é muito maior do que o interesse pelo que falam (sua temática) —, e segundo, àqueles que a encaram como uma dimensão da sociologia do poder. E não poderia ser de outro modo uma vez que cada uma destas teorias só é capaz de apreender o aspecto que apreende vencendo o obstáculo epistemológico que para ela constitui, no âmbito da sociologia espontânea, o equivalente do aspecto que a teoria complementar e oposta constrói. Assim, a aparência de inteligibilidade que todas as interpretações "alegóricas" (ou externas) do mito ostentavam com facilidade, fossem elas astronômicas, meteorológicas, psicológicas, psicanalíticas ou mesmo sociológicas (como por exemplo a explicação por funções universais mas vazias à maneira de Malinowski, ou até por funções sociais) sem dúvida contribuiu para impedir a interpretação "tautegórica" ou estrutural. Contribuiu na mesma direção a impressão de incoerência e de absurdo bem montada para reforçar a propensão de enxergar neste discurso aparentemente arbitrário apenas uma manifestação da *Urdummheit,* da "estupidez primitiva" ou, no máximo, uma forma elementar da especulação filosófica, uma "ciência caipira", para falar como Platão. Tudo se passa como se Lévi-Strauss não tivesse podido ser o primeiro a atravessar o espelho das explicações "demasiado fáceis" por serem ingenuamente projetivas, a não ser ao preço de uma dúvida radical (isto é, *hiperbólica*) acerca de qualquer leitura externa, o que o leva a rejeitar inclusive o princípio mesmo da relação entre as estruturas dos sistemas simbólicos e as estruturas sociais. "Os psicanalistas, bem como certos etnólogos, querem substituir as interpretações cosmológicas e naturalistas por outras interpretações tomadas de empréstimo à sociologia e à psicologia. Mas então as coisas tornam-se fáceis demais. Caso um sistema mitológico conceda lugar importante a um certo personagem, digamos uma avó maldosa, nos dirão que nessa sociedade as avós têm uma atitude hostil com seus netos. A mitologia será considerada um reflexo da estrutura social e das relações sociais" [10]. Da mesma forma, ao colocar de chofre que as ações mágicas ou religiosas são *mundanas* (*diesseitig*) em seu princípio e devem ser realizadas "para se ter uma vida longa" [11], Max Weber não consegue apreender a mensagem religiosa do mesmo modo que Lévi-Strauss, ou seja, como o produto de "operações intelectuais" (por oposição a operações "afetivas" ou práticas), como também não consegue refletir a respeito das funções especificamente lógicas e gnosiológicas daquilo que considera como um conjunto quase sistemático de respostas a questões existenciais. Todavia, ao mesmo tempo, Weber encontra os meios de correlacionar o conteúdo do discurso mítico (inclusive sua sintaxe) aos interesses religiosos daqueles que o produzem, que o difundem e que o recebem. Em plano mais profundo, chega a construir o sistema de crenças e práticas religiosas como a expressão mais ou menos transfigurada das estratégias dos diferentes grupos de especialistas em competição pelo monopólio da gestão dos bens de salvação e das diferentes classes interessadas por seus serviços. Neste ponto, Weber está de acordo com Marx ao afirmar que a religião cumpre uma função de conservação da ordem social contribuindo, nos termos de sua própria linguagem, para a "legitimação" do poder dos "dominantes" e para a "domesticação dos dominados". E ademais, Weber nos fornece os meios de escapar à alternativa simplista de que são produto suas análises mais duvidosas, ou seja, à oposição entre a ilusão da autonomia absoluta do discurso mítico ou religioso e a teoria reducionista que torna esse discurso o reflexo direto das estruturas sociais. Procura esclarecer ao máximo o elemento comum ausente no discurso das duas posições opostas e complementares: o *trabalho re-*

(10) C. Lévi-Strauss. *Anthropologie Structurale*. Paris, Plon, 1958, p. 229. Os textos admiráveis que Lévi-Strauss consagra ao problema da eficácia simbólica (*op. cit.*, caps. IX e X, pp. 183/226) permanecem quase isolados na obra, e podemos tomar o capítulo de *Tristes Trópicos* intitulado "A lição de escrita" como o mais significativo para a questão que estamos tratando: "Que coisa estranha a escrita. Tudo leva a crer que sua aparição não pôde deixar de determinar mudanças profundas nas condições de existência da humanidade; e que estas transformações devem ter sido sobretudo de natureza intelectual. (...). É preciso admitir que a *função primária da comunicação escrita é facilitar a escravidão*. O emprego da escrita para fins desinteressados com vistas a auferir satisfações intelectuais e estéticas, constitui um resultado secundário a ponto de reduzir-se quase sempre a um meio para reforçar, dissimular ou justificar seu primeiro uso". Ver C. Lévi-Strauss. *Tristes Tropiques*. Paris, Plon, 1955, pp. 317-318, os grifos são nossos.
(11) "A fim de que tudo lhe corra bem e para que tenha uma vida longa na terra" (segundo os termos da promessa feita àqueles que honram seus pais), M. Weber. *Wirtschaft und Gesellschaft*. Colônia-Berlin, Kiepenheuer und Witsch, 1964, vol. I, p. 317. Daqui por diante, essa obra será indicada pela abreviatura *W.u.G.*

ligioso realizado pelos produtores e porta-vozes especializados, investidos do poder, institucional ou não, de responder por meio de um tipo determinado de prática ou discurso a uma categoria particular de necessidades próprias a certos grupos sociais. E assim, Weber enxerga na gênese histórica de um corpo de agentes especializados o fundamento da autonomia relativa que a tradição marxista confere à religião, sem daí extrair todas as conseqüências [12] e, no mesmo lance, conduz ao núcleo do sistema de produção da ideologia religiosa, a saber, ao princípio mais específico (mas não último) da *alquimia ideológica* pela qual se opera a transfiguração das relações sociais em relações sobrenaturais, inscritas na natureza das coisas e portanto justificadas.

Nesta altura, para chegarmos ao núcleo comum das duas tradições parciais e mutuamente exclusivas, basta reformular a questão posta por Durkheim a respeito das "funções sociais" que a religião cumpre em favor do "corpo social" como um todo em termos da questão das *funções políticas* que a religião cumpre em favor das diferentes classes sociais de uma determinada formação social, em virtude de sua eficácia propriamente simbólica. Se levarmos a sério, ao mesmo tempo, a hipótese de Durkheim da gênese social dos esquemas de pensamento, de percepção, de apreciação e de ação, e o fato da divisão em classes, somos necessariamente conduzidos à hipótese de que existe uma correspondência entre as estruturas sociais (em termos mais precisos, as estruturas do poder) e as estruturas mentais, correspondência que se estabelece por intermédio da estrutura dos sistemas simbólicos, língua, religião, arte etc. Em outras palavras, a religião contribui para a imposição (dissimulada) dos princípios de estruturação da percepção e do pensamento do mundo e, em particular, do mundo social, na medida em que

(12) Embora se possa, é claro, estender ao corpo de especialistas religiosos o que Engels escreve sobre os juristas profissionais em sua carta a Conrad Smith de 27 de outubro de 1890: "O mesmo ocorre com o direito. No momento em que a nova divisão do trabalho torna-se necessária e cria *juristas profissionais*, abre-se por sua vez um campo novo, autônomo, que, embora sendo em geral dependente da produção e do comércio, possui não obstante uma capacidade particular de reação sobre essas esferas. Em um estado moderno, é preciso não apenas que o direito corresponda à situação econômica geral e a exprima, mas também deve ser uma *expressão sistemática* capaz de não infligir a si mesmo um desmentido resultante de suas próprias contradições internas. E para chegar a este ponto, o direito reflete as contradições econômicas de modo cada vez menos fiel". Engels descreve em seguida o efeito de apriorização resultante da ilusão da autonomia absoluta: "o jurista acredita estar operando por proposições *a priori* que na verdade não passam de reflexos econômicos", e falando da filosofia, observa uma das conseqüências da profissionalização que tende a reforçar por um efeito circular a ilusão da autonomia absoluta: "Enquanto esfera determinada da divisão do trabalho, a filosofia de cada época supõe uma determinada documentação intelectual que lhe foi transmitida por seus antecessores e da qual se utiliza como ponto de partida".

impõe um sistema de práticas e de representações cuja estrutura objetivamente fundada em um princípio de divisão política apresenta-se como a estrutura natural-sobrenatural do cosmos.

1. OS PROGRESSOS DA DIVISÃO DO TRABALHO RELIGIOSO E O PROCESSO DE MORALIZAÇÃO E DE SISTEMATIZAÇÃO DAS PRÁTICAS E CRENÇAS RELIGIOSAS

1.1. O conjunto das transformações tecnológicas, econômicas e sociais, correlatas ao nascimento e ao desenvolvimento das cidades e, em particular, aos progressos da divisão do trabalho e à aparição da separação do trabalho intelectual e do trabalho material, constituem a condição comum de dois processos que só podem realizar-se no âmbito de uma relação de interdependência e de reforço recíproco, a saber, a constituição de um campo religioso relativamente autônomo e o desenvolvimento de uma necessidade de "moralização" e de "sistematização" das crenças e práticas religiosas.

A aparição e o desenvolvimento das grandes religiões universais estão associados à aparição e ao desenvolvimento da cidade, sendo que a oposição entre a cidade e o campo marca uma ruptura fundamental na história da religião e, concomitantemente, traduz uma das divisões religiosas mais importantes em toda sociedade afetada por esse tipo de oposição morfológica. Tendo observado que "a grande divisão do trabalho material e do trabalho intelectual consiste da separação entre a cidade e o campo", Marx escrevia em *A Ideologia Alemã*: "A divisão do trabalho passa a existir efetivamente como tal somente a partir do momento em que se opera uma divisão do trabalho material e intelectual. A partir deste momento a consciência pode de fato imaginar-se a si própria como algo diverso da consciência da *praxis* existente, ou então, pensar que representa realmente alguma coisa sem representar alguma coisa de real [...]. (Ela) torna-se capaz de emancipar-se do mundo e passar à formação da teoria 'pura', teologia, filosofia, moral etc."[13]. Não seria demais lembrar as características da condição camponesa que obstam a "racionalização" das práticas e crenças religiosas: entre outras, a subordinação ao mundo natural que estimula "a idolatria da natureza"[14] a estrutura tem-

(13) K. Marx, e F. Engels. *L'idéologie allemande*. Paris, Éditions Sociales, 1968, p. 60.
(14) K. Marx. *Principes d'une critique de l'Économie Politique*. Paris, Gallimard, Pléiade, t. II, p. 260.

poral do trabalho agrícola, atividade sazonal intrinsecamente rebelde ao cálculo e à racionalização [15], a dispersão espacial da população rural que dificulta as trocas econômicas e simbólicas e, em conseqüência, a tomada de consciência dos interesses coletivos. Ao contrário, as transformações econômicas e sociais correlatas à urbanização, seja o desenvolvimento do comércio e sobretudo do artesanato, atividades profissionais relativamente independentes dos imprevistos naturais e, por isso, relativamente racionalizadas ou racionalizáveis, seja o desenvolvimento do individualismo intelectual e espiritual favorecido pela reunião de indivíduos libertos das tradições envolventes das antigas estruturas sociais, só podem favorecer a "racionalização" e a "moralização" das necessidades religiosas. "A existência econômica da burguesia baseia-se, como observa Weber, em um trabalho mais *contínuo* (se comparado ao caráter sazonal do trabalho agrícola) e mais *racional* (ou, pelo menos, mais racionalizado em termos empíricos) [...]. Isto permite sobretudo prever e 'compreender' a relação entre objetivo, meios, êxito ou fracasso." À medida que desaparece "a relação imediata com a realidade plástica e vital das forças naturais", "estas forças, deixando de ser imediatamente inteligíveis, transformam-se em problemas" e "a questão racionalista do 'sentido' da existência" começa a se colocar, ao passo que a experiência religiosa depura-se e as relações diretas com o cliente introduzem valores morais na religiosidade do artesão [16] Todavia, o maior mérito de Weber foi o de haver salientado o fato de que a urbanização (com as transformações que provoca) contribui para a "racionalização" e para a "moralização" da religião apenas na medida em que a religião favorece o desenvolvimento de um corpo de especialistas incumbidos da gestão dos bens de salvação. "Os processos de 'interiorização' e de 'racionalização' dos fenômenos religiosos e, em particular, a introdução de critérios e imperativos éticos, a transfiguração dos deuses em poderes éticos que desejam e recompensam o 'bem' e punem o 'mal', de modo a salvaguardar também as aspirações éticas, e mais o desenvolvimento do sentimento do 'pecado' e o desejo de 'redenção', eis aí alguns dos traços que se desenvolveram, via de regra, para-

---

(15) · M. Weber. *W.u.G.* p. 368 e t. II, p. 893 ("o destino do camponês encontra-se estreitamente ligado à natureza, fortemente dependente dos processos orgânicos e dos fenômenos naturais, e pouco disponível do ponto de vista econômico para uma sistematização racional"); K. Marx. *Le capital*, II, 2ª seção. cap. VIII, in *K. Marx. Oeuvres.* Paris, Gallimard, Bibliothèque de la Pléiade, T. II, p. 655 (estrutura temporal da atividade produtiva e impossibilidade de previsão), *op. cit.*, III, 5ª seção, cap. XIX, p. 1273 (incerteza e contingências).
(16) *W.u.G.*, II. p. 893.

lelamente ao desenvolvimento do trabalho industrial, quase sempre em relação direta com o desenvolvimento urbano. Entretanto, não se trata de uma relação de dependência unívoca. A racionalização da religião possui sua normatividade própria sobre a qual as condições econômicas podem agir apenas como 'linhas de desenvolvimento' (*Entwicklungswege*), estando ligada sobretudo ao desenvolvimento de um corpo especificamente sacerdotal" [17]. Se a religião de Iavé sofreu uma evolução "ético-racional" em uma Palestina que, apesar de seus grandes centros culturais, jamais havia conhecido um desenvolvimento urbano e industrial comparável ao do Egito e da Mesopotâmia, tal fato deve-se sobretudo à existência de um clero citadino na antiga Palestina, ao contrário da *polis* mediterrânea que nunca produziu religiões racionalizadas tanto em virtude da influência de Homero como, sobretudo, devido à ausência de um corpo sacerdotal hierocraticamente organizado e especialmente preparado para o desempenho de sua função. Ou melhor, o culto de Iavé pôde triunfar sobre as tendências sincréticas porque a conjugação dos interesses dos sacerdotes citadinos com os novos interesses religiosos que a urbanização suscita nos grupos leigos, conseguiu superar os obstáculos que em geral se interpõem ao progresso em direção ao monoteísmo: de um lado, "os poderosos interesses ideais e materiais do clero, interessado no culto de deuses particulares", e portanto hostis ao processo de "concentração" que aniquila as pequenas empresas de salvação; de outro lado, "os interesses religiosos dos leigos em favor de um objeto religioso próximo, suscetível de ser influenciado magicamente" [18]. Tornando-se cada vez mais difíceis as condições políticas, os judeus que haviam depositado a esperança de um destino futuro melhor em sua conformidade aos mandamentos divinos, acabaram julgando pouco satisfatórias as diferentes formas tradicionais de culto e, particularmente, os oráculos com respostas ambíguas e enigmáticas, até que se fez sentir a necessidade de métodos mais racionais para se conhecer a vontade divina e de sacerdotes capazes de praticá-los. Neste caso, o conflito entre esta demanda coletiva — que coincidia de fato com o interesse objetivo dos Levitas, em sua tendência para excluir todos os cultos concorrentes —, e os interesses particulares dos sacerdotes de numerosos santuários privados encontrou na organização centralizada e hierarquizada do sacerdócio uma solução capaz de preservar os direitos de todos os sacer-

(17) *W.u.G.*, II, p. 894.
(18) *W.u.G.*, p. 332.

dotes sem obstar a instauração de um monopólio do culto de Iavé em Jerusalém.

1.2. O processo conducente à constituição de instâncias especificamente organizadas com vistas à produção, à reprodução e à difusão dos bens religiosos, bem como a evolução (relativamente autônoma no que respeita às condições econômicas) do sistema destas instâncias no sentido de uma estrutura mais diferenciada e mais complexa, ou seja, em direção a um campo religioso relativamente autônomo, se fazem acompanhar por um processo de *sistematização e de moralização das práticas e das representações religiosas* que vai do mito como (quase) sistema objetivamente sistemático à ideologia religiosa como (quase) sistema expressamente sistematizado e, paralelamente, do *tabu* e da contaminação mágica ao pecado ou do *mana*, do "numinoso" e do Deus primitivo, arbitrário e imprevisível, ao Deus justo e bom, guardião e protetor da ordem da natureza e da sociedade.

Extremamente raro nas sociedades primitivas, o desenvolvimento de um verdadeiro monoteísmo (em oposição à "monolatria", outra forma de politeísmo) está ligado, segundo Paul Radin, à aparição de um corpo de sacerdotes solidamente organizado. Isto significa que o monoteísmo, totalmente ignorado pelas sociedades cuja economia se baseia na coleta, na pesca e/ou na caça, somente se expande nas classes dominantes das sociedades fundadas em uma agricultura já desenvolvida e em uma divisão em classes (certas sociedades do oeste africano, os polinésios, os índios dakota e winnebago) nas quais os progressos da divisão do trabalho se fazem acompanhar por uma divisão correlata da divisão do trabalho de dominação e, em particular, da divisão do trabalho religioso [19]. Tentar compreender este processo de sistematização e de moralização como o efeito direto e imediato das transformações econômicas e sociais, seria ignorar que a eficácia própria destas transformações limita-se a tornar possível, por uma espécie de dupla negação (isto é, pela supressão das condições econômicas inteiramente negativas do desenvolvimento dos mitos), a constituição progressiva de um campo religioso relativamente autônomo e, por esta via, a ação convergente (apesar da concorrência que os opõe) do corpo sacerdotal (com os interesses materiais e simbólicos que lhes são próprios) e das "forças extra-sacerdotais",

(19) P. Radin. *Primitive Religion, its Nature and Origins*. New York, Dover Publications, 1957, 1ª ed., 1937.

vale dizer, as exigências religiosas de certas categorias de leigos e as revelações metafísicas ou éticas do profeta [20].

Desta maneira, o processo moralizador de noções como *ate, time, aidos, phtonos* etc., marcado fundamentalmente pela "transferência da noção de pureza da ordem mágica para a ordem moral", ou seja, pela transformação do erro como sujeira (*miasma*) em "pecado", só se torna completamente inteligível se levarmos em conta, além das transformações concomitantes das estruturas econômicas e sociais, as transformações da estrutura das relações de produção simbólica conducentes à constituição de um verdadeiro campo intelectual na Atenas do século V. O corpo de sacerdotes tem a ver diretamente com a racionalização da religião e deriva o princípio de sua legitimidade de uma teologia erigida em dogma cuja validade e perpetuação ele garante. O trabalho de exegese que lhe é imposto pelo confronto ou pelo conflito de tradições mítico-rituais diferentes, desde logo justapostas no mesmo espaço urbano, ou pela necessidade de conferir a ritos ou mitos tornados obscuros um sentido mais ajustado às normas éticas e à visão do mundo dos destinatários de sua prédica, bem como a seus valores e a seus interesses próprios de grupo letrado, tende a substituir a *sistematicidade objetiva* das mitologias pela *coerência intencional* das teologias, e até por filosofias. Por esta via prepara a transformação da analogia sincrética, fundamento do pensamento mágico-mítico, em analogia racional e consciente de seus princípios, e até mesmo em silogismo [21]. A autonomia do campo religioso afirma-se na tendência dos especialistas de fecharem-se na referência autárquica ao saber religioso já acumulado e no esoterismo de uma produção quase acumulativa de início destinada aos produtores [22]. Daí o gosto tipicamente sacerdotal pela imitação transfiguradora e pela infidelidade desconcertante, os poliônimos deliberados e a ambigüidade refinada, o equívoco, a obscuridade metódica e a metáfora sistemática, em suma todos os jogos de palavras presentes em todas as tradições letradas e cujo princípio

---

(20) A. W. H. Adkins. *Merit and Responsability, A Study in Greek Values*. Oxford, Clarendon Press, 1960, em especial o capítulo V; ver principalmente E. R. Dodds. *The Greeks and the Irrasional*. Boston, Beacon Press, 1957 (1ª ed., 1951).
(21) *W.U.G.*, p. 323.
(22) Por mais marcante que seja a ruptura entre os especialistas e os profanos, o campo religioso distingue-se do campo intelectual propriamente dito pois nunca consegue dedicar-se total e exclusivamente a uma produção esotérica, isto é, destinada apenas aos produtores, devendo sempre sacrificar-se às exigências dos leigos. "O aedo conhece também a língua dos deuses 'que existem sempre', e revela alguns de seus termos embora seja obrigado a traduzir para os homens que o escutam e a conformar-se ao uso corrente". Ver G. Bollack. *Empédocle, I, Introduction à l'ancienne physique*. Paris, Minuit, 1965, p. 286.

pode ser localizado, segundo Jean Bollack, na *alegoria,* entendida como a arte de pensar outra coisa com as mesmas palavras, dizer outra coisa com as mesmas palavras ou dizer de outra maneira as mesmas coisas ("dar um sentido mais puro as palavras da tribo") [23].

1.3. Enquanto resultado da monopolização da gestão dos bens de salvação por um *corpo de especialistas* religiosos, socialmente reconhecidos como os detentores exclusivos da competência específica necessária à produção ou à reprodução de um *'corpus' deliberadamente organizado* de conhecimentos secretos (e portanto raros), a constituição de um campo religioso acompanha a desapropriação objetiva daqueles que dele são excluídos e que se transformam por esta razão em *leigos* (ou *profanos,* no duplo sentido do termo) destituídos do *capital religioso* (enquanto trabalho simbólico acumulado) e reconhecendo a legitimidade desta desapropriação pelo simples fato de que a desconhecem enquanto tal.

A desapropriação objetiva designa tão-somente a relação objetiva que os grupos ou classes ocupando uma posição inferior na estrutura da distribuição dos bens religiosos, estrutura que se superpõe à estrutura da distribuição dos instrumentos de produção religiosa (vale dizer, da competência ou, nos termos de Weber, da "qualificação" religiosa), mantêm com o novo tipo de bens de salvação resultante da dissociação do trabalho material e do trabalho simbólico bem como dos progressos da divisão do trabalho religioso. Constata-se que a desapropriação objetiva não implica forçosamente em uma "pauperização" religiosa, ou seja, um processo visando acumular e concentrar entre as mãos de um grupo particular um capital religioso até então distribuído igualmente entre todos os membros da sociedade [24]. Entre-

---

(23) É preciso ler todo o capítulo intitulado "A transposição" (*op. cit.,* pp. 277-310) onde Jean Bollak extrai os princípios da interpretação e da reinterpretação aos quais Empédocles submete os textos homéricos e que, sem dúvida, poderiam caracterizar a relação que toda tradição letrada mantém com sua herança: "É na *variação* que melhor se manifestava e de modo mais visível o poder oue se tinha sobre a língua" (p. 284). "Desde o jogo com as letras até o emprego complexo de grupos inteiros, a criação religiosa apóia-se primeiro sobre os elementos da memória (...). A variação é tanto mais erudita quanto mais ínfima e quanto mais deixe transparecer o texto imitado" (p. 285). A respeito da função da "etimologia sagrada", do "jogo de palavras" e da pesquisa por um modo de expressão "polifônico" no caso dos escribas egípcios, poder-se-ia também consultar a obra de Serge Sauneron. *Les prêtes de l'ancienne Egypte.* (Paris, Seuil, 1957, pp. 123-133).

(24) Durkheim definia as categorias sociais de pensamento como "instrumentos eruditos de pensamento, forjados laboriosamente pelos grupos humanos no curso dos séculos e depositários do melhor de seu capital intelectual". E comentava em uma nota: "Por esta razão torna-se legítimo comparar as categorias a instrumentos, porque o instrumento, por sua vez, constitui *capital material acumulado.* Aliás, existe estreito parentesco entre as três noções de instrumento, de categoria e de instituição". Ver E. Durkheim. *F.E.V.R.,* Paris, P.U.F., 4ª ed., 1960, p. 27 e nota 1. (Os grifos são nossos.)

tanto, se é verdade que este capital pode perpetuar-se inalterado, tanto em seu conteúdo como em sua distribuição, embora mantendo-se objetivamente desvalorizado pela e na relação que o vincula objetivamente às formas novas de capital, tal desvalorização tende a provocar, de modo mais ou menos rápido, a deterioração do capital tradicional e, em conseqüência, a "pauperização" religiosa e a separação simbólica entre o saber *sagrado* e a ignorância profana que o *segredo* exprime e reforça.

1.3.1. As diferentes formações sociais podem ser distribuídas em função do grau de desenvolvimento e de diferenciação de seu aparelho religioso, isto é, das instâncias objetivamente incumbidas de assegurar a produção, a reprodução, a conservação e a difusão dos bens religiosos, segundo sua distância em relação a dois pólos extremos, o *autoconsumo religioso,* de um lado, e a *monopolização completa* da produção religiosa por especialistas, de outro lado.

1.3.1.1. A estes dois tipos extremos de estrutura da distribuição do capital religioso vão corresponder: a) tipos opostos de relações objetivas (e vividas) com os bens religiosos e, em particular, tipos opostos de competência religiosa, a saber, de um lado, o *domínio prático* de um conjunto de esquemas de pensamento e de ação *objetivamente* sistemáticos, adquiridos em estado implícito por simples familiarização, e portanto comuns a todos os membros do grupo e praticados segundo a modalidade pré-reflexiva e, de outro lado, o *domínio erudito* de um *corpus* de normas e conhecimentos explícitos, explícita e deliberadamente sistematizados por especialistas pertencentes a uma instituição socialmente incumbida de reproduzir o capital religioso por uma ação pedagógica expressa; b) tipos nitidamente distintos de sistemas simbólicos, como por exemplo os *mitos* (ou sistemas mítico-rituais) e as *ideologias religiosas* (teogonias, cosmogonias, teologias) que constituem o produto de uma *reinterpretação letrada,* levada a cabo em resposta a novas funções, de um lado, funções internas correlatas à existência do campo dos agentes religiosos e, de outro lado, funções externas, como por exemplo as que resultam da constituição dos Estados e do desenvolvimento dos antagonismos de classe e que propiciam as razões de existência às grandes religiões com pretensão universal.

A recusa ética do evolucionismo e das ideologias racistas dele socialmente solidárias, embora o mesmo não ocorra do ponto de vista lógico, conduz certos etnólogos ao etnocentrismo inverso que consiste em atribuir a todas as sociedades, mesmo as mais "primitivas", formas de capital cultural que só podem constituir-se a um nível determinado do desenvolvimento da divisão do trabalho. As camadas camponesas são agraciadas com outra forma do erro primitivista que é o erro populista. Ou seja, ao confundir a desapropriação e a pauperização, corre-se o risco de tratar os restos descontextualizados e reinterpretados da cultura erudita do passado como vestígios preciosos de uma cultura original [25]. Para escapar a este tipo de erro, assim o sugerem as análises de Weber (autor que parece desconhecido dos etnólogos), basta relacionar a estrutura do sistema de práticas e crenças religiosas à divisão do trabalho religioso. Durkheim encaminha-se neste sentido mas sem tirar quaisquer conseqüências pois seu objetivo não é esse quando quer distinguir as "religiões primitivas" das "religiões complexas" caracterizadas pelo "choque das teologias, as variações dos rituais, a multiplicidade dos grupos, a diversidade dos indivíduos". "Por exemplo, tomemos certas religiões como as do Egito, da Índia ou da antigüidade clássica. É uma barafunda obscura de cultos múltiplos, variáveis segundo as localidades, os templos, as gerações, as dinastias, as invasões etc. *As superstições populares estão misturadas aos dogmas mais refinados. Nem o pensamento nem a atividade religiosa encontram-se igualmente distribuídos entre a massa de fiéis. Conforme os homens, os meios, as circunstâncias, tanto as crenças como os ritos são percebidos de maneiras diferentes.* Aqui encontramos padres, naquela parte monges e, mais longe, leigos. Há místicos e racionalistas, teólogos e profetas etc." [26]. De fato, é extremamente raro que os etnólogos forneçam informações sistemáticas a respeito do universo completo dos agentes religiosos, incluindo seu recrutamento e sua formação, sua posição e sua função na estrutura social. A não ser excepcionalmente colocam a questão da distribuição da competência religiosa segundo o sexo, a idade, o nível social, a especialização técnica, uma ou outra particularidade social, sem indagar sobre a relação entre o manejo prático do sistema mítico que os indígenas possuem em graus diferentes de excelência, e o manejo erudito que o etnólogo pode ostentar ao fim de uma análise fundada em informações sistematicamente coletadas pela observação dirigida e pela interrogação de informantes diferentes e escolhidos *por sua competência particular.* Em nome de uma ideologia ingenuamente

(25) Para uma crítica desta ilusão, ver L. Boltanski. *Prime éducation et morale de classe.* Paris, Mouton, 1969.
(26) E. Durkheim. *F.E.V.R.*, p. 7. (O grifo é nosso.)

antifuncionalista, os etnólogos tendem hoje a descartar a questão das relações entre a estrutura social e a estrutura das representações míticas ou religiosas. Nestas condições, não podem colocar a questão (que só poderia ser resolvida através de estudos comparativos) da relação entre o grau de desenvolvimento do aparelho religioso e a estrutura ou a temática da mensagem. Em suma, a tradição intelectual de sua disciplina, a estrutura relativamente pouco diferenciada (mesmo do ponto de vista religioso) das sociedades que estuda e o método ideográfico que utiliza, acabam impondo ao etnólogo a teoria da religião cujo melhor resumo é a definição de Igreja de Durkheim, diametralmente oposta à de Weber: "O mágico está para a magia, assim como o sacerdote está para a religião, *e um colégio de sacerdotes não é uma Igreja*, assim como uma congregação religiosa devotada a algum santo na sombra do claustro não constitui um culto particular. *Uma Igreja não é simplesmente uma confraria sacerdotal;* é a comunidade moral formada por todos os crentes da mesma fé, tanto fiéis como sacerdotes" [27]. Portanto, contrariamente à ambição fundamental de Durkheim [28] que esperava encontrar a verdade das "religiões complexas" nas "religiões elementares", os *limites de validade* da análise de Durkheim sobre a religião, bem como de qualquer método que torna a sociologia da religião uma simples dimensão da "sociologia do conhecimento", estão dados pela petição de princípio segundo a qual elimina-se a questão das variações da forma e do grau de diferenciação da atividade produtiva e, ainda mais, da forma e do grau de diferenciação do trabalho de produção simbólica e das variações correlatas das funções e da estrutura da mensagem religiosa [29]. Como bem observa Weber, tendo em vista que a visão do mundo proposta

(27) *F.E.V.R.*, pp. 62-63. Algumas páginas antes, Durkheim observava, entretanto, que a divisão do trabalho religioso existe em qualquer sociedade, nem que seja em estado incipiente: "Sem dúvida, é raro que alguma cerimônia não tenha seu diretor no momento em que é celebrada; e mesmo nas sociedades organizadas de modo mais grosseiro, há geralmente homens que pela importância de seu papel social são designados para exercer uma influência direta sobre a vida religiosa (por exemplo, os chefes dos grupos locais em certas sociedades australianas). Mas esta atribuição de função permanece ainda muito imprecisa" (*F.E.V.R.*, p. 61, n. 1).

(28) E, sem dúvida, de modo mais ou menos confuso, contrariamente a qualquer etnólogo cujo interesse profissional seja refutar a tese de Marx segundo a qual as formas mais complexas da vida social encerram o princípio da compreensão das formas mais rudimentares ("A anatomia do homem é a chave da anatomia do macaco...").

(29) Sobre este ponto, pode-se consultar o resumo do debate entre Lévi--Strauss e Paul Ricoeur (*Esprit, nov.* 1963, pp. 628-653) onde se verá que a questão da especificidade das produções do sacerdócio é escamoteada tanto pelo filósofo, preocupado em salvar a irredutibilidade da tradição bíblica (A), como pelo etnólogo que, mesmo reconhecendo explicitamente o *trabalho religioso dos especialistas* (B), elimina este trabalho de sua análise: (A) "De minha parte, estou impressionado com o fato de que todos os exemplos provenham da área geográfica do chamado totemismo, e nunca do pensamento semítico, pré-

pelas grandes religiões universais é o produto de grupos bem definidos (teólogos puritanos, sábios confucionistas, brâmanes hindus, levitas judeus etc.) e até de indivíduos (como os profetas) que falam em nome de grupos determinados, a análise da estrutura interna da mensagem religiosa não pode ignorar impunemente as funções sociologicamente construídas que ela cumpre: primeiro, em favor dos grupos que a produzem e, em seguida, em favor dos grupos que a consomem. Nestas condições, a transformação da mensagem no sentido da moralização e da racionalização pode resultar, ao menos em parte, do fato de que o peso relativo das funções que se pode considerar internas cresce na medida em que o campo amplia sua autonomia.

1.3.1.2. A oposição entre os detentores do monopólio da gestão do sagrado e os leigos, objetivamente definidos como profanos, no duplo sentido de ignorantes da religião e de estranhos ao sagrado e ao corpo de administradores do sagrado, constitui a base do princípio da oposição entre o *sagrado* e o *profano* e, paralelamente, entre a manipulação legítima (religião) e a manipulação profana e profanadora (magia ou feitiçaria) do sagrado, quer se trate de uma *profanação objetiva* (ou seja, a magia ou a feitiçaria como religião dominada), quer se trate da *profanação intencional* (a magia como anti-religião ou religião invertida).

Uma vez que a religião, e em geral todo sistema simbólico, está predisposta a cumprir uma função de associação e de dissociação, ou melhor, de distinção, um sistema de práticas e crenças está fadado a surgir como *magia* ou como *feitiçaria,* no sentido de religião inferior, todas as vezes que ocupar uma posição dominada na estrutura das relações de força simbólica, ou seja, no sistema das relações entre o sistema de práticas e de crenças próprias a uma formação social determinada. Desta maneira, costuma-se designar em geral como magia tanto uma religião inferior e antiga, logo *primitiva,* quanto uma religião inferior e contemporânea, lo-

-helênico ou indo-europeu (...). Pergunto se o fundo mítico sobre o qual nos debruçamos — fundo semítico (**egípcio, babilônico, aramaico, hebreu**), fundo proto-helênico, fundo indo-europeu — se prestam tão facilmente à mesma operação, ou melhor, (....) certamente eles se prestam, mas será que se prestam sem mais?" (p. 607); (B) "O Antigo Testamento, que seguramente lança mão de materiais míticos, os retoma tendo em vista um outro fim distinto daquele que fora seu fim original. Sem dúvida alguma, certos redatores os deformaram ao interpretá-los e, portanto, estes mitos foram submetidos, como observou muito bem o Prof. Ricoeur, a uma operação intelectual. Seria preciso começar por um trabalho preliminar visando reencontrar o resíduo mitológico e arcaico subjacente à literatura bíblica, o que evidentemente só pode caber a um especialista" (p. 631). "Conhecemos muitos mitos historicizados pelo mundo afora; todavia, é bastante curioso, por exemplo, o fato de que a mitologia dos índios zunis do sudoeste dos Estados Unidos tenha sido "historicizada" (...) por teólogos indígenas de uma maneira comparável à de outros teólogos a partir dos mitos dos ancestrais de Israel" (p. 636).

go *profana* (aqui, equivalente de *vulgar*) e profanadora. Assim, a aparição de uma ideologia religiosa tem por efeito relegar os antigos mitos ao estado de magia ou de feitiçaria. Como observa Weber, é a supressão de um culto sob a infuência de um poder político ou eclesiástico, em prol de uma outra religião, que, reduzindo os antigos deuses à condição de demônios, deu origem no curso do tempo à oposição entre a religião e a magia [30]. Logo, é lícito indagar se a tradição etnológica de fato rompeu com este sentido primeiro e primitivo naqueles casos em que recorre à oposição entre magia e religião a fim de distinguir formações sociais dotadas de aparelhos religiosos desigualmente desenvolvidos e de sistemas de representações religiosas desigualmente moralizados e sistematizados.

Por outro lado, no âmbito de uma mesma formação social, a oposição entre a religião e a magia, entre o sagrado e o profano, entre a manipulação legítima e a manipulação profana do sagrado, dissimula a oposição entre diferenças de competência religiosa que estão ligadas à estrutura da distribuição do capital cultural. Pode-se verificar esse fato na relação entre o confucionismo e a religiosidade das classes populares chinesas, relegadas à ordem da magia pelo desprezo e pela suspeita dos letrados que elaboram o ritual refinado da religião do estado e que impõem a dominação e a legitimidade de suas doutrinas e de suas teorias sociais, apesar de algumas vitórias locais e provisórias dos sacerdotes taoístas e budistas cujas doutrinas e práticas estão mais próximas dos interesses das massas [31]. Tendo em vista, de um lado, a relação que une o grau de sistematização e de moralização da religião ao grau de desenvolvimento do aparelho religioso e, de outro, a relação que une os progressos da divisão do trabalho religioso aos progressos da divisão do trabalho e da urbanização, compreende-se as razões pelas quais a maioria dos autores tende a associar à magia características específicas dos sistemas de práticas e representações próprias às formações sociais menos desenvolvidas economicamente, ou então, específicas das classes sociais mais desfavorecidas das sociedades divididas em classes [32]. A maioria dos autores está de acordo em reconhecer nas práticas mágicas os seguintes

---

(30) *W.u.G.*, p. 335.
(31) M. Weber. *Gesammelte Aufsaetze zur Religionssoziologie*. Tübingen, J. C. B., Mohr, 1920-1921, vol. I, pp. 276-536.
(32) Sem dúvida, não existe formação social que, por mais incipiente que seja o desenvolvimento de seu aparelho religioso, ignore a oposição que Durkheim propunha com base em Robertson Smith entre a religião institucionalmente estabelecida, expressão patente e legítima das crenças e valores comuns do grupo, e a magia como conjunto de crenças e práticas características dos

traços: visam objetivos concretos e específicos, parciais e imediatos (em oposição aos objetivos mais abstratos, mais genéricos e mais distantes que seriam os da religião); estão inspiradas pela intenção de coerção ou de manipulação dos poderes sobrenaturais (em oposição às disposições propiciatórias e contemplativas da "oração", por exemplo); e por último, encontram-se fechadas no formalismo e no ritualismo do *tomá lá dá cá* [33]. Todos estes traços estão fundados em condições de existência dominadas por uma urgência econômica que impede qualquer distanciamento em face do presente e das necessidades imediatas sendo ademais pouco favoráveis ao desenvolvimento de competências eruditas em matéria de religião, e por esta razão, têm maiores oportunidades de se manifestar nas sociedades ou nas classes sociais mais desfavorecidas do ponto de vista econômico e, por isso, predispostas a ocupar uma posição dominada nas relações de forças materiais e simbólicas. Mas isso não é tudo. Toda prática ou crença dominada está fadada a aparecer como *profanadora* na medida em que, por sua própria existência e na ausência de qualquer intenção de profanação, constitui uma contestação objetiva do monopólio da gestão do sagrado e, portanto, da *legitimidade* dos detentores deste monopólio. Na verdade, a sobrevivência constitui sempre uma resistência, isto é, a expressão da recusa em deixar-se desapropriar dos instrumentos de produção religiosos. Por este motivo, a magia inspirada por uma intenção de profanação é apenas o caso limite, ou melhor, a verdade da magia como profanação objetiva: "A magia, diz Durkheim, apresenta uma espécie de prazer profissional em profanar as coisas santas, em seus ritos ela faz o contrário das cerimônias religiosas" [34]. O feiticeiro leva às últimas conseqüências a lógica da contestação do monopólio quando reforça o sacrilégio provocado pelo relacionamento de um agente profano com um objeto sagrado, invertendo ou caricaturando as delicadas e complexas operações a que devem se entregar os detentores do monopólio da manipulação dos bens religiosos no intuito de legitimar tal relacionamento.

2. O INTERESSE PROPRIAMENTE RELIGIOSO

2.1. Em sua qualidade de sistema simbólico estruturado, a religião funciona como princípio de estruturação que

grupos ou das categorias dominadas (como as mulheres), ou então, ocupando *posições sociais estruturalmente ambíguas* (como o ferreiro ou a anciã nas sociedades berberes).
(33) *W.u.G.*, pp. 368-369.
(34) *F.E.V.R.*, pp. 59-60.

1) constrói a experiência (ao mesmo tempo que a expressa) em termos de *lógica em estado prático,* condição impensada de qualquer pensamento, e em termos de *problemática implícita,* ou seja, de um sistema de questões indiscutíveis delimitando o campo do que merece ser discutido em oposição ao que está fora de discussão (logo, admitido sem discussão) e que 2), graças ao efeito de *consagração* (ou de legitimação) realizado pelo simples fato da *explicitação,* consegue submeter o sistema de disposições em relação ao mundo natural e ao mundo social (disposições inculcadas pelas condições de existência) a uma *mudança de natureza,* em especial convertendo o *ethos* enquanto sistema de esquemas implícitos de ação e de apreciação em *ética* enquanto conjunto sistematizado e racionalizado de normas explícitas. Por todas essas razões, a religião está predisposta a assumir uma *função ideológica,* função *prática e política de absolutização do relativo e de legitimação do arbitrário,* que só poderá cumprir na medida em que possa suprir uma função *lógica e gnosiológica* consistente em reforçar a força material ou simbólica possível de ser mobilizada por um grupo ou uma classe, assegurando a legitimação de tudo que define socialmente este grupo ou esta classe. Em outros termos, a religião permite a legitimação de todas as propriedades características de um estilo de vida singular, propriedades *arbitrárias* que se encontram objetivamente associadas a este grupo ou classe *na medida em que ele ocupa uma posição determinada na estrutura social (efeito de consagração* como sacralização pela "naturalização" e pela eternização).

2.1.1. A religião exerce um efeito de consagração sob duas modalidades: 1) através de suas sanções santificantes, converte em limites legais os limites e as barreiras econômicas e políticas efetivas e, em particular, contribui para a *manipulação simbólica das aspirações* que tende a assegurar o ajustamento das esperanças vividas às oportunidades objetivas; 2) inculca um sistema de práticas e de representações consagradas cuja estrutura (estruturada) reproduz sob uma forma transfigurada, e portanto irreconhecível, a estrutura das relações econômicas e sociais vigentes em uma determinada formação social e que só consegue produzir a objetividade que produz (enquanto estrutura estruturante) ao produzir o *desconhecimento dos limites* do conhecimento que torna possível, e ao contribuir para o reforço simbólico de suas sanções aos limites e às barreiras lógicas e gnosiológicas impostas por um tipo determinado de condições materiais de existência (efeito de conhecimento-desconhecimento).

É preciso não confundir o efeito de consagração que todo sistema de práticas e de representações religiosas tende a exercer, de maneira direta ou imediata no caso da religiosidade das classes dominantes, de maneira indireta no caso da religiosidade das classes dominadas, com o efeito de conhecimento-desconhecimento que todo sistema de práticas e de representações religiosas exerce necessariamente enquanto imposição de problemática e que constitui de fato a mediação mais dissimulada pela qual se exerce o efeito de consagração. Os esquemas de pensamento e de percepção constitutivos da problemática religiosa podem produzir a objetividade que produzem somente ao produzirem o desconhecimento dos limites do conhecimento que tornam possível (isto é, a adesão imediata, sob a modalidade da crença, ao mundo da tradição vivido como "mundo natural") e do arbitrário da problemática, um verdadeiro sistema de questões que não é questionado. Desta maneira, não se pode ao mesmo tempo, e sem contradições, atribuir à religiosidade popular uma função mistificadora de deslocamento dos conflitos políticos e considerar certos tipos de movimentos religiosos, como as heresias medievais, como uma forma disfarçada da luta de classes, a menos que se leve em conta, o que Engels não faz, o efeito de conhecimento-desconhecimento, ou seja, tudo que resulta do fato de que a luta de classes só pode realizar-se em um dado momento do tempo assumindo a forma e tomando de empréstimo a linguagem (e não o "disfarce") da guerra religiosa. Em suma, as guerras religiosas não são "violentas querelas teológicas" como em geral são consideradas nem conflitos de "interesses materiais de classe" da maneira com que Engels as encara. Na verdade, as guerras religiosas são as duas coisas ao mesmo tempo porque as categorias teológicas de pensamento tornam impossível pensar e levar adiante a luta de classes enquanto tal, permitindo não obstante pensá-la e levá-la a cabo enquanto guerra religiosa. Assim como no âmbito prático a alquimia religiosa faz "da necessidade virtude", ou então, segundo a expressão de William James, "torna fácil e feliz o que é inevitável", no âmbito gnosiológico faz "da necessidade razão" ao transformar as barreiras sociais que definem o "impensável" em limites lógicos, eternos e necessários. Por exemplo, seria fácil mostrar que, como sugere Paul Radin, a representação da relação entre o homem e as forças sobrenaturais que as diferentes religiões propõem, *não pode ultrapassar os limites* impostos pela lógica que rege a troca de bens no grupo ou na classe em questão [35]. Tudo se

---

(35) P. Radin. *Op. cit.*, pp. 182-183.

passa como se a representação "eucarística" do sacrifício, quase totalmente desconhecida das sociedades primitivas onde as trocas obedecem à lei do dom e do contradom, e também ausente nas classes camponesas que, segundo Weber, tendem a obedecer em suas relações com o deus e com o sacerdote a "uma moral estritamente formalista do *toma lá dá cá*", só pudesse desenvolver-se quando as estruturas da troca econômica se transformassem, sobretudo com o desenvolvimento do comércio e do artesanato urbano, ou seja, pela instauração da relação com o *cliente* torna-se possível a concepção de uma moralização calculista das relações entre o homem e a divindade. De outro lado, é sabido o efeito de consagração que a transfiguração religiosa do *ethos* ascético da classe burguesa em formação em uma ética religiosa da ascese no mundo pode exercer tanto no âmbito prático como no âmbito teórico.

2.2. Por definição, a função genérica de legitimação não pode realizar-se sem que antes esteja especificada em função dos interesses religiosos ligados às diferentes posições na estrutura social. Isto ocorre pelo fato de que o *interesse religioso* naquilo que ele tem de pertinente para a sociologia, a saber, o interesse que um grupo ou uma classe encontra em um tipo determinado de prática ou crença religiosa e, sobretudo, na produção, reprodução, difusão, e consumo de um tipo determinado de bens de salvação (dentre os quais a própria mensagem religiosa), é função do reforço que o poder de legitimação do arbitrário contido na religião considerada pode trazer à força material e simbólica possível de ser mobilizada por este grupo ou classe ao legitimar as propriedades materiais ou simbólicas associadas a uma posição determinada na estrutura social.

Se a religião cumpre funções sociais, tornando-se, portanto, passível de análise sociológica, tal se deve ao fato de que os leigos não esperam da religião apenas justificações de existir capazes de livrá-los da angústia existencial da contingência e da solidão, da miséria biológica, da doença, do sofrimento ou da morte. Contam com ela para que lhes forneça justificações de existir em uma posição social determinada, em suma, de existir como de fato existem, ou seja, com todas as propriedades que lhes são socialmente inerentes. Segundo Weber, a questão da origem do mal (*unde malum et quare?*) torna-se uma interrogação sobre o sentido da existência humana apenas no caso das classes privilegiadas, sempre à pro-

cura de uma "teodicéia de sua boa sorte". Em geral, tal
questão constitui uma interrogação social a respeito das causas e razões das injustiças e privilégios sociais. Assim, as
teodicéias são sempre *sociodicéias*. Àqueles que venham a
julgar reducionista esta teoria das funções da religião, basta
indicar que as variações das funções objetivamente atribuídas
à religião pelas diferentes classes sociais em diferentes sociedades e em épocas diferentes designam as teorias que colocam
em primeiro plano as *funções psicológicas* (ou "pessoais") da
religião como uma expressão de *etnocentrismo*. Com o desenvolvimento da burguesia urbana levada a interpretar a
história e a existência humana muito mais como o produto
do mérito ou demérito da pessoa e não tanto como o efeito
da riqueza ou do destino, a religiosidade reveste-se de um
caráter intensamente pessoal muitas vezes considerado parte
integrante da essência de qualquer experiência religiosa. Portanto, basta construir o fato religioso de maneira especificamente sociológica, isto é, como a expressão legitimadora de
uma posição social, para que se percebam as condições sociais
de possibilidade, e portanto os limites, dos demais tipos de
construção, sobretudo daquela que podemos chamar fenomenológica a qual, em seu esforço por submeter-se à verdade vivida da experiência religiosa enquanto experiência
pessoal irredutível às suas funções externas, esquece de operar uma última "redução", qual seja a das condições sociais
que devem ser preenchidas para que seja possível esta experiência vivida. Assim como a virtude segundo Aristóteles, a
religiosidade pessoal (e, em geral, toda forma de "vida interior") "exige uma certa disponibilidade". A questão da salvação pessoal ou da existência do mal, da angústia da morte
ou do sentido do sofrimento, bem como todas as interrogações
situadas nas fronteiras da "psicologia" e da metafísica (forma
secularizada), todas essas questões que são produzidas e manipuladas através de diferentes métodos e com graus diversos de êxito, por confessores e predicadores, psicólogos e
psicanalistas, romancistas e conselheiros conjugais, sem falar
dos semanários femininos, têm como condição social de possibilidade um desenvolvimento do interesse pelos problemas
de consciência e um aumento da sensibilidade pelas misérias
da condição humana o que só se torna viável a partir de um
tipo determinado de condições materiais de existência. A
representação do Paraíso como lugar de uma felicidade individual opõe-se à esperança milenarista de uma subversão da
ordem social presente na fé popular. Uma oposição seme-

lhante se estabelece entre a revolta "metafísica" contra o absurdo da existência humana e contra as únicas "alienações" universais — aquelas que a situação de privilégio nunca consegue abolir totalmente, podendo até mesmo reforçá-las ao desenvolver aptidões para exprimi-las, analisá-las e senti--las — e a resignação dos deserdados em face do destino comum de sofrimentos, separações e solidão. Todas estas oposições paralelas têm como princípio a oposição entre as condições materiais de existência e as posições sociais onde se engendram estes dois tipos opostos de representações transfiguradas da ordem social e de seu futuro.

Se a representação do Paraíso como lugar de uma felicidade individual corresponde melhor hoje às demandas religiosas da pequena burguesia do que às demandas das frações dominantes da burguesia, abertas tanto à escatologia paracientífica de um Teillard de Chardin como à futurologia dos planificadores prospetivistas, e porque, como observa Reinhold Niebuhr, o 'milenarismo evolucionista sempre soube exprimir a esperança das classes privilegiadas que se julgam muito racionais para aceitar a idéia de uma emergência repentina do absoluto na história". Estas classes pensam que "o ideal está na história e encaminha-se em direção a seu triunfo final" e "identificam Deus e a natureza, o real e o ideal, não porque as concepções dualistas da religião clássica lhes pareçam muito irracionais, mas porque não sofrem tanto como os deserdados com as brutalidades da sociedade contemporânea e também porque não fazem para si mesmas uma imagem tão catastrófica da história" [36].

2.2.1. Tendo em vista que o interesse religioso tem por princípio a necessidade de legitimação das propriedades vinculadas a um tipo determinado de condições de existência e de posição na estrutura social, as funções sociais desempenhadas pela religião em favor de um grupo ou de uma classe, diferenciam-se necessariamente de acordo com a posição que este grupo ou classe ocupa a) na estrutura das relações de classe e b) na divisão do trabalho religioso.

2.2.1.1. As relações de *transação* que se estabelecem, com base em interesses diferentes, entre os especialistas e os leigos, e as relações de *concorrência* que opõem os diferentes especialistas no interior do campo religioso, constituem o princípio da dinâmica do campo religioso e também das transformações da ideologia religiosa.

(36) R. Niebuhr. *Moral Man and Immoral Society*. New York, Charles Scribners Sons, 1932, p. 62.

2.2.2. Tendo em vista que o interesse religioso tem por princípio a necessidade de legitimação das propriedades materiais ou simbólicas associadas a um tipo determinado de condições de existência e de posição na estrutura social, dependendo portanto diretamente desta posição, a mensagem religiosa mais capaz de satisfazer o interesse religioso de um grupo determinado de leigos, e de exercer sobre ele o efeito propriamente simbólico de mobilização que resulta do poder de absolutização do relativo e de legitimação do arbitrário, é aquela que lhe fornece um (quase) sistema de justiticação das propriedades que estão objetivamente associadas ao grupo na medida em que ele ocupa uma determinada posição na estrutura social.

Esta proposição que se pode deduzir diretamente de uma definição propriamente sociológica da função da religião, encontra sua validação empírica na harmonia quase miraculosa que sempre se observa entre a forma de que se revestem as práticas e as crenças religiosas em uma dada sociedade em um dado momento do tempo, e os interesses propriamente religiosos de sua clientela privilegiada neste momento. Desta maneira, por exemplo, se "a nobreza guerreira e todas as forças feudais não tendem em momento algum a se tornarem portadoras de uma ética religiosa racional", tal ocorre, como observa Weber, porque "conceitos como 'pecado', 'redenção', 'humildade', além de serem estranhos, são também antinômicos ao sentimento de dignidade próprio a todas as camadas politicamente dominantes e sobretudo à nobreza guerreira" [37]. Esta harmonia é o resultado de uma *recepção seletiva* que implica necessariamente em uma *reinterpretação* cujo princípio reside na posição ocupada na estrutura social, na medida em que os esquemas de percepção e de pensamento, condicionantes da recepção e dos limites em que esta ocorre, são o produto das condições de existência associadas a esta posição (*habitus* de classe ou de grupo). Vale dizer, a circulação da mensagem religiosa implica necessariamente em uma reinterpretação que pode ser operada de forma consciente por especialistas (por exemplo, a vulgarização religiosa com vistas à evangelização) ou efetuada de modo inconsciente apenas pela força das leis da difusão cultural (por exemplo, a "vulgarização" resultante da divulgação). Quanto maior for a distância econômica, social e cultural entre o grupo dos produtores, o grupo dos divulgadores e o grupo dos receptores, tanto mais ampla a reinterpretação.

(37) *W.U.B.*, p. 371.

Em conseqüência, a forma que a estrutura dos sistemas de práticas e crenças religiosas assume em um dado momento do tempo (a religião histórica) pode afastar-se bastante do conteúdo original da mensagem e só pode ser inteiramente compreendida por referência à estrutura completa das relações de produção, de reprodução, de circulação e de apropriação da mensagem, e por referência à história desta estrutura [38]. Destarte, ao fim de sua história monumental do ensino social das igrejas cristãs, Ernst Troeltsch conclui ser extremamente difícil "encontrar um ponto invariável e absoluto na ética cristã" e isto acontece porque, em cada formação social e em cada época, toda a visão do mundo e todos os dogmas cristãos dependem das condições sociais características dos diferentes grupos ou classes, na medida em que devem adaptar-se a estas condições para manejá-las [39]. As crenças e práticas comumente designadas cristãs (sendo este nome a única coisa que têm em comum) devem sua sobrevivência no curso do tempo à sua capacidade de transformação à medida que se modificam as funções que cumprem em favor dos grupos sucessivos que as adotam. Do mesmo modo, de um ponto de vista sincrônico, as representações e as condutas religiosas que invocam uma mensagem original única e permanente, devem sua difusão no espaço social ao fato de que recebem significações e funções radicalmente distintas por parte dos diferentes grupos ou classes. Assim, a unidade de fachada da igreja católica no século XIII não consegue dissimular a existência de verdadeiros cismas ou heresias *internos* que lhe permitiam dar uma resposta aparentemente única (contribuindo assim para dissimular as diferenças) a interesses e a exigências radicalmente distintos.

2.2.2.1. Em uma sociedade dividida em classes, *a estrutura dos sistemas de representações e práticas religiosas*

(38) É bastante sugestiva a tentativa weberiana de caracterizar as grandes religiões universais através dos grupos profissionais ou classes que desempenharam um papel determinante em sua propagação, sobretudo porque nestes estudos Weber procurou indicar o princípio do estilo próprio a cada uma das grandes mensagens originais: "Caso se queira caracterizar de modo sucinto os grupos sociais que foram os portadores e os propagadores das religiões universais, pode-se indicar: para o confucionismo, o burocrata ordenador do mundo, para o hinduísmo, o mágico ordenador do mundo, para o budismo, o monge mendigo errante pelo mundo, para o Islamismo, guerreiro conquistador do mundo, para o judaísmo, o comerciante que percorre o mundo, para o cristianismo, o camarada artesão itinerante. Todos estes grupos agem não como os porta-vozes de seus 'interesses de classe' profissionais ou materiais, mas enquanto *portadores ideológicos* (ideologische Träger) do tipo de ética ou de doutrina da salvação que melhor se harmonizava com sua posição social" (*W.u.G.*, pp. 400-401, os grifos são nossos).

(39) E. Troeltsch. *Die Soziallehren der christlichen Kirchen und Gruppen*. Tübingen, Mohr, 1912, t. I. In *Gesammelte Schriften von E. Troeltsch (1922)*. reimpressão, Aalen, Scientia Verlag, 1961.

próprias aos diferentes grupos ou classes, contribui para a perpetuação e para a reprodução da ordem social (no sentido de estrutura das relações estabelecidas entre os grupos e as classes) ao contribuir para consagrá-la, ou seja, sancioná-la e santificá-la. Tal sucede porque no momento mesmo em que ela se apresenta oficialmente como una e indivisa, esta estrutura se organiza em relação a duas posições polares, a saber: 1) os sistemas de práticas e de representações (religiosidade dominante) tendentes a justificar a hegemonia das classes dominantes; 2) os sistemas de práticas e de representações (religiosidade dominada) tendentes a impor aos dominados um reconhecimento da legitimidade da dominação fundada no desconhecimento do arbitrário da dominação e dos modos de expressão simbólicos da dominação (por exemplo, o estilo de vida bem como a religiosidade das classes dominante), contribuindo, desta maneira, para o reforço simbólico da representação dominada do mundo político e do *ethos* da *resignação* e da *renúncia* diretamente inculcado pelas condições de existência. Em outros termos, trata-se de reforçar simbolicamente a propensão para medir as esperanças pelas possibilidades inscritas nestas condições de existência, por intermédio de técnicas de manipulação simbólica de aspirações tão diversas (embora convergentes) como o deslocamento das aspirações e conflitos através da compensação e da transfiguração simbólica (promessa da salvação) ou a transmutação do destino em escolha (exaltação do ascetismo).

A estrutura dos sistemas de representações e práticas reforça sua eficácia mistificadora pelo fato de que exibe as aparências da unidade dissimulando sob a capa de um mínimo de dogmas e ritos comuns interpretações radicalmente opostas das respostas tradicionais às questões mais fundamentais da existência. Qualquer uma das grandes religiões universais apresenta tal pluralidade de significações e funções: seja no caso do judaísmo que, segundo Louis Finklestein, conserva através da oposição entre a tradição farisaica e a tradição profética os vestígios das tensões e conflitos econômicos e culturais entre os pastores seminômades e os agricultores sedentários, entre os grupos sem terra e os grandes proprietários, entre os artesãos e os nobres citadinos [40]; seja o hinduísmo, diversamente interpretado pelos diferentes níveis da hierarquia social, ou o budismo japonês com suas numerosas seitas, seja enfim o cristianismo, religião híbrida construída com elementos tomados de empréstimo à tradição ju-

(40) L. Finklestein. *The Pharisees: The Sociological Background of their Faith.* New York, Harper and Bros., 1949, 2 vols.

daica, ao humanismo grego e a diferentes cultos de iniciação, que no começo foi veiculada, observa Weber, por artesãos itinerantes até tornar-se em seu apogeu a religião do monge e do guerreiro, do servo e do nobre, do artesão e do comerciante. A unidade aparente destes sistemas profundamente diferentes pode ser facilmente preservada pois os mesmos conceitos e as mesmas práticas tendem a assumir *sentidos opostos* quando são usados a fim de expressar experiências sociais radicalmente opostas. Por exemplo, para alguns a "resignação" é a primeira lição da existência, enquanto para outros ela deve ser conquistada laboriosamente vencendo-se a revolta diante das formas universais do inevitável. *O efeito de compreensão dupla* que se produz forçosamente e sem que seja preciso provocá-lo de modo explícito sempre que uma mensagem única é interpretada em referência a condições de existência opostas, constitui com certeza uma das mediações pelas quais efetua-se o efeito de imposição lógica que toda religião realiza.

2.3. Tendo em vista que uma prática (ou uma ideologia religiosa), por definição, só pode exercer o efeito propriamente religioso de mobilização (correlato ao efeito de consagração) na medida em que o interesse político que a determina e a sustenta subsiste dissimulado em face tanto daqueles que a produzem como daqueles que a recebem, a *crença* na eficácia simbólica das práticas e representações religiosas faz parte das condições da eficácia simbólica das práticas e das representações religiosas.

Sem pretender explicar completamente as relações entre a *crença* e a *eficácia simbólica* das práticas ou das ideologias religiosas — para o que seria necessário levar em conta as funções e os efeitos psicológicos e até psicossomáticos da crença [41] —, a intenção seria apenas sugerir que a explicação das práticas e crenças religiosas através do interesse religioso dos produtores ou dos consumidores pode dar conta (no sentido explicativo) da própria crença. Para tanto, tendo em vista que o princípio do efeito de consagração reside no fato de que a ideologia e a prática religiosa cumprem uma função de conhecimento-desconhecimento, basta perceber que os especialistas religiosos devem forçosamente ocultar a si mesmos e aos outros que a razão de suas lutas são interesses políticos. Primeiro, porque a eficácia simbólica de que podem dispor nestas lutas depende de tais interesses e, portanto, convém-

(41) Ver Claude Lévi-Strauss. *Antropologia estrutural*. caps. IX e X, pp. 183-226.

-lhes politicamente ocultar a si mesmos e aos outros seus interesses políticos (ou seja, em linguagem "pagã", interesses "temporais") [42]. Assim, talvez seja preciso reservar o nome *carisma* para designar as propriedades simbólicas (em primeiro lugar, a eficácia simbólica) que se agregam aos agentes religiosos na medida em que aderem à ideologia do carisma, isto é, *o poder simbólico que lhes confere o fato de acreditarem em seu próprio poder simbólico*. Se é preciso recusar ao carisma o estatuto de uma teoria sociológica da profecia, não obstante toda teoria da profecia deve reservar um lugar ao carisma como *ideologia profissional* do profeta, condição da eficácia específica da profecia, na medida em que conserva a fé do profeta em sua própria "missão" e ao mesmo tempo lhe fornece os princípios de sua ética profissional, sobretudo a recusa pública de todos os interesses temporais. E a ideologia da revelação, da inspiração ou da missão, constitui a forma por excelência da ideologia carismática porque a convicção do profeta contribui para a operação de inversão e de transfiguração que o discurso profético realiza impondo uma representação da gênese do discurso profético que faz descer do céu o que ele devolve ao céu aqui da terra. Todavia, isto não significa apenas que aquele que pede para que acreditem em sua palavra deve fazer a mímica de acreditar em sua palavra, ou então, que aquele que faz questão de impor a fé por seus discursos deve manifestar em seu discurso ou em sua conduta a fé que tem em seu discurso. Também não significa que o poder de exprimir ou de impor pelo discurso ou pela ação oratória a fé na verdade do discurso contribui de forma relevante para o poder de persuasão do discurso. Sem dúvida, o princípio da relação entre o interesse, a crença e o poder simbólico, deve ser buscado no que Lévi-Strauss denomina "o complexo xamanista", isto é, na dialética da experiência íntima e da imagem social, circula-

---

(42) Basta transcrever aqui a prece que uma comunidade religiosa de Pendjab conhecida por sua piedade dirige a seu santo patrono:

"Um homem faminto não pode realizar teu culto.
Retome teu rosário.
Eu só peço a poesia dos pés do Santo.
Faça com que eu não fique endividado.
Eu te peço dois *seer* de farinha.
Um quarto de *seer* de manteiga e de sal.
Eu te peço a metade de um *seer* de *pulse*,
Que me alimentará duas vezes por dia.
Eu te peço um leito de quatro pés,
Uma almofada e um colchão.
Eu te peço uma tanga para mim,
E então teu escravo te servirá com devoção.
Eu nunca fui ambicioso.
Eu não amo nada mais a não ser o teu nome." Ver P. Radin. *Op. cit.*, pp. 305-306.

ção quase mágica de poderes no curso da qual o grupo produz e projeta o poder simbólico que será exercido sobre ele e ao fim da qual se constitui, tanto para o profeta como para seus sectários, a experiência do poder profético responsável por toda a realidade de tal poder) [43]. Mas como é possível não perceber, de modo mais profundo, que a dialética da experiência íntima e da imagem social é apenas a face visível da *dialética da fé e da má fé* (no sentido de mentira consigo mesmo, individual ou coletiva) que constitui um dos princípios dos jogos de máscaras, dos jogos de espelho e dos jogos de máscara diante do espelho, visando fornecer aos indivíduos e aos grupos coagidos ao recalque interessado do interesse temporal (econômico mas também sexual) os caminhos desviados de um gozo espiritualmente irrepreensível? A força do recalque nunca é tão grande e o trabalho de transfiguração tão importante como nessas esferas onde a função proclamada e a experiência vivida contradizem pura e simplesmente a verdade objetiva da prática. E o êxito da empresa, isto é, a força da crença, é função do grau em que o grupo traz sua contribuição à empresa individual de ocultação, e portanto, do interesse do grupo em ocultar a contradição. Vale dizer, a mentira consigo mesma presente em qualquer fé (e geralmente, em qualquer ideologia) só consegue se impor quando a má fé individual é mantida e preservada pela má fé coletiva. "A sociedade, dizia Mauss, se contenta sempre com a moeda falsa de seu sonho". Somente a sociedade porque só ela pode organizar *a falsa circulação de moeda falsa* a qual, dando a ilusão da objetividade, distingue entre a loucura como crença privada e a fé como crença reconhecida, ou seja, como *ortodoxia,* opinião e crença (*doxa*) corretas e, por assim dizer, de direita. E por fim, capaz de apreender o mundo natural e o mundo social do modo como eles se oferecem à apreensão, isto é, como *evidentes*. É no espaço desta lógica que se faz necessário colocar a questão das condições do êxito do profeta, situado precisamente na fronteira incerta *do anormal e do extraordinário,* e cujas condutas excêntricas

(43) "Quesalid não se tornou um grande feiticeiro porque curava seus doentes, ele curava seus doentes porque se tornou um grande feiticeiro." (C. Lévi-Strauss. *Op. cit.,* p. 198). Para termos uma imagem mais próxima desta dialética, seria preciso analisar as relações objetivas e as interações que unem o pintor a seu público, *grosso modo* desde Duchamp, e que hoje encontram sua forma arquetípica nos defensores da arte pobre ou da arte conceitual, levados a "vender" sua *convicção* ou sua *sinceridade* pois se trata da garantia única e última de sua pretensão a decretar a pertinência de qualquer objeto à classe das obras de arte, ou então, o que é a mesma coisa, instados a afirmar sua pretensão ao monopólio da produção artística pelo simples fato de produzirem na condição de *artis.as* (*ou seja, pensando a si mesmos e se dizendo artistas*) *um objeto propositadamente qualquer que qualquer um poderia produzir.*

e estranhas podem ser admiradas como *fora do comum* ou desprezadas como *desprovidas do senso comum* [44]

3. FUNÇÃO PRÓPRIA E FUNCIONAMENTO DO CAMPO RELIGIOSO

Em função de sua posição na estrutura da distribuição do capital de autoridade propriamente religiosa, as diferentes instâncias religiosas, indivíduos ou instituições, podem lançar mão do *capital religioso* na concorrência pelo monopólio da gestão dos bens de salvação e do exercício legítimo do poder religioso enquanto poder de modificar em bases duradouras as representações e as práticas dos leigos, inculcando-lhes um *habitus* religioso, princípio gerador de todos os pensamentos, percepções e ações, segundo as normas de uma representação religiosa do mundo natural e sobrenatural, ou seja, objetivamente ajustados aos princípios de uma visão política do mundo social. De um lado (I), este capital religioso depende do estado, em um dado momento do tempo, da estrutura das relações objetivas entre *a demanda religiosa* (ou seja, os interesses religiosos dos diferentes grupos ou classes de leigos) e *a oferta religiosa* (ou seja, os serviços religiosos de tendência ortodoxa ou herética) que as diferentes instâncias são compelidas a produzir e a oferecer em virtude de sua posição na estrutura das relações de força religiosas (ou seja, em função de seu capital religioso) e, de outro lado (II), este capital religioso determina tanto a natureza, a forma e a força das estratégias que estas instâncias podem colocar a serviço da satisfação de seus interesses religiosos, como as funções que tais instâncias cumprem na divisão do trabalho religioso, e em conseqüência, na divisão do trabalho político [45].

(44) Vejamos, por exemplo, um desses profetas de que nos fala Evans-Pritchard, um profeta que vivia no mato, comendo excrementos humanos e animais, correndo do chão de seu estábulo ao topo, ou o profeta que passava o dia inteiro gritando do alto da pirâmide de terra e detritos que ele próprio edificara (Ver E. E. Evans-Pritchard. *Nuer Religion*. Oxford, Clarendon Press, 1962, 1ª ed. 1956, pp. 305-307). Em sua obra *Judaísmo Antigo*, Weber descreve os profetas bíblicos saindo à rua para lançar ataques pessoais, ameaças e injúrias, contra os altos dignitários do judaísmo, e manifestando todos os signos da mais arrebatada paixão. Diversos estados patológicos precediam estes momentos de alta inspiração. Ezequiel batia no dorso e arrastava-se pelo chão; após uma de suas visões, ficou paralisado durante sete dias; sentia-se flutuar nos ares. Jeremias parecia um homem bêbado. Muitos profetas tinham alucinações visuais e auditivas, caíam em estados hipnóticos e se entregavam a discursos descontrolados.

(45) A respeito da distinção entre o nível das *interações* (onde se situa a análise weberiana das relações entre os especialistas) e o nível da estrutura das relações objetivas, ver P. Bourdieu, "Une interprétation de la Théorie de la religion selon Max Weber". *Archives Européennes de Sociologie*, XII (1971), pp. 3-21, texto incluído nessa coletânea.

Assim, o capital de autoridade propriamente religiosa de que dispõe uma instância religiosa depende da força material e simbólica dos grupos ou classes que ela pode mobilizar oferecendo-lhes bens e serviços capazes de satisfazer seus interesses religiosos, sendo que a natureza destes bens e serviços depende, por sua vez, do capital de autoridade religiosa de que dispõe levando-se em conta a mediação operada pela posição da instância produtora na estrutura do campo religioso. Esta relação circular, ou melhor, dialética (pois o capital de autoridade que as diferentes instâncias podem utilizar na concorrência que as opõe, é o produto das relações anteriores de concorrência), é a base da harmonia que se observa entre os produtos religiosos oferecidos pelo campo e as demandas dos leigos, e ao mesmo tempo, constitui a base da homologia entre as posições dos produtores na estrutura do campo e as posições dos consumidores de seus produtos na estrutura das relações de classe.

3.1. Pelo fato de que a posição das instâncias religiosas, instituições ou indivíduos, na estrutura da distribuição do capital religioso determina todas suas estratégias, a luta pelo monopólio do exercício legítimo do poder religioso sobre os leigos e da gestão dos bens de salvação organiza-se necessariamente em torno da oposição entre (I) *a Igreja* e o *profeta e sua seita* (II). Na medida em que consegue impor o reconhecimento de seu monopólio (*extra ecclesiam nulla salus*) e também porque pretende perpetuar-se, a Igreja tende a impedir de maneira mais ou menos rigorosa a entrada no mercado de novas empresas de salvação (como por exemplo as seitas, e todas as formas de comunidade religiosa independentes), bem como a busca individual de salvação (por exemplo, através do ascetismo, da contemplação e da orgia). Ademais, a Igreja visa conquistar ou preservar um monopólio mais ou menos total de um *capital de graça institucional ou sacramental* (do qual é depositária por delegação e que constitui um objeto de troca com os leigos e um instrumento de poder sobre os mesmos) pelo controle do acesso aos meios de produção, de reprodução e de distribuição dos bens de salvação (ou seja, assegurando a manutenção da ordem no interior do corpo de especialistas) e pela delegação ao corpo de sacerdotes (funcionários do culto intercambiáveis e portanto, substituíveis do culto do ponto de vista do capital religioso) do monopólio da distribuição institucional ou sacramental e, ao mesmo tempo, de uma *autoridade* (ou uma *graça*) *de função* (ou de instituição). Com isso, os sacerdotes ficam dispensados de conquistar ou confirmar a todo momento sua autoridade, e protegidos das conseqüências do fracasso de sua ação religiosa. Por sua vez o *profeta* (ou o heresiarca) e *sua seita,* pela ambição que têm de satisfazer eles mesmos suas próprias necessidades religiosas sem a mediação ou a intercessão da Igreja, estão em condições de constatar a própria existência da Igreja colocando em questão o monopólio dos instrumentos de salvação, estando obrigados a realizar *a acumulação inicial do capital religioso* pela conquista (e/ou pela reconquista incessante) de uma autoridade sujeita às flutuações e às intermitências da relação conjuntural entre a oferta de serviço religioso e a demanda religiosa de uma categoria particular de leigos.

Em virtude da autonomia relativa do campo religioso como mercado de bens de salvação, as diferentes *configurações* historicamente realizadas da estrutura das relações entre as diversas instâncias em competição pela legitimidade religiosa podem ser encaradas como *momentos de um sistema de transformações.* E em seguida, é preciso captar a estrutura das *relações invariantes* que podem ser observadas entre as propriedades associadas aos grupos de especialistas ocupando posições homólogas em campos diferentes, sem ignorar que somente no interior de cada configuração histórica poder-se-ia caracterizar de maneira exaustiva e rigorosa as relações entre as diferentes instâncias.

3.1.1. A gestão do depósito de capital religioso (ou sagrado), produto do trabalho religioso acumulado, e o trabalho religioso necessário para garantir a perpetuação deste capital garantindo a *conservação* ou a *restauração* do mercado simbólico em que o primeiro se desenvolve, somente podem ser assegurados por meio de um aparelho de tipo burocrático que seja capaz, como por exemplo a Igreja, de exercer de modo duradouro a ação contínua *(ordinária)* necessária para assegurar sua própria reprodução ao reproduzir os produtores de bens de salvação e serviços religiosos, a saber, o corpo de sacerdotes, e o mercado oferecido a estes bens, a saber, os leigos (em oposição aos infiéis e aos heréticos) como consumidores dotados de um mínimo de competência religiosa *(habitus* religioso) necessária para sentir a necessidade específica de seus produtos.

3.1.2. Produto da institucionalização e da burocratização da seita profética (com todos os efeitos correlatos de "banalização"), a Igreja apresenta inúmeras características de uma burocracia (delimitação explícita das áreas de competência e hierarquização regulamentada das funções, com a racionalização correlata das remunerações, das "nomeações", das "promoções" e das "carreiras", codificação das regras que regem a atividade profissional e a vida extraprofissional, racionalização dos instrumentos de trabalho, como o dogma e a liturgia, e da formação profissional etc.) e opõe-se objetivamente à seita assim como a organização ordinária (banal e banalizante) opõe-se à ação extraordinária de contestação da ordem ordinária.

Toda seita que alcança êxito tende a tornar-se Igreja, depositária e guardiã de uma ortodoxia, identificada com as suas hierarquias e seus dogmas, e por essa razão, fadada a suscitar uma nova reforma.

3.2. A força de que dispõe o profeta (empresário independente de salvação) cuja pretensão consiste em produzir e distribuir bens de salvação de um tipo novo e propensos a desvalorizar os antigos — tarefa para a qual conta exclusivamente com sua "pessoa" como única caução ou garantia na falta de qualquer capital inicial —, depende da aptidão de seu discurso e de sua prática para mobilizar os interesses religiosos virtualmente heréticos de grupos ou classes determinados de leigos, graças ao efeito de consagração que o mero fato da simbolização e da explicitação exerce. De outro lado, tal força depende também do grau em que contribui para a subversão da ordem simbólica vigente (isto é, sacerdotal) e para a reordenação simbólica da subversão desta ordem, ou seja, para a dessacralização do sagrado (isto é, do arbitrário "naturalizado") e para a sacralização do sacrilégio (isto é, da transgressão revolucionária).

3.2.1. O profeta e o feiticeiro cujo traço comum consiste da oposição que fazem ao corpo de sacerdotes em sua condição de empresários independentes capazes de exercer seu ofício fora de qualquer instituição, sem proteção nem caução institucionais, distinguem-se pelas posições diferentes que ocupam na divisão do trabalho religioso onde se exprimem ambições muito diversas resultantes de origens sociais e formações diferentes. Enquanto o profeta afirma sua pretensão ao exercício legítimo do poder religioso entregando-se às atividades pelas quais o corpo sacerdotal afirma a especificidade de sua prática e a irredutibilidade de sua competência, e portanto a legitimidade do seu monopólio (por exemplo, a sistematização), vale dizer, produzindo e professando uma doutrina explicitamente sistematizada e capaz de conferir um sentido unitário à vida e ao mundo e a fornecer por esta via o meio de realizar a integração sistemática da conduta cotidiana em torno de princípios éticos (ou seja, práticos), o feiticeiro responde de modo ininterrupto às demandas parciais e imediatas, lançando mão do discurso como se fosse uma técnica de cura (do corpo) entre outras e não como um instrumento de poder simbólico, vale dizer, de prédica ou de "cura das almas".

A fim de perceber que o profeta deve de algum modo legitimar sua ambição de poder propriamente religioso pelo recalque mais absoluto do interesse temporal (isto é, sobretudo político) cujas manifestações são o ascetismo e todas as penitências físicas, basta correlacionar as características mais universais atribuídas a ele — como por exemplo a renúncia ao lucro (nos termos de Weber, a recusa da "utilização econômica do dom da graça como fonte de rendas")[46] e a ambição de exercer um verdadeiro poder religioso (isto é, de impor e inculcar uma doutrina erudita, expressa em uma língua erudita e presente em toda uma tradição esotérica) —, às características correspondentes, mas estritamente invertidas, que definem o feiticeiro, como por exemplo a submissão ao interesse material e a obediência à encomenda (correlata à renúncia em exercer uma dominação espiritual). Por sua vez o feiticeiro pode alugar abertamente seus serviços em troca de remuneração material, ou seja, pode assumir explicitamente seu papel na relação vendedor/cliente que constitui a verdade objetiva de toda relação entre especialistas religiosos e leigos. A partir daí, pode-se indagar se o desinteresse não estaria cumprindo uma função interessada enquanto componente do investimento inicial exigido por toda empresa profética. Ao contrário, o feiticeiro está ligado ao camponês, o homem da *fides implicita*, e pouco propensa segundo Weber a acolher as sistematizações do profeta, mas não infensa a recorrer ao feiticeiro, o único a utilizar sem intenção de proselitismo e sem reserva mental, o *sermo rusticus* e a fornecer, desta maneira, uma expressão ao que não tem nome em qualquer língua erudita.

3.3. Pelo fato de que a conservação do monopólio de um poder simbólico como a autoridade religiosa depende da aptidão da instituição que o detém em fazer reconhecer, por parte daqueles que dela estão excluídos, a legitimidade de sua exclusão (ou seja, fazendo com que desconheçam o arbitrário da monopolização de um poder e de uma competência acessíveis a qualquer arrivista), a contestação profética (ou

(46) *W.u.G.*, pp. 181 e 347.

herética) da Igreja ameaça a própria existência da instituição eclesiástica do momento em que põe em questão não apenas a aptidão do corpo sacerdotal para cumprir sua função declarada (em nome da recusa da "graça institucional"), mas também a razão de ser do sacerdócio (em nome do princípio do "sacerdócio universal"). Assim, quando as relações de força são favoráveis à Igreja, a consolidação dessa depende da supressão do profeta (ou da seita) por meio da violência física ou simbólica (excomunhão), a menos que a submissão do profeta (ou do reformador), ou seja, o reconhecimento da legitimidade do monopólio eclesiástico (e da hierarquia que o garante), permita sua anexação pelo processo de canonização (por exemplo, São Francisco de Assis).

3.3.1. Uma forma particular da luta pelo monopólio que se instaura quando a Igreja detém um monopólio total dos instrumentos de salvação consiste na oposição entre a ortodoxia e a heresia (homóloga da oposição entre a Igreja e o profeta) que se desenvolve segundo um processo mais ou menos constante. O conflito pela autoridade propriamente religiosa entre os especialistas (conflito teológico) e/ou o conflito pelo poder no interior da Igreja conduz a uma contestação da hierarquia eclesiástica que toma a forma de uma heresia do momento em que, em meio a uma situação de crise, a contestação da monopolização do monopólio eclesiástico por parte de uma fração do clero depara-se com os interesses anticlericais de uma fração dos leigos e conduz a uma contestação do monopólio eclesiástico enquanto tal.

A concentração do capital religioso nunca foi talvez tão forte como na Europa medieval. A Igreja, organizada segundo uma hierarquia complexa, utiliza uma linguagem quase desconhecida do povo e detém o monopólio do acesso aos instrumentos do culto, textos sagrados e sobretudo os *sacramentos*. Ao relegar o monge ao segundo nível na hierarquia das *ordines,* ela torna o sacerdote devidamente nomeado o instrumento indispensável da salvação e confere à hierarquia o poder de santificação. Por outro lado, fazendo com que a salvação dependa muito mais da recepção dos sacramentos e da profissão de fé do que da obediência às regras morais, a Igreja encoraja esta forma de ritualismo popular que consiste na busca das indulgências: "as multidões do século XI ao século XV tinham plena confiança na bênção do padre para a remissão dos pecados, seja no caso de absolvição no sentido sacramental do termo, seja a absolvição dada aos defuntos, as indulgências concedidas sob certas condições e capazes de perdoar a pena, as peregrinações visando obter as "grandes indulgências", os jubileus romanos, as *confessionalia* que concediam a certos fiéis favores espirituais no uso da confissão"⁴⁷. Em tal situação, o campo religioso recobre o campo das relações de concorrência que se estabelecem no próprio interior da Igreja. Os conflitos pela conquista da autoridade espiritual que se instauram no subcampo relativamente autônomo dos sábios (teólogos) produzindo *para outros sábios* e instados pela busca propriamente intelectual da *distinção* a tomadas de posição cismáticas na esfera da doutrina e do dogma, estão destinados por sua natureza a permanecer restritos ao mundo "universitário". Nestas condições, a transformação do que chamamos cismas clericais em heresias populares talvez seja mais aparente que real [48], na medida em que mesmo nos casos mais favoráveis à tese da difusão (por exemplo, John Wycliff e os Lolardos, Jean Huss e os Hussitas etc.), deparamo-nos sem dúvida com um misto de invenção simultânea e reinterpretação deformante acompanhadas de uma busca de autoridade e cauções eruditas. Ao que tudo indica, o cisma clerical tem possibilidades de tornar-se uma heresia popular [49] apenas na medida em que a estrutura das relações de concorrência pelo poder no interior da Igreja lhe oferece a possibilidade de articular-se com um conflito "litúrgico" e eclesiástico, ou seja, um conflito pelo poder sobre os instrumentos de salvação. As ideologias religiosas (e até mesmo as secularizadas) denominadas heréticas (situadas em estados muito diversos do campo religioso) no sentido de que tendem a contestar a ordem religiosa que a "hierarquia" eclesiástica visa manter, apresentam tantos *temas invariantes* (por exemplo, recusa da graça ins-

---

(47) E. Delaruelle. "Dévotion populaire et hérésie au Moyen Age". In J. Le Goff, (org.), *Hérésies et sociétés dans l'Europe pré-industrielle, XIe- -XVIIIe siècles*. Paris-La Haye, Mouton, 1968, p. 152.

(48) H. Grundmann. "Hérésies savantes et hérésies populaires au Moyen Age". In J. Le Goff, *op. cit.*, pp. 209-210, 218.

(49) Greenslade salientou com propriedade o peso determinante que cabe às "disputas litúrgicas" nos cismas da Igreja primitiva (Ver S. L. Greenslade. *Schism in the Early Church*. New York, Harper and Bros., 1953, pp. 37- 124). Dentre os fatores explicativos da aparição das heresias, é preciso levar em conta propriedades estruturais da burocracia sacerdotal e, em particular, sua maior ou menor aptidão para reformar-se ou para acolher e tolerar em seu seio grupos reformadores. Destarte, pode-se distinguir, no âmbito da história da Igreja cristã na Idade Média, certos períodos em que as tendências "heréticas" podem ao mesmo tempo chegar a bom termo ou desaparecer através da criação de novas ordens religiosas (*grosso modo*, tal sucede até o começo do século XIII) e certos períodos no curso dos quais estas tendências só chegam a tomar a forma de uma recusa explícita da ordem eclesiástica em virtude da proibição de fundar novas ordens (Ver G. Leff. In J. Le Goff, *op. cit.*, pp. 103 e 220-221). A partir de uma sugestão de Jacques Le Goff (*op. cit.*, p. 144), pode-se indagar se as variações da freqüência com que ocorre a heresia não mantém uma relação com fenômenos morfológicos, como por exemplo as flutuações do volume do corpo de clérigos e da aptidão correlata da Igreja para digerir as heresias oferecendo-lhes em seu próprio seio uma evasão mística.

titucional, prédica dos leigos e sacerdócio universal, autogestão direta das empresas de salvação, os eclesiásticos "permanentes" sendo considerados meros "servidores" da comunidade, e mais "liberdade de consciência", ou seja, direito de cada indivíduo à autodeterminação religiosa em nome da igualdade de qualificações religiosas etc.), porque têm sempre por princípio gerador uma contestação mais ou menos radical da hierarquia sacerdotal que pode exacerbar-se mediante uma denúncia do arbitrário de uma autoridade religiosa que não esteja fundada na santidade de seus detentores, podendo inclusive chegar a uma condenação radical do monopólio eclesiástico enquanto tal. E ademais porque essas ideologias — de início produzidas-reproduzidas para as necessidades da luta interna contra a hierarquia eclesiástica (e em conseqüência, diversas da maior parte das ideologias puramente "teológicas" que por obedecerem a outras funções encontram-se encasteladas no mundo dos clérigos) —, estavam propensas a exprimir-inspirar, ao preço de uma radicalização, os interesses religiosos das categorias de leigos mais inclinados a contestar a legitimidade do monopólio eclesiástico dos instrumentos de salvação. Tanto neste como em outros casos, não tem nenhum sentido a questão do *passo inicial,* ou então, caso se prefira, do heresiarca e sectários, sendo inúmeros os erros engendrados por este falso problema. Na verdade, o subcampo teológico é ele mesmo um campo de concorrência podendo-se levantar a hipótese de que as ideologias produzidas para as necessidades desta concorrência estão mais ou menos propensas a serem retomadas e utilizadas em outras lutas (por exemplo, as lutas pelo poder na Igreja) conforme a função *social* que cumprem em favor de produtores que ocupam posições diferentes neste campo. De outro lado, toda ideologia investida de uma eficácia histórica é o *produto do trabalho coletivo* de todos aqueles a quem ela expressa, inspira, legitima e mobiliza, sendo que os diferentes momentos do processo de circulação-reinvenção são outros tantos passos iniciais. Tal modelo permite compreender o papel atribuído aos grupos situados no ponto de Arquimedes onde se articula o conflito entre especialistas religiosos situados em posições opostas (dominante e dominadas) da estrutura do aparelho religioso e o conflito externo entre os clérigos e os leigos, ou seja, os membros do baixo clero, ainda nas ordens ou que deixaram a batina os quais ocupam uma posição dominada no aparelho de dominação simbólica. Poder-se-ia explicar o papel atribuído ao baixo clero (e em geral, à inteligência proletaróide) nos movimentos heréticos pelo fato de que ocupam uma posição dominada na hierarquia do aparelho eclesiástico de dominação simbólica, apresentando certas analogias, em virtude da homologia de posição, com a posição das classes dominadas. E em virtude de sua posição *inconsistente* na estrutura social, dispõem de um poder de crítica que lhes permite dar à sua revolta uma formulação (quase) sistemática e servir de porta--vozes às classes dominadas. É fácil passar da denúncia da Igreja mundana e dos costumes corrompidos do clero, e sobretudo dos altos dignitários da Igreja, à contestação do sacerdote como distribuidor idôneo da graça sacramental e às reivindicações extremistas de uma democracia total do "dom da graça": pela supressão dos intermediários substituindo-se a expiação voluntária pela confissão e pelas compensações que a Igreja tinha o direito exclusivo de impor ao pecador pois detinha o monopólio do sacramento de penitência; pela supressão dos intermediários, isto é, recusa dos comentadores e comentários, dos "símbolos eclesiásticos obrigatórios entendidos como fontes de interpretação" [50], e mais a vontade de retornar à letra mesma da fonte sagrada e de reconhecer como autoridade apenas o *preceptum evangelicum*; denúncia do monopólio sacerdotal e recusa da graça institucional em nome da distribuição igual do dom da graça que aparece tanto através da busca de uma experiência direta de Deus como através da exaltação da inspiração divina capaz de permitir à inocência, ou melhor, à *stultitia* dos humildes e dos "pobres cristãos", professar os segredos da fé melhor que os eclesiásticos corrompidos [51].

3.4. A lógica do funcionamento da Igreja, a prática sacerdotal e, ao mesmo tempo, a forma e o conteúdo da mensagem que ela impõe e inculca, são a resultante da ação conjugada de *coerções internas*, inerentes ao funcionamento de uma burocracia que reivindica com êxito mais ou menos total o monopólio do exercício legítimo do poder religioso sobre os leigos e da gestão dos bens de salvação, e de *forças externas* que assumem pesos desiguais de acordo com a conjuntura histórica. As coerções internas surgem como o *imperativo da economia de carisma* que deseja confiar o exercício do sacerdócio, atividade necessariamente "banal" por ser cotidiana e repetitiva, a funcionários intercambiáveis do

(50) L. Kolakovski. *Chrétiens sans église, la conscience religieuse et le lien confessionnel au XVIIe siècle*. Paris, Gallimard, 1969, p. 306.
(51) A contestação da hierarquia estabelecida vai chegar, com o Montanismo, até à recusa do próprio princípio de ordem e autoridade, levando as heresias da igreja primitiva a temas ideológicos bastante próximos aos das heresias medievais. (Ver S. L. Greenslade, *op. cit.*)

culto e dotados de uma qualificação profissional homogênea adquirida por um processo de aprendizagem específica, e aparelhados com instrumentos homogêneos capazes de possibilitar uma ação homogênea e homogeneizante. As forças externas referem-se (I) tanto aos interesses religiosos dos diferentes grupos ou classes de leigos capazes de impor à Igreja *concessões* e *compromissos* mais ou menos importantes segundo o peso relativo a) da força que podem colocar a serviço das virtualidades heréticas contidas em seus desvios com relação às normas tradicionais (as quais o corpo sacerdotal enfrenta diretamente na cura das almas) e b) do poder de coerção envolvido no monopólio dos bens de salvação, como (II) à concorrência do profeta (ou da seita) e do feiticeiro que, ao mobilizarem estas virtualidades heréticas, enfraquecem na mesma medida o poder de coerção da Igreja.

Em suma, a interpretação mais adequada da mensagem em qualquer de suas formas históricas, é aquela que correlaciona o sistema de relações constitutivo desta mensagem ao sistema das relações entre as forças materiais e simbólicas que constituem o campo religioso correspondente. O valor explicativo dos diferentes fatores varia segundo as situações históricas. Também pode acontecer que as oposições que se estabelecem entre os poderes sobrenaturais (por exemplo, a oposição entre deuses e demônios) reproduzam a partir de uma lógica propriamente religiosa as oposições entre os diferentes tipos de ação religiosa, ou seja, as relações de força que se estabelecem no campo religioso entre diferentes categorias de especialistas (por exemplo, a oposição entre especialistas dominantes e especialistas dominados). Deste modo, os interesses do corpo sacerdotal podem exprimir-se na ideologia religiosa que produzem ou reproduzem: "Assim como os sacerdotes brâmanes monopolizaram a capacidade de orar eficazmente (ou seja, influência mágica e eficaz sobre os deuses), também este Deus (Brahma, "senhor da prece") monopoliza a disposição em relação a esta eficácia e, em conseqüência, monopoliza o poder sobre o aspecto mais importante da ação religiosa" [52]. A lógica do mercado de bens religiosos é tão sólida que todo reforço do monopólio da Igreja, isto é, toda extensão ou aumento do poder temporal e espiritual do corpo sacerdotal sobre os leigos (por exemplo, evangelização), implica em uma duplicação das concessões feitas tanto na esfera do dogma como na esfera da liturgia às representações religiosas dos leigos assim recrutados. Logo,

(52) *W.u.G.*, p. 421.

quando se trata de explicar as propriedades dos bens religiosos (ou então, hoje, dos bens culturais) oferecidos no mercado, o valor explicativo dos fatores ligados ao campo de produção propriamente dito, tende a decrescer em prol dos fatores ligados aos consumidores, na medida em que a área de difusão e circulação de seus produtos aumenta, ou seja, no caso de uma sociedade dividida em classes, diversifica-se socialmente. Em conseqüência, quando a Igreja detém um monopólio de fato e quase perfeito como no caso da Europa medieval, por detrás das aparências da unidade pelas quais são responsáveis os traços invariantes da liturgia dissimulam-se a diversificação expressa das técnicas de prédica e de cura das almas e a diversidade extrema das experiências religiosas, desde o fideísmo místico até o ritualismo mágico. Da mesma maneira, o jogo das reinterpretações e das transações tornou o islamismo norte-africano uma totalidade complexa onde não seria possível distinguir o que é propriamente islâmico do que provém do fundo local: a religiosidade dos burgueses citadinos ("tradicionalistas" ou "ocidentalizados"), conscientes de pertencer a uma religião universal, opõe-se em todos os pontos ao ritualismo dos camponeses que desconhecem as sutilezas do dogma e da teologia. Desta maneira, o islamismo apresenta-se como um conjunto hierarquizado onde a análise pode isolar diferentes "níveis": a devoção animista e os ritos agrários, o culto dos santos e o "marabutismo", prática regulada pela religião, direito, dogma, e esoterismo místico. A análise diferencial captaria certamente tipos extremamente diferentes de *perfis religiosos* (por analogia com a noção de Bachelard de "perfil epistemológico"), ou seja, modos muito diferentes de integração hierárquica destes diferentes níveis cuja importância relativa em cada tipo de experiência e de prática varia de acordo com as condições de existência e o grau de educação característicos do grupo ou classe em questão [53].

3.4.1. A concorrência do feiticeiro em sua condição de pequeno empresário independente — cujos serviços são alugados por particulares de acordo com a ocasião — que exerce seu ofício remunerado em tempo parcial, sem que para isso tenha sido especialmente preparado, além de não contar com qualquer caução institucional (e operando quase sempre de maneira clandestina), conjuga-se com a demanda dos grupos ou classes inferiores (em particular, os camponeses) que fornecem sua clientela ao feiticeiro, impondo à Igreja a "ritua-

(53) P. Bourdieu. *Sociologie de l'Algérie*. Paris, P.U.F., 1ª ed., 1958, 3ª ed., 1970, pp. 101-103.

lização" da prática religiosa e a *canonização* das crenças populares.

O *Manual de Folclore francês contemporâneo* de Arnold Van Gennep, contém inúmeros exemplos destas trocas entre a cultura camponesa e a cultura eclesiástica — "festas litúrgicas folclorizadas", como as "rogações", ritos pagãos integrados à liturgia comum, santos investidos de propriedades e funções mágicas etc., — que constituem a marca das concessões que os clérigos devem fazer às demandas profanas, ainda que não tivessem outro intuito senão o de afastar das solicitações concorrentes da feitiçaria os clientes que com certeza perderiam caso procedessem a uma "atualização" [54]. Da mesma maneira, o islamismo deriva sua força e sua forma, no campo norte-africano, de sua acomodação às aspirações dos grupos rurais e dos elementos que deles assimilou ao preço de transações incessantes: enquanto a religião agrária é constantemente reinterpretada na linguagem da religião universal, os preceitos da religião universal se redefinem em função dos costumes locais. Neste sentido, a tendência da ortodoxia em considerar os direitos e costumes vernaculares (berberes, por exemplo) ou os cultos agrários como sobrevivências e desvios, é sempre compensada pelo esforço mais ou menos metódico para absorver estas formas de religiosidade ou de direito sem reconhecê-las [55].

3.4.2. Ao contrário, a concorrência do profeta (ou da seita) conjuga-se com a crítica intelectualista de certas categorias de leigos para reforçar a tendência da burocracia sacerdotal em submeter a liturgia, bem como o dogma, a uma "sistematização casuístico-racional" e a uma "banalização" destinadas a torná-los instrumentos *homogêneos* ("banalizados"), *coerentes, distintivos* e *fixados* ("canonizados") de luta simbólica e, por este motivo, suscetíveis de serem adquiridos e utilizados por qualquer um ao cabo de uma aprendizagem específica tornando-se pois inacessíveis a qualquer arrivista (função de legitimação do monopólio religioso atribuída à educação).

A produção de escritos canônicos acelera-se quando o conteúdo da tradição encontra-se ameaçado, o que comprova o fato de que as necessidades de defesa contra a profecia concorrente (ou a heresia) e contra o intelectualismo leigo contribuem para favorecer a produção de instrumentos "banali-

---

(54) J. Le Goff. "Culture cléricale et traditions folkloriques dans la civilisation mérovingienne". In L. Bergeron (org.), *Niveaux de culture et groupes sociaux*. Paris, Mouton, 1967, pp. 21-32.
(55) P. Bourdieu. *Ibidem*.

zados" da prática religiosa [56]. Demais, a preocupação em definir a originalidade da comunidade em face das doutrinas concorrentes leva à valorização dos *signos distintivos* e das *doutrinas discriminatórias* a fim de lutar contra o indiferentismo e dificultar a passagem à religião concorrente [57]. Por outro lado, a "sistematização casuístico-racional" e a "banalização" constituem as condições fundamentais do funcionamento de uma burocracia da gestão dos bens de salvação na medida em que permitem a *quaisquer* agentes (isto é, permutáveis) exercer de maneira contínua a atividade sacerdotal fornecendo-lhes os instrumentos práticos que lhes são indispensáveis para cumprir sua função pelo menor custo (para eles mesmos) e com o mínimo risco (para a instituição), mormente quando sentem necessidade de "tomar posição (na prédica ou na cura das almas) em face de problemas que não tenham sido solucionados pela revelação" [58]. Neste contexto, o breviário, o livro de sermões ou o catecismo, desempenham, ao mesmo tempo, o papel de um receituário e de um resguardo, estando portanto destinados a assegurar a economia da improvisação e a impedi-la. Em suma, mediante os refinamentos e as complicações com que contribui para o fundo cultural primário, a sistematização sacerdotal tem por efeito manter os leigos à distância (esta é uma das funções de toda *teologia esotérica*) [59], convencê-los de que esta atividade requer uma "qualificação" especial, "um dom de graça", inacessível ao comum dos homens, e persuadi-los a desistir da gestão de seus negócios religiosos em favor da casta dirigente, a única em condições de adquirir a competência necessária para tornar-se um *teórico religioso* [60].

4. PODER POLÍTICO E PODER RELIGIOSO

A estrutura das relações entre o campo religioso e o campo do poder comanda, em cada conjuntura, a configuração da estrutura das relações constitutivas do campo religioso que cumpre uma função externa de legitimação da ordem estabelecida na medida em que a manutenção da ordem simbólica contribui diretamente para a manutenção da ordem política, ao passo que a subversão simbólica da ordem simbólica só consegue afetar a ordem política quando se faz acompanhar por uma subversão política desta ordem. Tal afir-

(56) *W.u.G.*, p. 361.
(57) *W.u.G.*, p. 362.
(58) *W.u.G.*, p. 366.
(59) P. Radin. *Op. cit.*, p. 19.
(60) P. Radin. *Op. cit.*, p. 37.

mação decorre sobretudo da interação de dois fatores e processos: a) a autoridade propriamente religiosa e a força temporal que as diferentes instâncias religiosas podem mobilizar em sua luta pela legitimidade religiosa dependem diretamente do peso dos leigos por elas mobilizados na estrutura das relações de força entre as classes; b) em conseqüência, a estrutura das relações objetivas entre as instâncias que ocupam posições diferentes nas relações de produção, reprodução e distribuição de bens religiosos, tende a reproduzir a estrutura das relações de força entre os grupos ou classes, embora *sob a forma transfigurada e disfarçada* de um campo de relações de força entre instâncias em luta pela manutenção ou pela subversão da ordem simbólica.

4.1. A Igreja contribui para a manutenção da ordem política, ou melhor, para o reforço simbólico das divisões desta ordem, pela consecução de sua função específica, qual seja a de contribuir para a manutenção da ordem simbólica: (I) pela imposição e inculcação dos esquemas de percepção, pensamento e ação objetivamente conferidos às estruturas políticas e, por esta razão, tendentes a conferir a tais estruturas a legitimação suprema que é a "naturalização", capaz de instaurar e restaurar o consenso acerca da ordem do mundo mediante a imposição e a inculcação de esquemas de pensamento comuns, bem como pela afirmação ou pela reafirmação solene de tal consenso por ocasião da festa ou da cerimônia religiosa, que constitui uma ação simbólica de segunda ordem que utiliza a eficácia simbólica dos símbolos religiosos com vistas a reforçar sua eficácia simbólica reforçando a crença coletiva em sua eficácia; (II) ao lançar mão da autoridade propriamente religiosa de que dispõe a fim de combater, no terreno propriamente simbólico, as tentativas proféticas ou heréticas de subversão da ordem simbólica.

Não é por acaso que duas das fontes mais importantes da filosofia escolástica manifestam, de maneira típico-ideal, em seu próprio título, a homologia entre as estruturas políticas, cosmológicas e eclesiásticas que a Igreja tem a função de inculcar: estas duas obras atribuídas a Denys, o Areopagita, *Sobre a hierarquia celeste* e *Sobre a hierarquia eclesiástica,* encerram uma filosofia emanacionista que estabelece uma correspondência estrita entre a hierarquia dos valores e a hierarquia dos seres, tornando o universo o resultado de um processo de degradação que vem desde o Uno, o Absoluto, até a matéria, passando pelos arcanjos, anjos, serafins e querubins, pelo homem e pela natureza orgânica. Este sistema simbólico — onde a cosmologia aristotélica integra-se sem dificuldades com seu "primeiro motor imóvel" que transmite seu movimento às esferas celestes mais altas, de onde desce, por graus sucessivos, até ao mundo sublunar do devir e da corrupção — parece predisposto por alguma harmonia preestabelecida a exprimir a estrutura "emanacionista" do mundo eclesiástico e do mundo político: destarte, cada uma das hierarquias — Papa, Cardeais, Arcebispos, Bispos, baixo clero, Imperador, Príncipes, Duques e outros vassalos —, por constituir uma imagem fiel de todas as demais, constitui, em última instância, um aspecto da ordem cósmica estabelecida por Deus, sendo portanto, eterna e imutável. Ao instaurar uma correspondência tão perfeita entre as diferentes ordens, à maneira do mito que remete a diversidade do mundo a séries de oposições simples e hierarquizadas, elas próprias redutíveis umas às outras (alto/baixo, direita/esquerda, masculino/feminino, seco/úmido), a ideologia religiosa produz uma forma elementar da experiência da necessidade lógica que o pensamento analógico engendra pela unificação de universos separados. A contribuição mais específica da Igreja (e geralmente, da religião) para a manutenção da ordem simbólica reside menos na transmutação para uma ordem mística [61] do que em uma *transmutação para a ordem lógica* a que ela sujeita a ordem política exclusivamente através da *unificação* das diferentes ordens. Assim, o efeito de absolutização do relativo e de legitimação do arbitrário é produzido não somente pela instauração de uma correspondência entre a hierarquia cosmológica e a hierarquia social ou eclesiástica, mas também e, sobretudo, pela imposição de um modo de pensamento hierárquico que, por reconhecer a existência de pontos privilegiados tanto no espaço cósmico como no espaço político, "naturaliza" (Aristóteles costumava referir-se a "lugares naturais") as relações de ordem. "A disciplina lógica, dizia Durkheim, constitui um caso particular da disciplina social" [62]. Inculcar pela educação implícita e explícita o respeito por disciplinas "lógicas" tais como as que sustentam o sistema mítico-ritual ou a ideologia religiosa e a liturgia e, ademais, impor as observâncias rituais que, ao serem vividas como a condição de salvaguarda da ordem cósmica e da subsistência do grupo (em certos contextos, o cataclisma natural desempenha o mesmo papel que a revolução política assume

---

(61) "O sistema social é de algum modo transposto para o plano da mística onde funciona como um sistema social de valores a salvo de qualquer crítica e de qualquer revisão." Ver M. J. Forkes e E. Evans-Pritchard, *African Political Systems*, p. 16.
(62) *F.E.V.R.*, p. 24.

em outros contextos), significa (uma das funções principais do rito consiste em tornar possível a reunião de princípios mito-logicamente separados, como o masculino e o feminino, a água e o fogo etc.) perpetuar as relações fundamentais da ordem social. É o mesmo que transmutar a transgressão das barreiras sociais em sacrilégio que abriga sua própria sanção, ou então, é o mesmo que tornar impensável a própria idéia da transgressão de fronteiras a tal ponto perfeitamente "naturalizadas" (pois foram interiorizadas como princípios de estruturação do mundo) que só podem ser abolidas através de uma revolução simbólica (por exemplo, de um lado, a revolução de Copérnico e de Galileu e, de outro, a revolução maquiavélica) correlata a uma profunda transformação política (por exemplo, a dissolução progressiva da ordem feudal). Em suma, tanto pelo fato de que as topologias cosmológicas constituem via de regra topologias políticas "naturalizadas", mas também porque (como se pode constatar pelo lugar de relevo que todos os tipos de educação aristocrática concedem à aprendizagem da etiqueta e das boas maneiras), a inculcação do *respeito pelas formas* (sobretudo quando disfarçado sob a capa do formalismo e do ritualismo mágicos, imposição arbitrária de uma ordem arbitrária) constitui um dos meios mais eficazes de obter o reconhecimento/desconhecimento das proibições e das normas que garantem a ordem social. Neste sentido, por estar investida de uma função de manutenção da ordem simbólica em virtude de sua posição na estrutura do campo religioso, uma instituição como a Igreja contribui sempre para a manutenção da ordem política.

4.1.1. A relação de homologia que se estabelece entre a posição da Igreja na estrutura do campo religioso e a posição das frações dominantes das classes dominantes no campo do poder e na estrutura das relações de classe, fazendo com que a Igreja contribua para a conservação da ordem política ao contribuir para a conservação da ordem religiosa, não elimina as tensões e os conflitos entre poder político e poder religioso. A despeito da complementariedade parcial de suas funções na divisão do trabalho de dominação, tais poderes podem entrar em competição, tendo encontrado, no curso da história (ao preço de compromissos tácitos ou de concordatas explícitas, fundados em todos os casos na troca da força temporal pela autoridade espiritual), diferentes tipos de equilíbrio entre os dois pólos constituídos pela hierocracia ou governo temporal dos sacerdotes e pelo césaro-papismo ou subordinação total do poder sacerdotal ao poder secular.

Ao que tudo indica, a estrutura das relações entre o campo do poder e o campo religioso comanda a configuração da estrutura das relações constitutivas do campo religioso. Assim, no *Judaísmo Antigo*, Max Weber mostra que, conforme o tipo de poder político e conforme o tipo de relações entre as instâncias religiosas e as instâncias políticas, diversas soluções podem ser dadas à relação antagônica entre o sacerdócio e a profecia. Nos grandes impérios burocráticos, como por exemplo Egito e Roma, a profecia é simplesmente excluída de um campo religioso estritamente controlado pela polícia religiosa de uma religião de Estado. Ao contrário, em Israel, o sacerdócio não podia contar com uma monarquia muito débil para suprimir de vez a profecia cuja longa tradição lhe assegurava uma sólida base de apoio junto aos cidadãos mais respeitados. Na Grécia, verifica-se uma solução intermediária: o fato de que se tenha dado liberdade de exercer a profecia, embora restrita a um local bem delimitado, o templo de Delfos, revela a necessidade de uma aliança "democrática" com as demandas de certos grupos de leigos. A estes diferentes tipos de estrutura da relação entre as instâncias do campo religioso, correspondem diferenças na forma adotada pela profecia.

4.2. A aptidão para formular e nomear o que os sistemas simbólicos vigentes afastam para o domínio do informulado ou do inominável, deslocando assim a fronteira entre o pensado e o impensado, entre o possível e o impossível — alia-se freqüentemente a uma extração social elevada e, ao mesmo tempo, a uma posição *inconsistente* na estrutura do campo religioso e na estrutura das relações de classe. Tal aptidão constitui o capital inicial que permite ao profeta exercer uma ação de mobilização sobre uma fração suficientemente poderosa dos leigos, simbolizando por seu discurso e por sua conduta extraordinários o que os sistemas simbólicos ordinários são estruturalmente incapazes de exprimir, em especial no caso das situações extraordinárias.

O êxito do profeta permanece incompreensível enquanto a explicação estiver presa nos limites do campo religioso. A não ser que se invoque um poder miraculoso, ou seja, uma *criação ex-nihilo de capital religioso,* como faz Max Weber em algumas de suas formulações da teoria do carisma. Na verdade, assim como o sacerdote alia-se à ordem ordinária, o profeta é o homem das situações de crise quando a ordem estabelecida ameaça romper-se ou quando o futuro inteiro parece incerto. O discurso profético tem maiores chances de surgir nos períodos de crise aberta envolvendo sociedades inteiras; ou então, apenas algumas classes, vale dizer, nos períodos em que as transformações econômicas ou morfológicas determinam, nesta ou naquela parte da sociedade, a dissolução, o enfraquecimento ou a obsolescência das tradições ou dos sistemas simbólicos que forneciam os princípios da visão do mundo e da orientação da vida. Destarte, segundo Max Weber, "a criação de um poder carismático [...] constitui sempre o produto de situações exteriores inauditas" ou de uma "excitação comum a um grupo de homens, suscitada por alguma coisa extraordinária"[63]. Também Marcel Mauss observou: "fomes e guerras suscitam profetas, heresias: contatos violentos influem sobre a própria repartição da população e sua natureza, mestiçagens de sociedades inteiras (é o caso da colonização) fazem surgir forçosamente novas idéias e novas tradições (...). Não se deve confundir essas causas coletivas, orgânicas, com a ação dos indivíduos que delas são muito mais intérpretes do que senhores. Não se deve, portanto, opor a invenção individual ao hábito coletivo. Constância e rotina podem ser obra de indivíduos, inovação e revolução podem constituir a obra de grupos, de subgrupos, de seitas, de indivíduos agindo por e para os grupos"[64]. Wilson D. Wallis observa que os messias surgem nos períodos de crise, em relação com uma aspiração profunda pela transformação política, sendo que "quando a prosperidade nacional refloresce, a esperança messiânica se esvai"[65]. Também Evans-Pritchard salienta que, a exemplo da maioria dos profetas hebreus, o profeta está ligado *à guerra*: "a principal função social dos principais profetas do passado era a de dirigir os ataques contra o gado dos Dinka e os combates contra os diferentes grupos estrangeiros do norte"[65]. Para acabar de vez com a representação do carisma como propriedade associada à natureza de um indivíduo singular, seria preciso ainda determinar, em cada caso particular as características sociologicamente pertinentes de uma biografia singular que tornam um determinado indivíduo *socialmente* predisposto a sentir e a expressar com uma força e uma coerência particulares certas disposições éticas ou políticas já presentes, em estado implícito, em todos os membros da classe ou do grupo de seus destinatários. Em particular, seria preciso analisar os fatores que

(63) *W.u.G.*, II, p. 442.
(64) M. Mauss. *Oeuvres, III, Cohésion sociale et divisions de la sociologie*. Paris, Minuit, pp. 333-334. (Grifo nosso.)
(65) W. D. Wallis, *Messiahs, Their Role in Civilization*. Washington, American Council on Public Affairs, 1943, p. 182.
(66) *Op. cit.*, p. 45.

predispõem as categorias e os grupos estruturalmente ambíguos, mancos ou bastardos (palavras escolhidas por sua virtude evocatória), ocupando lugares de grande tensão estrutural, posições inconsistentes e pontos de Arquimedes (por exemplo, os forjadores em inúmeras sociedades primitivas, a *intelligentsia* proletaróide nos movimentos milenaristas ou, em nível psicossociológico, os indivíduos com *status* demasiado oscilante) a cumprirem a função que lhes cabe tanto no estado normal de funcionamento das sociedades (manipulação das forças perigosas e incontroláveis) como nas situações de crise (formulação do informulado). Em resumo, o profeta não é tanto o homem "extraordinário" de que falava Weber, mas o homem das situações extraordinárias, a respeito das quais os guardiães da ordem pública não têm nada a dizer, pois a única linguagem de que dispõem para pensá-las é a do exorcismo. É pela capacidade de realizar, através de sua pessoa e de seu discurso como palavras exemplares, o encontro de um significante e de um significado que lhe era preexistente mas somente em estado potencial e implícito, que o profeta reúne as condições para mobilizar os grupos e as classes que reconhecem sua linguagem porque nela se reconhecem. Por exemplo, as camadas aristocráticas e principescas no caso de Zaratustra, de Maomé e dos profetas indianos, as classes médias, citadinas ou camponesas, no caso dos profetas de Israel. Muito embora a análise erudita possa revelar que o discurso profético não traz quase nada de novo que não estivesse contido na tradição anterior, seja sacerdotal, seja sectária, isto não elimina o fato de que ele possa produzir a ilusão da novidade radical, por exemplo ao *vulgarizar* junto a públicos novos uma mensagem esotérica. A crise da linguagem ordinária exige ou autoriza a linguagem de crise e a crítica da linguagem ordinária. A revelação, ou seja, o fato de dizer o que vai ser ou de dizer o que era impensável porque indizível, sucede nos momentos em que tudo pode ser dito porque tudo pode ocorrer. Vasoli recorre a esse tipo de conjuntura para explicar a aparição de uma seita herética florentina no final do século XV: "Sobretudo depois de 1480, existem numerosos e freqüentes traços de uma forte sensibilidade escatológica, expectativas difusas de acontecimentos místicos, prodígios terrificantes, signos premonitórios e aparições misteriosas, que anunciam grandes transformações nas coisas humanas e divinas, na vida eclesiástica, e no destino futuro de toda cristandade. A invocação de um grande reformador passa a ser mais freqüente e torna-se cada vez mais viva e insistente, para que venha purificar e renovar a

Igreja, livrá-la de todos seus pecados e reconduzi-la às suas origens divinas, à pureza sem mácula da experiência evangélica [...]. Não é de estranhar que, neste ambiente, reapareçam tantas teses nitidamente proféticas" [67]. O profeta que tem êxito é aquele que consegue dizer o que é para dizer, em uma dessas situações que parecem exigir e recusar a linguagem, porque impõem a descoberta da inadequação de todos os crivos de decifração disponíveis. Em registro mais profundo, o próprio exercício da função profética só se torna concebível em sociedades que, tendo-se livrado da mera reprodução, entraram para a história. À medida que nos distanciamos das sociedades mais indiferenciadas e mais capazes de controlar seu próprio futuro sujeitando-o à ritualização (ritos agrários e ritos de passagem), os profetas, inventores do futuro escatológico e, por esta via, da *história* como movimento para o futuro, eles próprios produtos da história, ou seja, da ruptura do tempo cíclico que a crise introduz, vêm preencher o lugar até então atribuído aos mecanismos sociais de *ritualização da crise*, isto é, de exercício controlado da crise, mecanismos que supõem uma divisão do trabalho religioso capaz de conferir papéis *complementares* aos responsáveis pela ordem ordinária. Por exemplo, tomemos os brâmanes na Índia e os flâmines em Roma, em face dos executores da desordem sagrada, lupercos e gandarva. Não se pode deixar de perceber que a estilização operada pelo mito apresenta sob uma forma paradigmática a oposição entre os dois poderes antagônicos, entre a *celeritas* e a *gravitas*, princípio de toda uma série de oposições secundárias, como por exemplo, entre o contínuo e o descontínuo, entre a criação e a conservação, entre a mística e religião. "Estes brâmanes e também os flâmines com a hierarquia sacerdotal que inauguram, representam a religião *permanente e constantemente pública* na qual encontra lugar — com exceção de um único dia — *toda a vida da sociedade e de todos seus membros*. Os lupercos, e também o grupo de homens cuja transposição mítica está a cargo dos gandarva, constituem precisamente tal exceção; eles pertencem a uma religião que só se revela pública e acessível através de uma *aparição efêmera* [...]. Flâmines e brâmanes asseguram a *ordem sagrada,* lupercos e gandarva são os agentes de uma *desordem nem por isso menos sagrada*; quanto às duas religiões que representam, uma é *estática, regulamentada, calma,* e a outra é *dinâmica, livre, violenta*; é justamente por causa dessa natureza que a segunda só pode do-

---

(67) C. Vasoli. "Une secte florentine à la fin du XVe siècle, les 'oints'. In J. Le Goff. *op. cit.*, p. 259.

minar a primeira *em um tempo muito breve*, o tempo de *purificar* e também de *reanimar*, de *'recriar'* a primeira *tumultuadamente"* [68]. Basta acrescentar os seguintes elementos: os flâmines são beberrões e músicos, enquanto que os brâmanes abstêm-se de bebidas inebriantes e ignoram o canto, a dança e a música: *"nada de original, nada que faça apelo à inspiração e à fantasia"* [69]; a rapidez (rapidez extrema, aparição e desaparição súbitas, tomada imediata etc.) é o comportamento, o 'ritmo' que melhor convém à atividade dessas sociedades *violentas, improvisadoras, criadoras"*, ao passo que a religião pública "exige um comportamento majestoso, *um ritmo lento"* [70]; os lupercos e os flâmines opõem-se também como *juniores* e *seniores*, como leves e pesados (*guru*); os flâmines "asseguram o curso *regular* de uma fecundidade *contínua*, sem interrupção, sem acidentes", mas são capazes "de prolongar a vida e a fecundidade" por meio de seus sacrifícios, não podem "reanimá-los", enquanto que os milagres dos lupercos,"reparando um acidente, restabelecem uma fecundidade interrompida" [71]; enfim, "é porque são *'excessivos'* que os lupercos e os gandarva podem criar, ao passo que os flâmines e os brâmanes, por serem apenas 'exatos', só conseguem manter" [72].

4.2.1. A relação que se estabelece entre a revolução política e a revolução simbólica não é simétrica.

Não há dúvida de que a revolução simbólica supõe sempre uma revolução política, mas a revolução política não basta por si mesma para produzir a revolução simbólica que é necessária para dar-lhe uma linguagem adequada, condição de uma plena realização: "A tradição de todas as gerações mortas pesa excessivamente sobre o cérebro dos vivos. E mesmo quando parecem ocupados em transformar-se, a si mesmos e às coisas, em criar algo inteiramente novo, é justamente nestas épocas de crise revolucionária que evocam com temor os espíritos do passado, tomando-lhes de empréstimo seus nomes, suas palavras de ordem, seus costumes, para que possam surgir sobre o novo palco da história sob um disfarce respeitável e com esta linguagem emprestada" [73]. Enquanto a crise não tiver encontrado seu profeta, os esquemas com os quais se pensa o mundo invertido conti-

---
(68) G. Dumézil. *Mitra-Varuna, Essai sur deux représentations indo-européennes de la souveraineté*. Paris, Gallimard, 1948, pp. 39-40 (Grifos nossos.)
(69) *Op. cit.*, p. 45.
(70) *Op. cit.*, p. 47.
(71) *Op. cit.*, p. 52.
(72) *Op. cit.*, p. 53.
(73) K. Marx. *Le 18 Brumaire de Louis Bonaparte*. Paris, Éd. Sociales, 1963, p. 13.

nuam sendo o produto do mundo a ser derrubado. O profeta é quem pode contribuir para realizar a coincidência da revolução consigo própria, operando a revolução simbólica que a revolução política requer. Se é verdade que a revolução política só encontra sua plena realização através da revolução simbólica que a faz existir plenamente dando-lhe os meios de pensar-se a si própria em sua verdade, ou seja, como inaudita, impensável e inominável, segundo todos os crivos antigos, em lugar de tomar-se por qualquer uma das revoluções do passado; se é verdade que toda revolução política exige a revolução dos sistemas simbólicos que a tradição metafísica designa pelo nome de *metanoi,* também é certo que a conversão dos espíritos como revolução em pensamento é uma revolução apenas junto aos espíritos de antemão convertidos dos profetas religiosos, os quais, não podendo pensar os limites de seu poder, ou seja, de seu pensamento do poder, não podem dar os meios de pensar o impensável em que consiste a crise sem, ao mesmo tempo, impor o impensado em que consiste a significação política da crise, tornando-se destarte culpados, sem o saber, do *roubo de pensamento* que lhes é impingido.

Apêndice I:
Uma Interpretação da Teoria da Religião de Max Weber*

Por um paradoxo inerente à teoria weberiana da relação entre as intenções dos agentes e o sentido histórico de suas ações, a contribuição mais importante de Max Weber para a sociologia da religião situa-se, sem dúvida, num campo diferente do que escolhera para confrontar-se com Marx, durante toda sua vida. Se, em seu esforço obstinado para estabelecer a eficácia histórica das crenças religiosas contra as expressões mais reducionistas da teoria marxista, Max Weber é conduzido às vezes, a uma exaltação do carisma que, como já se observou, não está longe de evocar uma filosofia "heróica" da história à maneira de Carlyle, ao designar por exemplo o chefe carismático como "a força revolucionária especificamente 'criadora' da história" [1], não é menos verdade que ele mesmo fornece o meio de escapar à alternativa simplista de que são produto suas análises menos consistentes, ou seja, de escapar à oposição entre a ilusão de autonomia absoluta que leva a conceber a mensagem religiosa como aparição inspirada e a teoria reducionista que a considera como reflexo direto das condições econômicas e sociais. Ele evidencia, com efeito, o que as duas posições opostas e complementares tendem a esquecer, isto é, o *trabalho religioso* realizado pelos agentes e porta-vozes especializados, investidos do poder, institucional ou não, de responder através de um tipo determinado de práticas ou de discursos a uma categoria particular de necessidades próprias a grupos sociais determinados.

[1] Max Weber, *Wirtschaft und Gesellschaft*, Colônia, Berlim, Kiepenheur und Witsch, 1964, t. II, p. 837.

(*) "Une interprétation de la théorie de la religion selon Max Weber", publicado originalmente in *Archives Européennes de Sociologie*, XII, 1, 1971, pp. 3-21. Tradução de Sílvia de Almeida Prado.

Para levar às últimas conseqüências o enfoque proposto por Max Weber (permanecendo deliberadamente nos limites de uma *interpretação,* por mais livre que seja), é preciso inicialmente fazer o levantamento das dificuldades com que Weber se defronta em sua tentativa de definir os "protagonistas" da ação religiosa: profeta, feiticeiro e sacerdote. Essas dificuldades, testemunhadas por uma longa enumeração de exceções, derivam de sua concepção do "tipo-ideal" que o compele a contentar-se com definições universais mas de uma extrema pobreza (por exemplo, "o exercício regular do culto" como sinal distintivo do sacerdócio), ou a acumular as características discriminatórias embora reconhecendo que "elas não são claramente definíveis" e que nunca existem universalmente (mesmo em separado), e a admitir todas as transições reais entre tipos conceituais reduzidos a simples somatórias de traços distintivos [2]. Entretanto, basta enxergar algo mais do que simples transições retóricas nas últimas linhas de cada um dos parágrafos que dividem o capítulo "Tipos de comunidade religiosa" de *Wirtschaft und Gesellschaft* para apreender a intenção profunda da investigação weberiana [3]. Por exemplo, tomemos o final do parágrafo 2, consagrado ao mago e ao profeta:

Este desenvolvimento pressupõe antes — não sem exceções — a intervenção de forças extra-sacerdotais: de um lado, o portador de "revelações" metafísicas ou ético-religiosas, isto é, o profeta; de outro, a colaboração de todos aqueles que participam do culto sem serem sacerdotes, isto é, os "leigos". Antes de examinar de que forma, sob a influência desses fatores extra-sacerdotais, as religiões chegaram a ultrapassar, no decorrer do seu desenvolvimento, os diferentes graus de magia observáveis em todos os lugares sob formas semelhantes, devemos considerar algumas tendências típicas de evolução determinadas pela presença de sacerdotes interessados num culto (pp. 336-337).[4]

(2) *W. u. G.,* t. I, p. 335: "A oposição é na realidade muito fluida, como em todos os fenômenos sociológicos. Os critérios de diferenciação conceitual não são claramente definíveis [...]. Esta oposição, clara no plano conceitual, é "fluida" na realidade [...]. A distinção deverá ser buscada qualitativamente, em cada caso [...]".

(3) Esta análise apóia-se principalmente no capítulo de *Wirtschaft und Gesellschaft* consagrado expressamente à religião (*W. u. G.,* pp. 317-488) e na seção VII da sociologia do poder, intitulada "Poder político e poder hierocrático" (*W. u. G.,* pp. 874-922), textos escritos entre 1911 e 1913; e também, secundariamente, em textos posteriores a 1918, como o parágrafo 8 do capítulo I, intitulado "O conceito de luta" (*W. u. G.,* pp. 27-29) ou o parágrafo 17 do mesmo capítulo, intitulado "Grupo político e grupo hierocrático" (*W. u. G.,* pp. 39-43). Para não sobrecarregar a análise, evitou-se a remissão, particularmente para ilustrações históricas, aos *Gesammelte Aufsätze zur Religionssoziologie* (Tübingen, J. C. Mohr, 1920-21), 3 vols.)

(4) Se não houver outra indicação, os números das páginas entre parênteses remetem à *Wirtschaft und Gesellschaft,* edição citada.

Da mesma forma, o final do parágrafo 3:

> Profetas e sacerdotes são os dois agentes da sistematização e da racionalização da ética religiosa. Mas também intervém neste processo um terceiro fator de grande importância: trata-se da influência daqueles sobre os quais os profetas e o clero procuram agir eticamente, ou seja, os leigos. Devemos examinar, de maneira geral, as ações paralelas e opostas destes três fatores (p. 346).

No final do parágrafo 4, dedicado ao profeta, Max Weber ainda insiste na necessidade de apreender as diferentes instâncias em sua interação: "É por isso que devemos examinar as relações recíprocas entre os sacerdotes, os profetas e os não--sacerdotes" (p. 355). Finalmente, no parágrafo 5, dedicado à comunidade (*Gemeinde*), lê-se:

> As três forças que agem na esfera dos leigos e com as quais o clero deve contar são a profecia, o tradicionalismo laico e o intelectualismo laico. Em sentido oposto a elas, estão as necessidades e as tendências da profissão sacerdotal como tal, de certa maneira como uma força codeterminante essencial (p. 359).

Basta aproximar estes diferentes trechos, conferindo-lhes seu pleno significado, para extrair, como uma primeira ruptura com a metodologia explícita de Max Weber, uma representação que se pode chamar *interacionalista* (no sentido atual de *symbolic interactionism*) das relações entre os agentes religiosos. Se esta representação tem de ser captada nas entrelinhas, por uma leitura tendente a modificar o peso relativo que o próprio autor confere aos diferentes aspectos de sua análise, tal sucede porque, ao que tudo indica, os instrumentos de pensamento de que dispunha Max Weber dificultavam a tomada de consciência completa e sistemática dos princípios que adotava (ao menos de modo intermitente) em sua investigação e que, por isso, não podiam tornar-se o objeto de uma ordenação metódica e sistemática. A reformulação das análises weberianas na linguagem do interacionalismo simbólico é tanto mais fácil e, ao que parece, legítima, na medida em que não seria muito difícil extrair dos escritos teóricos de Max Weber os princípios, formulados explicitamente, de uma teoria da interação simbólica.

Todavia, a fim de eliminar totalmente as dificuldades encontradas por Max Weber, é necessário operar uma segunda ruptura e *subordinar* a análise da *lógica das interações* que podem se estabelecer entre agentes diretamente defrontados e, particularmente, as estratégias que os opõem, à construção da estrutura das relações objetivas entre as posições que ocupam no *campo religioso,* estrutura que determina a forma que podem tomar suas interações e a representação que delas possam ter. Na medida em que visa apreender *de imediato,* nas próprias práticas e representações, tudo o que estas práticas e estas representações devem à lógica das interações simbólicas e, mais particularmente, à representação que os agentes possam ter, por antecipação ou por experiência, da ação dos outros agentes com os quais se confrontam diretamente, a visão estritamente interacionalista das relações sociais constitui, sem dúvida, o mais temível dos obstáculos epistemológicos capazes de bloquear o acesso à construção de relações objetivas, na medida em que reduz as relações entre posições ao plano das relações "intersubjetivas" ou "interpessoais" entre os agentes que ocupam essas posições [5]. Em sentido oposto, a construção do sistema completo de relações objetivas entre as posições (ver esquema) conduz ao princípio das relações diretas entre os agentes, o que não elimina a exigência de submeter a forma de que se revestem essas relações e as estratégias pelas quais se atualizam, a uma análise que não mais se acha ameaçada pela abstração psicológica.

1. As interações simbólicas que se instauram no campo religioso devem sua forma específica à natureza particular dos *interesses* que aí se encontram em jogo ou, em outros termos, à especificidade das *funções* cumpridas pela ação religiosa de um lado, a serviço dos leigos (e, mais precisamente, para as diferentes categorias de leigos) e, de outro, a serviço dos diferentes agentes religiosos.

2. O campo religioso tem por função específica satisfazer um tipo particular de interesse, isto é, *o interesse religioso* que leva os leigos a esperar de certas categorias de agentes que realizem "ações mágicas ou religiosas", ações fundamentalmente "mundanas" e práticas, realizadas "a fim

---

(5) Por não haver construído o campo religioso enquanto tal, as omissões daí resultantes fazem com que Max Weber apresente uma série de pontos de vista justapostos que são tomados cada vez, a partir da posição de um agente particular. A omissão mais significativa é, sem dúvida, a ausência de qualquer referência explícita à relação estritamente objetiva (pois se estabelece independentemente do tempo e do espaço) entre o sacerdote e o profeta de origem, e da mesma forma, a ausência de qualquer distinção clara e explícita entre os dois tipos de profecia com os quais qualquer sacerdócio deve contar: a profecia de origem cuja mensagem perpétua e de onde advém sua autoridade; e a profecia concorrente que o sacerdócio combate.

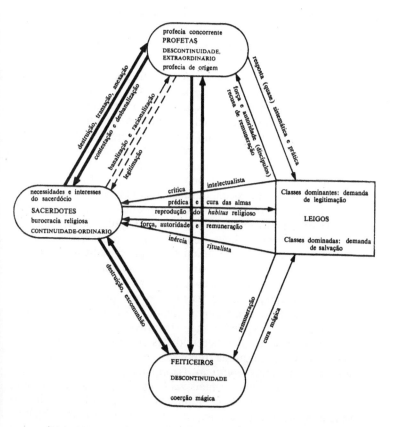

de que tudo corra bem para ti e para que vivas muito tempo na terra", como diz Weber [6].

Pode-se dar apenas uma definição muito pobre e muito vaga da necessidade religiosa, enquanto não se especificar tal necessidade (e a função correspondente do campo religioso) em função dos diferentes grupos ou classes e de seus interesses religiosos. Max Weber não elaborou tal teoria das "constelações de interesses" específicos em matéria de religião, se bem que, na análise de casos particulares, não tenha podido se contentar com uma definição tão restrita da função da atividade religiosa, vendo-se obrigado a torná-la mais precisa levando em conta os interesses próprios a cada grupo profissional ou a cada classe [7].

2.1. Os *interesses mágicos* distinguem-se dos interesses propriamente religiosos pelo seu caráter *parcial* e *imediato,* e cada vez mais freqüentes quando se passa aos pontos mais baixos na hierarquia social, fazendo-se presentes sobretudo nas classes populares e, mais particularmente, entre os camponeses ("cujo destino está estreitamente ligado à natureza, dependendo em ampla medida de processos orgânicos e de acontecimentos naturais e pouco disponível, do ponto de vista econômico, a uma sistematização racional").

Quanto maior for o peso da tradição camponesa numa civilização, tanto mais a religiosidade popular se orienta para a magia: o campesinato, comumente circunscrito ao ritualismo metereológico ou animista, tende a reduzir a religiosidade ética a uma moral estritamente formalista do *do ut des* (tanto em relação ao deus quanto ao sacerdote), a menos que esteja ameaçado de escravidão ou proletarização (pp. 368-369). Pelo contrário, a cidade e as profissões urbanas constituem as condições mais favoráveis à "racionalização" e à "moralização" das necessidades religiosas. "A existência econômica da burguesia repousa, como observa Weber, em um trabalho mais *contínuo* (comparado ao caráter sazonal do trabalho agrícola) e mais *racional* (ou, pelo menos, mais racionalizado no sentido empírico) [...]. Isto permite essencialmente prever e compreender a relação entre objetivo, meios e sucesso ou fracasso". À medida que desaparece "a relação imediata com a realidade plástica e vital dos poderes naturais", "tais poderes, deixando de ser imediatamente inte-

---

(6) Segundo os termos da promessa feita àqueles que honram seus pais: *W. u. G.*, p. 317.
(7) Tal questão constitui, particularmente, o objeto do parágrafo 7 intitulado "Grupos de *status (Stände)*, classes e religião", *W. u. G.*, pp. 368-404. Encontrar-se-á também uma outra análise das diferenças entre os interesses religiosos dos camponeses e dos pequenos burgueses citadinos, no capítulo intitulado "Poder hierocrático e poder político", *W. u. G.*, t. II, pp. 893-895.

ligíveis, transformam-se em problemas" e "a questão racionalista do 'sentido' da existência" começa a ser colocada, e ao mesmo tempo, a experiência religiosa se depura e as relações diretas com o cliente introduzem valores morais na religiosidade do artesão (p. 893).

2.1.1. O processo de moralização e de sistematização que conduz da magia à religião, ou, caso se prefira, do tabu ao pecado, depende não apenas dos interesses dos "dois protagonistas da sistematização e da racionalização que são o profeta e o clero", mas também das transformações da condição econômica e social dos leigos.

Destarte, o progresso em direção ao monoteísmo foi brecado, segundo Max Weber, por dois fatores: de um lado, os "poderosos interesses ideais e materiais do clero, interessado no culto de deuses particulares e em lugares do culto dos deuses particulares", e portanto hostis ao processo de "concentração" que faz desaparecer as pequenas empresas de salvação; de outro, "os interesses religiosos dos leigos por um objeto religioso próximo, passível de ser influenciado magicamente" (p. 332). Inversamente, foi porque a ação de um conjunto de fatores convergentes pôde eliminar esses obstáculos que o culto de Iavé acabou por triunfar sobre tendências ao sincretismo que pareciam prevalecer na antiga Palestina: como as condições políticas tornavam-se cada vez mais difíceis, os judeus que haviam depositado em sua obediência aos mandamentos divinos a esperança de uma melhoria futura de seu destino, começaram a julgar pouco satisfatórias as diferentes formas tradicionais de culto, e, em particular, os oráculos com respostas ambíguas e enigmáticas, de maneira que se fez sentir a necessidade de métodos mais racionais para conhecer a vontade divina e de sacerdotes capazes de praticá-los. Neste caso, o conflito entre esta demanda coletiva — que coincidia de fato com o interesse objetivo dos Levitas, pois tendia a excluir todos os cultos concorrentes — e os interesses particulares dos sacerdotes de inúmeros santuários privados, encontrou na organização centralizada e hierarquizada do sacerdócio uma solução capaz de preservar os direitos de todos os sacerdotes, sem contradizer a instauração de um monopólio do culto de Iavé em Jerusalém.

2.2. Pode-se falar de interesses propriamente religiosos (definidos ainda em termos genéricos) quando, ao lado de demandas mágicas que sempre subsistem, pelo menos em determinadas classes, surge uma demanda propriamente *ideo-*

lógica, isto é, a espera de uma mensagem sistemática capaz de dar um *sentido unitário* à vida, propondo a seus destinatários privilegiados uma visão coerente do mundo e da existência humana, e dando-lhes os meios de realizar a integração sistemática de sua conduta cotidiana. Portanto, capaz de lhes fornecer *justificativas de existir* tal como existem, isto é, em uma determinada posição social [8].

Se há funções sociais da religião e, em conseqüência, a religião é passível de análise sociológica, é porque os leigos não esperam dela (ou não somente dela) justificativas de existir capazes de livrá-los da angústia existencial da contingência e do sentimento de abandono, ou mesmo da miséria biológica, da doença, do sofrimento ou da morte, mas também, e sobretudo, justificativas sociais de existir enquanto ocupantes de uma determinada posição na estrutura social. Esta definição da função da religião é apenas a forma mais geral daquela com que Max Weber opera, implicitamente, em suas análises das religiões universais: a transmutação simbólica do ser em dever-ser que a religião cristã opera, segundo Nietzsche [9], ao propor a esperança de um mundo subvertido onde os últimos serão os primeiros, e ao transformar ao mesmo tempo os estigmas visíveis, tais como a doença, o sofrimento, o aleijão, ou a fraqueza, em sinais anunciadores da eleição religiosa. Esta transmutação simbólica está contida em todas as teodicéias sociais, quer quando justificam a ordem estabelecida de maneira direta e imediata, como a doutrina do *karma,* que justifica a qualidade social de cada indivíduo no sistema de castas pelo seu grau de qualificação religiosa no ciclo das transmigrações, quer quando, de maneira mais indireta, prometem uma subversão póstuma desta ordem, como as soteriologias do além.

2.2.1. Na medida em que os interesses religiosos (pelo menos no que têm de pertinente para a sociologia) têm por princípio a necessidade de justificar a existência numa dada posição social, eles são diretamente determinados pela situação social. Logo, a mensagem religiosa mais capaz de satisfazer a demanda religiosa de um grupo e, portanto, de exercer sobre ele sua ação propriamente simbólica de mobilização, é aquela que lhe fornece um (quase) sistema de justificativas de existir enquanto ocupante de uma posição social determinada.

(8) *W. u. G.,* p. 385: "Toda demanda de redenção é uma expressão de uma 'necessidade' e a opressão econômica e social é a mais importante, mas não a única causa de sua constituição."
(9) F. Nietzsche. *La généalogie de la morale.* Paris, Mercure de France, 1948; Weber, *W. u. G.,* I, pp. 386-391 e II, p. 685.

A harmonia quase miraculosa que sempre se observa entre o conteúdo da mensagem religiosa que consegue se impor e os interesses mais estritamente temporais, isto é, políticos, de seus destinatários privilegiados, deduz-se da definição propriamente sociológica da mensagem religiosa, na medida em que ela constitui uma condição *sine qua non* de seu êxito. Assim, por exemplo, Max Weber observa que "conceitos tais como 'erro', 'redenção', 'humildade' religiosas, são não apenas alheios mas antinômicos ao sentimento de dignidade próprio de todas as camadas politicamente dominantes e, em particular, da nobreza guerreira" (p. 371).

Caso se queira caracterizar sucintamente os grupos sociais que foram os portadores e os propagadores das religiões universais, pode-se indicar: para o confucionismo, o burocrata ordenador do mundo; para o hinduísmo, o mágico ordenador do mundo; para o budismo, o monge mendigo errante pelo mundo; para o islamismo, o guerreiro conquistador do mundo; para o judaísmo, o comerciante ambulante; para o cristianismo, o artesão itinerante. Todos estes grupos agem, não como porta-vozes de seus "interesses de classe" profissionais ou materiais, mas como *portadores ideológicos (ideologische Träger)* do tipo de ética ou de doutrina da salvação que melhor se harmonizava com sua posição social (pp. 400-401).[10]

2.2.2. As demandas religiosas tendem a organizar-se em torno de dois grandes tipos que correspondem a dois grandes tipos de situações sociais, ou seja, as *demandas de legitimação* da ordem estabelecida próprias das classes privilegiadas, e as *demandas de compensação* próprias das classes desfavorecidas (religiões de salvação).

Max Weber encontra o princípio dos sistemas de interesses religiosos na representação que as classes privilegiadas e as classes "negativamente privilegiadas" fazem de sua posição na estrutura social: entre os primeiros, o sentimento da dignidade prende-se à convicção de sua própria "excelência", da perfeição de sua conduta de vida, "expressão do seu *ser qualitativo* que é o próprio fundamento de si e que não remete a mais nada"; entre os segundos, funda-se apenas em uma promessa de redenção do sofrimento, e no apelo da providência capaz de dar sentido ao que são a partir do que virão a ser (p. 385). Não é por acaso que a função de legitimação encontra nas grandes burocracias políticas o grau máximo de realização e, ao mesmo tempo, sua formulação quase explícita e cínica: "A burocracia se caracteriza por um profundo desprezo por toda religiosidade irracional, o que se alia à consciência de que ela pode ser utilizada como meio

(10) Os grifos são nossos.

de domesticação" (p. 374). E em outra passagem indica Max Weber, quase nos mesmos termos, que as grandes potências hierocráticas (igrejas) estão predispostas a fornecer ao poder político um "poderio de legitimação" (*legitimierende Macht*) totalmente insubstituível, e que elas constituem "um meio inigualável de domesticação dos dominados (*das unvergleichliche Mittel der Domestikation der Beherrschten*)" (p. 891).

2.2.3. Pode-se considerar como uma variável independente da precedente (com a qual basta combiná-la para dar conta de demandas religiosas mais específicas, como por exemplo a do "intelectual proletaróide"), a *necessidade de sistematização* que, praticamente ausente entre o campesinato, atinge sua intensidade máxima nas camadas intelectuais.

Na medida em que ela é inspirada por uma "necessidade interior", a procura da salvação apresenta, entre os intelectuais, um caráter, de um lado, mais exterior em relação à vida, e de outro, mais radical e mais sistemático do que o esforço para se libertar de uma "necessidade externa", tal como ela se encontra nas camadas não-privilegiadas [...]. É com o intelectual e apenas com ele, que a concepção de mundo se torna um problema de *sentido*. Quanto mais o intelectualismo afasta as crenças mágicas e desencanta o mundo que, despojado do seu sentido mágico, contenta-se em "ser" e em "aparecer" em lugar de "significar", tanto mais se reforça e se faz sentir a exigência de que o mundo e a conduta da vida como totalidades sejam ordenados de maneira significativa e dotados de sentido (p. 396).

3. A concorrência pelo poder religioso deve sua especificidade (em relação, por exemplo, à concorrência que se estabelece no campo político) ao fato de que seu alvo reside no *monopólio do exercício legítimo do poder de modificar em bases duradouras e em profundidade a prática e a visão do mundo dos leigos,* impondo-lhes e inculcando-lhes um *habitus religioso* particular, isto é, uma disposição duradoura, generalizada e transferível de agir e de pensar conforme os princípios de uma visão (quase) sistemática do mundo e da existência.

3.1. A natureza e a forma das interações diretas entre os agentes ou as instituições que estão empenhados nesta concorrência, e os instrumentos e as estratégias que utilizam nesta luta, dependem do sistema de interesses e da *autoridade propriamente religiosa* que cada um deles deve: a) à sua posição na divisão do trabalho de manipulação simbólica dos leigos e b) à sua posição na estrutura objetiva das relações de autoridade propriamente religiosa que definem o campo religioso.

Max Weber reduz a legitimidade às *representações de legitimidade* por não ter estabelecido a distinção entre as interações diretas e a estrutura das relações que se estabelecem objetivamente (na ausência de qualquer interação direta) entre as instâncias religiosas e que dirigem a forma que podem tomar as interações (e as representações que os agentes possam fazer delas).

3.2. Entre os fatores de diferenciação ligados à divisão do trabalho religioso, o mais poderoso é aquele que opõe os *produtores* dos princípios de uma visão (quase) sistemática do mundo e da existência, isto é, os profetas, às *instâncias de reprodução* (igreja), organizadas com vistas a exercer de modo duradouro a ação prolongada necessária para inculcar uma tal visão e investidas da legitimidade propriamente religiosa, que constitui a condição do exercício desta ação.

3.2.1. O profeta opõe-se ao corpo sacerdotal da mesma forma que o *descontínuo* ao *contínuo,* o extraordinário (*Ausseralltäglich*) ao ordinário, o extracotidiano ao cotidiano, ao banal, particularmente no que concerne ao modo de exercício da ação religiosa, isto é, à estrutura temporal da ação de imposição e de inculcação e os meios a que ela recorre (p. 180).

Pode-se ler o parágrafo 10, intitulado "As vias da redenção e sua influência na conduta da vida (*Lebensführung*)", como uma análise dos diferentes modos de exercício do poder propriamente religioso (pp. 413-447). A ação carismática do profeta exerce-se fundamentalmente por força da palavra profética, extraordinária e descontínua, ao passo que a ação do sacerdócio exerce-se por força de um "método religioso de tipo racional" que deve as suas características mais importantes ao fato de que se exerce contínua e cotidianamente. De modo correlato, "o aparelho" do profeta opõe-se a um aparelho administrativo de tipo burocrático tal como a Igreja, ou seja, um corpo de funcionários do culto dotados de uma formação especializada: recrutados segundo critérios carismáticos, os "discípulos" ignoram a "carreira" e as "promoções", as "nomeações" e as "distinções", as hierarquias e os limites de competência.

3.2.2. A profecia não pode cumprir totalmente a pretensão (em que ela implica necessariamente) que tem de poder modificar de modo duradouro e em profundidade a conduta da vida e a visão do mundo dos leigos, a não ser que chegue a fundar uma "comunidade" capaz de perpetuar-

-se numa instituição apta a exercer uma ação de imposição e de inculcação duradoura e contínua (relação entre a profecia de origem e o corpo sacerdotal).

É necessário que a profecia morra enquanto tal, isto é, como mensagem de ruptura com a rotina e de contestação da ordem ordinária, para sobreviver no corpo doutrinal do sacerdócio, moeda cotidiana do capital original de carisma (pp. 355-360).

3.3. A força material ou simbólica que as diferentes instâncias (agentes ou instituições) podem mobilizar na luta pelo monopólio do exercício legítimo do poder religioso depende, em cada estágio do campo, de sua *posição na estrutura objetiva das relações de autoridade propriamente religiosa*, isto é, da autoridade e da força que conquistarem no decorrer da luta.

4. A *legitimidade religiosa* num dado momento é o estado das relações de força propriamente religiosas neste momento, isto é, o resultado de lutas passadas pelo monopólio do exercício legítimo da violência religiosa.

4.1. O *tipo de legitimidade religiosa* que uma instância religiosa pode invocar depende da posição que ocupa num determinado estado das relações de força religiosas, na medida em que esta posição determina a natureza e a força das armas materiais ou simbólicas (como o anátema profético ou a excomunhão sacerdotal) que os diferentes agentes em competição pelo monopólio do exercício legítimo da violência religiosa podem utilizar nas relações de força religiosas.

4.1.1. Enquanto a autoridade do *profeta, auctor* cuja *auctoritas* deve sempre ser conquistada ou reconquistada, depende da relação que se estabelece a cada instante entre a oferta de serviço religioso e a demanda religiosa do público, o *sacerdote* dispõe de uma *autoridade de função* que o dispensa de conquistar e de confirmar continuamente sua autoridade e o protege das conseqüências do fracasso de sua ação religiosa.

Em oposição ao profeta, o sacerdote distribui bens de salvação em virtude de sua função. Se a sua função não exclui um carisma pessoal, mesmo neste caso, o sacerdote fica legitimado pela sua função, enquanto membro de uma associação de salvação (p. 337).

Entre todas as características da prática e das ideologias dos diferentes agentes religiosos que emanam desta oposição, será suficiente mencionar os mais diferentes efeitos que pode ter o fracasso de uma empresa religiosa (em sentido amplo) de acordo com a posição do agente envolvido nas relações de força religiosas.

O fracasso do feiticeiro pode ser punido com a morte. Em relação a ele, o sacerdócio encontra-se em posição privilegiada, pois tem a possibilidade de jogar a responsabilidade do fracasso sobre o próprio deus. Mas, ao mesmo tempo que o prestígio do deus, também o seu diminui; a menos que os sacerdotes encontrem um meio de explicar, de maneira convincente, que a responsabilidade do fracasso não cabe ao deus, mas ao comportamento de seus fiéis. Isto torna-se possível pela substituição da concepção do "serviço divino" (*Gottesdienst*) pela concepção da "coerção do deus" (*Gotteszwang*) (p. 337).

4.2. As grandes oposições que dividem os poderes sobrenaturais e as relações de força que se estabelecem entre eles exprimem, no âmbito da lógica propriamente religiosa, as oposições entre os diferentes tipos de ação religiosa (cada uma correspondendo a posições diferentes na estrutura do campo religioso) e as relações de força que se estabelecem no campo religioso.

A oposição entre os deuses e os demônios reproduz a oposição entre a feitiçaria como "coerção mágica" e a religião como "serviço divino".

Pode-se designar com o nome de "religião" e de "culto" as formas de relação com os poderes sobrenaturais que se manifestam sob a forma de preces, sacrifícios, veneração, em oposição à "feitiçaria", considerada como "coerção mágica"; e, de modo correlato, pode-se chamar "deuses" os seres que são venerados e invocados religiosamente e "demônios" os que são objeto de uma coerção e de uma evocação mágica (p. 334).

Da mesma forma, a história dos deuses segue as flutuações da história de seus servidores:

O desenvolvimento histórico desta divisão [entre a religião e a magia] é freqüentemente atribuído ao fato de que a supressão de um culto, sob a ação de um poder mundano ou sacerdotal em favor de uma nova religião, reduziu os antigos deuses ao estado de "demônios" (p. 335).

Outro exemplo: se os sacerdotes têm o poder de atribuir ao deus a responsabilidade pelo fracasso, desvalorizando-o sem se desvalorizarem, fazendo com que a responsabilidade recaia sobre os leigos, pode acontecer que "uma veneração renovada e reforçada não baste e que os deuses do inimigo tornem-se os mais fortes" (p. 337).

5. Sendo o poder religioso o produto de uma transação entre os agentes religiosos e os leigos, na qual os sistemas de interesses particulares a cada categoria de agentes e a cada categoria de leigos devem encontrar satisfação, todo o poder que os diferentes agentes religiosos detêm sobre os leigos e toda a autoridade que detêm nas relações de concorrência objetiva que se estabelecem entre eles, derivam seu princípio da estrutura das relações de força simbólica entre os agentes religiosos e as diferentes categorias de leigos sobre as quais exercem seu poder.

5.1. O poder do profeta baseia-se na força do grupo que mobiliza por meio de sua aptidão para *simbolizar* em uma conduta exemplar e/ou em um discurso (quase) sistemático, os interesses propriamente religiosos de leigos que ocupam uma determinada posição na estrutura social.

Além de sujeitar-se à representação ingênua do carisma como qualidade misteriosa da pessoa ou dom natural ("o poder carismático subsiste em virtude de uma submissão afetiva à pessoa do mestre e aos seus dons de graça — carisma —, qualidades mágicas, revelações ou heroísmo, poder do espírito ou do discurso"), Max Weber, inclusive em seus textos mais rigorosos, propõe apenas uma teoria psicossociológica do carisma como relação *vivida* do público com o personagem carismático: "Por 'carisma', deve-se entender uma qualidade *considerada como* extraordinária [...] que é *atribuída* a uma pessoa. Esta é *considerada como* dotada de força e de propriedades sobrenaturais ou sobre-humanas, ou, pelo menos, excepcionais" (p. 179). A legitimidade carismática tem então como fundamento apenas um ato de "reconhecimento". Para romper com esta definição, é preciso considerar a relação entre o profeta e os discípulos leigos como um caso particular da relação que se estabelece, segundo Durkheim, entre um grupo e seus símbolos religiosos: o emblema não é apenas um simples signo que exprime "o sentimento que a sociedade tem de si mesma"; ele *"constitui"* este sentimento. Da mesma forma que o emblema, a fala e a pessoa do profeta simbolizam as representações coletivas porque contribuíram para constituí-las. O profeta traz ao nível do discurso ou da conduta exemplar, representações, sentimentos e aspirações que já existiam antes dele embora de modo implícito, semiconsciente ou inconsciente. Em suma, realiza através de seu discurso e de sua pessoa, como *falas exemplares,* o encontro de um significante e de um significado preexistentes ("Tu não me procurarias, se não me tivesses achado"). É por isso que o profeta, este indivíduo isolado, sem passado, destituído de qualquer caução a não ser ele mesmo ("Está escrito [...] mas eu vos digo [...]"), pode agir como uma força organizadora e mobilizadora [11]. Portanto, a não ser que se pense o profeta na sua relação com os leigos (relação inseparável, evidentemente, de sua relação com o sacerdócio que ele contesta), não se poderá resolver o problema da *acumulação inicial do capital de poder simbólico* que Max Weber resolvia pela invocação (paradoxal, em Weber) da natureza. E, além disso, não se pode associar a questão do sucesso da profecia à questão da comunicação entre o profeta e os leigos, do efeito próprio da tomada de consciência e da explicitação proféticas, a não ser que se faça uma indagação sobre as condições econômicas e sociais da instauração e da eficácia deste tipo particular de comunicação. Enquanto discurso de ruptura e de crítica que só encontra na invocação de sua inspiração carismática a *justificativa ideológica* de sua pretensão em contestar a autoridade das instâncias detentoras do monopólio do exercício legítimo do poder simbólico, o discurso profético tem maiores chances de aparecer em períodos de crise manifesta ou latente, afetando sociedades inteiras ou determinadas classes, isto é, em períodos nos quais as transformações econômicas ou morfológicas determinam, nesta ou naquela parte da sociedade, a destruição, o enfraquecimento ou a obsolescência das tradições ou dos sistemas de valores que forneciam os princípios da visão do mundo e da conduta na vida. Assim, como observa Marcel Mauss, "fomes e guerras suscitam profetas, heresias; contatos violentos afetam a distribuição da população e sua natureza; mestiçagens de sociedades inteiras (é o caso da colonização) originam forçosamente novas idéias e novas tradições [...]. Não se deve confundir essas causas coletivas, orgânicas, com a ação de indivíduos que delas são muito mais *intérpretes* do que senhores. Não se deve, então, colocar em oposição a invenção individual e o hábito coletivo. *Constância e rotina podem ser obra de indivíduos, inovação e revolução podem ser obra de grupos, de subgrupos, de seitas, de indivíduos agindo por e para os grupos*" [12]. E, para acabar de vez com a representação do carisma como uma propriedade ligada à natureza de um indivíduo singular, seria necessário, ainda, determinar, em cada

(11) Sobre o "carisma da palavra" e seus efeitos em diferentes contextos sociais e, em particular, na democracia eleitoral, ver *W. u. G.*, II, p. 849.
(12) Marcel Mauss. *Oeuvres*. Paris, Éd. de Minuit, 1969, t. III, "Cohésion sociale et divisions de la sociologie", pp. 333-334. (Os grifos são nossos).

caso particular, as características sociologicamente pertinentes de uma biografia particular que fazem com que um determinado indivíduo se encontre *socialmente* predisposto a sentir e a exprimir, com uma força e uma coerência particulares, disposições éticas ou políticas, já presentes, de modo implícito, em todos os membros da classe ou do grupo de seus destinatários.

5.1.1. Em decorrência do fato de que o discurso profético é produzido em e para uma transação direta com os leigos, a (quase) sistematização que realiza é "dominada não por exigências de coerência lógica mas por *avaliações práticas*" (p. 354).

Congregando-as em um (quase) sistema dotado de sentido e doador de sentido, a profecia legitima práticas e representações que têm em comum apenas o fato de serem engendradas pelo mesmo *habitus* (próprio de um grupo ou de uma classe) e que por esta razão, podem ser vividas na experiência comum como se fossem descontínuas e incongruentes, porque a própria profecia tem como princípio gerador e unificador um *habitus* objetivamente coincidente com o dos seus destinatários. A ambigüidade que, como amiúde já se observou, caracteriza a mensagem profética faz-se presente em todo discurso, que mesmo quando endereçado mais diretamente a um público socialmente especificado, visa ganhar adesões e cujas alusões e elipses são bem montadas de modo a favorecer o entendimento através dos mal-entendidos e dos subentendidos, isto é, a originar percepções reinterpretativas que introduzem na mensagem todas as expectativas dos receptores.

5.2. O resultado da luta entre o corpo sacerdotal e o profeta concorrente (com seus discípulos leigos) depende não apenas da força propriamente simbólica da mensagem profética (efeito mobilizador e crítico — "desbanalizante" — da nova revelação etc.), mas também da *força dos grupos mobilizados* pelas duas instâncias concorrentes nas relações de força extra-religiosas.

Como aponta Max Weber, a maneira pela qual se resolve a tensão entre o profeta e seus discípulos de um lado, e o corpo sacerdotal do outro, é uma "questão de força" (p. 359) e todas as soluções são possíveis, desde a supressão física do profeta até a anexação da profecia, passando por todas as formas de concessões parciais.

5.3. A prática sacerdotal e a sistematização que os sacerdotes impõem à mensagem original são o resultado da ação de *forças externas* que assumem pesos desiguais segundo a conjuntura histórica, e com as quais o corpo sacerdotal deve contar. São elas: a) as demandas dos leigos (e em particular, o tradicionalismo laico e o intelectualismo laico); b) a concorrência do profeta e do feiticeiro; c) *tendências internas* ligadas à posição do corpo sacerdotal na divisão do trabalho religioso e à estrutura particular da Igreja como instituição permanente capaz de reivindicar com maior ou menor sucesso, o monopólio da *administração dos bens de salvação* (*extra ecclesiam nulla salus*), e como burocracia de funcionários aspirando ao "monopólio da coerção hierocrática legítima" e encarregados de organizar, em lugares e momentos determinados, o culto público do deus, isto é, a prece e o sacrifício (em oposição à coerção mágica) e, ao mesmo tempo, a prédica e a cura das almas.

Existe Igreja, diz Weber aproximadamente, quando existe um corpo de profissionais (sacerdotes) distintos do "mundo" e burocraticamente organizados no que concerne à carreira, à remuneração, aos deveres profissionais e ao modo de vida extraprofissional; quando os dogmas e os cultos são racionalizados, consignados em livros sagrados, comentados e inculcados através de um ensinamento sistemático e não apenas sob a forma de uma preparação técnica; enfim, quando todas essas tarefas se cumprem numa comunidade institucionalizada. E Weber enxerga a origem desta institucionalização no processo pelo qual o carisma se desvincula da pessoa do profeta para se ligar à instituição, e, mais precisamente, à *função*: "O processo de transferência do sagrado carismático para a instituição enquanto tal [...] é característico de todo processo de formação de uma Igreja e constitui-se na sua essência específica". Por conseguinte, a Igreja, em sua condição de depositária e administradora de um carisma de função (ou de instituição), opõe-se à seita vista como "comunidade de pessoas qualificadas carismaticamente de maneira estritamente pessoal"[13]. Ademais, a empresa burocrática de salvação é incondicionalmente hostil ao carisma "pessoal", isto é, profético, místico ou extático, que pretende indicar um caminho original em direção a Deus: "Aquele que faz milagres de modo carismático e não no exercício de suas funções é condenado como herético ou feiticeiro". Na

(13) De modo inverso, a seita "recusa a graça institucional e o carisma institucional". Liga-se ao princípio da "prédica dos leigos" e do "sacerdócio universal" (que "qualquer Igreja conseqüente proíbe"), da "administração democrática direta" exercida pela própria comunidade (sendo os funcionários eclesiásticos considerados como os "servidores" da comunidade), da "liberdade de consciência" que uma Igreja com pretensões à universalidade não pode conceder, W. u. G., II. pp. 920-922.

medida em que é o produto da burocratização progressiva da administração religiosa, ou melhor, da "transformação do carisma em prática cotidiana", da "banalização" (*Veralltaeglichung*)[14] do carisma, a Igreja apresenta todas as características das instituições "cotidianas"; "competências de função estritamente delimitadas e hierarquicamente ordenadas, série de instâncias, regulamentos, emolumentos, benefícios, ordem disciplinar, racionalização da doutrina e da atividade de função" (pp. 879-881).

5.3.1. A prática sacerdotal e também a mensagem que ela impõe e inculca, devem sempre as suas características mais importantes às *transações* incessantes entre a Igreja que, em sua condição de concessionária *permanente* da graça (sacramentos), dispõe do poder de coerção correlato à possibilidade de conceder ou de recusar os bens sagrados[15], e as demandas dos leigos que pretende liderar religiosamente e dos quais provém seu poder (temporal e espiritual).

5.3.1.1. "Quanto mais o clero se esforça para regulamentar a conduta de vida dos leigos de acordo com a vontade divina (e, em primeiro lugar, de aumentar com isto sua força e seus rendimentos), tanto mais vê-se obrigado a fazer concessões em suas teorias e ações" (p. 367), ao estilo de vida e à visão de mundo da fração dos leigos da qual extrai, primordialmente, rendimentos e poder.

· Max Weber refere-se, na realidade, "a concessões, em suas teorias e em suas ações, à visão tradicional dos leigos"; e comenta, algumas linhas adiante: "Quanto mais as massas se tornam objeto da ação de influência exercida pelos sacerdotes e o fundamento de sua força, tanto mais o trabalho de sistematização deve levar em conta as formas de representação e de práticas religiosas mais tradicionais, isto é, mágicas". Sob esta forma geral que lhe é dada aqui, esta proposição define a forma particular da relação que se estabelece entre a atividade sacerdotal e seu "público-alvo", seja ele popular ou burguês, camponês ou citadino.

5.3.1.2. Quanto mais o corpo de sacerdotes esteja prestes a deter, numa sociedade dividida em classes, o *monopólio de fato* da administração dos bens de salvação, tanto

---

(14) O neologismo "banalização" não traduz exatamente (a não ser pelo próprio jogo de palavras) os dois aspectos do conceito weberiano de *Veraltäëglichung*, a menos que seja entendido num duplo sentido: "processo que consiste em tornar banal, cotidiano, ordinário", em oposição ao extraordinário ou ao extracotidiano (*Ausseralitäglichkeit*); e no sentido de "efeito exercido pelo processo que consiste em tornar banal, cotidiano, ordinário".

(15) *W. u. G.*, p. 39 (coerção hierocrática); p. 435 (graça institucional, *Antsaltsgnade*).

mais serão divergentes, e às vezes até contraditórios, os interesses religiosos aos quais deve responder sua ação de prédica e de cura das almas, e tanto mais tal ação e os agentes incumbidos de exercê-la tenderão a se diversificar (do abade da corte ao cura do campo, do fideísmo místico ao ritualismo mágico). E, ao mesmo tempo, elabora-se uma mensagem socialmente indiferenciada que deve suas características, e em particular sua ambigüidade, ao fato de que é o produto da busca pelo maior denominador religioso entre as diferentes categorias de receptores.

A ambigüidade da profecia de origem torna-a disponível para reinterpretações conscientes ou inconscientes que são levadas a efeito pelos seus sucessivos utilizadores, instados a ler a mensagem original "com as lentes de toda a sua atitude", como dizia Max Weber a respeito de Lutero. Os intérpretes profissionais que são os sacerdotes contribuem, com uma parcela muito importante, para este trabalho incessante de adaptação e de assimilação que permite estabelecer a comunicação entre a mensagem religiosa e os receptores cujos quadros são amiúde renovados e profundamente diferentes dos destinatários originais, tanto em seus interesses religiosos como em sua visão do mundo.

5.3.2. Para replicar aos ataques proféticos ou à crítica intelectualista dos leigos, o sacerdócio deve "fundamentar e delimitar sistematicamente a nova doutrina vitoriosa ou defender a antiga [...], estabelecer o que tem e o que não tem valor sagrado", em suma deve dotar-se de instrumentos de luta simbólica ao mesmo tempo *homogêneos* ("banalizados"), *coerentes e distintivos,* tanto no âmbito do ritual como em matéria de dogma (corpo doutrinal). As necessidades de defesa contra as profecias concorrentes e contra o intelectualismo laico contribuem para favorecer a produção de instrumentos "banalizados" da prática religiosa, como prova o fato de que a produção de escritos canônicos intensifica-se quando o conteúdo da tradição encontra-se ameaçado (p. 361).

A preocupação de definir a originalidade da comunidade em relação às doutrinas concorrentes leva também a valorizar os *signos distintivos* e as *doutrinas discriminatórias,* tanto para lutar contra o indiferentismo, quanto para dificultar a passagem para a religião concorrente (p. 362).

5.3.2.1. A concorrência do *feiticeiro*, pequeno empresário independente, alugado em ocasiões oportunas por particulares, exercendo seu ofício fora de qualquer instituição comumente reconhecida e, amiúde, de maneira clandestina, contribui para impor ao corpo sacerdotal a *"ritualização"* da prática religiosa e a anexação de crenças mágicas (por exemplo, culto de santos ou "marabutismo").

5.3.3. "A sistematização casuístico-racional" e a "banalização" a que o corpo sacerdotal submete a profecia de origem — (quase) sistematização estabelecida "com base em valores unitários" — responde a exigências convergentes, a saber: a) a procura tipicamente burocrática da *economia de carisma* que leva a entregar o exercício da ação sacerdotal, atividade necessariamente banal e "banalizada" (cotidiana e repetitiva) de prédica e de cura das almas, a funcionários do culto *permutáveis* e dotados de uma qualificação profissional homogênea, adquirida através de um aprendizado específico, e de instrumentos homogêneos, próprios para sustentar uma ação homogênea e homogeneizadora (produção de um *habitus* religioso); b) a procura da adaptação aos interesses dos leigos, sentida diretamente na atividade sacerdotal por excelência, a cura das almas, "instrumento de força do sacerdote" [16]; c) a luta contra os concorrentes.

A "sistematização casuístico-racional" e a "banalização" constituem as condições fundamentais do funcionamento de uma burocracia da manipulação dos bens de salvação, no sentido de que permitem a *quaisquer* agentes (isto é, permutáveis) o exercício de maneira contínua da atividade sacerdotal, fornecendo-lhes os instrumentos práticos — escritos canônicos, breviários, sermonários, catecismos etc. — que lhes são indispensáveis para o cumprimento de sua função a um menor custo em carisma (para eles mesmos) e a um menor risco menor (para a instituição), sobretudo quando lhes é necessário "tomar posição em relação a problemas que não foram resolvidos pela revelação" (p. 366). O breviário e o sermonário servem de roteiro, de ponto de apoio, impedindo excentricidades e extravagâncias; asseguram a economia da improvisação, mantendo-a dentro de limites.

---

(16) *W. u. G.*, p. 365. Max Weber observa que a parte dedicada à prédica (em oposição à cura das almas) varia em sentido inverso da introdução de elementos mágicos na prática e nas representações (como atesta o exemplo do protestantismo).

3. O Mercado de Bens Simbólicos*

> "Les théories et les écoles, comme les microbes et les globules, s'entredévorent et assurent par leur lutte la continuité de la vie."
>
> MARCEL PROUST, *Sodome et Gomorrhe*

A história da vida intelectual e artística das sociedades européias revela-se através da história das transformações da função do sistema de produção de bens simbólicos e da própria estrutura destes bens, transformações correlatas à constituição progressiva de um campo intelectual e artístico, ou seja, à autonomização progressiva do sistema de relações de produção, circulação e consumo de bens simbólicos. De fato, à medida que se constitui um campo intelectual e artístico (e ao mesmo tempo, o corpo de agentes correspondente, seja o intelectual em oposição ao letrado, seja o artista em oposição ao artesão), definindo-se em oposição ao campo econômico, ao campo político e ao campo religioso, vale dizer, em relação a todas as instâncias com pretensões a legislar na esfera cultural em nome de um poder ou de uma autoridade que não seja propriamente cultural, as funções que cabem aos diferentes grupos de intelectuais ou de artistas, em função da posição que ocupam no sistema relativamente autônomo das relações de produção intelectual ou artística, tendem cada vez mais a se tornar o princípio unificador e gerador (e portanto, explicativo) dos diferentes sistemas de tomadas de posição culturais e, também, o princípio de sua transformação no curso do tempo [1].

---

(1) Evidentemente, autonomia relativa implica em dependência, sendo preciso examinar adiante a forma de que se reveste a relação do campo intelectual aos demais campos e, em particular, ao campo do poder, bem como os efeitos propriamente culturais que esta relação de dependência estrutural engendra.

(*) *Le marché des biens symboliques*, Paris, Centre de Sociologie Européenne, 1970, 96 pp., mimeografado. Tradução de Sergio Miceli.

A LÓGICA DO PROCESSO DE AUTONOMIZAÇÃO

Embora a vida intelectual e artística estivesse sob a tutela, durante toda a Idade Média, em grande parte do Renascimento e, na França, com a vida na corte, durante todo o período clássico, de instâncias de legitimidade externas, libertou-se progressivamente, tanto econômica como socialmente, do comando da aristocracia e da Igreja, bem como de suas demandas éticas e estéticas. Tal processo sucedeu em meio a uma série de outras transformações: a) a constituição de um público de consumidores virtuais cada vez mais extenso, socialmente mais diversificado, e capaz de propiciar aos produtores de bens simbólicos não somente as condições mínimas de independência econômica mas concedendo-lhes também um princípio de legitimação paralelo; b) a constituição de um corpo cada vez mais numeroso e diferenciado de produtores e empresários de bens simbólicos cuja profissionalização faz com que passem a reconhecer exclusivamente um certo tipo de determinações como por exemplo os imperativos técnicos e as normas que definem as condições de acesso à profissão e de participação no meio; c) a multiplicação e a diversificação das instâncias de consagração competindo pela legitimidade cultural, como por exemplo as academias, os salões (onde, sobretudo no século XVIII, com a dissolução da corte e da arte cortesã, a aristocracia mistura-se com a *intelligentsia* burguesa e passa a adotar seus modelos de pensamento e suas concepções artísticas e morais), e das instâncias de difusão cujas operações de seleção são investidas por uma legitimidade propriamente cultural, ainda que, como no caso das editoras e das direções artísticas dos teatros, continuem subordinadas a obrigações econômicas e sociais capazes de influir, por seu intermédio, sobre a própria vida intelectual [2].

(2) "Historicamente, observa L. L. Shücking, o editor começa a desempenhar um papel no momento em que o "patrão" desaparece, no curso do século XVIII. (Afora uma fase de transição quando o editor continua tributário das subscrições que, por sua vez, dependem em ampla medida das relações entre o autor e os "patrões". Os autores têm plena consciência disso. Destarte, Alexandre Pope, em carta a Wycherley, em 20 de maio de 1709, compunha um quadro espirituoso de Jacob Tonson, o célebre editor e autor de uma antologia que era levada a sério. Jacob, diz ele, faz poetas como antigamente os reis faziam cavaleiros. Um outro editor, Dodsley, acabaria detendo uma autoridade semelhante, o que o tornaria vítima dos versos espirituosos de Richard Grave:

"In vain the poets from their mine
Extract the shining mass,
Till Dodsley's Mint has stamped the coin
And bids the sterling pass".

Na verdade, essas editoras tornaram-se progressivamente uma fonte de autoridade. Quem poderia conceber a literatura inglesa desse século sem um

Destarte, o processo de autonomização da produção intelectual e artística é correlato à constituição de uma categoria socialmente distinta de artistas ou de intelectuais profissionais, cada vez mais inclinados a levar em conta exclusivamente as regras firmadas pela tradição propriamente intelectual ou artística herdada de seus predecessores, e que lhes fornece um ponto de partida ou um ponto de ruptura, e cada vez mais propensos a liberar sua produção e seus produtos de toda e qualquer dependência social, seja das censuras morais e programas estéticos de uma Igreja empenhada em proselitismo, seja dos controles acadêmicos e das encomendas de um poder político propenso a tomar a arte como um instrumento de propaganda. Tal processo de autonomização assemelha-se aos que ocorreram em outros campos como o direito e a religião. Em uma carta dirigida a Conrad Schmidt, Engels observa que o aparecimento do direito enquanto tal, ou seja, como "esfera autônoma", acompanha os progressos da divisão do trabalho que levam à constituição de um corpo de juristas profissionais. Segundo Weber, em *Economia e Sociedade*, o mesmo ocorre com a "racionalização" da religião cuja "autonormatividade" própria, relativamente independente das condições econômicas (que "agem sobre ela apenas como 'linhas de desenvolvimento' "), deve-se ao fato de que ela depende fundamentalmente do desenvolvimento de um corpo sacerdotal, dotado de tendências e interesses próprios. Da mesma forma, o processo conducente à constituição da arte *enquanto tal* é correlato à transformação da relação que os artistas mantêm com os não-artistas e, por esta via, com os demais artistas, resultando na constituição de um campo artístico relativamente autônomo e na elaboração concomitante de uma nova definição da função do artista e de sua arte. Tendo início na Florença do século XV, com a afirmação de uma legitimidade propriamente artística, ou seja, do direito dos artistas legislarem com exclusividade em seu próprio campo — o campo da forma e do estilo —, ignorando as exigências externas de uma demanda social subordinada a interesses religiosos ou políticos, interrompendo-se durante quase dois séculos sob a influência da monarquia absoluta e, com a contra-Reforma, suscitando a intervenção

Dodslev ou a literatura alemã do século seguinte sem um Cotta? (...). Depois que Cotta conseguiu reunir alguns dos mais eminentes escritores 'clássicos' em suas publicações, durante muitas décadas, o privilégio de ser publicado por ele permaneceu uma espécie de direito à imortalidade." Ver L. L. Schücking, *The Sociology of Literary Taste*. Trad. do alemão por E. W. Dickes, Londres, Routledge and Kegan Paul, 1966, pp. 50 51. E Schücking mostra que a influência dos diretores de teatro é ainda maior, pois à maneira de um Otto Brahm, podem orientar todo o gosto de uma época através de suas escolhas. (*Op. cit.*, p. 52).

da Igreja — ambas preocupadas em atribuir uma posição e uma função sociais (o que explica, por exemplo, o papel da Academia) à fração dos artistas — distantes dos trabalhadores manuais sem estarem integrados às classes dominantes —, o movimento do campo artístico em direção à autonomia que se realizou em ritmos diferentes segundo as sociedades e as esferas da vida artística [3], acelera-se brutalmente com a Revolução Industrial e com a reação romântica ligada, de maneira mais ou menos direta conforme as nações, a uma secessão dos intelectuais e artistas que não passa do reverso de uma exclusão e até mesmo de uma relegação. Na verdade, o desenvolvimento de uma verdadeira indústria cultural e, em particular, a relação que se instaura entre a imprensa cotidiana e a literatura, favorecendo a produção em série de obras elaboradas segundo métodos semi-industriais — como por exemplo o folhetim, ou então, em outras esferas, o melodrama e o *vaudeville* —, coincide com a extensão do público resultante da generalização do ensino elementar, capaz de permitir às novas classes (e às mulheres) o acesso ao consumo cultural (por exemplo, através da leitura de romances) [4]. O desenvolvimento do sistema de produção de bens simbólicos (em particular, do jornalismo, área de atração para os intelectuais marginais que não encontram lugar na política ou nas profissões liberais), é paralelo a um processo de diferenciação cujo princípio reside na diversidade dos públicos aos quais as diferentes categorias de produtores destinam seus produtos, e cujas condições de possibilidade residem na própria natureza dos bens simbólicos. Estes constituem realidades com dupla face — mercadorias e significações —, cujo valor propriamente cultural e cujo valor mercantil subsistem relativamente independentes, mesmo nos

---

(3) Desse modo L. L. Schücking mostra que a dependência dos escritores com relação à aristocracia e a seus cânones estéticos, manteve-se durante mais tempo no campo da literatura do que no teatro, porque "aquele que desejava ver suas obras publicadas deveria contar com o patrocínio de um grande senhor" e só conseguia tal aprovação e o assentimento do público aristocrático a quem se dirigia necessariamente sob a condição de curvar-se a seu gosto pelas formas difíceis e artificiais, pelo esoterismo e pelo humanismo clássico, próprio de um grupo empenhado em distinguir-se do vulgo em todas as suas práticas culturais. Ao contrário, o escritor de teatro da época elisabetana não mais dependia exclusivamente da boa vontade de um único patrão — ao contrário do teatro de corte francês que, como lembra Voltaire, recorre a uma linguagem tão nobre como aquela dos mandatários de alto nível aos quais se dirige — e a franqueza e as liberdades que assumia provinham das demandas dos diferentes diretores de teatro e, através delas, dos ingressos pagos por um público cada vez mais diversificado (Ver L. L. Schücking. *Op. cit.*, pp. 13-15).

(4) Assim, Ian Watt descreve muito bem as transformações correlatas do modo de recepção e do modo de produção literária que conferem suas características mais específicas ao gênero romanesco e, em particular, o surgimento (ligado à extensão do público) de uma leitura rápida, superficial e livre da memória, e de uma escrita rápida e prolixa (Ver I. Watt. *The Rise of the Novel, Studies in Defoe, Richardson and Fielding*. Penguin Books, 1957).

casos em que a sanção econômica reafirma a consagração cultural.

No momento em que se constitui um mercado da obra de arte, os escritores e artistas têm a possibilidade de afirmar — por via de um paradoxo aparente — ao mesmo tempo, em suas práticas e nas representações que possuem de sua prática, a irredutibilidade da obra de arte ao estatuto de simples mercadoria, e também, a singularidade da condição intelectual e artística. Segundo as teorias clássicas, o processo de diferenciação das esferas da atividade humana correlato ao desenvolvimento do capitalismo e, em particular, a constituição de sistemas de fatos dotados de uma independência relativa e regidos por leis próprias, produzem as condições favoráveis à construção de sistemas ideológicos, vale dizer, as chamadas teorias "puras" (da economia, da política, do direito, da arte etc.) que reproduzem as divisões prévias da estrutura social com base na abstração inicial através da qual elas se constituem [5]. De acordo com a mesma lógica, tudo leva a crer que a constituição da obra de arte como mercadoria e a aparição, devido aos progressos da divisão do trabalho, de uma categoria particular de produtores de bens simbólicos especificamente destinados ao mercado, propiciaram condições favoráveis a uma teoria pura da arte — da arte enquanto tal —, instaurando uma dissociação entre a arte como simples mercadoria e a arte como pura significação, cisão produzida por uma intenção meramente simbólica e destinada à apropriação simbólica, isto é, a fruição desinteressada e irredutível à mera posse material. Demais, é preciso acrescentar que a ruptura dos vínculos de dependência em relação a um patrão ou a um mecenas e, de modo geral, em relação às encomendas diretas — processo correlato ao desenvolvimento de um mercado impessoal e à aparição de um público numeroso de compradores anônimos de ingressos de teatro ou de concerto, de livros ou quadros —, propicia ao escritor e ao artista uma liberdade que logo se lhes revela formal, sendo apenas a condição de sua submissão às leis do mercado de bens simbólicos, vale dizer, a uma demanda que, feita sempre com atraso em relação à

(5) Em uma época em que a influência do estruturalismo lingüístico leva certos sociólogos para uma teoria pura da sociologia, sem dúvida seria útil aprofundar a *sociologia da teoria pura* aqui esboçada e analisar as condições sociais que marcam a aparição de teorias como as de Kelsen, Saüssure ou Walras, ou de uma ciência formal e imanente da arte como a que Wölfflin propõe. Neste último caso, é evidente que a própria ambição de captar as propriedades formais de toda expressão artística possível dava por acabado o processo de autonomização e de depuração da obra de arte e da percepção artística.

oferta, surge através dos índices de venda e das pressões, explícitas ou difusas, dos detentores dos instrumentos de difusão, editores, diretores de teatro, *marchands* de quadros. Em conseqüência, todas estas "invenções" do romantismo, desde a representação da cultura como realidade superior e irredutível às necessidades vulgares da economia, até a ideologia da "criação" livre e desinteressada, fundada na espontaneidade de uma inspiração inata, aparecem como revides à ameaça que os mecanismos implacáveis e inumanos de um mercado regido por sua dinâmica própria fazem pesar sobre a produção artística ao substituir as demandas de uma clientela selecionada pelos veredictos imprevisíveis de um público anônimo. Nestas condições, cumpre salientar que a aparição de um público anônimo de "burgueses" e a irrupção de métodos ou técnicas tomados de empréstimo à ordem econômica e ligados à comercialização da obra de arte — como por exemplo, a produção coletiva ou a publicidade para os produtos culturais —, coincidiu não somente com a rejeição dos cânones estéticos (correlato à glorificação do escritor ou do artista, e de sua missão semiprofética) da burguesia, com o esforço metódico para separar o intelectual do vulgo — ou seja, afastando-o tanto do "povo" como do "burguês", pela oposição dos produtos únicos e inestimáveis de seu "gênio criador" aos produtos intercambiáveis e inteiramente redutíveis a seu valor mercantil típico de uma produção mecânica —, mas também com a afirmação da autonomia absoluta do "criador" e de sua pretensão em reconhecer exclusivamente o receptor ideal que se traduz em um *alter ego*, ou melhor, um outro "criador", contemporâneo ou futuro, capaz de mobilizar em sua compreensão das obras a disposição "criadora" que define o escritor e o artista autônomos [6].

(6) Segundo Raymond Williams, "a mudança radical em matéria de idéias sobre a arte, sobre o artista e sobre seu lugar na sociedade" que, com as duas gerações de artistas românticos — Blake, Wodsworth, Coleridge e Southey, de um lado, Byron, Shelley e Keats, de outro — coincide, na Inglaterra, com a Revolução Industrial, apresenta cinco características fundamentais: "primeiramente, a natureza da relação entre o escritor e seus leitores sofre uma profunda transformação; em segundo lugar, torna-se costumeira uma atitude diferente em relação ao público; em terceiro lugar, a produção artística tende a ser considerada como um tipo de produção especializada dentre outras, sujeita às mesmas condições que a produção em geral; em quarto lugar, a teoria da 'realidade superior da arte' como lugar de uma verdade de imaginação assume uma crescente importância; e finalmente, a representação do escritor como criador independente, como gênio autônomo, torna-se uma espécie de regra" (Ver R. Williams, *Culture and Society*, 1780-1950. Harmondsworth, Penguin Books, 3ª ed. 1963, pp. 49-50. Em outra obra R. Williams indica também (R. Williams. *The Long Revolution*. Harmondsworth, Pelican Books, 1965, p. 266) as relações de interdependência que unem a aparição de um novo público, pertencente a uma nova classe social, de um corpo de escritores originários da mesma classe e de instituições e formas artísticas criadas por essa classe.

A ESTRUTURA E O FUNCIONAMENTO DO CAMPO DE PRODUÇÃO ERUDITA

O sistema de produção e circulação de bens simbólicos define-se como o sistema de relações objetivas entre diferentes instâncias definidas pela função que cumprem na divisão do trabalho de produção, de reprodução e de difusão de bens simbólicos. O campo de produção propriamente dito deriva sua estrutura específica da oposição — mais ou menos marcada conforme as esferas da vida intelectual e artística — que se estabelece entre, de um lado, *o campo de produção erudita* enquanto sistema que produz bens culturais (e os instrumentos de apropriação destes bens) objetivamente destinados (ao menos a curto prazo) a um público de produtores de bens culturais que também produzem para produtores de bens culturais e, de outro, *o campo da indústria cultural* especificamente organizado com vistas à produção de bens culturais destinados a não-produtores de bens culturais ("o grande público") que podem ser recrutados tanto nas frações não-intelectuais das classes dominantes ("o público cultivado") como nas demais classes sociais. Ao contrário do sistema da indústria cultural que obedece à lei da concorrência para a conquista do maior mercado possível, o campo da produção erudita tende a produzir ele mesmo suas normas de produção e os critérios de avaliação de seus produtos, e obedece à lei fundamental da concorrência pelo reconhecimento propriamente cultural concedido pelo grupo de pares que são, ao mesmo tempo, clientes privilegiados e concorrentes. É a partir deste princípio que se pode compreender não somente as relações entre o campo de produção erudita e o "grande público" e a representação que os intelectuais ou os artistas possuem desta relação, mas também o funcionamento do campo, a lógica de suas transformações, a estrutura das obras que produz e a lógica de sua sucessão.

O campo de produção erudita somente se constitui como sistema de produção que produz objetivamente apenas para os produtores através de uma ruptura com o público dos não-produtores, ou seja, com as frações não-intelectuais das classes dominantes. Como veremos adiante, poder-se-ia tratar apenas da transfiguração simbólica de uma exclusão de fato, ou melhor, a inversão, no âmbito da esfera propriamente cultural, da relação que se estabelece, na esfera econômica e política, entre a fração intelectual e as frações dominantes da classe dominante. Em conseqüência, a constituição do campo enquanto tal é correlata ao processo de fechamento em si mesmo. A partir de 1830, e muitos depois de Sainte-Beuve já fizeram a mesma observação, a sociedade literária (em particular, "a literatura artista") isola-se na indiferença ou na hostilidade em relação ao público que compra e lê, ou seja, isola-se do "burguês". Por um efeito de causalidade circular, distância e isolamento engendram distância e isolamento, e a produção cultural liberta das censuras e da autocensura impostas ou sugeridas pelo confronto direto com um público alheio à profissão e que encontra no âmbito do próprio corpo de produtores um público crítico e cúmplice, tende a obedecer à sua lógica própria, qual seja a da superação permanente determinada pela dialética da distinção propriamente cultural.

Pode-se medir o grau de autonomia de um campo de produção erudita com base no poder de que dispõe para definir as normas de sua produção, os critérios de avaliação de seus produtos e, portanto, para retraduzir e reinterpretar todas as determinações externas de acordo com seus princípios próprios de funcionamento. Em outros termos, quanto mais o campo estiver em condições de funcionar como a arena fechada de uma concorrência pela legitimidade cultural, ou seja, pela consagração propriamente cultural e pelo poder propriamente cultural de concedê-la, tanto mais os princípios segundo os quais se realizam as demarcações internas aparecem como irredutíveis a todos os princípios externos de divisão, por exemplo os fatores de diferenciação econômica, social ou política, como a origem familiar, a fortuna, o poder (no caso de um poder capaz de exercer sua ação diretamente sobre o campo), bem como às tomadas de posição políticas [7]. Neste sentido, os progressos do campo de produção erudita em direção à autonomia caracterizam-se pela tendência cada vez mais marcada da crítica (recrutada em grande parte no próprio corpo de produtores) de atribuir a si mesma a tarefa, não mais de produzir os instrumentos de apropriação que a obra exige de modo cada vez mais imperativo na medida em

(7) Tanto neste como em outros campos, as leis que regem objetivamente as relações sociais tendem a se constituir em normas explícitas profes adas e assumidas. Destarte, à medida que a autonomia do campo se amplia ou à medida que se toma os setores mais autônomos do campo, a introdução direta de princípios de diferenciação externos provoca muito mais a reprovação e tal desobediência às regras da profissão intelectual tende a envolver a exclusão simbólica daqueles a quem se atribui tal falta. Assim, a "politização" aparente dos debates entre os intelectuais supõe um grau muito elevado de "neutralização" e de "desrealização" dos princípios externos de classificação (tomemos, por exemplo, o descrédito com que se considera o marxismo "vulgar", suspeito de reintroduzir na vida intelectual os princípios de classificação totais e brutais da ordem política) e tudo se passa como se o campo lançasse mão em grau máximo de sua autonomia a fim de tornar desconhecíveis os princípios externos de oposição, ou então, pelo menos, a fim de "sobredeterminá-los" culturalmente subordinando-os a princípios propriamente culturais.

que se distancia do público, mas de fornecer uma interpretação "criativa" para uso dos "criadores". Destarte, constituem-se "sociedades de admiração mútua", pequenas seitas fechadas em seu esoterismo e, ao mesmo tempo, surgem os signos de uma nova solidariedade entre o artista e o crítico. "Os únicos críticos reconhecidos, observa Schücking, eram aqueles que tinham acesso aos arcanos e haviam sido iniciados, quer dizer, partilhavam em larga medida das posições estéticas do grupo [...]. E os contemporâneos ficavam espantados com o fato de que alguns críticos partidários habituais de um gosto conservador, pudessem de repente lançar-se nos braços dos defensores da arte nova"[8]. Sentindo-se desautorizada a formular veredictos peremptórios em nome de um código indiscutível, esta nova crítica coloca-se, de maneira incondicional, a serviço do artista cujas intenções ela tenta decifrar escrupulosamente e, com isso, contribui para afastar do jogo o público dos não-produtores. E mais, por intermédio de suas interpretações de *expert* e de suas leituras "inspiradas", tal crítica garante a inteligibilidade de obras fadadas, pelas próprias condições em que foram produzidas, a permanecer muito tempo ininteligíveis para aqueles que não estão bastante integrados no campo dos produtores, e por esse motivo nem podem conceder a tais obras uma presunção de inteligibilidade[9]. Se os intelectuais e os artistas sempre encaram com suspeita, e também com certo fascínio, as obras e os autores que se esforçam por obter ou de fato obtêm sucessos estrondosos — e chegam até a interpretar o fracasso neste mundo como uma garantia, embora negativa, da salvação no além — isto ocorre porque a intervenção do "grande público" chega a ameaçar a pretensão do campo ao monopólio da consagração cultural. Em conseqüência, a distância entre a hierarquia dos produtores conforme o "sucesso de público" (medido pelos índices de venda ou pela notoriedade fora do corpo de produtores) e a hierarquia segundo o grau de reconhecimento no interior do grupo de pares-concorrentes, constitui sem dúvida o melhor indicador da autonomia do campo de produção erudita, ou seja, do desnível entre os princípios de avaliação que lhe são próprios e aqueles que o

---

(8) L. L. Schücking. *Op. cit.*, p. 30. À página 55, poder-se-á encontrar uma descrição do funcionamento destas sociedades e, em particular, das "trocas de serviços" que possibilitavam.

(9) "Ela, a crítica, mascara por trás de grandes palavras as explicações que ela não sabe mais dar. Lembrando-se de Albert Wolff, de Bourde, e mesmo de Brunetière ou de France, o crítico não julga mais, temeroso de desconhecer como seus antecessores os artistas de gênio!" Ver J. Lethève. *Impressionistes et symbolistes devant la presse.* Paris, Armand Colin, 1959, p. 276.

"grande público" e, em particular, as frações não-intelectuais das classes dominantes aplicam as suas produções [10].

Nunca se prestou a devida atenção às conseqüências ligadas ao fato de que o escritor, o artista e mesmo o erudito, escrevem não apenas para um público, mas para um público de pares que são também concorrentes. Afora os artistas e os intelectuais, poucos agentes sociais dependem tanto, no que são e no que fazem, da imagem que têm de si próprios e da imagem que os outros e, em particular, os outros escritores e artistas, têm deles e do que eles fazem. "Há qualidades, escreve Jean-Paul Sartre, que nos chegam unicamente através dos juízos do outro"[11]. É justamente isto que ocorre com a qualidade de escritor, de artista ou de erudito, qualidade que parece tão difícil definir porque só existe na e pela relação circular de reconhecimento recíproco entre os artistas, os escritores e os eruditos[12]. Todo ato de produção cultural implica na afirmação de sua pretensão à legitimidade cultural[13]. Quando os diferentes produtores se defrontam, a competição se desenvolve em nome de sua pretensão à ortodoxia, ou então, para falar nos termos de Weber, ao monopólio da manipulação legítima de uma classe determinada de bens simbólicos. E do momento em que esses autores são reconhecidos, o que se está reconhecendo é a sua pretensão à ortodoxia. A melhor prova é o fato de que as oposições e divergências se expressam espontaneamente na linguagem da excomunhão recíproca. Em outras palavras, embora o campo de produção erudita possa não estar nunca dominado por uma ortodoxia, está sempre às voltas com a questão da ortodoxia, ou seja, com a questão dos critérios que definem o exercício legítimo de um tipo determinado de prática intelectual ou artística. Em conseqüência, o grau de autonomia de um campo de pro-

---

(10) Um dos objetivos da pesquisa em preparo a respeito das diferentes frações da classe dirigente, seria evidenciar a forma e a extensão dos desníveis entre as diferentes hierarquias em questões intelectuais e artísticas. Tal resultado mostrava-se com clareza através da pesquisa realizada junto aos alunos das grandes escolas, em sua maioria originários das frações para as quais sua formação lhes destina. Podia-se constatar que as escolas mais distantes do pólo intelectual (Escola Nacional de Administração, Politécnica) ratificam intelectuais pouco ou nada reconhecidos no campo intelectual propriamente dito e, paradoxalmente, tal reconhecimento fica a cargo dos alunos das escolas conducentes às carreiras intelectuais (Ulm e Sèvres).

(11) J.-P. Sartre. *Qu'est-ce que la littérature?* Paris, Gallimard, 1948, p. 98.

(12) Neste sentido, o campo intelectual representa o modelo quase realizado de um universo social cujos únicos princípios de diferenciação e de hierarquização seriam as distinções propriamente simbólicas.

(13) Ao menos objetivamente (no sentido de que ninguém pode ignorar a lei cultural), o mesmo sucede com qualquer ato de consumo que se encontre objetivamente situado no campo de aplicação das regras que orientam as práticas culturais quando estas pretendem ser legítimas.

dução erudita é medido pelo grau em que se mostra capaz de funcionar como um mercado específico, gerador de um tipo de raridade e de valor irredutíveis à raridade e ao valor econômicos dos bens em questão, qual seja a raridade e o valor propriamente culturais. Vale dizer, quanto mais o campo estiver em condições de funcionar como o campo de uma competição pela legitimidade cultural, tanto mais a produção pode e deve orientar-se para a busca das *distinções culturalmente pertinentes* em um determinado estágio de um dado campo, isto é, busca dos temas, técnicas e estilos que são dotados de *valor* na economia específica do campo por serem capazes de fazer existir culturalmente os grupos que os produzem, vale dizer, de conferir-lhes um *valor* propriamente cultural atribuindo-lhes marcas de distinção (uma especialidade, uma maneira, um estilo) reconhecidas pelo campo como culturalmente pertinentes e, portanto, suscetíveis de serem percebidas e reconhecidas enquanto tais, em função das taxinomias culturais disponíveis em um determinado estágio de um dado campo. Deste modo, é a própria lei do campo, e não um vício de natureza, como pretendem alguns, que envolve os intelectuais e os artistas na dialética da distinção cultural, muitas vezes confundida com a procura a qualquer preço de qualquer diferença capaz de livrar do anonimato e da insignificância [14]. Esta mesma lei que impõe a busca da distinção, impõe também os limites no interior dos quais tal busca pode exercer legitimamente sua ação. E a brutalidade com que uma comunidade intelectual ou artística fortemente integrada condena qualquer recurso tecnicamente montado com procedimentos de distinção não reconhecidos — e assim imediatamente desvalorizados como meros artifícios —, comprova (o mesmo ocorre com a atitude suspeitosa em relação às intenções dos grupos mais revolucionários) o fato de que

(14) Assim, Proudhon (cujos escritos estéticos exprimem muito bem a representação pequeno-burguesa da arte e do artista) atribui a uma escolha cínica dos artistas os processos de dissimilação nascidos da lógica interna do campo intelectual: "De um lado, os artistas fazem de tudo, porque tudo lhes é indiferente, de outro lado, eles se especializam ao infinito. Entregues a si mesmos, sem farol nem bússola, obedecendo a uma lei da indústria muito mal aplicada, se classificam em gêneros e em espécies, primeiro segundo a natureza das encomendas e, depois, segundo o meio que os distingue. Assim, há pintores de igreja, pintores de história, pintores de batalhas, pintores de gênero, quer dizer, de anedotas e farsas, retratistas, pintores de paisagens, pintores de animais, pintores de marinhas, pintores de Vênus, pintores de fantasia. Este cultiva o nu, aquele outro cultiva a roupagem. E depois cada um se esforça por distinguir-se por um dos meios que tomam parte na execução. Um **aplica-se ao desenho**, o outro à cor; este se esmera na composição, aquele se aperfeiçoa na perspectiva, este outro cuida da vestimenta ou da cor local. Fulano brilha pelo sentimento, beltrano prima pela idealidade ou pelo realismo de suas figuras; sicrano **compensa** a nulidade de seus temas **pelo acabamento dos detalhes**. Cada um se esforça por ter um *truque*, um toque *chic*, uma maneira e, quando a moda ajuda, as **reputações se fazem e se desfazem**" (Proudhon, *Contradictions Économiques*, p. 271).

a comunidade intelectual e artística só consegue afirmar a autonomia da ordem propriamente cultural quando controla a dialética da distinção cultural, sempre ameaçada de degradar-se em busca anômica da diferença a qualquer preço [15].

Em vista destes fatores, os princípios de diferenciação mais apropriados para serem reconhecidos como pertinentes na esfera cultural — ou seja, a serem legitimados por um campo que tende a rejeitar toda e qualquer definição externa de sua função —, são aqueles que exprimem de modo mais acabado a especificidade da prática intelectual ou artística, ou melhor, de um tipo determinado desta prática. Por exemplo, no âmbito da arte, os princípios estilísticos e técnicos são os mais propensos a se tornarem o objeto privilegiado das tomadas de posição e das oposições entre os produtores (ou seus intérpretes). Além de manifestar a ruptura com as demandas externas e a vontade de excluir os artistas suspeitos de se curvarem a tais demandas, a afirmação do primado da forma sobre a função, do modo de representação sobre o objeto da representação, constitui, na verdade, a expressão mais específica da reivindicação de autonomia do campo e de sua pretensão a deter e a impor os princípios de uma legitimidade propriamente cultural, tanto no âmbito da produção como no da recepção da obra de arte [16]. Afirmar o primado da maneira de dizer sobre a coisa dita, sacrificar o "assunto", antes sujeito diretamente à demanda, à maneira de abordá-lo,

---

(15) Tendo em vista que os intelectuais e os artistas dispõem, por definição, de todos os meios necessários para afirmar sua distinção, produzindo diferenças reais ou fictícias e, ademais, como não têm dificuldade para encontrar no universo das possibilidades oferecidas pela combinatória tomadas de posição possíveis a respeito de todos os problemas diferentes que podem se colocar diante deles ou que eles podem se colocar a si próprios em esferas tão diferentes como a política, a filosofia, a arte ou a literatura, inúmeras ocasiões (indefinidamente renovadas) de maximizar o rendimento simbólico da última diferença (bastando inclusive impor tal diferença como a única pertinente para torná-la uma diferença última), é possível compreender que o efeito de baralhamento produzido nela mistura de todas as estruturações simultânea e sucessivamente possíveis, possa dissimular os tipos de tomadas de posição substituíveis, e levar à conclusão de que o campo intelectual e o campo cultural são destituídos de qualquer estrutura. Tomemos, por exemplo, as diferentes maneiras pelas quais se ligam, em um mesmo campo ou em estados diferentes do campo, as tomadas de posição políticas e as tomadas de posição estéticas, como no caso do vanguardismo literário que (hoje encontra-se via de regra associado ao vanguardismo político) pode ter coexistido em outros tempos com o indiferentismo e até mesmo com o conservantismo. Eis um dos mecanismos que mais contribuem para dissimular os efeitos dos princípios externos de diferenciação e, por esta via, para manter viva sobretudo junto aos intelectuais a ilusão da autonomia absoluta do campo, dando a aparência de uma liberdade anárquica às tomadas de posição dos diferentes grupos no mesmo momento ou dos mesmos grupos em diferentes momentos.

(16) Pela recusa da concepção clássica da produção artística como mera execução de um modelo anterior e preexistente, a emergência da teoria da arte não só torna a "criação" artística uma espécie de surgimento imprevisível para o próprio "criador", como também supõe acabada a transformação das relações sociais de produção as quais, liberando a produção artística da encomenda direta e explicitamente formulada, permite conceber o trabalho artístico como "criação" autônoma e não mera execução.

ao puro jogo das cores, dos valores e das formas, forçar a linguagem para forçar a atenção à linguagem, constituem procedimentos destinados a afirmar a especifícidade e o caráter insubstituível do produto e do produtor, dando ênfase ao aspecto mais específico e mais insubstituível do ato de produção artística. É preciso citar Delacroix: "Todos os temas tornam-se bons pelo mérito do autor. Oh! jovem artista, aguarda um tema? Tudo pode servir, o tema é você mesmo, são as suas impressões e emoções diante da natureza. É em você que é preciso sondar, e não em seu redor" [17]. O verdadeiro tema da obra de arte é a maneira propriamente artística de apreender o mundo, ou seja, o próprio artista, sua maneira e seu estilo, marcas infalíveis do domínio que exerce sobre sua arte.

Ao tornarem-se o objeto central das tomadas de posição e das oposições entre os produtores, os princípios estilísticos — cada vez mais redutíveis a princípios técnicos — são cumpridos de maneira cada vez mais rigorosa e acabada nas obras e, ao mesmo tempo, afirmam-se de maneira cada vez mais sistemática no discurso teórico produzido pela e para a confrontação. Como a dialética da distinção cultural leva os produtores a realizarem-se em sua singularidade irredutível, pela produção de um modo de expressão original — ou seja, uma espécie de axiomática estilística em ruptura com as ortodoxias precedentes, e desejosa de esgotar todas as possibilidades inerentes a este sistema convencional de procedimentos —, os diferentes tipos de produção erudita (pintura, música, romance, teatro, poesia etc.) estão fadados, pela dialética do refinamento (princípio do esforço que os artistas desenvolvem a fim de explorar e esgotar todas as possibilidades técnicas e estéticas de sua arte, em meio a uma pesquisa semi--experimental de renovação), a alcançar sua realização naquilo que possuem de mais específico e de mais irredutível a qualquer outra forma de expressão.

Devido à circularidade e à reversibilidade quase perfeitas das relações de produção e de consumo culturais resultantes do fechamento objetivo do campo de produção erudita (e mesmo dos diferentes setores deste campo), estão dadas as condições para que o desenvolvimento das produções simbólicas assuma o caráter de uma história semi-reflexiva. A explicitação e a redefinição incessante dos princípios implicitamente envolvidos nas obras, provocando o confronto com os juízos feitos a respeito da própria obra ou com as obras

(17) E. Delacroix. *Oeuvres littéraires*. Paris, Grès, 1923, vol. I, p. 76.

dos demais produtores, acabam por determinar uma transformação decisiva da relação que o produtor mantém com sua obra e para além de sua obra. Nestas condições, quase todas as obras trazem a marca do sistema de posições em relação às quais se define sua originalidade, e contêm indicações acerca do modo com que o autor pensou a novidade de seu empreendimento, ou seja, daquilo que o distinguia, em seu entender, de seus contemporâneos e de seus antecessores. A objetivação levada a cabo por uma crítica que pretende explicitar o sentido objetivamente inscrito na obra, tarefa que veio substituir-se aos juízos normativos sobre o valor da obra, parece propensa a desempenhar um papel determinante neste processo ao favorecer a tomada de consciência da intenção objetiva das obras e ao colaborar, destarte, com o esforço dos escritores e artistas para realizar sua essência singular [18]. As variações concomitantes da interpretação do crítico, do discurso do produtor sobre sua obra e da própria estrutura da obra, comprovam a eficácia específica do discurso crítico que o produtor reconhece porque sente-se por ele reconhecido e nele se reconhece [19]. Entretanto, nada seria mais falso do que atribuir ao crítico (ou ao editor de vanguarda ou ao *marchand* de quadros audaciosos) o poder carismático de reconhecer em uma obra os signos imperceptíveis da graça e de revelar aos próprios autores os signos que soube descobrir. Em um pro-

(18) Os críticos, e até mesmo os jornalistas, trazem uma contribuição positiva ao esforço de explicitação e de sistematização, uma vez que seus erros e contra-sensos levam os artistas a tentarem *manifestar* a idéia que têm acerca do que querem fazer: "O público procura saber primeiro o que querem os artistas cujas obras são tão desconcertantes; ora, a imprensa desempenhou um papel capital nesta tomada de consciência: ela publica os manifestos, dá espaço às manifestações de admiração e de exclusão; os jornalistas tomam o lugar dos pintores e, às vezes, dos escritores para explicarem suas intenções à multidão. Eles lhes atribuem epítetos e denominações que os interessados acabam adotando apesar da significação irônica de que estavam carregados. É assim que nascem os termos *impressionista* e *simbolista*, na fantasia de uma crônica; e logo a injúria torna-se uma bandeira, hasteada bem alto. Para comodidade de sua exposição, os jornalistas classificam as tendências e fazem nascer as 'escolas'. (J. Lethève. *Op. cit.*, p. 13). E mais: "A escola *impressionista* nasce de fato em 1874: e mesmo que o termo estivesse pelo ar, são os jornalistas que a batizam deste modo. Os críticos desejam zombar dos pintores, mas estes aceitam com o rótulo que lhes foi imposto e o agitam com orgulho. Mais tarde vem a época dos teóricos que acabam encontrando justificações científicas e filosóficas para um termo dado ao acaso" (J. Lethève. *Op. cit.*, p. 59).

(19) Gérard Genette constata assim uma evolução paralela da imagem pública da obra de Robbe-Grillet e das teorias professadas por este autor a respeito de sua obra: o autor da *Maison de rendéz-vous* se reconhece hoje no autor fantástico descoberto após *L'Année dernière à Marienbad*, assim como o autor de *Jalousie* se reconhecia no neo-realismo *chosiste* de agrimensor minudente que Roland Barthes e, depois dele, a crítica oficial tinha descoberto em *Les Gommes* e *Le Voyeur* (Ver G. Genette. *Figures*. Paris, Seuil, 1966, pp. 69-71, trad. brasileira pela Editora Perspectiva, Col. Debates, n. 57). Logo, é lícito levantar a hipótese de que as pretensões iniciais de objetividade e a conversão ulterior à pura subjetividade estão separadas por uma tomada de consciência da verdade objetiva da obra para a qual concorrem, *mesmo que negativamente*, a objetivação levada a cabo pelo crítico e também pela vulgata de seu discurso.

cesso de circulação e de consumo dominado pelas relações objetivas entre as instâncias e os agentes que nele estão envolvidos, constitui-se *o sentido público* da obra pelo qual o autor é definido e em relação ao qual está obrigado a definir-se. As relações sociais nas quais se realiza a produção deste sentido público, ou seja, deste conjunto de *propriedades de recepção* que a obra revela apenas no processo de "publicação" (no sentido de "tornar-se público"), relações entre o autor e o editor, entre o editor e o crítico, entre o autor e a crítica etc., são comandadas pela posição relativa que tais agentes ocupam na estrutura do campo de produção erudita. Em cada uma destas relações, cada um dos agentes mobiliza não somente a representação que tem do outro termo da relação (autor consagrado ou maldito, editor de vanguarda ou editor tradicional etc.) e que depende de sua posição relativa no campo, mas também a representação da representação que o outro termo da relação tem dele, vale dizer, da definição social de sua posição objetiva no campo.

Desta maneira, não seria exagero considerar a lógica do funcionamento de um campo caracterizado pela circularidade e pela reversibilidade quase perfeitas das relações de produção e de consumo, como a condição que possibilita e favorece a tendência para *a interrogação axiomática* que constitui certamente a característica mais específica de todas as formas modernas de produção erudita (arte, literatura ou ciência). Neste sentido, a arte "pura" (produto de um refinamento incessante das formas) leva ao paroxismo as tendências inerentes à arte das épocas anteriores, ao submeter à *explicação* e à *sistematização* os princípios próprios a cada tipo de expressão artística. E com vistas a medir tudo que separa esta arte de pesquisa, nascida da dialética interna do campo, das artes autenticamente populares — existentes exclusivamente nas formações sociais desprovidas de instâncias especializadas de produção, de transmissão e de conservação culturais —, basta lembrar a oposição entre a lógica da evolução da língua popular, que obedece ao princípio de economia até mesmo em suas invenções aparentes, sempre fundadas na analogia e via de regra ajustadas às leis profundas da língua, e a lógica da evolução da língua erudita que, por ser produzida e reproduzida por e para relações sociais dominadas pela busca da distinção, obedece ao que se poderia designar o *princípio de desperdício* (ou de gratuidade) e cuja manipulação supõe um conhecimento quase reflexivo, transmitido por uma educação explícita e expressa dos esquemas de expressão. A poesia "pura" aparece como a aplicação consciente e metódica de um sistema de princípios explícitos e sistemáticos que — assim o provam as descobertas retrospectivas do abade Brémond — já estavam operando nos escritos anteriores, embora de maneira descontínua e dispersa, e até mesmo de modo culposo e reprimido. Por exemplo, ela deriva seus efeitos mais específicos dos jogos de suspense e surpresa, ou seja, da decepção suscitada por desvios elaborados visando quebrar as expectativas resultantes da interiorização das leis da língua comum: efeitos de expectativa frustrada e de frustração gratificante, provocados pelo arcaísmo, pelo preciosismo, pela dissonância lexicológica ou sintática, pela demolição das seqüências estereotipadas no plano sonoro ou no plano semântico, pelas fórmulas feitas, idéias canônicas e lugares-comuns. A história recente de um modo de expressão, como por exemplo a música, extrai o princípio de sua evolução da busca de soluções técnicas para problemas fundamentalmente técnicos, estritamente reservados a profissionais dotados de uma formação altamente especializada, e aparece como a realização do processo de refinamento que tem início desde o momento em que a música popular é submetida à manipulação erudita de um corpo de profissionais [20]. Assim, René Leibowitz descreve a obra revolucionária de Schoenberg e de seus discípulos, Berg e Webern, como o produto da tomada de consciência e da prática sistemática e, nos termos do citado comentarista, "ultraconseqüente", dos princípios inscritos em estado implícito em toda tradição musical do Ocidente a qual, destarte, encontra-se implicada em obras capazes de superá-la

---

[20] Basta evocar o exemplo da dança e o destino das *bourrées*, gavotas, passa-pés, rigodões, *loures ou minuetos*, quando passam a fazer parte da vida na corte e das composições eruditas, suítes, sonatas e ordens, e acabam perdendo todas as características originais por força do refinamento de ritmo e de tempo. "Ao passarem da aldeia para a corte, escreve Richard Alewyn, muitas dessas danças mudam de ritmo, e todas mudam em velocidade. Os movimentos amplos e rápidos tornam-se curtos e lentos. O salto torna-se passo. Deixam de ser danças destinadas a rodopiar e esquecer o mundo. A dança de sociedade da idade barroca não é um divertimento. É uma cerimônia executada solenemente, a fim de excitar a admiração de um público" (Ver R. Alewyn, *L'univers du baroque*. Paris, Gonthier, 1959, p. 34). A história das formas musicais constitui, certamente, a ilustração mais evidente do processo de refinamento que determina a manipulação erudita. Tomemos, por exemplo, o minueto que, depois de conquistar a corte de Versalhes, e, em seguida, todas as cortes da Europa (Haydn e Mozart escrevem minuetos para dança), passa a integrar a sonata e o quarteto de cordas, a título de interlúdio ligeiro entre o movimento lento e o final; com Haydn, passa a fazer parte da sinfonia e, em Beethoven, dá lugar ao *scherzo*, cujo único vínculo com a dança é o trio. Estas transformações da estrutura das obras são correlatas a uma transformação de suas funções sociais cujo indicador mais seguro é a transformação da estrutura das relações sociais no interior das quais elas funcionam, ou seja, de um lado, a festa sazonal que cumpre uma função de integração e de revivificação dos "grupos primários" e, no outro pólo, o concerto, reunião de um público cujo único liame é uma relação abstrata de pertinência exclusiva ao mundo dos iniciados.

pela formulação de um outro modo de realizá-la [21]. Todavia, a realização mais acabada do modelo da dinâmica que caracteriza um campo tendente ao fechamento, reside na história da pintura. Tendo excluído, com o impressionismo, todo conteúdo narrativo, passando a reconhecer apenas princípios pictóricos, acaba progressivamente por repudiar, através das diferentes tendências resultantes da reação contra o modo impressionista de representação, quaisquer vestígios de naturalismo e de hedonismo sensualista, concentrando-se em uma elaboração consciente e explícita dos princípios especificamente pictóricos da pintura que coincide com um questionamento destes princípios, e por extensão, da própria pintura através da própria pintura [22]. Basta correlacionar a lógica do funcionamento e da mudança do campo de produção erudita com as leis que regem a circulação dos bens simbólicos e a produção dos consumidores destes bens, para perceber que um campo de produção que exclui qualquer referência a demandas externas e que, obedecendo à sua dinâmica própria, progride por meio de rupturas quase cumulativas com os modos de expressão anteriores, tende de alguma maneira a aniquilar continuamente as condições de sua recepção no exterior do campo. Na medida em que seus produtos requerem instrumentos de apropriação cujos consumidores mais favorecidos, dentre os consumidores virtuais, são justamente aqueles mais desfavorecidos em termos relativos — pois encontram-se destinados, por uma necessidade estrutural, a existirem antes de seu mercado, ou então, a possuírem como clientes os próprios produtores —, tais produtos parecem propensos por esta razão a cumprir uma função social de distinção, primeiro, nos conflitos entre as frações das classes dominantes e, a longo prazo, nas relações entre as classes sociais. Por um efeito de causalidade circular, a defasagem estrutural entre a oferta e a demanda, e a situação do mercado daí resultante, contribuem para reforçar a inclinação dos artistas de fecharem-se na busca da "originalidade" (que se faz acompanhar pela

(21) Segundo R. Leibowitz, ao se apropriar do acorde de nona, utilizado raramente pelos músicos românticos e sempre na posição fundamental, Schoenberg "decide conscientemente tirar daí todas as conseqüências" e empregá-lo em todas as inversões possíveis (Ver R. Leibowitz. *Schoenberg et son école*. Paris, J. B. Janin, 1947, p. 70). Observa também o seguinte: "trata-se agora da tomada de consciência total do princípio fundamental de composição o qual, implícito em toda evolução anterior da polifonia, torna-se explícito pela primeira vez na obra de Schoenberg: é o princípio do *desenvolvimento perpétuo*" (*op. cit.,* p. 78). Enfim, ao resumir as principais aquisições de Schoenberg, conclui: "Em suma, tudo isso não faz senão consagrar de maneira mais aberta e mais sistemática um estado de coisas que, de modo menos aberto e menos sistemático, já existia nas últimas obras tonais do próprio Schoenberg e, até certo ponto, em algumas obras de Wagner" (*op. cit.,* pp. 87-88).

(22) Como vemos, a história que conduz ao que se denominou uma "desromantização" do romance obedece a uma lógica do mesmo tipo.

ideologia do "gênio" desconhecido ou maldito), não somente, como sugere Arnold Hauser [23], colocando-os em condições econômicas difíceis, mas sobretudo liberando-os, por carência, das coerções exercidas pela demanda, e assegurando-lhes em bases objetivas a incomensurabilidade do valor propriamente cultural e do valor econômico das obras.

O CAMPO DAS INSTÂNCIAS DE REPRODUÇÃO E CONSAGRAÇÃO

As obras produzidas pelo campo de produção erudita são obras "puras", "abstratas" e esotéricas. Obras "puras" porque exigem imperativamente do receptor um tipo de disposição adequado aos princípios de sua produção, a saber, uma disposição propriamente estética. Obras "abstratas" pois exigem enfoques específicos, ao contrário da arte indiferenciada das sociedades primitivas, e mobilizam em um espetáculo total e diretamente acessível todas as formas de expressão, desde a música e a dança, até o teatro e o canto [24]. Por último, trata-se de obras esotéricas tanto pelas razões já aludidas como por sua estrutura complexa que exige sempre a referência tácita à história inteira das estruturas anteriores. Por este motivo, são acessíveis apenas aos detentores do manejo prático ou teórico de um código refinado e, conseqüentemente, dos códigos sucessivos e do código destes códigos. Destarte, enquanto que a recepção dos produtos do sistema

(23) "Enquanto o mercado artístico permanece favorável, a busca de individualidade não consegue exacerbar-se em mania de originalidade: tendência semelhante não existe antes da idade maneirista, quando a nova situação do mercado artístico coloca o artista em condições econômicas muito penosas" (Ver A. Hauser. *The Social History of Art*. Trad. do alemão por S. Godman, New York, Vintage Books, vol. II, p. 71).

(24) "A poesia por si só não existe como uma entidade separada do canto e, nas sociedades voltadas para o ritmo como as sociedades africanas, cantar, bater o tambor, dançar, desempenhar um papel, bater as mãos em cadência e tocar um instrumento, são coisas que se combinam naquilo que Lord Hailey chama corretamente "uma forma homogênea de arte (Ver J. Greenwav. *Literature among the Primitives*. Hatbors, Folklore Associate, 1964, p. 37). Sobre a arte primitiva como arte total e múltipla produzida pelo grupo em seu conjunto e dirigida ao grupo em seu conjunto, ver também R. Firth. *Elements of Social Organization*. Boston, Beacon Press, 1963, p. 155 e ss.; H. Junod. *The Life of a South African Tribe*. Londres, MacMillan and Co., 1927, p. 215; B. Malinowski. *Myth in Primitive Psychology*. New York, W. W. Norton and Co., 1926, p. 31). A respeito da transformação da função e da significação da festa e da dança, pode-se citar: "Em Guipuzcoa, até o século XVIII, a dança, nos dias de festa, não era apenas um simples divertimento, mas uma função social de mais peso. O papel dos espectadores era quase tão importante como o dos atores. As idéias citadinas sobre a moda fizeram com que as pessoas das famílias importantes, os velhos, as pessoas casadas e os padres não assistissem mais aos bailes das praças, deixando de neles participar como antes: o baile, perdendo sua estatura coletiva, tornou-se o que é hoje: um divertimento para os jovens onde o espectador não tem mais importância" (Ver J. Carlo Baroja. "El ritual de la danza en el País Vasco". *Revista de Dialectologia y Tradiciones Populares*, Tomo XX, 1964, Cadernos 1º e 2º).

da indústria cultural é mais ou menos independente do nível de instrução dos receptores (uma vez que tal sistema tende a ajustar-se à demanda), as obras de arte erudita derivam sua raridade propriamente cultural e, por esta via, sua função de distinção social, da raridade dos instrumentos destinados a seu deciframento, vale dizer, da distribuição desigual das condições de aquisição da disposição propriamente estética que exigem e do código necessário à decodificação (por exemplo, através do acesso às instituições escolares especialmente organizadas com o fim de inculcá-la), e também das disposições para adquirir tal código (por exemplo, fazer parte de uma família cultivada) [25]. Em conseqüência, uma definição completa do modo de produção erudito deve incluir as instâncias capazes de assegurar não apenas a produção de receptores dispostos e aptos a receber (pelo menos a médio prazo) a cultura feita, mas também a produção de agentes capazes de reproduzi-la e renová-la. Logo, não se pode compreender inteiramente o funcionamento e as funções sociais do campo de produção erudita sem analisar as relações que mantém, de um lado, com as instâncias, os museus por exemplo, que têm a seu cargo a conservação do capital de bens simbólicos legados pelos produtores do passado e consagrados pelo fato de sua conservação e, de outro lado, com as instâncias qualificadas, como por exemplo o sistema de ensino, para assegurar a reprodução do sistema dos esquemas de ação, de expressão, de concepção, de imaginação, de percepção e de apreciação objetivamente disponíveis em uma determinada formação social (entre eles, os esquemas de percepção e apreciação dos bens simbólicos). Através de uma ação prolongada de inculcação, tal sistema é capaz de produzir agentes dotados de um *habitus* secundário, ou seja, de um *ethos* e de um *eidos* secundários que constituem os produtos da interiorização de um conjunto, mais ou menos integrado em sistema, mais ou menos extenso, mais ou menos apropriado, destes esquemas [26]

(25) Para uma análise da função do sistema de ensino na produção dos consumidores dotados da propensão e da aptidão para consumir as obras eruditas, e na reprodução da distribuição desigual desta propensão e desta aptidão, e portanto, da *raridade diferencial* e do *valor de distinção* destas obras, ver P. Bourdieu e A. Darbel, com D. Schnapper, *L'amour de l'art, les musées européens et leur public*, 2ª ed., Paris, Éditions de Minuit, 1969.

(26) Os diferentes setores do campo de produção erudita se distinguem fortemente segundo o grau em que dependem para sua reprodução de instâncias genéricas (como o sistema de ensino) ou específicas (como por exemplo, a Escola de Belas-Artes ou o Conservatório de Música). Tudo parece indicar que a parcela dos produtores contemporâneos que receberam uma formação acadêmica é muito menor (especialmente nas correntes de vanguarda) entre os pintores do que entre os músicos.

A exemplo da estrutura e da função do sistema das instâncias de reprodução e, em particular, do sistema de ensino — que, por sua tarefa de inculcação, consagra como digna de ser conservada a cultura que tem o mandato de reproduzir —, a estrutura e a função do campo de produção e do campo de difusão só podem ser inteiramente compreendidas se levarmos em conta a função específica que, em seu conjunto, o sistema das relações constitutivas do campo de produção, de reprodução e de circulação dos bens simbólicos, deve à especificidade de seus produtos. Este fato nos obriga a tratá-lo como campo das relações de concorrência pelo monopólio do exercício legítimo da violência simbólica. No interior do sistema assim construído, definem-se as relações que vinculam objetivamente o campo de produção erudita — como sede de uma concorrência pela consagração propriamente cultural e pelo poder de concedê-la (e o campo da indústria cultural, sobretudo pela mediação da relação que mantém objetivamente com o campo da produção erudita) — ao sistema das instituições que possuem a atribuição específica de cumprir uma função de consagração ou que, ademais, cumprem tal função assegurando a conservação e a transmissão seletiva dos bens culturais, ou então, trabalhando em favor da reprodução dos produtores dispostos e aptos a produzir um tipo determinado de bens culturais e de consumidores dispostos e aptos a consumi-los. Todas as relações que os agentes de produção, de reprodução e de difusão, podem estabelecer entre eles ou com as instituições específicas (bem como a relação que mantêm com sua própria obra), são mediadas pela estrutura do sistema das relações entre as instâncias com pretensões a exercer uma autoridade propriamente cultural (ainda que em nome de princípios de legitimação diferentes). Destarte, *esta estrutura das relações de força simbólica* exprimem-se, em um dado momento do tempo, por intermédio de uma determinada *hierarquia das áreas, das obras e das competências legítimas*[27]. Tal estrutura inclui, entre outras, as seguintes relações: a) relações objetivas entre os produtores de bens simbólicos, contemporâneos ou de épocas diferentes, cuja produção destina-se sobretudo a um público de produtores ou a um público estranho ao corpo de produtores e, por esta razão, estes produtores são consagrados em bases desiguais por instâncias desigualmente legitimandas ou legitimadoras; b) relações objetivas entre os produtores e as diferentes instâncias de legitimação que consis-

---

(27) Daqui por diante, se falará sempre de hierarquia das legitimidades.

tem em instituições específicas — por exemplo, as academias, os museus, as sociedades eruditas e o sistema de ensino —, capazes de consagrar por suas sanções simbólicas e, em especial, pela cooptação (princípio de todas as manifestações de reconhecimento) [28], um gênero de obras e um tipo de homem cultivado (trata-se de instâncias mais ou menos institucionalizadas, como os cenáculos, os círculos de críticos, salões, grupos e grupelhos mais ou menos reconhecidos ou malditos, reunidos em torno de uma editora, de uma revista, de um jornal literário ou artístico); c) relações objetivas entre estas diferentes instâncias de legitimação definidas, fundamentalmente, tanto em seu funcionamento como em sua função, por sua posição, dominante ou dominada, na estrutura hierárquica do sistema que constituem e, ao mesmo tempo, pela dimensão mais ou menos extensa e pela forma, conservadora ou contestatária, da autoridade (sempre definida em e pela sua interação) que exercem ou aspiram exercer sobre o público dos produtores culturais, árbitro e trunfo da competição pela legitimidade cultural — por definição, indivisível —, e também sobre o "grande público" que manifesta seus veredictos [29].

Assim como, no entender de Weber [30], a estrutura do campo religioso organiza-se em torno da oposição entre o profeta e o sacerdote (além das oposições secundárias entre o profeta, o feiticeiro e o sacerdote), a relação de oposição e de complementariedade que se estabelece entre o campo de produção erudita e o campo das instâncias de conservação e de consagração, constitui certamente um dos princípios fundamentais de estruturação do campo de produção e circulação dos bens simbólicos. O outro princípio deriva da oposição existente no interior do campo de produção propriamente dito, entre o campo de produção erudita e o campo da indústria cultural. Pelo fato de que toda ação pedagógica define-se

(28) Todas as formas de reconhecimento — prêmios, recompensas e honras, eleição para uma academia, uma universidade, um comitê científico, convite para um congresso ou para uma universidade, publicação em uma revista científica ou através de uma editora consagrada, presença em antologias de trechos escolhidos, menções nos trabalhos dos contemporâneos, nas obras de História da arte ou da ciência, citações nas enciclopédias e nos dicionários etc. não passam de formas diversas de cooptação cujo valor depende da posição dos cooptantes na hierarquia da consagração.

(29) "Como a política, a vida da arte consiste em uma luta para ganhar adesões". A analogia sugerida por Schücking (op. cit., p. 197) poderia levar a descobertas interessantes desde que sejam bem definidos tanto o objeto específico desta luta como o campo no interior do qual ela se exerce, isto é, o campo político como sistema de relações entre as frações das classes dominantes e não apenas entre os agentes com profissão "política" (parlamentares, jornalistas políticos etc.).

(30) Ver Apêndice I, Uma interpretação da sociologia da religião de Max Weber.

como um ato de imposição de um arbitrário cultural que se dissimula como tal e que dissimula o arbitrário daquilo que inculca, o sistema de ensino cumpre inevitavelmente uma função de legitimação cultural ao converter em cultura legítima, exclusivamente através do efeito de dissimulação, o arbitrário cultural que uma formação social apresenta pelo mero fato de existir e, de modo mais preciso, ao reproduzir, pela delimitação do que merece ser transmitido e adquirido e do que não merece, a distinção entre as obras legítimas e as ilegítimas e, ao mesmo tempo, entre a maneira legítima e a ilegítima de abordar as obras legítimas. Investido do poder que lhe foi delegado para salvaguardar uma ortodoxia cultural, ou seja, defender a esfera da cultura legítima contra as mensagens concorrentes, cismáticas ou heréticas, produzidas tanto pelo campo de produção erudita como pelo campo da indústria cultural, e capazes de suscitar, junto às diferentes categorias de público que atingem, exigências contestatárias e práticas heterodoxas, o sistema das instâncias de conservação e consagração cultural cumpre, no interior do sistema de produção e circulação dos bens simbólicos, uma função homóloga à da Igreja. Esta última, no entender de Max Weber, deve "fundar e delimitar sistematicamente a nova doutrina vitoriosa ou defender a antiga contra os ataques proféticos, estabelecer o que tem e o que não tem valor sagrado, e inculcar tudo isso na fé dos leigos"[31]. Desta maneira, explica-se perfeitamente por que Sainte-Beuve, e o texto de Auger por ele citado, recorrem à metáfora religiosa para exprimir a lógica estruturalmente determinada da instituição de legitimação por excelência, a Academia Francesa: "A Academia, desde o momento em que passa a se considerar um santuário ortodoxo (e chega a isso com muita facilidade), tem necessidade de contar lá fora com alguma heresia para combater. Nessa época, em 1817, na falta de heresia, uma vez que os românticos não haviam nascido ou não haviam se tornado adultos, o alvo escolhido foram os discípulos e imitadores do Abade Delille (...). [Auger, em 1824] abriu a sessão com um discurso que constituiu uma verdadeira decla-

---

(31) Aqui, homologia estrutural funda-se em uma homologia de função, ou seja, a reprodução de um *habi'us duradouro*, em um caso disposição devota e, em outro, disposição cultivada. Poder-se-ia assim evitar inúmeros erros teóricos provocados pela circulação de conceitos e métodos entre as disciplinas científicas, caso os empréstimos estivessem subordinados ao prévio estabelecimento das homologias funcionais. Por exemplo, a transposição mecânica dos conceitos da lingüística estrutural para a ciência dos fatos simbólicos em sua universalidade (semiologia) e até mesmo para a ciência dos fatos culturais (culturologia) leva a absurdos quando abrange o empréstimo implícito ou inconsciente da teoria lingüística da função do sistema fonológico e quando tende a reduzir todas as funções dos fatos simbólicos e culturais à função de comunicação.

ração de guerra e uma denúncia formal do romantismo: 'Um novo cisma literário, dizia, manifesta-se hoje. Muitos homens educados no respeito religioso pelas antigas doutrinas, consagradas por inúmeras obras-primas, estão inquietos e temerosos com os projetos da seita nascente, e começam a solicitar garantias' (...). O discurso teve grande repercussão, e foi motivo de felicidade e júbilo dos adversários. O espirituoso polemista Henri Beyle (Stendhal), em suas brochuras ousadas, fazia a gozação: 'O senhor Auger disse, eu sou um sectário'. Na sessão do mesmo ano (25 de novembro) em que proferia o discurso de recepção a Soumet, Auger redobrou seus anátemas contra a forma do drama romântico, 'contra esta poética bárbara à qual se pretende dar crédito', dizia ele, poética que rompia com cada item da *ortodoxia literária*. Todas as palavras sacramentais — *ortodoxia, seita, cisma* — eram proferidas, e não se importaria caso a Academia se transformasse em sínodo ou em concílio" [32]. Segundo as tradições históricas próprias a cada formação social, as funções de reprodução e de legitimação podem estar concentradas em uma única instituição, como no caso da Academia Real de Pintura no século XVIII [33], ou então, divididas entre instituições diferentes — como o sistema de ensino, as Academias, as instâncias oficiais ou semi-oficiais de difusão (museus, teatros, óperas, salas de concerto etc.). Pode-se ainda acrescentar certas instâncias cujo âmbito de reconhecimento é menor (embora possam exprimir de modo mais direto as reivindicações dos produtores culturais) como as sociedades eruditas, os cenáculos, as revistas, as galerias, tanto mais inclinadas a rejeitar os veredictos das instâncias canônicas quanto maior e mais sólida a autonomia do campo intelectual.

Por maiores que possam ser as variações da estrutura das relações entre as instâncias de conservação e consagração, a duração do "processo de canonização" (montado por estas instâncias antes de concederem sua consagração) de-

---

(32) Sainte-Beuve, "L'Académie Française". In *Paris-Guide, par les principaux écrivains et artistes de la France*. Paris, 1867, T. I, pp. 96-97.

(33) No tempo de Le Brun, acumulando ao mesmo tempo o monopólio da consagração dos criadores, da transmissão das obras e das tradições consagradas, e também da produção e do controle da produção, a Academia detinha "uma suprema ia soberana e universal no âmbito da arte. Para ele, [Le Brun], tudo se limitava a dois pontos: proibição de ensinar em qualquer outro lugar que não fosse a Academia; proibição de praticar sem pertencer à Academia". Destarte, "esta companhia soberana (...) manteve durante um quarto de século o privilégio exclusivo de fazer todos os trabalhos de pintura e de escultura encomendados pelo Estado, além de dirigir sozinha, em todo o Reino, o ensino do desenho: em Paris, em suas próprias escolas e, fora de Paris, nas Escolas subordinadas, sucursais fundadas pela própria Academia, dirigidas e submetidas a seu controle. Nunca houve um tal sistema de unidade e de concentração na produção do belo" (Ver L. Vitet. *L'Académie Royale de peinture et de sculpture, Étude historique*. Paris, 1861, p. 134 e p. 176).

pende diretamente da medida em que sua autoridade é reconhecida e capaz de impor-se de maneira duradoura. A lei da concorrência pela consagração que exige e confere o poder de consagrar, condena a uma situação de urgência eterna as instâncias de consagração cujo âmbito é mais limitado. Por exemplo, no caso dos críticos de vanguarda, obsedados pelo temor de comprometer sua autoridade de descobridores ao falharem em uma descoberta, e forçados a tomar parte nas trocas de certificados pelo carisma que fazem deles porta-vozes, teóricos, publicitários e empresários dos artistas e de sua arte. Por exemplo, as Academias (e os salões no século XIX) ou o corpo dos conservadores de museu — instâncias de legitimação que aspiram ao monopólio da consagração dos produtores contemporâneos — vêem-se obrigados a combinar a tradição e a inovação moderada, na medida em que sua jurisprudência cultural se exerce sobre produtores contemporâneos [34]. Quanto ao sistema de ensino que aspira ao monopólio da consagração das obras do passado, da produção e consagração (pelo diploma) dos consumidores culturais mais adequados, somente *post mortem* e após uma longa série de provas e experiências pode conceder o signo infalível de consagração que consiste na conversão das obras em "clássicos" pela inserção nos programas [35].

Dentre as características do sistema de ensino capazes de afetar a estrutura de suas relações com as demais instâncias constitutivas do sistema de produção e circulação de bens simbólicos, a mais importante — e quase sempre a mais atacada tanto pelas grandes profecias culturais como pelas

(34) Até 1874, data da primeira exposição independente, o Salão detém o monopólio da consagração no campo da pintura e em outros, a despeito da multiplicação das exposições independentes: "Manet, a exemplo de uma parte do público burguês, só consegue conceber a consagração de um artista após a prova do Salão" (Ver J. Lethève. *Op. cit.*, p. 60).

(35) Em conseqüência, é em oposição à Universidade que Renan define o que lhe parece ser a função própria da Academia: "Nesses últimos tempos, com os pretextos da moral e da seriedade, a Academia pendeu demais para os lados da Universidade; é preciso, mas também nem tanto, que a Universidade se faça presente na Academia. O traço próprio da Academia é combinar e reunir tradição e inovação. A Universidade constitui propriamente a guardiã da tradição: ela ensina. Em seu círculo superior, a Academia não ensina: não é uma escola, é o mais literário dos salões. A Academia é e deve continuar sendo uma pessoa do mundo. Ela conhece o passado, está atenta ao presente. Ela não se aventura jamais nem se apressa além das medidas; mas ela recolhe no devido tempo, no âmbito da criação e até mesmo da fantasia poética, na literatura de imaginação e de entretenimento, o que a opinião pública lhe designa de antemão e lhe indica. Para tanto, ela joga com uma certa maturidade, embora ceda antes que possa parecer que está resistindo. Sua justiça reveste-se de polidez e boa vontade" (Ver E. Renan. *Loc. cit.*, p. 108). Talvez seja preciso considerar como algo mais do que uma mera esquisitice burocrática a proibição constante do regulamento, na França, que impede a inscrição de um tema de tese de doutoramento consagrada a um autor antes de sua morte. Por outro lado, segundo o procedimento descrito por Benedito XIV no *De beatificatione servorum Dei et canonisatione beatorum*, o pedido de canonização só pode ser apresentado cinqüenta anos após a morte da pessoa que a veneração pública designa como santa.

pequenas heresias — é sem dúvida o ritmo de evolução extremamente lento, paralelo a uma inércia estrutural muito forte, que caracteriza esta instituição de conservação cultural. Toda a lógica do funcionamento de um sistema que detém o monopólio de sua própria reprodução, obriga-o a assumir até o limite a tendência para a conservação resultante de sua função de conservação cultural. Reforçando por sua própria inércia os efeitos da lógica característica do processo de canonização, o sistema de ensino contribui para manter a defasagem entre a cultura produzida pelo campo intelectual e a cultura escolar, "banalizada" e racionalizada pelas e para as necessidades da inculcação, isto é, entre os esquemas de percepção e de apreciação exigidos pelos novos produtos culturais e os esquemas efetivamente manejados a cada momento pelo "público cultivado". Não seria possível compreender inteiramente as características próprias à cultura erudita sem levar em conta os diferentes tratamentos a ela impostos pelo sistema de ensino, instrumento indispensável de sua reprodução e, ao menos de modo indireto, ou seja, por intermédio da contribuição que traz à reprodução dos produtores e à sua ampliação. Dentre estes tratamentos, a semi-sistematização e a semiteorização que o sistema de ensino impõe aos conteúdos inculcados para as necessidades da inculcação, passam muitas vezes mais despercebidos do que os efeitos daí decorrentes, como por exemplo a "banalização" [36] e a "neutralização" correlata das significações transmitidas. A história das transformações de um pensamento ou de uma arte erudita depende inteiramente da história das transformações do modo de inculcação correspondente e dos diferentes tipos de modificação ou alteração exigidos por cada um dos sucessivos modos [37]. Destarte, inúmeras características do pensamento grego da idade clássica permanecem ininteligíveis

---

(36) O neologismo "banalização" não traduz exatamente (a não ser pelo próprio jogo de palavras) os dois aspectos do conceito weberiano de *Veraltaeglichung* ("cotidianização"), a menos que seja entendido num duplo sentido: "processo que consiste em tornar banal, cotidiano, ordinário" (em oposição a extraordinário ou extracotidiano — *Ausseralltaeglichkeit* —) e no sentido de "efeito exercido pelo processo que consiste em tornar banal, cotidiano, ordinário".

(37) A título de exemplo extremo, basta indicar a oposição entre *o modo de transmissão oral e o modo de transmissão escrita*: enquanto que o ensino por simples familiarização (o ensino do bardo ou do *guslar* da Sérvia tal como é descrito por Lord) favorece um tipo de mudança fundada na introdução contínua de *variantes* na própria obra, o ensino explícito possibilitado pela transmissão escrita autoriza a produção de *variações* letradas (inspiradas pela busca de refinamento) em torno do *corpus* original, doravante *fixado* e ao mesmo tempo eliminado enquanto tal (Ver A. B. Lord. *The Singer of the Tales*. Cambridge (Mass.). Harward University Press, 1960, *passim*; G. S. Kirk. *The Songs of Homer*, Cambridge University Press, 1962, pp. 56-57; e J. Greenway. *Op. cit.*).

enquanto não forem correlacionadas à substituição de um ensino esotérico voltado para a iniciação — o praticado pelos grandes magos como Pitágoras, Parmênides, Heráclito ou Empédocles, os quais, mesmo quando também produzem um discurso exotérico, dirigem-se sempre em primeiro lugar a um grupo privilegiado de eleitos — por um tipo de ensino como aquele praticado pela primeira geração dos Sofistas e, em especial, por Protágoras que, embora com ambições de alcançar o mesmo grau de sistematicidade e totalidade que distingue os grandes profetas, procuram dirigir-se em sua qualidade de mestres profissionais a um público amplo e socialmente diversificado. Todavia, a ruptura mais radical corresponde ao ensino praticado pela segunda geração dos Sofistas cuja temática e cuja problemática são cada vez mais diretamente comandadas pela situação pedagógica em que são produzidas. O fato de não haver qualquer problema colocado pelos Sofistas fora do âmbito determinado por uma questão pedagógica (tomemos, por exemplo, o *Ménon*, reflexão a respeito da passagem de um modo de inculcação tradicional a um modo de inculcação explícito), explica-se pela situação de concorrência em que se encontram (é por este motivo que Protágoras critica o currículo proposto por outros sofistas — *Protágoras*, 318 —). Nestas condições, estes pequenos empresários pedagógicos tentam instaurar uma relação pedagógica sem dispor da autoridade delegada por uma instituição, e esforçam-se por tornar explícitos tanto os princípios das práticas que visam transmitir (os primeiros manuais de gramática, de retórica e de estilística) como os princípios da ação pedagógica montada para a transmissão destes princípios. O verdadeiro fascínio que esta história semi-reflexiva sempre exerceu junto aos profissionais da reflexão, e o fato de que tudo que podemos pensar acerca deste pensamento pareça ter sido objeto deste pensamento — assim, a transformação dos objetos de pensamento, mito, linguagem, cultura, parece ter como motor uma transformação pensada do pensamento acerca destes objetos — explicam-se, em ampla medida, pelo fato de que a reflexão indispensável à explicitação dos princípios exigida pelo êxito de sua transmissão acompanha sempre tal pensamento. É claro, é preciso não esquecer que mesmo em um caso tão excepcional como o século V em Atenas — onde o sistema de instâncias pedagógicas ainda não se encontra moldado como instituição de reprodução cultural, fadada à "banalização" dos conteúdos transmitidos, funcionando sobretudo como um campo de instâncias em concorrência pelo poder de violência simbólica —, a explicitação levada a cabo pelo sistema de ensino não constitui um fim em si própria e permanece subordinada a funções pedagógicas (ou seja, *práticas*). Destarte, o trabalho do professor de gramática ou do comentarista letrado dos mitos, distingue-se radicalmente do esforço de axiomatização de que são produtos a linguística estrutural ou a ciência estrutural dos mitos — mesmo que delas se aproxime a ponto de justificar a ilusão retrospectiva (e generosa) de uma leitura como a que faz Chomsky — assim como a "racionalização" da mensagem profética realizada pelo corpo de sacerdotes com fins pedagógicos (prédica) ou apologéticos distingue-se da ciência das religiões. Neste sentido, a racionalização que a explicitação dos esquemas de expressão ou de pensamento inconscientes favorece, deve seus limites ao fato de que ela constitui uma das condições do êxito da ação de inculcação destes esquemas, vale dizer, de modo paradoxal, de seu retorno ao estado inconsciente, ou melhor, ao estado prático. Com efeito, uma das características próprias da ação pedagógica institucionalizada (enquanto inculcação explícita de modelos explícitos) reside no poder de comandar a prática tanto ao nível inconsciente — através dos esquemas constitutivos do *habitus* cultivado — como ao nível consciente, através da obediência a modelos explícitos. Desta maneira, as homologias que Louis Marin descobre entre a estrutura da composição e o conteúdo expresso no *Souper d'Emmaüs* de Philippe de Champaigne sugerem que o mesmo modelo (cuja teoria com fins pedagógicos é fornecida pela *Logique de Port-Royal*) pode, concomitantemente, atualizar-se de maneira inconsciente através do modo de representação característico de uma obra particular e exprimir-se na temática da mesma obra segundo a modalidade da alegoria explícita [38]. Em suma, é preciso tomar cuidado para não identificar a sistematização e a explicitação dos princípios (quando praticadas pelo sistema de ensino) com as mesmas tarefas quando exercidas sobre a cultura herdada por um campo ou um subcampo de produção que disponha de um grau elevado de autonomia. Em conseqüência, as condições institucionais em que se realiza esta ação "banalizante" (e necessariamente "banalizada" para e pela "banalidade" de seu exercício) e as funções (via de regra, diretamente práticas) a que ela serve, fazem com que tal ação tenha maiores chances de contribuir na decodificação retrospectiva de esquemas de invenção em desuso (processo que define todo e qualquer academicismo)

(38) Ver L. Marin. "Signe et représentation: Philippe de Champaigne et Port-Royal". In *Annales*, 25 (1), 1970, pp. 1-29.

do que na renovação radical destes esquemas determinada
pelas revoluções da axiomática intelectual.

A defasagem temporal entre a produção intelectual e
artística e a consagração escolar — ou então, como
se costuma dizer, entre "a escola e a arte viva" —
não constitui o único princípio da oposição entre o
campo de produção erudita e o sistema de instâncias
incumbidas de difundir, conservar e consagrar um tipo
determinado de bens culturais e, ao mesmo tempo, de
produzir incessantemente novos produtores e novos consumidores
dotados de uma disposição duradoura para que
possam apropriar-se simbolicamente destes bens. Na medida
em que o campo de produção erudita amplia sua autonomia,
os produtores tendem a conceberem-se a si próprios como
intelectuais ou artistas de direito divino, tornam-se "criadores"
"reivindicando autoridade devido a seu carisma", tal
como os profetas, ou seja, como *auctores* com pretensões a
impor na esfera cultural uma *auctoritas* cujo princípio exclusivo
de legitimação é ela mesma (ou então, o que é a mesma
coisa em outros termos, reconhecem exclusivamente a autoridade
do grupo de pares, reduzido quase sempre, inclusive nas
atividades científicas, a uma igrejinha ou a uma seita). Destarte,
mostram-se resistentes e reticentes até reconhecerem a
autoridade institucional que o sistema de ensino (enquanto
instância de consagração) opõe às suas pretensões concorrentes.
Demais, tais resistências são ainda maiores quando
percebem os professores como uma espécie de *lectores* que
comentam e expõem as obras produzidas por outros (como
dizia Gilbert de la Porrée) e cuja produção própria, mesmo
quando não se destina diretamente ao ensino ou não resulta
dele diretamente, deriva inúmeras de suas características da
prática profissional de seus autores e da posição que ocupam
no sistema de produção e circulação de bens culturais [39]. Defrontamo-nos,
neste ponto, com o princípio da relação ambivalente
que os produtores mantêm com a autoridade escolar:
se a denúncia da rotina professoral é consubstancial à ambi-

---

(39) A oposição entre *lectores* e *auctores* (homóloga da oposição entre
os sacerdotes e o profeta de origem) se faz presente também em outros campos.
Por exemplo os limites que a crítica musical impõe à liberdade do executante,
são muito semelhantes aos que toda burocracia da manipulação simbólica tende
a impor implícita ou explicitamente a seus membros, servidores do carisma que
devem renunciar à tentação do carisma: "Tanto um como o outro são excelentes
virtuoses cuja habilidade está *a serviço dos mestres* e procuram a musicalidade,
a qualidade do som, a medida justa, *não para que eles mesmos brilhem
mas para iluminar com a melhor luz as obras-primas que lhes são confiadas*".
"O Sr. Tacchino não é, graças a Deus, um daqueles que só procuram *brilhar
eles mesmos* excedendo-se na virtuosidade acrobática proposta aos solistas (...).
Concede a proporção justa à habilidade fazendo com que ela se curve sem
complacência *a serviço da obra em seu justo valor expressivo*" (Ver R. Dumézil.
Le Monde).

ção profética a ponto de constituir, diversas vezes, o atestado de qualificação carismática, não obstante, os produtores não podem deixar de estar atentos aos veredictos — passíveis de revogação e revisão — da instituição universitária pois não podem ignorar que ela terá a última palavra e que a consagração final lhes será concedida, em última instância, por uma autoridade cuja legitimidade contestam tanto através de sua prática como de sua ideologia profissional, sem que com isso consigam escapar a seu campo de aplicação. Tanto assim que inúmeras agressões contra a instância universitária constituem o melhor testemunho de que seus autores reconhecem a tal ponto a legitimidade de seus veredictos que lhe reprovam por não lhes ter concedido seu reconhecimento.

A relação que se instaura objetivamente entre o campo de produção e o sistema de ensino, operando enquanto instância de reprodução e consagração, encontra-se, ao mesmo tempo, reforçada a partir de um determinado ângulo, e encoberta de outro ângulo, pela ação dos mecanismos sociais que tendem a assegurar uma espécie de harmonia preestabelecida entre os postos e os ocupantes (eliminação e auto-eliminação, pré-formação e pré-orientação familiares, cooptação de classe ou de frações de classe etc.). Tais mecanismos orientam para a segurança obscura das carreiras de burocrata intelectual ou na direção das vias prestigiosas dos empreendimentos intelectuais ou artísticos independentes de certas categorias de pessoal bem distintas, cujo passado escolar e cuja origem social — sobretudo pequenos burgueses no primeiro caso e burgueses no segundo — acabam por predispô-los a mobilizar em sua atividade ambições muito divergentes e de antemão ajustadas aos postos oferecidos, dando origem, por exemplo, à modéstia laboriosa do *lector* ou à invenção "criadora" do *auctor* [40].

(40) Observa-se a mesma oposição sistemática em campos muito diferentes da atividade intelectual e artística, como por exemplo entre os pesquisadores e os docentes, entre os escritores e os professores de ensino superior e, sobretudo, entre os pintores, os músicos e os professores de desenho e de música. Neste último caso (os demais serão analisados em outros trabalhos), o gráfico anexo mostra que as distribuições segundo a origem social da população de duas escolas que preparam para a carreira docente (Liceu Claude Bernard e Liceu La Fontaine) apresentam estruturas muito semelhantes (com uma forte presença das classes médias) e que elas se opõem de maneira também muito semelhante à Escola de Belas-Artes e ao Conservatório Nacional de Música que dão acesso a carreiras artísticas (ainda que uma parte dos antigos alunos destas instituições acabe sendo relegada à carreira docente), tendo em comum o fato de que acolhem uma parcela muito mais importante de alunos originários das classes superiores (deste ângulo, a distância entre a Escola de Belas-Artes — com uma taxa análoga à da Escola Nacional de Administração — e o Conservatório, deve-se à presença nesta última instituição dos futuros cantores e instrumentistas de sopro, cuja origem social é mais baixa do que a de seus colegas das turmas de instrumento ou de composição). De outro lado, pode-se observar que a taxa de filhos de docentes é incomparavelmente mais elevada nas escolas que preparam para a carreira docente do que nas escolas que dão acesso a carreiras artísticas (a saber, 24,9% no Claude Bernard e 24,8% no La Fontaine, 6,4% na Escola de Belas-Artes e 13,2% no Conservatório), e inclusive mais elevada do que nas Faculdades de Letras e de

Cl. Sup. = Classes Superiores
Cl. Méd. = Classes Médias
Cl. Pop. = Classes Populares

Claude Bernard

Cl. Sup.
Cl. Méd.
Cl. Pop.

0 5 10 15 20 25 30 35 40 45 50 55 60 65 70

Belas-Artes

Cl. Sup.
Cl. Méd.
Cl. Pop.

0 5 10 15 20 25 30 35 40 45 50 55 60 65 70

Conservatório

Cl. Sup.
Cl. Méd.
Cl. Pop.

0 5 10 15 20 25 30 35 40 45 50 55 60 65 70

La Fontaine

Cl. Sup.
Cl. Méd.
Cl. Pop.

0 5 10 15 20 25 30 35 40 45 50 55 60 65 70

Origem social dos alunos

Antes de estabelecer a oposição simplista entre os servidores pequenos burgueses da instituição e os boêmios da alta burguesia, é preciso salientar o seguinte: de um lado, os intelectuais em sentido lato (quer como empresários livres quer como assalariados do Estado) e os artistas partilham a característica de ocuparem uma posição dominada no campo do poder (mesmo quando se opõem de maneira relativa, como no caso da "República dos professores"); de outro lado, as audácias contestatárias do *auctor* encontram seu limite último nas disposições éticas e políticas herdadas de uma primeira educação burguesa, ao passo que os pequenos burgueses (inclinados a trazer para a escola — para eles liberadora — disposições reformistas ou revolucionárias) encontram-se submetidos de modo mais direto à tutela direta ou indireta do Estado, capaz de orientar as práticas e a produção intelectual através de subvenções, missões, promoções, postos honoríficos e condecorações (uma série de prebendas conferidas à palavra ou ao silêncio, ao compromisso ou à abstenção). Assim, os pequenos burgueses encontram-se intimamente inseridos na rede de relações de dependência/independência que vinculam o sistema de ensino às classes dominantes, determinando seu funcionamento e, por seu intermédio, a parte mais inconsciente da prática de seus funcionários. Nestas condições, somente a análise da forma particular que assumem as relações que essas duas categorias de agentes mantêm, nos diferentes momentos da história e em função dos sistemas de disposições ligados a seu recrutamento social e escolar, com as relações que unem objetivamente ao campo do poder os dois subcampos separados por sua função na divisão do trabalho simbólico, poderia levar ao princípio das diferenças ou das coincidências entre suas ideologias, bem como das contradanças políticas aparentemente mais paradoxais [41]. Nem é preciso levar mais longe a análise para cons-

---

Ciências (ou seja, por volta de 10%), ao passo que a parcela dos filhos de artistas — nula nas escolas de ensino — atinge 4,3 na Escola de Belas-Artes e 7,0 no Conservatório (Ver Apêndice II desta coletânea).

(41) Por conseguinte, a estrutura do campo de produção e de circulação de bens simbólicos e, ao mesmo tempo, o estilo da vida intelectual e das produções culturais, dependem amplamente das possibilidades objetivamente oferecidas (ainda que ao preço dos descaminhos da "vida boêmia") aos empreendimentos intelectuais ou artísticos independentes e, ao mesmo tempo, do volume relativo da população dos produtores independentes e da população dos funcionários ou dos assalariados da instituição escolar e do grau em que os diferentes campos da produção cultural são monopolizados por uma ou outra categoria. Quando se correlaciona diretamente, como muitas vezes se costuma fazer (Ver, por exemplo, J. P. Sartre. *Qu'est-ce que la littérature?*. Paris, N.R.F., Idées, 1948, pp. 207-208), a "densidade social" da vida intelectual na França à "densidade física" do mundo intelectual, isto é, à concentração dos intelectuais no espaço, não se consegue detectar na análise da evolução da estrutura do mercado de emprego (e em particular, do mercado de postos intelectuais e artísticos) — ao qual a centralização confere sua extensão e sua estrutura particulares

tatar o quanto seria perigoso reduzir a relação entre o campo de produção erudita e o sistema de ensino a um mero confronto entre duas autoridades culturais fundadas em princípios de legitimidade diferentes, a saber, a autoridade burocrática da instituição e a autoridade carismática da "pessoa".

Não é por acaso que a heteronomia do campo de produção erudita, e portanto as funções externas de seus produtos manifestam-se claramente através dos veredictos das instituições de legitimação melhor aparelhadas para aparecer como se fossem fundadas em um princípio de legitimidade propriamente cultural (em oposição às ingerências de um poder econômico, político ou religioso). Não seria difícil mostrar que as propriedades que as diferentes instâncias de legitimação derivam de sua posição no sistema que constituem e, em plano secundário, no sistema de produção e de circulação de bens simbólicos, traduzem a especificação, na lógica relativamente autônoma de seu funcionamento, das propriedades que decorrem de sua relação com os grupos ou as classes que lhes delegam sua autoridade. Assim, inúmeras características da Academia Francesa derivam do fato de que ela delega com mais facilidade a função de conservação cultural (de que foi investida) aos produtores mais inclinados e mais aptos a responder à demanda das frações dominantes das classes dominantes, tendendo a consagrar muito mais os autores e as obras que este setor do público lhe aponta do que aqueles consagrados pelas instâncias próprias ao campo de produção erudita. Do mesmo modo, ao fim de um processo de canonização bem montado para produzir por si mesmo um efeito de neutralização e de desrealização, quando a instituição escolar sujeita as obras consagradas ao tratamento que Max Weber chamava "banalização" (e Lênin, por uma coincidência sugestiva, chamava "canonização") — uma vez que toda ação pedagógica tende inevitavelmente a impor, por meio de seu próprio caráter cotidiano, tal tratamento às mensagens mais "extracotidianas" — ela está ainda cumprindo, como que por acréscimo, funções da maior importância para as classes sociais das quais obtém sua delegação. Amortecendo para e pela repetição didática as mensagens mais car-

—, as condições favoráveis ao surgimento e ao desenvolvimento de um corpo importante de produtores independentes de bens intelectuais e artísticos. Embora tal análise seja extremamente difícil devido às variações no curso do tempo das categorias usadas nos recenseamentos para o levantamento e a classificação das profissões, não obstante pode-se afirmar que uma história estrutural das relações morfológicas e econômicas entre as diferentes frações das classes dirigentes desde meados do século XIX, ou então, atendo-se ao que é possível fazer por enquanto, uma análise da evolução do volume relativo das profissões superiores no curso do tempo traria uma contribuição decisiva para a sociologia das produções simbólicas e, também, para a sociologia do poder.

regadas de violência simbólica, a instituição escolar torna-as disponíveis para as violências autodestrutivas do discurso escolar fadado à irrealidade pela própria lógica da instituição, ou para as reconciliações póstumas do ecletismo acadêmico que contribui para assegurar o consenso cultural das diferentes frações das classes dominantes sublimando pela ritualização seus conflitos atuais ou passados [42]. Assim como a Igreja pode neutralizar a acusação de ritualismo pela prédica ritual da denúncia evangélica do ritualismo, também a filosofia escolar pode encontrar na evocação retórica da denúncia socrática do ritual retórico a melhor maneira de amortecer tal denúncia e, ao mesmo tempo, dar aos de fora e a si própria a ilusão de ultrapassar os limites da filosofia escolar.

Em plano mais profundo, basta levar em conta a função de legitimação das diferenças sociais cumprida pelas diferenças culturais e, em particular, as diferenças que o sistema de ensino reproduz e sanciona, a fim de perceber a contribuição que as instâncias de conservação cultural trazem à conservação social, em sua qualidade de depositárias e guardiãs da legitimidade cultural. Dentre os efeitos ideológicos produzidos pelo sistema de ensino, um dos mais paradoxais e mais determinantes reside no fato de que ele consegue obter dos que lhe são confiados (isto é, sob um regime de escolaridade obrigatória, *todos* os indivíduos) o reconhecimento da lei cultural objetivamente implicada no desconhecimento do arbitrário desta lei. Não obstante, tal reconhecimento não envolve de modo algum um ato de consciência fundado no conhecimento da lei reconhecida, e muito menos uma adesão eletiva (nos termos do paradigma weberiano do ladrão que, por reconhecer a legitimidade da lei, esconde-se para roubar). Assim como, segundo Hegel, a ignorância da lei não constitui uma circunstância atenuante diante de um tribunal, "a ninguém é permitido ignorar a lei cultural", nem mesmo aqueles que só vão descobri-la diante do tribunal das situações sociais capazes de impor-lhes o sentimento de sua indignidade cultural. Pelo fato de estar sempre objetivamente em vigor, ao menos nas relações entre classes diferentes, esta lei impõe-se por sanções, desde as sanções mais brutalmente materiais — como aquelas a que estão sujeitos os indivíduos mais desprovidos de capital cultural nos mercados de trabalho ou das trocas matrimoniais — até as sanções mais sutilmente

---

(42) A filosofia oficial de Victor Cousin, ainda vigente nos programas e tradições escolares, representa a forma típico-ideal de todas as tentativas para reconciliar no idealismo do Verdadeiro, do Belo e do Bem, as ideologias e os interesses divergentes das diferentes frações da burguesia (ver A. Cassagne. *La théorie de l'art pour l'art en France*. Paris, Hachette, 1906, pp. 38-44).

simbólicas, como por exemplo o ridículo atribuído às "maneiras" contrárias às normas indefiníveis que definem a excelência em uma formação social determinada. O sentimento de estar excluído da cultura legítima é a expressão mais sutil da dependência e da vassalagem pois implica na impossibilidade de excluir o que exclui, única maneira de excluir a exclusão. Qualquer contato reflexivo com o consumo cultural (em especial, o contato provocado pela pesquisa) coincide com a descoberta de sua ilegitimidade e, impossibilitados de opor uma contralegitimidade isenta do reconhecimento da legitimidade recusada, os membros das classes desprovidas da cultura legítima concebem a si mesmos como heréticos e não como cismáticos. O reconhecimento implícito da legitimidade cultural transparece sobretudo através de dois tipos de conduta aparentemente opostas: a distância respeitosa dos consumos mais legítimos (um bom testemunho nos é dado pela atitude dos visitantes das classes populares nos museus) e a negação envergonhada das práticas heterodoxas. Por exemplo, quando interrogados a respeito de seus gostos em música, a maioria dos operários situa-se espontaneamente no campo da "grande música" e, com isso, declaram de modo implícito que seu consumo de canções não merece ser mencionado [43]. À medida que nos aproximamos das classes médias, os indivíduos procuram citar dentre seu consumo e seus conhecimentos os que lhes parecem mais ajustados à definição legítima da música (citações de Wal-Berg, Franck Purcell, as *Valsas Vienenses*, o *Bolero* de Ravel ou os grandes nomes próprios, como Chopin ou Beethoven). Também em matéria de pintura onde o conhecimento dos nomes de grandes pintores excede amplamente o conhecimento das obras, os indivíduos chegam a enumerar quatro ou cinco nomes de grandes mestres, sem que jamais tenham entrado em um museu. Embora possa ser inteiramente desmentido pela prática, o reconhecimento das obras e do consumo legítimo acaba sempre por exprimir-se de algum modo — pelo menos na relação entre entrevistador e entrevistado, onde o primeiro aparece investido, em virtude do caráter dessimétrico que marca a situação de entrevista e de sua posição social, de uma autoridade que favorece a imposição de legitimidade —,

---

(43) A mesma rejeição das práticas e das preferências reais revela-se amiúde através da desvalorização do rádio e da televisão, podendo expressar-se por meio de duas linguagens aparentemente opostas: de um lado, pretende-se ver nesses veículos meros passatempos, ou então, pede-se-lhes para serem o que são, para não "atordoar". Todavia, pode-se também invocar o caráter "instrutivo" da televisão para justificar o interesse de que é objeto (embora, neste caso, constate-se quase sempre haver um consumo de programas que não se ajustam a tal definição).

seja sob a forma de uma simples profissão de fé ("gosto bastante"), seja através de uma declaração de boa vontade ("gostaria de conhecer") ou de uma declaração de indiferença ("isto não me interessa"). Esta última modalidade (a despeito das aparências) não deve ser confundida com uma recusa terminante, estando quase sempre tingida pelo sentimento de que a falta de interesse não se encontra no objeto, mas no sujeito. A recusa pode assumir também o caráter de uma depreciação brutal da cultura dominante que coincide ou alterna com o sentimento da indignidade cultural, e a melhor prova disso é sua própria agressividade [44]. No que diz respeito à autoridade das instâncias de consagração, em especial à autoridade da instituição escolar (da qual podemos fazer uma idéia a partir da situação de entrevista acerca das práticas culturais na medida em que evoca a situação de exame), é tanto menos passível de discussão quanto mais distante da conformidade às normas que a garantem e impõem, o que se pode verificar através das variações segundo a classe social de opiniões a respeito dessas instâncias de consagração situadas nas fronteiras do campo de produção erudita, a saber, os prêmios literários [45].

Embora a propensão e a aptidão para formular juízos sobre os prêmios literários sofram variações de acordo com a prática da leitura e da informação a respeito desses prêmios, boa parte dos indivíduos que não possuem nenhuma prática de leitura (e portanto, muito menos de leitura dos livros premiados) e nenhum conhecimento a respeito dos prêmios literários, declaram não obstante sua opinião sobre eles (desvios entre as colunas I, II, III e as colunas IVa e Va) e,

(44) Não é por acaso que Picasso, ou melhor, "o Picasso", conceito genérico englobando todas as formas de arte moderna e, em particular, o que dela se conhece (ou seja, um certo estilo de decoração), pode muitas vezes ser o único a suscitar uma recusa absoluta. Além do fato de que a deformação sistemática do objeto representado e, sobretudo da figura humana, contradiz os valores éticos que fundam todos os juízos "estéticos", sabe-se de modo um tanto confuso que a arte moderna não está investida de uma legitimidade tão indiscutível como a arte de Rafael ou de Poussin. Assim sendo, abolindo-se a preocupação com a ortodoxia, os sentimentos primeiros podem vir à tona mais livremente.

(45) Uma vez que estes dados só assumem seu sentido pleno quando se constrói o sistema completo de suas relações, fez-se um esforço de apresentar em um quadro sinótico o conjunto dos fatos pertinentes captados por uma série de entrevistas a respeito das práticas em matéria de leitura: sobre as aquisições de livros consagrados por um prêmio (I — Já chegou a comprar um livro depois de ele ter obtido um prêmio literário?); sobre as aquisições de livros de literatura geral efetuadas durante o ano (II — Neste ano, comprou livros de literatura geral para adultos, sem falar dos livros escolares, de estudo ou de livros infantis?); sobre o conhecimento dos prêmios literários (III — Anualmente são concedidos prêmios literários a livros. Poderia citar os nomes dos grandes prêmios literários que você conhece, ou pelo menos os mais importantes?); as entrevistas indagavam também acerca das opiniões quanto à integridade dos júris: (IV — "A maneira pela qual são atribuídos os prêmios literários é muitas vezes suspeita"); sobre a qualidade das obras premiadas (V — "Os grandes prêmios recompensam em geral livros muito bons").

	As práticas		Os conhecimentos	Os juízos a respeito dos prêmios			
	I % não-compradores	II %	III % ignoram nomes	IV(a) % não responderam	V(a) % não responderam	IV(b) % não (excluídos NR)	V(b) % sim (excluídos NR)
Agricultores	95	88	65	50	26	44	81
Operários	90	75	59	43	20	46	71
Empresários industriais e grandes comerciantes	82	63	45	39	16	37	64
Empregados, técnicos e dirigentes	74	53	36	28	10	35	56
Prof. liber./técnicos dirigentes de nível superior	29	46	16	18	16	33	64
Primário	94	85	68	51	27	48	78
Secundário	66	67	30	23	8	40	53
Superior	55	21	9	18	5	25	37

Fonte: IFOP (Instituto Francês de Opinião Pública), *Attitudes des Français à l'égard... des prix littéraires*, novembro de 1969.

na maior parte das vezes, manifestam um juízo favorável (ou seja, para a questão V, 54% das pessoas interrogadas e 67% dos que responderam): esta espécie de reconhecimento da legitimidade que se manifesta pelo fato de o agente sentir-se obrigado a fazer um julgamento em matéria de cultura (mesmo na ausência de qualquer prática e informação culturais), torna-se cada ve mais freqüente quando nos aproximamos dos escalões mais baixos da hierarquia social (desvio entre I e Va, passando de 39% para os agricultores e operários, a 29% para os empresários da indústria e do comércio, e a 26% para os empregados e os técnicos de nível médio, até anular-se ao nível dos técnicos de nível superior e dos membros das profissões liberais). Do mesmo modo, a quantidade dos juízos que contêm uma afirmação explícita da legitimidade dos prêmios amplia-se nos escalões mais baixos das profissões e dos níveis de instrução (colunas IVb e Vb), sem que se possam imputar tais variações a um efeito de imposição de legitimidade diretamente exercido pela pergunta colocada (isto porque a pergunta IV, que propõe um juízo negativo varia segundo o mesmo princípio e só recebe menos respostas do que a pergunta V, resultado talvez explicável pelo fato de esta dar a impressão de fazer um apelo nítido à competência e supor um conhecimento específico dos ambientes literários). Os técnicos altamente especializados e os membros das profissões liberais (é claro, em especial a fração mais intelectual entre eles, que parece difícil isolar) constituem as categorias mais numerosas (proporcionalmente) entre aquelas que assumem uma atitude de desdém em relação aos prêmios (talvez porque adotem, de maneira confusa, a atitude reservada da fração intelectual em relação às distinções desvalorizadas por um reconhecimento demasiado amplo), tanto no plano de suas práticas como no das opiniões. Destarte, pode-se interpretar como efeito da lógica da distinção o desvio marcante — índice de uma recusa — entre a taxa de compradores de literatura geral e a taxa de compradores de obras coroadas por prêmios (taxas de 54% e 71% para os técnicos de nível superior e membros das profissões liberais, ou seja, —17%, em lugar de 47% e 26%, isto é, +21% no caso dos empregados e técnicos de nível médio).

Por conseguinte, a lei cultural pode não determinar em nada as práticas, pode apresentar apenas exceções, pode inclusive não ser sentida nem reconhecida, mormente nos casos em que é transgredida, como por exemplo a lei a que obedecem as condutas culturais quando são ou pretendem ser legítimas, ou então, como no caso do código não-escrito que permite, entre outras coisas, julgar e classificar qualquer conduta possível do ponto de vista de sua conformidade a tal código. Todas as antinomias da ideologia dominada na esfera da cultura derivam do fato de que, ao dissimular o arbitrário que constitui seu princípio e quando chega a impor através de suas sanções, o reconhecimento da legitimidade de suas sanções, a lei cultural tende a excluir efetivamente a possibilidade real de uma contestação da lei que consiga escapar à tutela da lei contestada.

AS RELAÇÕES ENTRE O CAMPO DE PRODUÇÃO ERUDITA E O CAMPO DA INDÚSTRIA CULTURAL

Era preciso analisar a posição e a função do sistema de instâncias de consagração no campo de produção e circulação de bens simbólicos e, em particular, as relações que vinculam tal sistema ao campo de produção erudita para poder definir inteiramente a relação que se estabelece entre o campo de produção erudita e o campo da indústria cultural, na medida em que as diferenças ligadas à oposição entre os dois modos de produção encontram-se especificadas pelas que resultam de sua respectiva relação ao sistema de instâncias de consagração. O sistema da indústria cultural — cuja submissão a uma demanda externa se caracteriza, no próprio interior do campo de produção, pela posição subordinada dos produtores culturais em relação aos detentores dos instrumentos de produção e difusão — obedece, fundamentalmente, aos imperativos da concorrência pela conquista do mercado, ao passo que a estrutura de seu produto decorre das condições econômicas e sociais de sua produção [46]. Diversamente das obras de arte do passado — cuja tendência era exprimir os valores e a visão do mundo de uma categoria particular de clientes, ou seja, de uma classe ou de uma fração de classe bem definida —, *a arte média* em sua forma típico-ideal destina-se a um público muitas vezes qualificado de "médio" (espectador, ouvinte ou francês "médio") e mesmo quando não se dirige especificamente a uma categoria determinada de não-produtores, está em condições de atingir um público socialmente heterogêneo, quer de maneira imediata, quer mediante uma certa defasagem temporal (é o caso do teatro burguês da *belle époque* hoje amplamente difundido pela televisão). É lícito falar de cultura média ou arte média para designar os produtos do sistema da indústria cultural pelo fato de que estas obras produzidas para seu público encontram-se inteiramente definidas por ele. Embora ambígua e imprecisa, a definição espontânea do "público médio" ou do "espectador médio" designa de modo bastante realista (tal cultura encontra-se submetida às sanções do mercado) o campo de ação potencial demarcado *explicitamente* pelos

(46) Onde o discurso comum e semi-erudito enxerga uma mensagem homogênea capaz de produzir um público homogeneizado ("massificação"), é preciso ver uma mensagem indiferenciada produzida *para* um público socialmente indiferenciado, e que se funda em uma autocensura metódica que leva à abolição de todos os signos e de todos os fatores de diferenciação. Às mensagens mais amorfas, como por exemplo os jornais diários e os semanários de grande tiragem, correspondem públicos mais amorfos socialmente: deste modo, *France-Soir* tem um público cuja estrutura segundo a categoria socioprofissional é quase que exatamente idêntica à estrutura da população parisiense (isto significa que a leitura deste jornal não traz nenhuma informação a respeito do leitor). O mesmo acontece com uma revista semanal como *Paris-Match*, embora os operários e os agricultores se encontrem ligeiramente sub-representados em seu público, enquanto que os setores médios e superiores aparecem ligeiramente sobre-representados. Os órgãos de vulgarização atingem um público em que as camadas superiores da classe operária (contramestres) e os setores médios encontram-se melhor representados.

produtores deste tipo de arte e cultura, campo que comanda suas escolhas técnicas e estéticas. Um bom exemplo do que estamos falando é a seguinte declaração de um escritor de roteiros de folhetins, autor de uns vinte romances, consagrados pelo prêmio Interallié e pelo Grande Prêmio da Academia francesa na categoria romance: "Minha única ambição é a de *ser lido com facilidade pelo maior público possível*. Eu nunca almejo a 'obra-prima' e *não escrevo para intelectuais*. Deixo esta tarefa para outros. Para mim, um bom livro é aquele que nos cativa ao fim de três páginas" [47]. Logo, as características mais específicas da arte média — o recurso a procedimentos técnicos e a efeitos estéticos imediatamente acessíveis, a exclusão sistemática de todos os temas capazes de provocar controvérsia ou chocar alguma fração do público em favor de personagens e símbolos otimistas e estereotipados, "lugares-comuns" que possibilitam a projeção das mais diferentes categorias do público —, resultam das condições sociais que presidem à produção desta espécie de bem simbólico. Com efeito, tal arte resulta da conjunção de vários processos: a) de um lado, constitui o produto de um sistema de produção dominado pela procura da rentabilidade dos investimentos e, em conseqüência, da extensão máxima do público, o que não lhe permite contentar-se com a intensificação do consumo de uma determinada classe social, vendo-se, assim, obrigado a orientar-se no sentido do crescimento da dispersão da composição social e cultural deste público, ou seja, para a produção de bens que, mesmo quando se dirigem a uma fração particular do público (isto é, uma dada *categoria estatística*, como os jovens, as mulheres, os aficionados de futebol, os colecionadores de selos etc.), devem representar uma espécie de maior denominador social possível [48]; b) de outro, constitui o resultado de transações e compromissos entre as diferentes categorias de agentes envolvidos em um campo de produção técnica e socialmente diferenciada. Tais transações não envolvem apenas os detentores dos meios de produção e os produtores culturais — que se encontram, de maneira mais ou menos rigorosa, presos ao papel de puros técnicos encarregados de executar uma encomenda externa e mais ou menos dispostos e aptos a afirmar os direitos de sua

(47) *Télé-Sept Jours*, nº 547, outubro de 1970, p. 45.
(48) Neste particular, a estratégia dos produtores da arte média opõe-se radicalmente à estratégia espontânea das instâncias de difusão da arte erudita que (como se pode constatar no caso dos museus) visam intensificar a prática das classes onde se recrutam os consumidores ao invés de atrair novas classes (Ver P. Bourdieu e A. Darbel. *Op. cit.*, 2ª ed., Paris, Éditions de Minuit, 1969, p. 137 e ss.).

competência específica —, mas também as diferentes categorias dos próprios produtores, levados a lançar mão do poder que lhes confere sua competência específica em estratégias visando assegurar interesses materiais e simbólicos muito divergentes e, ao mesmo tempo, reativar pela evocação do "espectador médio" a tendência para a autocensura engendrada pelas vastas organizações industriais e burocráticas.

Em todas as esferas da vida artística, constata-se a mesma oposição entre os dois modos de produção, separados tanto pela natureza das obras produzidas, pelas ideologias políticas e teorias estéticas que as exprimem, como pela composição social dos diversos públicos aos quais tais obras são oferecidas. Assim, como observa Bertrand Poirot-Delpech, "só sobraram os críticos dramáticos para acreditar — ou fingir acreditar — que os diversos espetáculos envolvendo a palavra 'teatro' referem-se a uma única e mesma arte (...). Os públicos potenciais são tão diferentes, e tão opostos e mesmo antagônicos os modos de funcionamento, as ideologias, os estilos e os intérpretes para cada público, que as regras e as solidariedades profissionais praticamente desapareceram"[49]. Estando obrigado pelas leis da rentabilidade a sujeitar-se à "concentração" (e o melhor testemunho deste fato reside no progressivo desaparecimento de um grande número de salas parisienses) e à integração nos circuitos mundiais de produção do *show business*, o teatro comercial sobrevive hoje através de três modalidades: as "versões francesas de empreendimentos estrangeiros, supervisionados, distribuídos e, em parte, comandados pelos responsáveis pelo espetáculo original" (nos moldes importados da indústria cinematográfica e do *music-hall*), as *reprises* das obras mais consagradas do teatro de *boulevard* tradicional e, por último, "a comédia inteligente para a burguesia esclarecida". Por sua vez, o teatro não-comercial compõe-se, de um lado, pelos teatros subvencionados cujas pesquisas estéticas e escolhas ideológicas devem sua independência relativa à situação economicamente artificial que lhes assegura a ajuda econômica do Estado e, de outro, pelos teatros de vanguarda fadados às incertezas vertiginosas da marginalidade. Aos diferentes tipos de teatro correspondem públicos muito distintos (embora sejam recrutados, em sua maioria, nas classes dominantes e nos setores superiores das classes médias), sendo que a porcentagem das frações dominantes das classes dominantes (gerentes de empresas, técnicos da indústria, membros das profissões liberais) tende a crescer de modo regular ao passo que a porcentagem

(49) B. Poirot-Delpech. *Le Monde*, 22 de julho de 1970.

dos intelectuais e dos aprendizes/intelectuais também tende a ampliar-se em especial no caso do teatro de vanguarda. O mesmo dualismo assume a forma de um verdadeiro cisma cultural no âmbito da música onde também sucede a oposição (certamente muito mais brutal do que em qualquer outra atividade) entre o mercado artificialmente sustentado e quase que totalmente fechado sobre si mesmo das obras de pesquisa erudita e o mercado das obras comerciais, seja no caso da chamada "música ligeira", dos "arranjos" de música clássica, seja no caso da música em série produzida e difundida pela indústria do disco e do *music-hall*. Por exemplo, enquanto as estações de rádio mais diretamente submetidas à lei do mercado dedicam um tempo ínfimo à música clássica (5 horas e meia semanais em 1956, 2 horas semanais em 1965 e 1 hora em 1966, na Rádio Luxemburgo), as cadeias especializadas neste tipo de música (por exemplo, *France-Musique* e *France-Culture,* que oferecem, respectivamente, 96 e 36 horas semanais de música clássica) atingem um público extremamente restrito e aristocrático. Muito mais do que no caso do teatro, a pesquisa de vanguarda só consegue transmitir sua produção às custas de algumas poucas orquestras subvencionadas e da liberdade relativa das cadeias de rádio mais legítimas em relação à demanda, levando as grandes sociedades de concertos a se limitarem ao repertório das obras e dos autores mais consagrados do passado [50].

É preciso encarar a oposição entre os dois modos de produção de bens simbólicos — que só podem ser completamente definidos através de suas relações — como o produto de uma construção-limite [51]. No interior de um mesmo sistema, defrontamo-nos sempre com todos os produtos intermediários entre as obras produzidas por referência às normas internas do campo de produção erudita e as obras diretamente comandadas por uma representação intuitiva ou cientifica-

(50) A parcela dos compositores nascidos após 1900 presentes nos programas do ano 1966-67, representa 2,5% para a Sociedade de Concertos Pasdeloup, 3% para a Associação dos concertos do conservatório, 4% para a Sociedade de concertos Colonne, 12,5% para a Sociedade de concertos Lamoureux e 31,5% para a Orquestra da O.R.T.F.. Aliás, a O.R.T.F. forneceu, em 1969, 25% da massa de salários entregue aos artistas e pessoas ligadas aos espetáculos (atores, cantores, dançarinos, músicos) e 30% apenas para o grupo de comediantes. O fato de que uma parte cada vez maior dos artistas dependa direta ou indiretamente de uma empresa burocrática de produção artística, deverá transformar profundamente a condição dos artistas e as normas profissionais do meio.
(51) Desde o início do século XIX tornou-se possível viver do ofício de escritor porque inúmeros autores reconhecidos no campo intelectual alcançam êxitos de venda importantes (por exemplo, Zola, cuja fortuna teria atingido dois ou três milhões, o maior lucro de seu tempo) ou porque conseguem seus meios de subsistência dos postos ou dos trabalhos eventuais que lhes são oferecidos pela indústria cultural (por exemplo, no rádio, na televisão e no cinema, no caso dos compositores, e a imprensa de grande tiragem no caso dos escritores).

mente informada das expectativas do público mais amplo: por exemplo, as obras de vanguarda reservadas a alguns iniciados do grupo de pares, as obras de vanguarda em vias de consagração ou aquelas já reconhecidas pelo corpo de produtores, as obras da "arte burguesa", destinadas mais diretamente às frações não-intelectuais da classe dominante e muitas vezes consagradas pelas instâncias de legitimação mais oficiais (as Academias) e, por último, as obras da arte média, dentre as quais, poder-se-ia ainda distinguir, segundo a posição na hierarquia social do "público visado", a cultura de classe (por exemplo, as obras coroadas pelos grandes prêmios literários), a cultura símile entendida como o conjunto das mensagens dirigidas especialmente às classes médias e, em especial, aos setores em ascensão destas classes (por exemplo, as obras de vulgarização literária ou científica), e a cultura de massa, ou seja, o conjunto das obras socialmente genéricas, ou melhor, *omnibus*.

De fato, a oposição que a ideologia profissional dos produtores para produtores e de seus porta-vozes estabelece entre a liberdade criadora e a lei do mercado, entre os imperativos sociais que orientam de fora a obra e as exigências intrínsecas da obra que quer ser compreendida, aperfeiçoada, acabada, entre as obras que são criadas por seu público e aquelas que tendem a criar seu público, em suma, entre os simples comerciantes e os "criadores" autênticos, constitui sem dúvida um sistema de defesa contra o *desencantamento* produzido pela constituição do campo de produção erudita enquanto tal, desvendando a verdade objetiva da profissão. O desenvolvimento que conduz à arte pela arte e o desenvolvimento responsável pela indústria cultural têm como princípio comum os progressos da divisão do trabalho e a constituição de esferas separadas de atividade que favorecem a explicitação das funções próprias a cada uma delas ("negócio é negócio") e a organização racional dos meios técnicos adequados a estas funções. Logo, não é por acaso que a arte pela arte e a arte média — ambas produzidas por artistas e intelectuais altamente profissionalizados [52] —, caracterizam-se por uma idêntica valorização da técnica que orienta a produção, na arte pela arte, no sentido da busca do efeito (visto ao

---

(52) Como já se observou muitas vezes, os membros do grupo da arte pela arte apresentam no mais alto grau todos os índices da profissionalização: ao contrário dos artistas anteriores, e sobretudo dos românticos, organizam toda sua existência com vistas à produção artística: anotam metodicamente em seus jornais íntimos suas reflexões estéticas e suas experiências (muitas vezes deliberadamente provocadas), trabalham o dia inteiro e valorizam muito mais o esforço do que a inspiração, afastam-se da vida mundana e servem-se de público uns aos outros.

mesmo tempo como efeito produzido sobre o público e como fabricação engenhosa) e, na arte média, no sentido do culto da forma pela forma, que constitui uma acentuação sem precedentes do aspecto mais irredutível da atividade profissional e, por esta via, afirmação da especificidade e da irredutibilidade do produtor [53]. Em plano mais profundo, a arte média (que se assemelha, em outra época, à "peça bem feita" do "teatro burguês") que se caracteriza pelo recurso a efeitos "comprovados", quase sempre tomados de empréstimo à arte erudita (situações estereotipadas, procedimentos e receitas para a construção de intrigas ou para expressão dos sentimentos), revela uma das verdades mais bem guardadas da arte pela arte, através de seu interesse puro pela técnica e seu ecletismo cético, fazendo com que oscile entre o plágio e a paródia além de se deixar tomar pela indiferença ou pelo conservadorismo social e político [54]. Totalmente impregnada e governada por problemas técnicos, a arte pura assume o contrato tático pelo qual as frações dominantes da burguesia concedem ao intelectual e ao artista o monopólio da produção da obra de arte concebida como instrumento de fruição (e

(53) Por este fato pode-se explicar por que certas obras da arte média apresentam características formais que as predispõem a ingressar na cultura legítima. Assim, vendo-se obrigados a levar em conta as convenções bastante estritas de um gênero altamente estereotipado, os diretores de filmes de faroeste são levados a manifestar sua virtuosidade de técnicos altamente profissionalizados pela referência constante às soluções anteriores (consideradas conhecidas) nas soluções que encontram para problemas canônicos, e com isso estão sempre próximos do *pastiche* ou da paródia dos autores anteriores com os quais se medem. Um gênero que encerra referências sempre mais numerosas à história do gênero, requer uma leitura de segundo grau reservada apenas ao iniciado que só é capaz de captar as *nuances* e sutilezas da obra referindo-a às obras anteriores: ao introduzir defasagens sutis e refinadas variações em relação às expectativas supostas, o jogo das alusões internas (o mesmo que as tradições letradas sempre praticaram) autoriza a percepção desprendida e distanciada (pelo menos no mesmo grau em que se dá a adesão de primeiro grau) e exige a análise erudita ou o relance do esteta. Neste sentido, os faroestes "intelectuais" constituem o fecho lógico de jogos puros com a língua cinematográfica que supõem em seus autores uma disposição de cinéfilo e de cineasta.

(54) É significativo que o crítico da boa sociedade defina a tarefa do artista como um trabalho de execução a ponto de pedir-lhe para mobilizar uma boa competência técnica a serviço de virtudes burguesas, como por exemplo o "bom senso", a "boa saúde" e o "bom humor" (ingredientes indispensáveis de uma obra "sã" e "bem constituída"), veiculada por uma linguagem que poderia também ser aplicada a um outro "autor executivo", a saber, o engenheiro de uma grande escola às voltas com a ciência da "administração": "*Le clan de Siciliens* apresenta-se sob a forma de uma intriga *normalmente constituída* que Verneuil, com a *simplicidade, a serenidade, a resolução do saber fazer, expõe, desenvolve e leva a bom termo* no mais *belo estilo*, conforme as *normas clássicas*. A narrativa progride *claramente*. Nenhuma excrescência. *Nenhuma cena inútil. Cada coisa em seu lugar.* Uma iluminação *correta*. Uma ação *rigorosa*. A montagem técnica está tão bem *concebida no sentido da eficácia* que se pode falar neste caso de influência criativa. O diretor torna-se o *autor executivo*. Ele *organiza. Corrige. Submete tudo à sua óptica pessoal.* (...) Feito singular, três atores célebres se defrontam e cada um brilha à sua maneira e o jogo de todos *se equilibra* (...). Obras das mais surpreendentes. *Êxito assegurado*. Quanto ao público, sabe-se o que ele quer (e mesmo os anti-Verneuil também o sabem). O público continua preferindo o cinema narrativo. E no final das contas existe algo mais comovente do que um filme bem feito, no sentido desejado pelo autor? Se houvesse uma maior produção desses filmes, não se ouviria falar tanto em crise". (Ver L. Chauvet, *Figaro*, 5-12-69).

como instrumento de legitimação simbólica do poder econômico ou político), contanto que ele se afaste das coisas sérias, a saber, as questões políticas e sociais. Destarte, a oposição que se estabelece entre a arte pela arte e a arte média que se retraduz, no plano ideológico, na oposição entre o idealismo do devotamento à arte e o cinismo da submissão ao mermado, não deve dissimular o fato de que a vontade de opor uma legitimidade propriamente cultural aos direitos do poder e do dinheiro (expressa no culto da arte pela arte), também constitui uma maneira de reconhecer que negócio é negócio.

Todavia, o mais importante é o fato de estes dois campos de produção, por mais que se oponham tanto por suas funções como pela lógica de seu funcionamento, coexistem no interior do mesmo sistema. Por este motivo, seus produtos derivam sua consagração desigual (ou seja, seu poder de distinção muito desigual) dos valores materiais e simbólicos com que são aquilatados no mercado de bens simbólicos, mercado mais ou menos unificado segundo as formações sociais e dominado pelas normas do mercado dominante do ângulo da legitimidade, qual seja o mercado das obras de arte erudita ao qual o sistema de ensino dá acesso e ao qual impõe suas normas de consagração [55]. A exemplo dos diferentes tipos de bens culturais a que dão acesso, os diferentes tipos de competência cultural vigentes em uma sociedade dividida em classes derivam seu valor social do poder de discriminação social e da raridade propriamente cultural que lhes confere sua posição no sistema de competências culturais, sistema mais ou menos integrado segundo as formações sociais mas sempre hierarquizado. Ignorar que uma cultura dominante deve o essencial de suas características e de suas funções sociais de legitimação simbólica da dominação ao fato de que é desconhecida enquanto tal, e por isso, reconhecida como legítima, é o mesmo que ignorar o *fato* da legitimidade, é incorporar o etnocentrismo de classe que leva os defensores da cultura erudita a ignorar os fundamentos não-simbólicos da dominação simbólica de uma cultura sobre uma outra, ou então, internalizar o populismo que trai um reconhecimento infame da legitimidade da cultura dominante em seu esforço por reabilitar a cultura média — muitas vezes exaltada como "cultura popular" — tratando, em nome do relativismo cultural, as culturas distintas mas *objetivamente* hierarquizadas de

(55) O sistema de ensino contribui amplamente para a unificação do mercado de bens simbólicos e para a imposição generalizada da legitimidade da cultura dominante, não somente legitimando os bens que a classe dominante consome, mas também desvalorizando os bens que as classes dominadas transmitem (para não falar das tradições regionais) e tendendo, por esta via, a impedir a constituição de contralegitimidades culturais.

uma sociedade dividida em classes, à maneira das culturas de formações sociais inteiramente independentes como os esquimós e os fueguinos procedendo à canonização da cultura média em bases idênticas e, com isso, entronizando todas as propriedades que tal cultura deve à sua posição dominada na hierarquia das legitimidades [56].

Fundamentalmente heterônoma, a cultura média é objetivamente definida pelo fato de estar condenada a definir-se em relação à cultura legítima, tanto no âmbito da produção como no da recepção. As investigações originais que podem suceder no sistema da indústria cultural (ou para aí serem importadas) estão sempre limitadas (até poderem contar com um público específico, como no caso do cinema de vanguarda) pelos bloqueios de comunicação que correm o risco de provocar mediante o uso de códigos inacessíveis ao "grande público" [57]. Assim, a arte média só pode renovar suas técnicas e sua temática tomando de empréstimo à cultura erudita e, ainda mais à "arte burguesa", os procedimentos mais divulgados dentre aqueles usados há uma ou duas gerações passadas, e "adaptando" os temas e os assuntos mais consagrados ou os mais fáceis de serem reestruturados segundo as leis tradicionais de composição das artes populares (por exemplo, a divisão maniqueísta de papéis) [58]. Neste sentido,

(56) O esforço de reabilitação faz com que os que se encontram engajados na revolta contra a tradição conservadora da Universidade e das Academias, acabem traindo o reconhecimento da legitimidade acadêmica no próprio discurso que se esforça em contestá-la. Assim, um sociólogo que argumenta que as práticas de lazer que ele pretende reabilitar são autenticamente culturais pois são "desinteressadas" (e com isso, reintroduz uma definição ao mesmo tempo universitária e mundana da relação erudita com a cultura), escreve o seguinte: "Pensamos que certas obras hoje consideradas menores contêm, na verdade, valores de primeira ordem: logo, não me parece aceitável colocar em nível inferior toda a canção francesa, como faz Shils para a canção nos Estados Unidos. As obras de Brassens, Jacques Brel e Léo Ferré, que são obras de grande sucesso, não fazem parte do gênero variedades. Todos os três são também considerados, e com justiça, como poetas" .

(57) Assim, os realizadores de programas de televisão devem contar com as expectativas de um público que fica desconcertado não só com quaisquer falhas no que se refere à ordem cronológica ou lógica (por exemplo, os flash-back), à regra do happy-end, às situações ou aos personagens ambíguos, mas também com qualquer espécie de pesquisa formal que está destinada a ser percebida pelos espectadores dos programas de variedades como empobrecimento da realidade, erro técnico ou exercício gratuito que tende a comprometer o essencial, ou seja, a relação entre o espetáculo e o público. Tudo se passa como se os espectadores das classes populares desejassem ver em cena — este é o papel que atribuem ao animador — relações sociais organizadas com base no modelo das relações que eles têm o hábito de estabelecer na vida cotidiana. É por este motivo que sentem os programas estilisticamente rebuscados como desprovidos de calor e de "ambiente". Em suma, a "estética" funcionalista das classes populares (cujos princípios pudemos estabelecer a partir de observações análogas feitas por ocasião da apresentação de baterias de fotografias "abstratas"). A este respeito, ver P. Bourdieu. *Un art moyen, Essai sur les usages sociaux de la photographie*. Paris, Éditions de Minuit, 1965, pp. 113-134) poderia certamente oferecer outras direções de pesquisa aos realizadores (que se defrontariam então com exigências e coerções de outro tipo) mas, em todo caso, não consegue entender os produtos de uma intenção propriamente técnica ou estilística.

(58) Verifica-se que o sistema da indústria cultural tende a realizar em bases explícitas as operações segundo as quais sempre se elaborou o que se

a história da arte média é a que lhe impõem as transformações das técnicas e as leis da concorrência [59].

A mesma heteronomia caracteriza a recepção da arte média, objeto de uma experiência onde está sempre presente a referência à arte erudita. A impossibilidade de a arte média reivindicar sua autonomia deve-se, entre outras razões, ao fato de que boa parte de seu encanto junto aos que a consomem resulta das referências à cultura erudita nela presentes que predispõem e autorizam o consumidor a identificá-la com essa cultura. Tomemos um gênero típico da cultura média como "a adaptação": obras cinematográficas inspiradas em peças de teatro ou romances, "orquestrações" "populares" de música erudita ou, ao contrário "orquestrações" pretensamente eruditas de temas "populares", além das "interpretações" vocais de obras clássicas em um estilo que evoca ao mesmo tempo o hino do escoteiro e o coro dos anjos. A disposição ávida e ansiosa em relação à cultura, a boa vontade pura mas vazia e destituída das referências ou dos princípios indispensáveis à sua aplicação oportuna, conduzem os pequenos burgueses a todas as formas de falso reconhecimento que definem a *allodoxia* cultural: trata-se de erros de identificação bem montados para dar aos que deles são vítimas a ilusão da ortodoxia cultural, erros autorizados e mesmo encorajados

denomina a arte popular (no sentido de sistema de bens culturais consumidos pelas classes populares nas sociedades estratificadas do Ocidente europeu) e que não passa, no essencial, de uma arte erudita de uma época anterior, sistematicamente reinterpretada em função de um tipo determinado de uso social (Ver J. P. Seguin, *Canards du XIXe siècle*, Paris, Armand Colin, 1959, onde estão indicadas as características mais constantes do jornal popular, como por exemplo o gosto pelo sensacionalismo e pelas "notícias fabulosas" (p. 14), a recusa pelas idéias gerais (p. 69), a redução dos acontecimentos históricos à anedota pitoresca (p. 123) ou comovente (p. 16) etc.). "Longe de ser a encarnação da própria natureza e da espontaneidade ingênua, a chamada arte popular não passa de uma deformação e de uma sobrevivência de uma arte anterior, que foi aristocrática e erudita no tempo em que vivia sua própria vida (...). Existe apenas uma arte aristocrática que se tornou popular em virtude de certos caracteres de simplicidade e facilidade que fizeram com que fosse adotada por um público mais extenso" (Ver Ch. Lalo. *L'art et la vie sociale*. Paris, Lib. Octave Doin, 1921, pp. 142-143). Contudo, a fim de evitar confusões, é preciso lembrar que a cultura popular constitui o objeto de uma transmissão sobretudo oral e não requer a existência de um público erudito pagante e de um corpo de profissionais especializados que vivam de sua arte e trabalhem com técnicas racionalizadas. Em consequência, qualquer que tenha sido a origem de sua temática, esta cultura (produto de uma seleção e de uma reinterpretação quase coletiva) estava adaptada de modo muito mais estreito ao público cujas tradições, cujos valores e cuja visão do mundo ela expressava de maneira muito mais direta e, por esta razão, tinha muito mais condições de produzir poderosas emoções coletivas.

(59) O fato de que um sistema simbólico de início destinado a um vasto público (como por exemplo uma parte da produção cinematográfica) comece a desenvolver-se segundo sua lógica própria — isto é, a transmitir segundo um modo de expressão que implica na referência a modos de expressão anteriores —, constitui sem dúvida o melhor indicador de seu acesso à legitimidade, com o aparecimento simultâneo de um modo de recepção erudita que implica no interesse pela história do gênero e na atenção aos efeitos sutis estimados a partir das defasagens em relação a uma solução tradicional.

pelo que se poderia designar a "cultura símile", substituto degradado e desclassificado (no duplo sentido do termo) da cultura legítima e capaz de propiciar a ilusão de ser digno de um consumo legítimo embora permaneça mais acessível do que os bens culturais que de fato pertencem à ordem legítima [60]. Tanto na esfera da cultura como em outras, o uso do *simili* constitui uma espécie de blefe inconsciente que não engana a ninguém a não ser o próprio blefador, único interessado a tomar a cópia pelo original e o falso pelo autêntico. E somente nestes termos, é possível compreender os motivos invocados pelos leitores de *Ciência e Vida* que expressam sua satisfação através da seguinte equação falsificada (na qual todos os compradores de "imitações", de saldos e pechinchas, poderão reconhecer o equivalente do "é mais barato e faz o mesmo efeito"): "é uma revista acessível a todo mundo embora mantenha seu elevado nível científico" [61]. Também no caso da opereta e da "música ligeira", em particular as valsas de Strauss, tão citadas nas entrevistas, devem sem dúvida parte da sedução que provocam junto às classes médias ao fato de que, por ocuparem uma posição intermediária entre a cançoneta e a "música erudita", entre o *music-hall* e a ópera, podem ser vistas "de baixo" como se fossem gêneros legítimos [62].

(60) Toda a publicidade dos bens da cultura média define-se em seu princípio como um convite e um encorajamento à *allodoxia* cultural. Enfatiza a acessibilidade econômica e cultural dos produtos propostos (por exemplo, um determinado jornal musical anuncia entrevistas imaginárias com grandes compositores) valendo-se de sua elevada legitimidade (invocando, por exemplo, a autoridade de personagens consagrados como os acadêmicos).

(61) Ver P. Maldidier e L. Boltanski. *La vulgarisation scientifique et ses agents*. Paris, Centre de Sociologie Européenne, 1969 (mimeografado). Tais mecanismos de defesa tendentes a tornar o consumidor o cúmplice de sua própria privação, acabam contribuindo para a conservação social ao assegurar o ajustamento ou o reajustamento das aspirações às possibilidades, fazendo-se presentes também em outros campos: um sociólogo especialista em pesquisas de mercado sugere que uma das funções mais importantes da publicidade seria a de fornecer aos compradores argumentos capazes de confortá-lo após a aquisição (Ver J. F. Engel. "The Influence of Needs and Attitudes on the Perception of Persuasion". In: S. A. Greyser (ed.), *Toward Scientific Marketing*. Chicago, American Marketing Association, 1964, pp. 18-29). Estes mecanismos ideológicos de automistificação e de conforto explicam a defasagem entre a experiência e a avaliação que os agentes fazem de suas práticas culturais e a verdade objetiva destas práticas; tudo se passa, em todos os níveis da hierarquia dos graus de consagração, como se os indivíduos estivessem sempre levados a conceder mais legitimidade às suas práticas do que lhes permite objetivamente a estrutura do campo.

(62) Em uma sondagem a respeito da audiência radiofônica realizada pelo I.N.S.E.E. (Ver "Une enquête par sondage sur l'écoute radiophonique en France". *Études et Conjonctures*, nº 10, pp. 988-989 out. 1963), pedia-se que as pessoas exprimissem sua opinião a respeito dos principais gêneros de programas, e se quisessem poderiam dizer se o lugar atribuído a cada um deles deveria ser aumentado, diminuído ou mantido. Enquanto as frações das classes dominantes mais próximas do pólo intelectual (tanto os técnicos de nível superior como os membros das profissões liberais) exprimem preferências ajustadas de perto à hierarquia consagrada das legitimidades (deve-se levar em conta o efeito desigualmente desvalorizante da retransmissão radiofônica) e os operários tendem

Não obstante, qualquer que seja o interesse invocado pelos agentes em dissimulá-la, a hierarquia propriamente cultural que se estabelece objetivamente entre os dois sistemas de produção, e também entre seus produtos, está sempre se impondo tanto aos produtores como aos consumidores cuja prática e cujas ideologias são comandadas em grande parte pela posição que ocupam nesta hierarquia dos bens que produzem ou consomem. Tal hierarquia constitui o fundamento do juízo primeiro que funda todos os juízos particulares e que permite ao conhecedor discernir desde logo, a partir de indicações como por exemplo o gênero da obra, a cadeia de rádio, o nome do teatro, da galeria ou do diretor de teatro, as ordens de legitimidade (vividas como "níveis de qualidade") e adotar a postura conveniente em cada caso [63]. Assim, as obras que aparecem de modo manifesto como pertencentes à esfera legítima, ainda que seja apenas através de seu gênero, requerem uma disposição devota, cerimonial e ritualizada (mesmo nos momentos de dessacralização), atitude que seria deslocada ou até ridícula e grosseira (a título de *allodoxia*) se adotada diante de bens culturais situados fora desta esfera. No que se refere às artes médias em vias

quase que exclusivamente para consumos heterodoxos, os quadros médios (que de resto ocupam sempre uma posição intermediária entre os técnicos de nível superior e os operários) fazem escolhas cuja estrutura quase simétrica revela a tensão entre a aspiração à ortodoxia e a inclinação para práticas heréticas; de outro lado, o lugar que concedem às formas menores da cultura legítima como a opereta (33,1%, baixando para 27,5% no caso dos operários e para 23,9% no caso dos técnicos de nível superior) ou aos sucedâneos dos consumos legítimos, como por exemplo o teatro radiofônico (54,1%, baixando para 41,1% dos técnicos de nível superior e para 38,2% dos operários), os programas científicos (35,4%, baixando para 34,6% dos técnicos de nível superior e 15,0% dos operários), ou a poesia, constitui a expressão mais típica de uma boa vontade pouco segura de seus pontos de aplicação. Como o reconhecimento da legitimidade cultural ultrapassa os limites do conhecimento da cultura legítima, tornam-se possíveis erros deste tipo que exprimem o reconhecimento dos valores legítimos através do desconhecimento das sutilezas da hierarquia legítima dos valores (ver gráfico anexo).

(63) O que comumente se considera o "gosto", no sentido mais lato do termo, não é outra coisa senão a competência necessária para apreender e decifrar índices que, ao nível mais elementar, podem ser extremamente grosseiros e totalmente extrínsecos. Os estetas que se guiam consciente ou inconscientemente pelos signos exteriores de qualidade, ou por assim dizer, pelas "marcas", procedem de modo semelhante ao dos consumidores que, como já vimos, escolhem a qualidade de seus produtos (em particular, no caso do mobiliário, do vestuário, da decoração) escolhendo as lojas socialmente designadas (é uma das funções da simbologia dos emblemas e rótulos, das vitrinas e das propagandas, sobretudo no comércio de luxo) como capazes de escolher em seu lugar propondo-lhes uma classe de objetos adequados à sua classe (Ver P. Martineau. Social Classes and Spending Behavior. *Journal of Marketing*, vol. 23, nº 2, pp. 121-130. out. 1958). O recurso às técnicas de levantamento mais exteriores se impõe com particular força aos grupos em vias de ascensão social que, não podendo assumir os riscos da inovação, encontram-se particularmente submetidos aos veredictos das instâncias de legitimação e, em consequência, particularmente inclinados ao conformismo e ao conservantismo estéticos: a ansiedade cultural das classes em ascensão que se manifesta através do interesse ávido por todas as codificações das técnicas da arte de viver (manuais de manutenção, ou então, hoje, jornais femininos, revistas de decoração etc.), também se exprime através do "gosto" pelos "valores seguros" que definem "a arte de marca".

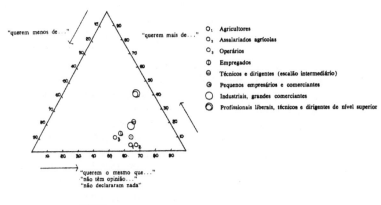

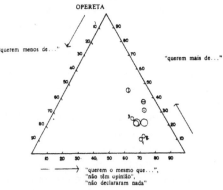

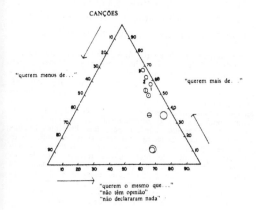

de consagração, como o *jazz,* o cinema ou a fotografia, somente alguns iniciados assumem a disposição devota que se exige diante das obras da cultura legítima, uma vez que em geral não se exige, ao nível da cultura média, o conhecimento das regras técnicas ou dos princípios estéticos que constitui parte integrante dos pressupostos e acompanhamentos obrigatórios na fruição das obras legítimas. Tal sucede não apenas porque a arte média não é inculcada nem legitimada pelo sistema de ensino, mas também porque não constitui o objeto de sanções materiais ou simbólicas, positivas ou negativas (como por exemplo, o respeito que provoca o discurso cultivado ou a vergonha que provoca a asneira ou a confissão de ignorância), de que dependem a competência ou a incompetência no âmbito da cultura legítima. O rendimento simbólico de uma forma particular de competência cultural é efetivamente função de seu grau de legitimidade e, por esta via, de seu poder de distinção ou de discriminação (variando conforme seja praticada nas trocas entre membros das mesmas classes ou entre membros de classes sociais diferentes). É sempre através de um campo particular de relações sociais e em um tipo particular de relações de comunicação — conversação mundana, colóquio administrativo, congresso científico, discussão entre amigos, bate-papo cotidiano (o *canard* *, diz o Larousse, é o que dá origem a *cancan*, ou seja, aquilo de que se pode falar), ou então, o caso particular mas muito importante do exercício ou do exame —, que uma competência pode propiciar lucros propriamente simbólicos além dos lucros materiais daí resultantes. Ambos os tipos de lucro não excluem os lucros assegurados pela mera posse da competência, ou melhor, dos certificados socialmente garantidos de competência, como o diploma [64]. Desta maneira, o melhor indicador da hierarquia dos valores reconhecidos aos

(*) *Canard* tem aqui a acepção de boateiro, maledicente, enquanto *cancan* seria o fuxico, o boato, a notícia maldosa. Também poder-se-ia entender o jogo de palavras traduzindo-se *canard* por jornal e *cancan* por fofoca (N. do T.).

(64) Logo, é evidente que, em uma sociedade determinada, num determinado momento do tempo, o conhecimento de diferentes línguas propicia lucros materiais e simbólicos extremamente diversos para um investimento que pode ser suposto como equivalente. Assim, o conhecimento do inglês possui um valor de troca incomparavelmente maior do que o conhecimento do espanhol ou do italiano, sem falar do grego ou do berbere. Como o peso das diferentes línguas pode variar no curso do tempo (e em particular, em seguida a mudanças políticas), os proprietários de um tipo determinado de capital lingüístico podem encontrar-se desapropriados devido à desvalorização daí resultante. Os debates que envolvem o ensino das línguas (por exemplo, no caso do ensino de línguas mortas em um país como a França, do árabe clássico e do francês nos países do Magreb, do francês e do inglês em certos países do Oriente Médio) não assumiriam proporções tão dramáticas se o que estivesse em jogo não fosse *a reprodução do mercado* em que poderá ter curso o capital lingüístico possuído pelas diferentes partes e, portanto, o valor a longo prazo deste capital.

diferentes campos da cultura, encontra-se no lucro simbólico que a competência correspondente fornece, segundo as classes ou frações de classe nas diferentes formas de troca simbólica. E o indicador mais seguro da hierarquia dominante talvez seja a oposição entre os objetos dignos de integrar a conversação mundana (objetos também sujeitos a uma hierarquia) e aqueles que dela são excluídos por serem considerados ridículos, pedantes ou "vulgares" [65].

Ainda que possa parecer grosseiro e discutível, tal indicador possui ao menos o mérito de dar conta do prestígio diminuto de que se reveste a cultura científica, quase sempre muito pouco lucrativa em conversas de salão a menos que se converta em reflexão acerca da filosofia das ciências ou em meditação teológico-metafísica sobre o destino da humanidade. De fato, constata-se desde logo todas as dissensões que separam as diferentes frações da classe dominante tanto no que diz respeito ao lugar que cabe ao capital cultural na hierarquia dos princípios de hierarquização social como no que se refere ao nível atribuído aos diferentes tipos de competência cultural. Neste sentido, a oposição mais flagrante é a que separa as frações dominantes da classe dominante e a fração intelectual [66]. Quando se considera as divisões da fração intelectual, somos tentados inclusive a contestar a existência de uma hierarquia única de legitimidades culturais no interior de uma única e mesma fração. Na verdade, como vimos, além do fato de que a concorrência e a competição supõem o reconhecimento da legitimidade que constitui seu princípio e seu alvo, embora os intelectuais que participam de um mesmo campo possam divergir quanto aos objetos a respeito dos quais discutem, vêem-se forçados não obstante a discutir certos objetos, ou seja, a reconhecer uma hierarquia dos objetos dignos de serem discutidos e investigados.

Uma das funções do sistema de ensino seria assegurar o consenso das diferentes frações acerca de uma definição minimal do legítimo e do ilegítimo, dos objetos que merecem ou não ser discutidos, do que é preciso saber e do que se pode

(65) Esta oposição entre os objetos de discurso legítimos e ilegítimos tem um campo de aplicação universal: por exemplo, dentre os diferentes esportes, nem todos são igualmente dignos de se tornarem o objeto de um discurso categorizado. Pode-se tomar como um índice desta hierarquia a importância relativa (marcada tanto pelo lugar concedido como pelo tom e pelo estilo do comentário, que pode ser mais ou menos ambicioso) que um jornal como *Le Monde* concede às diferentes atividades esportivas e onde se estabelece a oposição entre os esportes legítimos — o golfe, o tênis ou o *rugby* — e os esportes de segunda ordem — o futebol, o boxe ou o ciclismo.
(66) Ver P. Bourdieu, "Reprodução cultural e Reprodução Social", nesta antologia.

ignorar, do que pode e deve ser admirado⁶⁷. Ainda que se chegue a tornar patente o arbitrário da delimitação levada a efeito pelas taxinomias escolares em relação ao que merece ser ensinado em aula (os "clássicos") e ao que deve ser excluído (como no caso, por exemplo, em que a inércia do sistema de ensino, obrigado a manter no programa tudo que nele foi inscrito, contradiz diretamente os interesses desta ou daquela categoria de usuários privilegiados), os princípios destas hierarquias e, *a fortiori*, a petição de princípio implicada no fato da hierarquização, escapam à tomada de consciência e à contestação porque, ao fim de uma inculcação arbitrária tendente a dissimular o arbitrário da inculcação e do que ela inculcou, as diferenças produzidas pela aplicação deste princípio de hierarquização arbitrária são vividas como se estivessem inscritas na própria natureza dos objetos que elas separam e como logicamente anteriores ao princípio de que são o produto. Poder-se-ia, é claro, prosseguir no levantamento das declarações que comprovam o fato de que a consagração cultural submete os objetos, as pessoas e as situações sob sua alçada, a uma espécie de promoção ontológica que faz lembrar uma transubstanciação. Todavia, queremos citar apenas dois textos altamente significativos porque demonstram que o *principium divisionis* — o primeiro e quase sempre o *único* fundamento do juízo estético — pode manifestar-se, e em termos que parecem inventados pela sociologia, sem que a experiência produzida pela aplicação deste princípio seja afetada em algum grau: "Decididamente o que mais nos chocou: *nada poderia ser obsceno em nossa principal sala de espetáculos,* e as bailarinas da Ópera, mesmo quando surgem como dançarinas nuas, silfos*, duendes ou bacantes, mantêm uma pureza inalterável"⁶⁸. "Há atitudes obscenas, simulacros de coito que chocam o olhar. É claro, não se trata de aprovar ou não, muito embora a inserção de tais gestos nos *ballets* lhes confira um aspecto estético e sim-

---

(67) A ação escolar delimita o espaço cultural indicando o que merece ser visto, admirado, retido, do mesmo modo como os mapas e guias turísticos assinalam os "pontos de vista", os monumentos ou as paragens. Tanto para a percepção literária como para qualquer outra percepção, a "presentificação" implica na "despresentificação" e as obras-lume, consagradas escolarmente, encobrem inevitavelmente a enxurrada das demais obras, *Esther* eclipsando *Bajazet*, a *Cigarra e a Formiga*, fazendo o mesmo com *Psyché, Malherbe* levando a melhor sobre Théophile e Marot sobre Rutebeuf. Da mesma maneira, o sistema de ensino contribui para a imposição da problemática dominante (em um dado momento do tempo) que se define não como a soma das problemáticas das diferentes frações da classe dominante, nem como uma problemática única, mas como um grupo de transformação onde a problemática de cada uma das frações representa um momento.

(*) Na citação em francês, o termo aparece no masculino e não *silfides* (N. do T.)

(68) O. Merlin. Mlle Thibon dans la vision de Margueritte. *Le Monde*, 9-2-1965.

bólico *de que carecem* as cenas íntimas que o cinema exibe cotidianamente aos espectadores (...) E o nu? Que dizer dele a não ser que é breve e de pouco efeito cênico. Eu não diria que ele é casto ou inocente, pois *nada do que é comercial pode ser qualificado nestes termos.* Digamos que não é chocante, podendo-se censurá-lo sobretudo pelo fato de haver servido de chamariz para o *sucesso* da peça (...). Falta à nudez de *Hair* uma carga simbólica" [69] Destarte, a oposição entre o legítimo e o ilegítimo — que se impõe no campo dos bens simbólicos com a mesma necessidade arbitrária com que, em outros campos, impõe-se a distinção entre o sagrado e o profano —, recobre a oposição entre dois modos de produção: de um lado, o modo de produção característico de um campo de produção que fornece a si mesmo seu próprio mercado e que depende, para sua reprodução, de um sistema de ensino que opera ademais como instância de legitimação; de outro, o modo de produção característico de um campo de produção que se organiza em relação a uma demanda externa, social e culturalmente inferior.

Esta oposição entre os dois mercados e, correlativamente, entre os produtores para produtores e os produtores para não-produtores, separados objetivamente pelo critério objetivo do êxito (ou seja, pela extensão e composição social de seu público) quaisquer que sejam suas intenções conscientes e seus projetos explícitos, comanda toda a representação que os artistas e os escritores têm de sua profissão, além de constituir o princípio fundamental das taxinomias segundo as quais classificam e hierarquizam as obras (a começar pela sua própria obra). Enquanto os produtores para produtores recorrem a uma representação transfigurada de sua função social com vistas a superar a contradição inerente à relação que os vincula objetivamente a seu público, a quase total coincidência da representação vivida e da verdade objetiva da profissão de escritor constitui uma condição prévia ou um efeito quase inevitável do sucesso obtido junto ao público dos não-produtores. Nada mais distante da visão carismática acerca da "missão" do escritor que a imagem que o escritor de êxito antes citado tem de sua tarefa: "Escrever é um trabalho como qualquer outro. Não basta ter imaginação ou talento. É preciso sobretudo disciplina. É melhor obrigar-se a escrever duas páginas diariamente do que dez por sema-

---

(69) F. Chenique. *Hair* est-il immoral? *Le Monde,* 28-1-70. Poder-se-á encontrar observações análogas a respeito da fotografia de nus e dos documentos comprovando os esforços desesperados da parte dos juristas para justificar a distinção entre o nu fotográfico e o nu em pintura, em P. **Bourdieu** *et al.*, *op. cit.,* pp. 298-300.

na. Para isso, a condição essencial exigida é estar em forma. Exatamente como um desportista deve estar em forma antes de correr cem metros ou antes de disputar uma partida de futebol". É provável que todos os escritores e artistas cujas obras se dirigem objetivamente ao "grande público" não possuam, em especial no início da carreira, uma representação tão realista e "desencantada" de sua função. De qualquer modo, não podem deixar de levar em conta (e a médio ou a longo prazo, de retomar por sua própria conta) a imagem objetiva de sua obra que lhes é devolvida pelo campo e que exprime, segundo a categoria propriamente cultural do legítimo e do ilegítimo, a oposição entre os dois modos de produção tal como se revela objetivamente através da qualidade social de seu público (por exemplo, "intelectual" ou "burguês") a qual se pode avaliar mediante a extensão do público ou através de índices mais indiretos como o grau de consagração propriamente cultural das instâncias incumbidas de sua difusão. Nestas condições, parecem muito mais propensos a adotar a representação justificadora de sua arte — que lhes é proposta pela crítica destinada às frações não-intelectuais da burguesia e que opõe as qualidades profissionais do bom artesão do entretenimento, senhor de sua técnica e de seu ofício, às audácias descontroladas e inquietantes da arte "intelectual" — nos casos em que os produtores para produtores e seus críticos passam a situá-los fora do universo da arte legítima [70]. Demais, não há dúvida de que o

(70) Uma crítica cuja função essencial é sem dúvida tranqüilizar o público burguês sugerindo-lhe que pesquisas estéticas tendentes a porem em dúvida sua competência estética ou suas convicções éticas, estão de fato inspiradas por um espírito de escândalo, de provocação e de mistificação, e neutralizando os críticos da fração adversa, vê-se levada também a apaziguar os engenheiros do prazer burguês que poderiam ficar inquietos com as pesquisas estéticas da vanguarda ou com os sarcasmos dos críticos "para intelectuais". Assim, em sua análise de *La fiancée du Pirate*, o crítico para intelectuais só consegue definir este filme conforme suas expectativas opondo-o aos filmes que suscitam a aprovação dos críticos conceituados da outra fração: *"La fiancée du Pirate* é um dos raros filmes franceses *verdadeiramente* satíricos, *verdadeiramente* engraçados pois não recorre ao cômico cuidadosamente *desarmado e inofensivo* responsável pelo sucesso de filmes tipo *Grande Vadrouille* e *Petit baigneur* (...). Enfim, trata-se de uma coisa distinta da *avacalhação sinistra fabricada pelos artífices do divertimento de boulevard"* (J. L. Bory. *Nouvel Observateur*, nº 265, 8-14 de dezembro de 1969, os grifos são nossos.) Por sua vez, os críticos do *Figaro* só conseguem afirmar suas preferências estéticas opondo-as, como que por despeito, às das frações intelectuais: "Trata-se de uma espécie de talento *que denigre o novo cinema*, o qual neste ponto imita a nova literatura, aliás *hostilidade fácil* de compreender. Quando uma arte supõe um talento determinado, os *impostores fingem desprezá-la* considerando-a muito espinhosa; os medíocres escolhem os caminhos mais acessíveis à mediocridade" (Louis Chauvet. *Figaro*, 5 de dezembro de 1969). Nada melhor para tranqüilizar os autores de sucesso do que juízos fundados na aplicação sistemática do critério da satisfação, quer dizer, do prazer ou desprazer do público: "O filme tem tudo para agradar" (L. C. *Figaro*, 4-12-69). Este *vaudeville* sincero deveria proporcionar uma noite de recreação aos apreciadores do gênero. O público julgará. Mas, afinal, não é assim que sempre ocorre"? (J. J. Gautier. *Figaro*, 22-12-69, a respeito de *Cash-Cash*). E a exceção confirma a regra: "A obra pode indispor ou desagradar. Mas ela vale." (L. C. *Figaro*, 18-12-69, a respeito

desenvolvimento de amplas unidades coletivas de produção (não somente no âmbito do rádio, da televisão, do cinema, do jornalismo, mas também da pesquisa científica) e o declínio correlato do artesanato intelectual em favor do assalariado, envolve uma transformação da relação que o produtor mantém com seu trabalho, das representações que possui acerca de sua posição e de sua função na estrutura social, bem como das ideologias estéticas e políticas que professa. Um trabalho intelectual que se realiza coletivamente no interior de unidades de produção diferenciadas e muitas vezes hierarquizadas técnica e socialmente e que depende, em ampla medida, do trabalho coletivo, passado ou presente, e de instrumentos de produção dispendiosos, acaba por desvencilhar-se da aura carismática que envolve o escritor e o artista tradicionais, pequenos produtores independentes, senhores de seus instrumentos de produção que mobilizam em sua prática apenas seu próprio capital cultural percebido como dom da graça [71]. A desmistificação objetiva e subjetiva da atividade intelectual e artística que acompanha a transformação das condições sociais de produção, afeta particularmente os intelectuais e os artistas engajados em amplas unidades de produção cultural (rádio, televisão, jornalismo), *intelligentsia* proletaróide que se ressente da contradição entre as tomadas de posição estéticas e políticas determinadas por sua posição inferior e marginal no campo de produção, e as

de Fellini). Fadado a apaziguar um público que poderia se inquietar com as audácias do artistas e dos intelectuais de vanguarda, o crítico cumpre sua função na medida em que fala como intelectual que não se deixa enganar e que estaria em condições de compreender caso houvesse algo para compreender (daí as afetações estilísticas e conceituais para reforçar a impressão de que o crítico sabe do que fala), ou melhor, que fala como intelectual autorizado a legislar em matéria intelectual (daí o valor conferido aos signos institucionais de autoridade intelectual a que estão atentos para reconhecê-los sobretudo os não-intelectuais, como por exemplo fazer parte da Academia): "Quanto ao ... espectador, não são as distrações que lhe faltam. Ele procura apaixonadamente compreender: (...) qual pode ser exatamente a significação filosófica desta história de ovos? É preciso desconfiar, o novo cinema opera sempre através de símbolos (...). 'O ajuste de contas com a verdade já parece ter acontecido, conclui o autor após o desfecho da intriga criminal, mas ainda uma vez ninguém conseguiu possuí-la, ninguém conseguiu compreendê-la'. *Vejam bem* ... (L. Chauvet. *Figaro*, 3-12-1969). "Um filme não é digno do novo cinema se o termo contestação não figurar na exposição de motivos. Devemos precisar que, no caso, *tal termo não quer dizer absolutamente nada*" (L. Chauvet. *Figaro*, 4-12-1969). "Seu prazer não seria o de acumular as mais grosseiras provocações erótico-masoquistas anunciadas pelas mais enfáticas profissões de fé lírico-metafísicas e de ver a pseudo-*intelligentsia* parisiense embasbacada diante destas sórdidas banalidades?" (C. B. *Figaro*, 20-21 de dez. 1969). Acima, já vimos alguns exemplos das expectativas estéticas dos críticos.

(71) Os efeitos múltiplos e multidimensionais que uma transformação das condições sociais da produção provoca tanto nas práticas como nos valores e ideologias, hoje também se encontram nas Faculdades de Letras onde o modo de produção intelectual de tipo tradicional (trabalho individual, equipamento reduzido ou inexistente etc.) cede progressivamente o terreno a um novo modo de produção, já dominante nas Faculdades de Ciências, que se caracteriza pelo trabalho coletivo, dependente de instrumentos de produção onerosos, tais como computadores, equipes de pesquisadores etc.

funções objetivamente conservadoras (tanto do ponto de vista estético como do ponto de vista político) dos produtos de sua atividade [72].

POSIÇÕES E TOMADAS DE POSIÇÃO

A forma das relações que as diferentes categorias de produtores de bens simbólicos mantêm com os demais produtores, com as diferentes significações disponíveis em um dado estado do campo cultural e, ademais, com sua própria obra, depende diretamente da posição que ocupam no interior do sistema de produção e circulação de bens simbólicos e, ao mesmo tempo, da posição que ocupam na hierarquia propriamente cultural dos graus de consagração, tal posição implicando numa definição objetiva de sua prática e dos produtos dela derivados. Para além de sua vontade e da consciência que possam ter a este respeito, tal definição se lhes impõe como um fato e passa a comandar sua ideologia e sua prática a tal ponto que sua eficácia manifesta-se sobretudo nas condutas inspiradas pelo esforço de transgredi-la. Assim, é o conjunto das determinações inscritas em sua posição que leva os críticos profissionais de *jazz* ou de cinema — muitas vezes jogados nestas artes "marginais" em virtude de sua marginalidade no campo de produção erudita e instados a exercer o direito de discernir entre o legítimo e o ilegítimo sem poderem contar com qualquer garantia institucional — a emitirem juízos muito divergentes, insubstituíveis e destinados a atingir exclusivamente algumas panelas restritas de produtores ou pequenas seitas de aficionados. Se a inquietação pela legitimidade de sua prática não os obrigasse

(72) O peso relativo das diferentes categorias que participam do sistema de produção cultural se transformou profundamente na França durante os últimos dois decênios: as novas categorias de produtores assalariados originárias do desenvolvimento do rádio e da televisão ou dos organismos de pesquisa, tiveram um aumento considerável, e o mesmo ocorreu com o corpo docente. De outro lado, declinavam as profissões artísticas e as profissões jurídicas, ou seja, o artesanato intelectual. Tais mudanças morfológicas, aliadas ao desenvolvimento de novas instâncias de organização da vida intelectual (comissões de reflexão, de estudo etc.) e de novos modos institucionalizados de comunicação (colóquios, debates etc.) tendem a favorecer a aparição de novos tipos de intelectuais e a introdução de novos modos de pensamento e de expressão, novas temáticas e novas maneiras de conceber o trabalho intelectual (produção coletiva) e, por conseguinte, altera-se a função do intelectual na sociedade (Ver J. C. Passeron. *Changement et permanence dans le monde intellectuel*. Paris, Centre de Sociologie Européenne, 1965, mimeografado). Todas estas transformações, às quais é preciso acrescentar a expansão considerável da população dos estudantes (colocados em uma situação de aprendizes intelectuais), têm como efeito principal fornecer à produção de "vanguarda" o que só "a arte burguesa" estava em condições de lhe oferecer, isto é, um público bastante importante para justificar o desenvolvimento e o funcionamento de instâncias de produção e de difusão específicas (o que é evidente no caso do cinema de vanguarda) e de contribuir, por esta via, para o fechamento do campo intelectual sobre si mesmo.

a adotar, exagerando-os, os signos exteriores pelos quais se reconhece a autoridade dos detentores do monopólio do poder legítimo de conceder a consagração cultural [73], tais críticos não teriam necessidade de adotar o tom douto e sentencioso, o culto da erudição pela erudição da crítica universitária, ou de procurar uma caução teórica, política ou estética nas obscuridades de uma linguagem tomada de empréstimo. Diversamente de uma prática legítima, uma prática em vias de consagração coloca incessantemente aos que a ela se entregam a questão de sua própria legitimidade. Por exemplo, a fotografia — "arte média" situada a meio caminho entre as práticas nobres e as "vulgares", aparentemente sujeitas à anarquia dos gostos e das cores — condena os que pretendem romper com as regras da prática comum a criar de qualquer maneira o substituto (que não pode surgir como tal) do que se costuma dar aos servidores das artes legítimas, a saber, o sentimento da legitimidade cultural da prática com todas as certezas e garantias daí resultantes, desde os modelos técnicos até as teorias estéticas. De maneira mais geral, todos aqueles aos quais sua posição oferece a oportunidade de conquistar para si próprios e para sua prática a legitimidade cultural concedida sem grandes exigências às profissões consagradas — animadores culturais pertencentes a instituições de educação marginal, vulgarizadores, jornalistas científicos, produtores de programas de rádio ou televisão com pretensões culturais, pesquisadores de escritórios particulares de estudo etc. —, correm o risco de reforçar a suspeita prévia de que são vítimas com os esforços que fazem para dissipá-la ou para contestar seus princípios, além da agressividade ambivalente que muitas vezes manifestam contra as instâncias de consagração e, em especial, contra o sistema de ensino sem que possam opor-lhe uma legitimidade antagônica. Em todas essas atitudes, transparece o desejo que têm de serem reconhecidos pelo sistema de ensino e, também, de obterem o reconhecimento que lhe concedem [74]. Não é por acaso que o mesmo

(73) Tais análises se aplicam de maneira tão evidente a certas categorias de críticos especializados na arte de vanguarda porque a posição dos agentes menos consagrados de um campo mais consagrado pode apresentar analogias com posição dos agentes mais consagrados de um campo menos consagrado.

(74) Tudo predispõe esta *nova intelligentsia* na qual é preciso incluir os estudantes semiprofissionalizados que realizam estudos intermináveis exercendo pequenos trabalhos complementares (na falta de uma carreira profissional), a introduzir um fator de anomia no campo. Muitas vezes dotados de uma cultura quase autodidata adquirida *ex auditu*, no decorrer de uma carreira escolar marginal através de discussões de café e de seminários, parecem predispostos a constituir uma caixa de ressonância para os temas da moda veiculados pelos semanários e logo transformados em vulgata disponível para a circulação anárquica: a cópia, o xerox, o curso, o discurso, a dissertação escolar, as "teses" de manifesto, o seminário de vanguarda e o sermão "prá frente".

tipo de relação ansiosa e infeliz (por ser intrinsecamente contraditória) com a cultura legítima, pode ser observada nas classes médias. Ocupando na estrutura das relações de classe uma posição homóloga à dos intelectuais marginais no sistema de produção e circulação de bens simbólicos, as classes médias não podem apropriar-se completamente nem excluir inteiramente a cultura que as exclui pois, dentre outras razões, o reconhecimento da lei que qualifica de modo pejorativo como "laboriosos" ou "pretensiosos" seus esforços para identificar-se por antecipação com as classes dominantes através da apropriação da cultura legítima, encontra-se presente no próprio esforço para conformar-se a uma lei cultural que exige uma conformidade sem esforço.

Poder-se-á objetar que o fascínio que o "sucesso" sempre exerceu junto aos intelectuais e artistas, tende hoje a impor-se de modo muito mais consistente, pois confere aos detentores de um poder parcial sobre os instrumentos de difusão (como por exemplo certos jornalistas ou produtores de rádio e televisão) uma autoridade propriamente cultural. Como no caso, por exemplo, do convívio entre membros das mais altas instâncias acadêmicas ou escolares ao lado de vulgarizadores, contato que se caracteriza por certo mal-estar e pelo desejo evidente de marcar as devidas distâncias, sobretudo por ocasião de "debates históricos". O mesmo ocorre com escritores de renome que aceitam solicitamente os convites do rádio e da televisão. Na verdade, embora não contem com os meios para conceder uma consagração cujos princípios estariam em suas mãos, o jornalista e o vulgarizador (que acrescentam a figura do sacerdote na sabatina da cultura média) não fazem outra coisa senão mercadejar a notoriedade que estão em condições de oferecer em troca da caução que lhes podem dar com exclusividade os membros das instâncias mais consagradas de consagração, caução que lhes é indispensável na produção plena do efeito de *allodoxia,* princípio de seu poder aparentemente cultural sobre o público [75]. É verdade que a intervenção dos instrumentos de ampla dfiusão, como por exemplo os jornais cotidianos e os semanários com pretensões culturais, as revistas de vulgarização ou a televisão, pode produzir efeitos anômicos no próprio interior do campo de produção erudita, ao encorajar os produtores (ou melhor, certas categorias de produtores definidas pela posição no campo) a envolver-se em debates fictícios e truncados, domina-

---

(75) Daí a insistência com que os órgãos de vulgarização exibem os títulos universitários de seus colaboradores (Ver *"Que sais-je?,* l'Université chez soi").

dos pela busca do sucesso imediato [76]. Schopenhauer fornece o paradigma de certos debates intelectuais quando, na obra *Eristiche Dialectik,* descreve a forma de argumentação desleal mantida em uma discussão científica que sucede em presença de uma terceira pessoa incompetente, e que consiste em levantar uma objeção não pertinente, exigindo do adversário uma longa refutação técnica inacessível à testemunha. Todavia, nada seria mais ingênuo do que acreditar ou temer o fato de que as sanções desferidas pelos detentores do controle dos instrumentos de difusão sejam capazes de conferir uma consagração apta a concorrer de modo eficaz e durável com aquela cujo monopólio o campo dos produtores pretende conservar. De fato, os produtores que se aventuram neste terreno correm o risco de condenarem-se a si próprios (a médio ou a longo prazo) diante do grupo de pares, por estarem recorrendo à "concorrência desleal", isto é, a meios heréticos com vistas a conquistar o público cobiçado dando-lhe a idéia de que o público dos demais produtores não passa de um efeito de moda ou de publicidade e que sua obra herética constitui o produto da busca deste efeito. De outro lado, sabendo-se a posição que os especialistas da difusão ocupam na estrutura do sistema e que lhes obriga, como vimos, a procurar em favor de sua atividade contestada as cauções mais consagradas pelo recurso ao poder que lhes assegura o controle dos instrumentos de difusão envolvendo em seu próprio terreno os produtores de bens legítimos, sua ação vai se exercer paradoxalmente no sentido da conservação e do reforço das hierarquias mais conhecidas e reconhecidas. Por exemplo, tomemos a utilização intensiva que a televisão ou o jornalismo de pretensões culturais, ou então, a publicidade no tocante aos produtos culturais destinados às classes médias (revistas de vulgarização, enciclopédias, "escolas" etc.), fazem das altas autoridades universitárias e acadêmicas [77].

(76) "No concerto de ecos ao mesmo tempo ensurdecedores e insistentes que antecede a fama dos artistas, a imprensa desempenha seu papel. A orquestração rumorosa que concede a certas obras, ou ao contrário, o silêncio negligente ou proposital com que encobre outras, modificam em alguns casos e, de modo sensível, o equilíbrio dos valores (...). Acontece com as artes e com as letras o mesmo que com a política: informar é julgar. Muito mais do que um novo ministério ou uma lei, a apresentação ao público de um livro ou de uma obra de arte está sujeita ao gosto apaixonado do redator. Se um jornal bem informado pode minimizar a importância do ministério e da lei, não poderia ocultá-los sob pena de provocar os protestos ou o desafeto de seus leitores. Em compensação, corre pequenos riscos se deixar passar em silêncio a obra qu acaba de aparecer" (Ver J. Lethève. *Op. cit.,* pp. 9-10).

(77) Por um paradoxo que resume toda a verdade objetiva de sua posição, o jornalista "cultural" (isto é, tanto o crítico literário de um jornal como o intelectual "mediador" que divulga ou discute em revistas de interesse geral destinados aos intelectuais) pode contribuir para a difusão e, até mesmo para consagração das obras (o que depende do grau de legitimidade da posição que

A estrutura das relações objetivas entre o campo de produção de bens legítimos e o campo da indústria cultural, constitui o princípio dos mecanismos que, a despeito de qualquer intervenção consciente e de qualquer jurisdição expressa, tendem a descartar as solicitações externas e, em especial, as incitações à "vulgarização" que, a exemplo da "vulgaridade, só pode ser definida estruturalmente, ou seja, através e pela oposição que se estabelece objetivamente entre dois modos de produção. Assim, por exemplo, o sucesso alcançado por uma produção dirigida a um público externo ao grupo de pares não aumenta em nada o crédito que um pesquisador possui no interior da comunidade científica, podendo inclusive ser interpretado como uma espécie de tráfico de influência destinado a exercer uma pressão ilegítima sobre o juízo dos pares. Isto ocorre porque a pertinência de um produto ou de uma prática à classe do legítimo ou do ilegítimo constitui uma propriedade que lhe é conferida *de fora,* independentemente das intenções do produtor, sendo função de toda a estrutura das relações objetivas entre a posição do produtor na hierarquia propriamente cultural e a qualidade propriamente cultural do público que visa atingir ou que de fato atinge, por intermédio de um tipo determinado de instrumentos de difusão (revistas especializadas, revistas de vulgarização ou jornais de ampla tiragem, editores consagrados ou comerciais, comunicações em uma sociedade erudita ou conferência mundana etc.). Em resumo, é a própria lógica de seu funcionamento que, muito mais do que quaisquer proibições, protege a integridade do campo de produção erudita [78]. Somente os produtores dotados dos signos mais indiscutíveis da consagração cultural, ou melhor, aqueles mais

ocupa) sem que, com isso, alcance uma consagração pessoal proveniente deste quase poder de consagrar (é o que aparece através de uma pesquisa a respeito das revistas "intelectuais", como *Critique, Esprit, Les Temps Modernes*). Tal fato explica ainda a ambivalência da relação que estes *porta-vozes* bastante vulneráveis (porque facilmente substituíveis e fadados a permanecerem desconhecidos embora "façam conhecer") mantém com aqueles "para quem" eles falam.

(78) Aliás, é possível aquilatar a ingenuidade das descrições da comunidade científica como sistema explicitamente orientado para um objetivo específico, qual seja "o crescimento do conhecimento validado", nos termos de Merton, e regido por normas institucionais como por exemplo, ainda segundo Merton, o universalismo, o "comunismo" (*communality*), o desprendimento, o ceticismo metódico etc. (Ver R. K. Merton. "Science and Democratic Social Structure". In: *Social Theory and Social Structure*. Glencoe, The Free Press, 6ª ed., 1962, pp. 550-'60). Se as descobertas científicas como produtos da colaboração social logo retornam à coletividade, tal sucede porque os produtores têm um interesse vital em comunicá-las, como atestam as inumeráveis controvérsias a respeito da prioridade da descoberta. Contudo, se "o mundo científico" progride de modo incessante no sentido do universalismo, não é porque ele se identifica cada vez mais com uma espécie de "reinos dos fins" que poderia fornecer o modelo ideal da sociedade futura (como os eruditos costumam sugerir), mas porque os pesquisadores têm interesse particular em mostrar que as descobertas de seus antecessores ou de seus contemporâneos não são universais e, mesmo no caso das ciências humanas, exprimem seus interesses particulares. E assim por diante.

indicados como porta-vozes da palavra do grupo por serem os mais conformados às suas normas, podem aventurar-se fora dos limites do campo das práticas legítimas sem correr o risco de que a qualidade de seu público venha contaminar a qualidade de sua produção e sem atrair a reprovação da comunidade uma vez que o êxito junto a um público ocasional não poderia acrescentar nada à sua autoridade propriamente cultural [79].

Destarte, todas as relações que uma dada categoria de intelectuais ou artistas pode instaurar com as demais categorias constitutivas da sociedade intelectual ou artística ou com o público externo a esta sociedade e, *a fortiori*, com qualquer instância social externa — quer se trate de poderes econômicos com dimensão cultural como os *marchands* ou os editores, de poderes políticos, e até de instâncias de consagração cultural cuja autoridade deriva seu princípio de fora do campo dos produtores, a exemplo das Academias — são mediadas pela estrutura do campo na medida em que dependem da posição que esta categoria particular ocupa na hierarquia que se estabelece do ângulo da legitimidade cultural no interior do campo das relações de produção e difusão dos bens simbólicos. A sociologia da produção intelectual e artística constitui seu objeto próprio e, ao mesmo tempo, seus limites, ao construir o sistema relativamente autônomo das relações de produção e circulação dos bens simbólicos. Neste momento, passa a ter condições de detectar as propriedades de posição que uma dada categoria de agentes de produção ou de difusão cultural deriva do lugar que ocupa na estrutura deste campo e, por esta via, torna-se capaz de dar conta da significação e da função que as práticas e as obras devem à *posição* dos que produzem tais obras no campo das relações sociais de produção e circulação, bem como à posição correlata que ocupam em um campo cultural concebido como o sistema das *posições culturais* objetivamente possíveis em um dado estágio do campo de produção e circulação. Todas as posições constitutivas de um campo cultural não se apresentam disponíveis com a mesma probabilidade aos ocupantes de uma determinada posição no campo de produção e circulação, ou melhor, para usar as palavras de Leibniz, não se apresentam com a mesma "pretensão a existir". Ao contrário, a cada uma das posições no campo de produção e circulação corresponde, a título de potencialidade objetiva, um tipo particular de posições culturais (ou seja, um lote particular de

(79) Ver L. Boltanski e P. Maldidier. Carrière scientifique, morale scientifique et vulgarisation. *Information sur les Sciences Sociales*, 1970, p. 99-118.

problemas e esquemas de solução, temas e procedimentos, posições estéticas e políticas etc.) que só podem ser definidas de maneira diferencial, quer dizer, em relação às demais posições culturais constitutivas do campo cultural em questão, e que também definem aqueles que as adotam em relação às demais posições e em relação aos que adotaram as demais posições.

"Seu eu tivesse a glória de Paul Borget, dizia Arthur Cravan, poderia me exibir todas as noites de biquini em uma revista de *music-hall* e garanto que ganharia dinheiro" [80]. O projeto de rentabilização da glória literária pode parecer em princípio autodestrutivo e cômico porque supõe uma relação dessacralizada e dessacralizante com a autoridade literária, relação de todo inconcebível a não ser para um artista marginal, capaz de conhecer e reconhecer de tal modo os princípios da legitimidade cultural a ponto de colocar-se imaginariamente fora da lei cultural [81]. Logo, não há posição no sistema de produção e circulação de bens simbólicos (e em geral, na estrutura social) que não envolva um tipo determinado de tomadas de posição e que não exclua também todo um repertório das tomadas de posição abstratamente possíveis. Para que assim seja, não é preciso que as tomadas de posição possíveis ou inviáveis tornem-se objeto de proibições ou prescrições explícitas. A lei que rege a relação entre as estruturas objetivas do campo (em particular, a hierarquia objetiva dos graus de consagração) e as práticas por intermédio do *habitus* — princípio gerador de estratégias inconscientes ou parcialmente controladas tendentes a assegurar o ajustamento às estruturas de que é produto tal princípio — constitui apenas um caso particular da lei que define as relações entre as estruturas, o *habitus* e a prática, e segundo a qual as aspirações subjetivas tendem a ajustar-se às oportunidades objetivas. Sem dúvida, o princípio de todas as práticas não é a relação vivida com as estruturas e, muito menos, as estratégias elaboradas semiconscientemente e referidas via de regra a uma consciência sempre parcial das

(80) A. Cravan, citado por A. Breton. *Anthologie de l'humour noir*, Paris, J. J. Pauvert, 1966, p. 324.

(81) De maneira mais geral, se os ocupantes de uma posição determinada na estrutura social a não ser raramente fazem o que deveriam fazer no entender dos ocupantes de uma posição diferente ("se eu estivesse em seu lugar..."), é porque estes últimos projetam as tomadas de posição inscritas em sua própria posição em uma posição que os exclui. A teoria das relações entre posições e tomadas de posição esclarece o princípio de todos os erros de perspectiva a que se expõem inevitavelmente todas as tentativas para abolir as diferenças ligadas às diferenças de posição por uma simples projeção imaginária ou por um esforço de "compreensão" cujo princípio consiste sempre em "colocar-se no lugar", ou então, para transformar as relações objetivas entre os agentes transformando as representações que eles têm destas relações.

estruturas (tomemos, por exemplo, o conhecimento da estrutura presente e futura do mercado de trabalho das diferentes disciplinas, dado relevante a ser mobilizado no momento de uma mudança de orientação). Entretanto, pelo fato de que todas as relações diretas entre os agentes ou entre os agentes e as instâncias de difusão ou de consagração são medidas pela estrutura das relações constitutivas do campo, e na medida em que devem sua forma própria à relação objetiva (que pode aflorar à consciência de modo mais ou menos completo entre as posições ocupadas pelos termos da relação nesta estrutura, os índices (em particular, os signos sempre ambíguos de reconhecimento) que podem ser obtidos de maneira mais ou menos consciente por ocasião destas relações, índices selecionados e interpretados segundo os esquemas inconscientes do *habitus*, contribuem para formar a representação que os agentes podem ter acerca da representação social de sua posição na hierarquia das consagrações. Assim, tal representação semiconsciente constitui também uma das mediações através das quais se elabora, por referência à representação social das tomadas de posição possíveis, prováveis ou impossíveis (ou, caso se prefira, toleradas, recomendadas ou proibidas) com que se defrontam os ocupantes de cada classe de posições, o sistema das estratégias mais inconscientes que conscientes e típicas dos agentes que pertencem a esta classe e, em particular, o sistema das aspirações e das ambições legítimas para os ocupantes desta classe de posições.

Pode-se avaliar o quanto seria ocioso a pretensão de distinguir entre os determinantes das práticas o efeito das disposições duradouras, generalizadas e transferíveis, que encontram em uma situação determinada apenas uma causa ocasional de sua atualização, e o efeito de apercepção e de apreciação consciente ou semiconsciente desta situação e das estratégias intencionais ou semi-intencionais destinadas a responder a tal situação. De fato, as disposições mais inconscientes, como por exemplo as que resultam da interiorização de um *habitus* primário de classe, se constituíram através da interiorização de um sistema objetivamente selecionado de signos, índices e sanções, que nada mais são do que a materialização, nos objetos, nas palavras e nas condutas, de um sistema particular de estruturas objetivas. Tais disposições permanecem o princípio de seleção de todos os signos e índices produzidos pelas situações extremamente diversas que são capazes de determinar sua atualização. Tomemos um exemplo a fim de tornar explícitas as relações intrincadas, embora convergentes, entre as disposições inconscientes e as experiências por elas estruturadas, ou então, entre as estratégias inconscientes engendradas pelo *habitus* e as estratégias consciente ou semiconscientemente produzidas em resposta a uma situação estruturada segundo os esquemas constitutivos do *habitus*. Os manuscritos que um editor recebe constituem o produto de uma espécie de pré-seleção operada pelos próprios autores em função da representação que possuem do editor, da tendência literária que ele representa e que talvez tenha guiado sua produção, sendo que esta representação constitui ela própria função da relação objetiva entre as posições relativas dos autores no campo. Ademais, o "destino" desses manuscritos também é afetado por uma série de determinações (por exemplo, "interessante mas pouco comercial" ou "pouco comercial mas interessante") que resultam quase que mecanicamente da relação entre a posição do autor no campo de produção (autor jovem desconhecido, autor consagrado, escritor da editora etc.) e a posição do editor no sistema de produção e circulação (editor "comercial", consagrado ou de vanguarda). E quase sempre trazem a marca do intermediário pelo qual chegaram às mãos do editor (diretor de coleção, leitor, "autor da editora" etc.) cuja autoridade também é função das respectivas posições no campo. Pelo fato de que as intenções subjetivas e as disposições inconscientes contribuem para a eficácia das estruturas objetivas em relação às quais encontram-se objetivamente ajustadas (na medida em que tais intenções constituem um produto dessas estruturas), o entrelaçamento dos determinismos objetivos e da determinação subjetiva tendem a conduzir cada agente, mesmo ao preço de algumas tentativas e erros, ao "lugar natural" que lhe está destinado de antemão pela estrutura do campo. Destarte, compreende-se por que o editor e o autor vivem e interpretam a harmonia preestabelecida que seu encontro realiza e revela como um milagre da predestinação: "Você está contente de ser publicado pelas Éditions de Minuit? Se eu tivesse pensado melhor, teria me dirigido para lá imediatamente... Mas não tive coragem, achava bom demais para mim... Então primeiro mandei meus manuscritos para a editora X. Não é lá muito simpático o que estou dizendo da editora X! Mas como eles recusaram meu livro, levei assim mesmo às Éditions de Minuit. — De que maneira você se entende com o editor? — Começou por me apontar as coisas que eu não pensava ter mostrado, tudo que diz respeito ao tempo, às coincidências"[82]. Quanto ao editor, a representação de sua "vocação"

(82) *La Quinzaine Littéraire*, 15 de setembro de 1966.

que lhe é imposta por sua posição (representação que mais exprime do que orienta sua prática), combina o relativismo estético do descobridor, consciente de possuir como princípio estético apenas o que se traduz pela desconfiança de qualquer princípio canônico, com a fé mais total em uma espécie de "faro" absoluto, princípio último e muitas vezes indefinível de suas escolhas. Tal representação encontra-se incessantemente reforçada e confirmada pela seleção dos autores (que nada mais fazem do que procederem a uma auto-seleção em face da imagem do editor), pela representação que os produtores, os críticos, o público e os demais editores, possuem de sua função na divisão do trabalho intelectual e pela representação que, a partir de sua posição, possui acerca destas representações. A situação do crítico é semelhante. As obras diversas vezes selecionadas (positiva ou negativamente) que chegam a ele, trazem a marca suplementar do editor (em alguns casos, de um autor ou outro crítico que faz o prefácio): o valor desta marca é função, mais uma vez, da estrutura das relações objetivas entre as respectivas posições do autor, do editor, do crítico, e da relação que este último mantém com a significação e com o valor conferido às obras publicadas pelo editor em questão pelas taxinomias vigentes no mundo dos críticos ou no campo da produção erudita (por exemplo, "novo romance", "literatura objetal" etc.). "Com exceção das primeiras páginas, que se apresentam como um pastiche mais ou menos voluntário do *nouveau roman, L'Auberge espagnole* conta uma história rocambolesca mas perfeitamente clara cujo desenvolvimento obedece à lógica do sonho e não da realidade"[83]. Destarte, o crítico que levanta a suspeita de o jovem romancista haver se enfronhado consciente ou inconscientemente no jogo de espelhos envolve-se no mesmo jogo descrevendo o que ele considera um reflexo do *nouveau roman* à luz de um reflexo comum do *nouveau roman*. Schoenberg descreve o efeito do mesmo tipo: "Por ocasião de um concerto com meus alunos, um crítico de ouvido particularmente apurado define uma peça para quarteto de cordas, cuja harmonia — como é sábido — não vai muito além da usada por Schubert, como um produto que trai minha influência". Tais erros de leitura como todos os mal-entendidos que deles decorrem são freqüentes porque o crítico, cuja posição no campo o predispõe a uma disposição globalmente favorável a quaisquer produtos de vanguarda, passa a agir como iniciado remetendo a revelação decifrada àquele que lhe facultou tal

(83) E. Lalou. *L'Express*, 26 de outubro de 1966.

revelação e único em condições de confirmá-lo em sua vocação de intérprete privilegiado ao ratificar a justeza do deciframento [84]. Portanto, é lógico e altamente significativo o fato de que o que se tornou um nome de escola literária assumido pelos próprios autores (o *nouveau roman*), tenha sido em primeiro lugar, assim como para os impressionistas e os simbolistas, uma etiqueta pejorativa cunhada por um crítico tradicional para designar os romances publicados pelas Éditions de Minuit. Assim como os críticos e o público são instados a buscar e a inventar os vínculos capazes de reunir as obras publicadas com o mesmo selo, também os autores foram definidos por esta definição pública de seu empreendimento na medida em que se viram forçados a definir-se em relação a ela. Ademais, tendo que confrontar-se com a imagem que o público e a crítica fazia deles, sentiram-se autorizados a pensar a si mesmos como se constituíssem algo mais do que um simples grupamento ocasional, passando a se considerarem como uma escola dotada de um programa estético próprio, ancestrais de linhagem idêntica, críticos comissionados e porta-vozes. Em suma, os juízos mais pessoais que se podem fazer a respeito de uma obra, mesmo que seja a própria obra, constituem sempre juízos coletivos por serem tomadas de posição referidas a outras tomadas de posição tanto de maneira direta e consciente como de maneira indireta e inconsciente, por intermédio das relações objetivas entre as posições de seus autores no campo. Através do sentido público da obra que se constitui em meio às interações infinitamente complexas entre juízos ao mesmo tempo determinados e determinantes, através das sanções objetivas impostas pelo mercado de bens simbólicos às "aspirações" e às "ambições" do produtor e, em particular, através do grau de reconhecimento e consagração que o mercado lhes concede, defrontamo-nos com a estrutura inteira do campo que se interpõe entre o produtor e sua obra passada e futura, impondo-lhe a delimitação do campo das ambições que são vividas como legítimas ou ilegítimas e cuja probabilidade de realização encontra-se objetivamente inscrita em sua posição ou dela excluída.

(84) Em decorrência da natureza particular de seus interesses e da ambiguidade estrutural de sua posição de homem de comércio objetivamente investido de um poder de consagração cultural, o editor tende muito mais do que os outros agentes de produção e de difusão a levar em conta, mediante estratégias conscientes, as regularidades que regem objetivamente as relações entre os agentes: o discurso seletivo que delega ao crítico, selecionado não apenas em função de sua influência mas também em função das afinidades que pode ter com a obra (e que podem chegar ao nível de uma fidelidade aberta com o editor ou com o conjunto de suas publicações, ou com uma dada categoria de autores), é uma mistura extremamente sutil onde a idéia que ele tem da obra junta-se à idéia que ele tem da idéia que o crítico poderá ter, tendo em vista a representação que possui acerca das publicações da editora.

Condenados pela própria lógica do campo a envolver sua salvação cultural em qualquer tomada de posição (por mínima que seja) e a espreitar na incerteza os signos forçosamente ambíguos de uma eleição sempre oscilante, os intelectuais e os artistas podem viver o fracasso como um signo de eleição ou o êxito muito rápido e ruidoso como ameaça de maldição (por referência a uma definição historicamente datada do artista consagrado ou maldito), muito embora não possam ignorar o valor propriamente cultural que lhes é atribuído (ao menos na medida em que tal valor comanda a qualidade e a própria existência da recepção de sua obra), ou seja, não podem ignorar a posição que ocupam na hierarquia da legitimidade cultural cuja lembrança neles se faz presente através dos signos de reconhecimento ou de exclusão com que se defrontam nas relações com os pares ou com as instâncias de consagração. Esta sanção objetiva afeta tanto sua prática como sua obra, modificando a relação que mantêm com sua obra e contribuindo para definir, ademais, o nível de ambição que um determinado nível de consagração autoriza e exige. Desta maneira, na maioria das disciplinas científicas, os progressos na consagração fazem-se acompanhar pelo abandono dos trabalhos empíricos em favor das sínteses teóricas, muito mais prestigiosas. Pode-se verificar que até mesmo matemáticos, físicos e biólogos consagrados, acabam por compor alguma obra de ambição filosófica como fecho de uma carreira especializada como se quisessem reconverter no âmbito do mercado mais amplo e de uma perspectiva mais prestigiosa, da grande vida intelectual, o capital de prestígio de que dispõem no universo de especialistas. Em geral, tudo se passa como se o campo esperasse daqueles aos quais concede a mais alta consagração que assumam o papel quase profético do *intelectual total*, chamado a expressar seu juízo ou sentimento acerca das questões últimas da existência [85]. Sem dúvida, é através da posição que confere às diferentes categorias de produtores na hierarquia da legitimidade que o campo (cujo princípio de estruturação mais específico é justamente tal hierarquia) comanda a produção de modo mais direto [86]. Na verdade, assim como em todo

---

(85) Tal expectativa é particularmente forte na França porque, de um lado, resulta do peso relativamente importante dos produtores intelectuais independentes e, correlativamente, de outro lado, do papel desempenhado pelas revistas e semanários destinados ao grande público intelectual e instados, por esta razão, a manifestar este tipo de demanda.

(86) Com vistas a caracterizar completamente a posição de qualquer agente no campo, seria preciso levar em consideração, além de sua posição na hierarquia *propriamente cultural* da legitimidade, sua posição nas diferentes hierarquias em relação às quais ele também pode se definir (por exemplo, para um universitário, a hierarquia do poder propriamente universitário) e o *grau de*

campo intelectual sempre existe uma hierarquia de posições no tocante à legitimidade, também as diferentes posições culturais constitutivas do campo cultural tendem a organizar-se segundo uma hierarquia que nunca se manifesta inteiramente ao nível da consciência dos agentes, inclusive porque seu princípio não se encontra globalmente situado no interior do próprio campo (por exemplo, pode-se tomar a posição eminente que a teoria ocupa). A cada uma das posições na hierarquia dos graus de consagração (pelo menos no início de uma carreira intelectual ou artística, identifica-se com o grau de consagração escolar) corresponde uma relação mais ou menos ambiciosa ou resignada com o campo também hierarquizado das posições culturais. A análise das trajetórias intelectuais ou artísticas mostra não só que as "escolhas" mais comumente imputadas à "vocação", como por exemplo a escolha da especialidade intelectual ou artística (a matemática em lugar da biologia, a lingüística ou a sociologia ao invés da filologia ou da geografia, o ofício de escritor em lugar de crítico, a carreira de pintor ou de poeta ao invés da de romancista ou cineasta etc.), mas também, em registro mais profundo, tudo que define a maneira de realizar-se na especialidade "escolhida", dependem da posição atual e potencial que o campo intelectual ou artístico atribui às diferentes categorias de agentes através do sistema das instâncias de consagração cultural. Pode-se supor que as leis que regulam as "vocações" intelectuais ou artísticas se assemelham em seu princípio às que regem "escolhas" escolares, como por exemplo a "escolha" da faculdade ou da disciplina, fazendo com que a "escolha" da disciplina torne-se cada vez mais "ambiciosa" (em relação à hierarquia vigente no campo universitário) à medida em que nos aproximamos dos estudantes e professores mais amplamente consagrados no plano escolar e daqueles mais favorecidos do ponto de vista da origem social. Neste sentido, pode ocorrer que uma determinada categoria de professores e pesquisadores desenvolva uma produção intelectual tanto mais abundante e tanto mais "ambiciosa" (orientada para as práticas mais bem situadas na hierarquia da legitimidade) quanto maior for o grau de consagração escolar de seus membros, o que depende da medição operada pela origem social. Para que se possa colocar de

cristalização de suas posições nas diferentes hierarquias, sendo que todas estas características podem ser correlacionadas às características particulares de sua obra. De modo geral, a estrutura do poder em uma comunidade intelectual não coincide necessariamente com a hierarquia dos prestígios propriamente culturais. De fato, se certos agentes detêm um poder intelectual em virtude de seu prestígio intelectual (autores consagrados que podem transmitir seu carisma através de prefácios ou artigos, autoridades acadêmicas etc.), outros agentes podem deter um poder intelectual na ausência de todo e qualquer prestígio intelectual.

modo adequado e resolver de maneira mais acabada o problema da harmonia quase miraculosa que se pode observar, em campos bastante distintos, entre os "postos" (ou seja, no caso em pauta, a posição na estrutura do campo intelectual e as tomadas de posição inscritas nesta posição) e as aptidões socialmente condicionadas da maioria dos ocupantes destes postos (uma vez que os casos de *discordância* também colocam problemas importantes), cumpre efetuar uma dupla construção: de um lado, é preciso construir a estrutura do campo de posições possíveis (no caso em discussão, o campo de produção erudita, ou então, em outros casos, o campo do poder em oposição a esses objetos pré-construídos que são "as elites" ou os "intelectuais") e, de outro lado, convém estabelecer o sistema dos mecanismos sociais que tendem a preencher estas posições, isto é, o sistema dos mecanismos de *reprodução* das estruturas sociais. Não havendo esta dupla construção, não se pode colocar a questão abstrata e insolúvel da distinção entre a parte das práticas ou das ideologias que remete às influências primárias (ou seja, a primeira educação familiar) e a parte que se explica pela situação profissional. Convém salientar que a posição ocupada e a maneira de ocupá-la dependem de toda a trajetória conducente à posição, ou seja, dependem da posição inicial, a da família de origem, também ela definida por uma certa trajetória. São estas as condições para se detectar tudo que há de fictício em tal problemática.

Entre os fatores sociais passíveis de determinar as leis de funcionamento de um campo científico, quer se trate da produtividade de uma disciplina em seu conjunto ou da produtividade diferencial de seus diferentes setores, quer se trate das normas e mecanismos que regem o acesso à notoriedade, os mais importantes são sem dúvida os fatores estruturais como por exemplo a posição de cada disciplina na hierarquia das ciências (na medida em que esta posição comanda o conjunto dos mecanismos de seleção) e a posição dos diferentes produtores na hierarquia própria a cada uma destas disciplinas. As reconversões coletivas quase sempre inconscientes que levam à disciplina científica mais consagrada uma parcela importante dos produtores do momento (ou então, em outra área, o gênero artístico) do momento, são vividas como se fossem inspiradas pela "vocação" ou determinadas pela lógica de um itinerário intelectual, e são muitas vezes imputadas a efeitos de moda. Na verdade, não passam, a exemplo de alguns empréstimos apressados de modelos e esquemas, de reconversões destinadas a assegurar o melhor rendimento econômico ou simbólico a um tipo determinado de capital cultural. Assim, a sensibilidade necessária para pressentir estes movimentos da bolsa de valores culturais, a audácia indispensável para responder ao desafio, abandonando as vias traçadas do futuro mais provável, a capacidade de antecipar-se a tais mudanças, dependem de fatores sociais tais como a natureza do capital possuído e, por esta via, da origem escolar e social, com as oportunidades objetivas e as aspirações e ela vinculadas [87]. Em consequência, o interesse demonstrado pelas diferentes categorias de pesquisadores em relação aos diferentes tipos de práticas no interior de uma dada disciplina científica, num determinado momento do tempo (por exemplo, a pesquisa empírica ou a teoria), é função de fatores diversos: de um lado, das ambições propiciadas por sua formação e êxito escolar e, ao mesmo tempo, por sua posição na hierarquia da disciplina (características que são avaliadas de modo distinto segundo a origem social, ou seja, segundo o *habitus* produzido pela primeira educação de classe), que autorizam os agentes a tirar proveito das oportunidades razoáveis de levar a cabo tais ambições; de outro lado, da hierarquia objetivamente reconhecida das práticas e dos objetos de estudo legítimos, isto é, dos lucros materiais e simbólicos distintos que estas práticas ou estes objetos estão em condições de propiciar. Dadas estas condições, pode-se explicar, por exemplo, a atração exercida pelas investigações mais teóricas pois oferecem um rendimento em termos de notoriedade incomparavelmente maior do que as pesquisas puramente empíricas, fato que sucede em todas as disciplinas aliás hierarquizadas segundo o mesmo princípio, ou seja, das mais teóricas às mais práticas [88].

Se as relações constitutivas do campo de posições culturais não revelam completamente seu sentido e sua função a não ser quando referidas ao campo das relações entre as po-

---

(87) Destarte, já se pôde mostrar que o desenvolvimento por que passou a psicologia na Alemanha, em fins do século XIX, explica-se tanto pelo estado do mercado universitário que favorecia a mobilidade dos professores e dos estudantes de fisiologia em direção a outras áreas, como pela posição relativamente baixa da filosofia no campo universitário que a considerava um terreno ideal para os empreendimentos inovadores dos trânsfugas das disciplinas mais altas (Ver J. Ben-David e R. Collins. Social Factors in the Origins of a New Science: The Case of Psychology. *American Sociological Review*, vol. 31, nº 4, agosto de 1966, pp. 451-465).

(88) Os movimentos da Bolsa de valores culturais encarados a curto prazo não devem dissimular as constantes, como por exemplo a dominação das disciplinas mais teóricas sobre as disciplinas mais pragmáticas.

Seria preciso dar atenção especial às estratégias aplicadas às relações com os grupos que ocupam uma posição vizinha no campo: a lei da busca da distinção explica o paradoxo aparente segundo o qual os conflitos mais encarniçados, e também os mais fundamentais, opõem cada grupo a seus vizinhos imediatos, justamente os que ameaçam de modo mais direto sua identidade, vale dizer, sua distinção e, por conseguinte, sua existência propriamente cultural.

sições ocupadas por aqueles capazes de produzi-las, reproduzi-las e utilizá-las, tal ocorre porque as tomadas de posição intelectuais ou artísticas constituem, via de regra, *estratégias* inconscientes ou semiconscientes em meio a um jogo cujo alvo é a conquista da legitimidade cultural, ou melhor, do monopólio da produção, da reprodução e da manipulação legítimas dos bens simbólicos e do poder correlato de violência simbólica legítima. A pretensão de localizar no campo cultural a verdade inteira deste campo é o mesmo que transferir aos céus das relações de oposição e de homologia lógicas e semiológicas as relações objetivas entre posições diferentes no campo das relações de produção. É o mesmo que descartar a questão da relação entre este campo e o campo cultural, isto é, significa eliminar a questão da independência dos diferentes sistemas de tomadas de posições culturais constitutivos de um dado estado do campo cultural em relação aos sistemas de interesses especificamente culturais ou interesses mais gerais dos diferentes grupos competindo pela legitimidade cultural. Enfim, é o mesmo que vedar a possibilidade de determinar o que tais grupos devem às funções sociais que desempenham nas estratégias destes grupos. Destarte, pode-se postular que não há tomada de posição cultural que não seja passível de uma *dupla leitura* na medida em que se encontra situada ao mesmo tempo no campo propriamente cultural (por exemplo, científico ou artístico) e em um campo que se pode designar "político", a título de estratégia consciente ou inconscientemente orientada em relação ao campo das posições aliadas ou inimigas. Tal fato sucede no caso mais favorável em que se desenvolve uma representação ingenuamente idealista da ciência, podendo-se apontar diversos exemplos de tomadas de posição situadas exclusivamente no plano "político". Uma pesquisa orientada por esta hipótese encontraria seus índices mais seguros mediante uma análise metódica das *referências privilegiadas* concebidas não como meros índices dos circuitos de trocas de informação (em particular, empréstimos manifestos ou dissimulados de palavras ou idéias) entre os produtores contemporâneos ou de épocas diferentes, mas também enquanto índices que delimitam o campo dos aliados e dos adversários privilegiados com que se defronta objetivamente cada categoria de produtores no interior do *campo de batalha ideológica* comum ao conjunto de um campo ou de um subcampo de produção [89]. A construção do sistema

---

(89) Constata-se que o levantamento dos traços pertinentes supõe, também neste caso, uma interrogação sistemática sobre as *funções* dos tipos diferentes de referência com vistas a determinar as que têm uma função estratégica (patente ou escondida, principal ou secundária etc.). Nem é preciso dizer que a "cita-

de relações que cada uma das categorias de produtores mantém com poderes concorrentes, hostis, aliados ou neutros — os quais é preciso aniquilar, intimidar, conchavar, anexar ou coligar —, supõe uma ruptura radical com os pressupostos implícitos que impedem à "citatologia" ir além das relações mais aparentes e, em especial, com a representação superlativamente ingênua da produção cultural quando apenas leva em conta as *referências explícitas,* ou seja, somente a face visível das referências realmente efetuadas, tanto para o produtor como para o público. Não se pode reduzir a menções meramente explícitas a presença de Platão nos textos de Aristóteles, de Descartes nos textos de Leibniz, de Hegel nos textos de Marx. E de modo mais geral, não se pode reduzir a tão pouco os *interlocutores privilegiados* que cada produtor transpõe em todos os seus escritos, espécie de mestres dos quais o produtor se apropriou a tal ponto dos esquemas de pensamento que só consegue pensar neles e através deles, espécie de adversários íntimos capazes de comandar seu pensamento impondo-lhe o terreno e o objeto do conflito. Além disso, pelo fato de os conflitos manifestos dissimularem, aos olhos dos que neles se encontram envolvidos, o *consensus* no *dissensus* que define o campo de batalha ideológica de uma época determinada para cuja produção o sistema de ensino contribui inculcando uma hierarquia indiscutível dos

tologia" quase sempre ignora esta questão, tratando implicitamente a referência a um autor como um *índice de reconhecimento* (o que na verdade constitui apenas a função mais geral), quando pode estar associada às funções mais diversas, como por exemplo a manifestação de relações de lealdade ou de dependência, de estratégias de filiação ou de anexação, de defesa (tomemos o papel desempenhado pelas referências do tipo garantia, do tipo ostentatório ou do tipo *alibi*). Agora é preciso citar dois "citatólogos" que pelo menos têm o mérito de colocar uma questão sistematicamente ignorada por seus colegas: "Cita-se um outro autor por razões complexas: para conferir sentido autoridade ou profundidade a uma afirmação, para mostrar seu conhecimento do trabalho no mesmo campo e não parecer plagiário de idéias ainda quando concebidas de modo independente. A citação destina-se aos leitores, pois supõe-se que alguns deles tenham um conhecimento da obra citada (caso contrário, a citação não teria sentido) e possam aderir às normas concernentes ao que deve e pode ou não pode lhe ser atribuído" (Ver J. S. Cloyd e A. P. Bates. George Homans in Footnotes: the Fate of Ideas in Scholarly Communication. *Sociological Inquiry*, 1964, p. 122). Quando não se manifesta imediatamente de modo explícito e direto (como no caso das referências polêmicas ou deformantes), a função estratégica de uma referência pode ser apreendida em sua *modalidade*, humilde ou hegemônica, impecavelmente universitária ou negligente, explícita ou implícita e, neste último caso, inconsciente, reprimida (o que indica uma forte relação de ambivalência), ou então, ciosamente dissimulada (por prudência tática, por vontade de anexação mais ou menos ingênua e visível por plágio —, ou por desprezo). As considerações estratégicas também podem se fazer presentes nas citações mais diretamente orientadas para as funções que lhes são comumente reconhecidas pela "citatologia". Basta fazer menção ao que se poderia denominar a referência *a mínima* — que consiste em reconhecer uma dívida precisa e nitidamente espedificada (pela citação integral de uma frase ou de uma expressão) a fim de mascarar uma dívida mais global e mais difusa — ou às referências *a máxima*, cujas funções podem variar, desde a homenagem obrigatória até a anexação autovalorizante, nos casos em que a contribuição daquele que cita para com o pensamento citado (neste caso, necessariamente prestigioso) é bastante evidente e importante.

temas e problemas que merecem discussão, somente as referências implícitas podem permitir a construção deste espaço definido por um sistema de pontos de referência comuns que parecem tão naturais e tão indiscutíveis que nem chegam nunca a constituir o objeto de uma tomada de posição consciente e, em relação ao qual, se definem de maneira diferencial todas as tomadas de posição das diferentes categorias de produtores [90].

Somente com a condição de tratar as teorias, os métodos e os conceitos como manobras "políticas" visando instaurar, restaurar, reforçar, salvaguardar ou derrubar uma determinada estrutura de relações de dominação simbólica — ou então, em outras palavras, visando conquistar ou defender o monopólio do exercício legítimo de uma atividade científica e do poder de conferir ou de recusar a legitimidade às atividades concorrentes — é possível esclarecer uma das significações e das funções mais bem dissimuladas das tomadas de posição as quais, em uma área como a sociologia, aparecem como simples contribuições ao progresso da ciência ou como a expressão autêntica de divergências cientificamente fundadas a respeito da melhor maneira de contribuir para tal progresso. Neste sentido os "pares epistemológicos" do tipo teoria geral/empirismo ou formalismo/positivismo recobrem na verdade posições "políticas" entre grupos que ocupam posições diferentes no campo da disciplina, e tendem a transformar em escolhas epistemológicas, segundo um mecanismo que se assemelha ao do ressentimento em Nietzsche, os interesses associados à posse de um tipo determinado de capital científico (ele próprio ligado a um tipo determinado de formação, com seus pontos fortes, suas fraquezas e lacunas) e a uma posição determinada no campo científico. Nestas condições, é lícito supor que uma intenção estratégica (que pode permanecer perfeitamente inconsciente) constitui o princípio de uma teoria como a de Merton, podendo-se compreender melhor a razão de ser (e o lugar socialmente eminente) das "teorias de médio alcance" quando se considera a hipótese de que tiveram por função assegurar a reconciliação e a coa-

---

(90) Deste modo, toda análise das estratégias próprias a uma categoria refere-se a uma representação mais ou menos explicitamente elaborada da problemática em vigor, ou seja, dos temas e problemas que se impõem à discussão (a tal ponto que muitas vezes a ausência de posição constitui, não obstante, uma tomada de posição) em uma certa conjuntura intelectual e política (objeto de muita referência tácita). O que os silêncios e as elipses da obra acabam revelando são os postulados implicitamente assumidos, os credos que porque parecem tão naturais permanecem muito mais ao nível de pressupostos e nunca são explicitamente assumidos, as formas de pensamento e de expressão, as taxinomias políticas e estéticas, o *"pathos"* metafísico" que, segundo a expressão de Lovejoy, caracteriza toda uma época.

lizão entre teóricos e empiristas, propiciando ao autor de tal fusão, a partir de então situado acima dos partidos, a autoridade indiscutível de um árbitro ou de um *expert* em teoria (assim como outros em metodologia)?[91]. Inúmeros problemas, discussões, críticas, polêmicas, conceitos, métodos, construções teóricas etc., derivam sua razão de ser da busca pela distinção (por exemplo, a retradução efetuada por Weber do *mana* em *carisma*). Também outras estratégicas têm como princípio gerador a concorrência pelo monopólio da legitimidade científica: 1) o reconhecimento mútuo da legitimidade, pacto provisório de não-agressão ou acordo duradouro mas somente possível entre agentes que não se encontram colocados em situação de concorrência direta (como teóricos e empiristas, pesquisadores pertencentes a gerações diferentes ou trabalhando em disciplinas ou em campos diferentes etc.); 2) a anexação simbólica praticada sobretudo pelos grandes teóricos em suas relações com os empiristas ou com os teóricos de vôo mais baixo, assim reduzidos à qualidade de discípulos que se ignoram; 3) e por último, a excomunhão fundada no questionamento da autoridade e da qualificação científica dos concorrentes[92]. As problemáticas e as temáticas, sem falar das escolhas epistemológicas e metodológicas, derivam muito mais do que parece à primeira vista da relação que seu autor mantém, em função de sua posição no campo,

(91) Randall Collins, que sugere esta hipótese, escreve por outro lado: "Por volta de 1950, os funcionalistas detinham virtualmente o monopólio da teoria, e praticamente não havia concorrência. Desde então, a escola funcionalista procurou perpetuar a crença de que *era a* teoria sociológica, de início afirmando essa pretensão em quaisquer ocasiões (tomemos, por exemplo, a tendência de Parsons para falar na evolução da sociologia quando, na verdade, estava falando da evolução das suas próprias idéias). Neil Smelser, o mais criativo dos parsonianos, herdou a tarefa de administrar este simulacro de império e sua obra *Essays in Sociological Explanation* está cheia de exemplos típicos de enunciados políticos. Um deles, intitulado "Sociology and the Other Sciences", constitui um enunciado de política externa que tenta dividir o território de pesquisa e estabelecer fronteiras nítidas além de fazer ofertas de cooperação internacional. Um outro, intitulado "The Optimum Scope of Sociology" é uma tentativa de regulamentar os conflitos que dividem a sociologia e seu intuito consiste em atribuir um alvo específico a cada grupo presente na divisão científica do trabalho, é claro, concebida de uma perspectiva funcionalista" (Ver R. Collins, Sociology-Building. *Berkeley Journal of Sociology*, XIV, verão de 1969, pp. 73-83, resenha).

(92) Os inúmeros conflitos que se desenvolvem aparentemente no céu puro dos princípios e das teorias resultam sempre (pelo menos a parte mais obscura de suas razões de existir e até mesmo de toda sua existência) das tensões patentes e latentes do campo de produção, a tal ponto que numerosas querelas ideológicas do passado nos parecem incompreensíveis à primeira vista. A única participação realmente "vivida" nos conflitos do passado talvez seja aquela decorrente da homologia de posições ocupadas em campos de épocas diferentes. As discordâncias entre o juízo dos contemporâneos e o da "posteridade" também resultam do fato de que as relações de concorrência capazes de bloquear ou retardar um juízo imparcial, se não estão abolidas pelo menos encontram-se minoradas ou transformadas sem contar que as relações de poder (monopólios, cartéis etc.) que tendem a frear o livre jogo da crítica se encontram brutalmente aniquiladas (o que explica a importância das estratégias de sucessão).

com a hierarquia vigente dos temas, problemas etc., e ainda mais, em função do tipo de estratégia "política" de que não pode dissociar-se. Tomemos por exemplo; as obras de "grandes metodólogos", codificações escolásticas das regras da prática científica inseparáveis do projeto de erigir algo no estilo de papados intelectuais formados por um corpo internacional de vigários, regularmente em visita ou reunidos em concílio, e encarregados de exercer um controle rigoroso e constante da prática comum. Ou então, as sínteses monumentais dos "grandes teóricos" que, levados a buscar o fundamento de sua legitimidade na trilha de uma história anunciadora de sua irrupção, se esforçam por integrar em uma síntese eclética todas as contribuições passadas, presentes e futuras, da investigação teórica e empírica, defendendo sua pretensão à soberania intelectual através da retórica encantatória da autolegitimação, através da anexação simbólica, bem como pela distribuição de tarefas e arbitragem de conflitos o que se traduz no exercício exortatório de um poder quase patronal de organização do trabalho.

Ao ignorar os sistemas de relações sociais nos quais foram produzidos e utilizados os sistemas simbólicos submetidos à análise, e ao dissociar as estruturas das funções sociais passadas ou presentes para as quais e pelas quais tais estruturas foram produzidas e reproduzidas, a interpretação estritamente interna corre o risco, no melhor dos casos, de assumir uma função ideológica ao dar crédito à ideologia propriamente intelectual da neutralidade ideológica do intelectual e de suas produções. Todavia, de outro lado, tal interpretação está condenada a um formalismo arbitrário uma vez que a construção adequada do objeto da análise (isto é, a simples delimitação do *corpus*) implica uma análise sociológica das funções sociais que constituem a base da estrutura e do funcionamento de todo sistema simbólico. O semiólogo, que recorre à etnologia pretendendo com isso captar a estrutura de uma obra literária ou artística mediante uma análise estritamente interna que deixa de lado as condições sociais em que a obra foi engendrada e em meio as quais funciona (ou seja, a função que ela cumpre para as diferentes categorias de consumidores), está exposto aos mesmos erros teóricos que atingem o etnólogo incapaz de encontrar na observação direta das condições de reprodução e de utilização de sistemas simbólicos como os mitos e os rituais, o substituto do conhecimento (neste caso, inacessível) das condições sociais de produção destes sistemas. De fato, como demonstra a análise de Bateson acerca da cerimônia do *naven,* a cultura mitológica constitui o instrumento e, em certos casos, o alvo de estratégias extremamente complexas (o que explica, ademais, o imenso esforço de memorização necessário para adquirir o manejo da mitologia), de modo que não se pode explicar completamente a estrutura do *corpus mítico* (quer se trate de fórmulas estereotipadas ou de leis de encadeamento dos nomes próprios) e as transformações por que passa no curso do tempo, sem levar em conta as funções que cumpre nas relações de competição ou de conflito pelo poder econômico ou simbólico. Demais, não seria difícil mostrar que, por não se correlacionar as transformações da estrutura do mito com as transformações da função que lhe foi atribuída em todas as épocas por grupos diferentes, a análise dos mitos da antigüidade clássica oscila entre dois erros opostos e complementares: de um lado, o etnologismo tendente a aplicar técnicas de análise ou esquemas de interpretação diretamente tomados de empréstimo à etnologia das sociedades sem escrita a tradições que, desde Hesíodo e Homero, são o resultado de uma longa exegese; de outro lado, a tradição filológica que, por conceder à mitologia grega um privilégio indiscutível, encara a passagem do pensamento mítico ao pensamento filosófico ou científico como uma espécie de partenogênese conceitual e, com isso, encerrada na cumplicidade letrada com uma tradição letrada, não consegue compreender os diferentes níveis de um discurso em segundo ou terceiro graus, incapaz, enfim, de colocar a questão das relações que se estabelecem entre eles e entre cada um deles e um público particular. Com efeito, a lenta evolução que vai do pensamento analógico ao pensamento lógico, cujo início remonta a muito antes de Hesíodo (em Homero, defrontamo-nos com inúmeras reinterpretações esotéricas de mitos ou de ritos primitivos), corre paralelamente a uma transformação da relação com o mito, também ela correlata à transformação da função que lhe conferem em sua prática os grupos interessados em sua manipulação e em sua transmissão. Assim, o mito ou rito que, em sua origem, era "praticado" e não pensado, e que preenchia uma função prática a título de instrumento coletivo de uma ação simbólica sobre os demais ou sobre o mundo, torna-se o objeto de *leituras* eruditas e tende a receber funções inteiramente diferentes, quer quando dá lugar a racionalizações "rotinizadas" por parte dos grupos de letrados, quer quando dá lugar a reinterpretações, ou melhor, a "reativações inspiradas" por parte dos magos e seus ensinamentos de iniciação, quer quando dá origem a exercícios retóricos com os primeiros professores profissionais que são os Sofistas [93]. Apenas quando ele recebe uma função nas relações de concorrência e competição entre os intelectuais que o colocam em questão ou o interpretam, referindo-se aos questionamentos e às leituras dos intérpretes anteriores ou contemporâneos, somente então, o mito tende a tornar-se explicitamente, aos olhos de uma categoria de agentes, o que ele sempre foi, embora em estado implícito ou prático, a saber, um sistema de soluções a problemas para os quais a reflexão letrada, profética ou intelectual confere um novo estatuto, o de uma interrogação cosmológica e antropológica. Desta maneira uma análise interna da estrutura de um sistema de relações simbólicas só consegue reunir fundamentos sólidos se estiver subordinada a uma análise sociológica da estrutura do sistema de relações sociais de produção, circulação e consumo simbólicos onde tais relações são engendradas e onde se definem as funções sociais que elas cumprem objetivamente em um dado momento do tempo [94]. Ainda que um campo de produção cultural tenha conquistado uma autonomia quase total em relação às forças e às demandas externas, como no caso das ciências mais puras, continua passível de uma análise propriamente sociológica. De fato, cabe à sociologia estabelecer as condições externas a serem cumpridas para que se possa instaurar um sistema de relações sociais de produção, circulação e consumo (por exemplo, o campo científico ou um dado

(93) Nos termos de um método rigoroso, qualquer tentativa para reconstruir o sentido primeiro de uma tradição mítica ou ritual, deve completar-se pela análise das leis da deformação a que está sujeita por parte dos diferentes intérpretes sucessivos (Ver, por exemplo, G. Dumézil. *Le crime des Lemniennes, Rites et légendes du monde Egéen*. Paris, Librairie orientaliste Paul Geuthner, 1924, pp. 63-71: "Os documentos literários, antigos ou recentes, só nos transmitem uma legenda mitológica semelhante a inúmeras outras, onde as paixões humanas e os caprichos divinos tomaram o lugar das antigas preocupações rituais. Os detalhes muito difíceis de "humanizar", de "racionalizar", e de "estilizar", desapareceram pura e simplesmente: nem Apolônio, nem Ovídio, nem Valerius Flaccus, nem Stace, nenhum deles fala nada da *dysosmia* de que só temos notícia graças aos escoliastas e a outros eruditos. Em resumo, para todos esses poetas, percebe-se muito bem que o interesse da legenda não se situa em sua correspondência com os ritos obscuros de uma festa sazonal" (p. 63).

(94) Sem dúvida, não há melhor prova da dependência do campo de relações simbólicas em relação ao campo das relações sociais de produção e de utilização do que a transformação da significação e da função de uma tomada de posição simbólica (por exemplo, um pensamento filosófico) quando o sistema de tomadas de posição em relação ao qual ela se constitui acaba se transformando em seguida a uma transformação da estrutura do campo das relações sociais de produção e de utilização. Este é o princípio das reinterpretações inconscientes a que as interpretações letradas submetem os pensamentos herdados. Assim, uma história estrutural de um pensamento filosófico ou político, ou então, de um tema cultural como o da "grande corrente do ser" analisado por Lovejoy, deveria restituir os campos de relações simbólicas em que se acham sucessivamente inseridos, bem como as funções que cumpriram sucessivamente nas estratégias de grupos que ocupam posições determinadas em campos diferentes.

subcampo artístico) capaz de apresentar características sociais necessárias ao desenvolvimento autônomo da ciência ou da arte. Cumpre-lhe também determinar as leis de funcionamento que caracterizam propriamente este campo relativamente autônomo de relações sociais, leis capazes de explicar a estrutura das produções simbólicas correspondentes bem como suas transformações. É em um sistema de relações sociais que obedecem a uma lógica específica que se encontram objetivamente definidos os princípios da "seleção" mobilizados pelos diferentes grupos de produtores envolvidos na concorrência pela legitimidade cultural com vistas a operar objetivamente (ou seja, mais inconsciente do que conscientemente) no interior do universo das tomadas de posição simbólicas efetiva ou virtualmente disponíveis em um dado momento do tempo, em função dos sistemas de interesses objetivamente associados à posição que ocupam nestas *relações de força de um tipo particular* em que consistem as relações sociais de produção, circulação e consumo simbólicos. Não há qualquer razão para que a ciência conceda à sociedade dos eruditos, dos escritores ou dos artistas, o estatuto de exceção que tal sociedade outorga a si mesma com tanta facilidade, o que se pode constatar através da representação ingenuamente idealista da ciência produzida e veiculada pelos eruditos com queda pela filosofia e por certa tradição da filosofia das ciências. A ciência deve aplicar a estes campos o princípio da teoria do conhecimento antropológico segundo o qual os sistemas simbólicos, que um grupo produz e reproduz no âmbito de um tipo determinado de relações sociais, adquirem seu verdadeiro sentido quando referidos às relações de força que os tornam possíveis e sociologicamente necessários (uma vez que sua função social não é senão o conjunto de suas "razões sociais de existência"), ou seja, é preciso estabelecer as condições sociais de sua produção, reprodução e utilização e, ainda mais, as condições de produção, reprodução e utilização dos esquemas de pensamento de que são o produto. Tal tarefa, contudo, deve ser feita levando-se em conta a forma específica de que se revestem as relações de força no interior destes campos relativamente autônomos e orientados em relação a funções específicas, isto é, é preciso construí-los como relações sociais que mobilizam todo o poder de violência simbólica conquistado através destas relações na competição pelo monopólio do exercício da violência simbólica legítima.

À medida que o campo de produção erudita fecha-se sobre si mesmo e afirma-se capaz de organizar sua produção com base em normas de perfeição que ele mesmo produziu — banindo todas as funções externas e excluindo da obra todo conteúdo social ou socialmente marcado —, a dinâmica das relações de concorrência pela consagração propriamente cultural, que se instauram no campo de produção, tende a tornar-se o princípio exclusivo da produção das obras e da dinâmica de sua sucessão. Com vistas a explicar o fato de que a arte, sobretudo a partir de meados do século XIX, encontra em si própria o princípio de sua mudança como se a história fosse interna ao sistema e como se o devir das formas de representação e de expressão constituísse tão-somente o produto do desenvolvimento lógico dos sistemas de axiomas próprios às diferentes artes, não é preciso hipostatizar como de costume as leis desta evolução. Caso exista uma história relativamente autônoma da arte e da literatura (ou da ciência), tal processo deve-se ao fato de que "a ação das obras sobre as obras" a que se referia Brunetière, consegue explicar uma porção cada vez maior da produção artística ou literária, na medida em que a constituição do campo enquanto tal e, ao mesmo tempo, da arte *enquanto arte,* determina a explicitação e a sistematização dos princípios propriamente artísticos da produção e da avaliação da obra de arte e pelo fato de que, concomitantemente, a relação que cada categoria de produtores mantém com sua produção e, por esta via, tanto tal relação como sua produção tornam-se cada vez mais exclusivamente comandadas pela relação que mantém com as tradições e com as normas propriamente artísticas herdadas do passado e que depende ela mesma de sua posição na estrutura do campo de produção.

Mas se a legitimidade cultural aparece como a "norma fundamental", para falar a linguagem de Kelsen, do campo da produção erudita, seria arriscado pretender nela encontrar o fundamento último de uma "teoria pura" da cultura. Esta "norma fundamental", como observa Jean Piaget, "não é nada mais do que a expressão abstrata de que a sociedade 'reconhece' o valor normativo desta ordem" de maneira que ele "corresponde à realidade social do exercício de um poder e do 'reconhecimento' deste poder ou do sistema de regras que dele emanam" [95]. Em outras palavras, se a autonomia relativa do campo de produção erudita autoriza a tentativa de construir o modelo "puro" das relações objetivas que o definem e das interações que aí se instauram, é preciso não esquecer que esta construção formal é o produto da abstração

---

(95) J. Piaget. *Introduction à l'épistémologie génétique.* Paris, P.U.F., 1950, T. III, p. 239.

provisória das relações que unem o campo de produção erudita, como sistema de relações de força específica ao campo, englobando as relações de força entre as classes. Porque o fundamento último desta "norma fundamental" — que seria ocioso procurar no próprio campo — reside em ordens onde reinam outros poderes além daquele definido pela legitimidade cultural, pois as funções objetivas objetivamente atribuídas a cada categoria de produtores e a seus produtos, por sua posição no campo e pelos sistemas de interesses propriamente intelectuais ou artísticos a elas associados, estão sempre como que recobertos e duplicados pelas funções externas que são objetivamente cumpridas na e pela realização das funções internas.

Origem social dos alunos em preparo para carreiras artísticas ou para o ensino artístico

	Conservatório/ Música	La Fontaine/ classe preparatória para Conserv./ /Mús.	Belas- -Artes	Claude Bernard
Agricultores	2,7	2,3	0,6	3,6
Operários	9,5	4,7	2,4	7,9
Empregados	11,3	10,9	3,4	9,4
Artesãos, pequenos comerciantes	9,2	6,2	6,7	8,8
Técnicos	9,0	4,7	3,3	
Professores primários	4,0	10,1	2,4	15,3
Dirigentes administrativos (Nível Méd.)	10,3	25,5	7,9	18,9 ←
Médios e grandes comerciantes				
Industriais	6,8	4,7	7,0	
Engenheiros	7,4	8,5	16,8	5,6
Professores	9,1	14,6	4,0	9,7
Profissionais liberais	5,6	0,8	23,2	4,0
Altos dirigentes administrativos	8,1	7,0	18,0	16,3 ←
Artistas	7,0		4,3	0,5
Total	100,0	100,0	100,0	100,0

Opiniões sobre os principais gêneros de programas segundo a categoria socioprofissional dos ouvintes

Os números abaixo estão expressos em porcentagens dos efetivos de cada categoria. Em cada grupo de colunas, a soma dos elementos de cada linha é igual a 100.

Significação das abreviaturas:
+ "não querem mais do que..."
− "querem menos do que..."
= "querem exatamente..."
× "não têm opinião, nada declararam"

Indivíduos que possuem rádio mas não televisão	Assalariados agrícolas				Agricultores			
	+	−	=	x	+	−	=	x
Grande música sinfônica	5,2	30,7	38,6	25,5	5,0	32,8	34,9	27,3
Ópera	2,6	39,9	33,3	24,2	3,1	41,6	27,3	28,0
Opereta	12,7	21,1	44,3	21,9	10,0	24,9	40,1	25,0
Canções	62,5	1,0	29,5	7,0	55,9	2,7	33,3	8,1
Música de dança	33,9	12,2	44,0	9,9	34,4	11,9	40,1	13,6
Jazz	10,2	40,3	29,4	20,1	8,8	45,8	27,2	18,2
Peças de teatro	25,3	11,2	43,7	19,8	22,0	14,9	45,0	18,1
Esportes	15,4	24,2	44,0	16,4	12,2	31,6	40,1	16,1
Variedades	29,7	7,8	51,3	11,2	33,3	5,7	47,8	13,2
Reportagens e informações	21,9	5,7	64,6	7,8	20,9	3,6	65,7	9,8
Poesias	3,1	34,1	26,8	36,0	1,7	31,2	30,6	36,5

Indivíduos que possuem rádio mas não televisão	Operários				Pequenos empresários e comerciantes			
	+	−	=	x	+	−	=	x
Grande música sinfônica	11,2	40,5	32,6	15,7	11,3	29,4	37,6	21,7
Ópera	10,0	44,5	29,6	15,9	13,7	35,1	31,7	19,5
Opereta	27,5	21,3	39,7	11,5	29,5	13,3	42,9	14,3
Canções	67,7	2,3	25,3	4,7	50,8	6,6	34,8	7,8
Música de dança	42,0	14,5	35,3	8,2	27,0	20,3	41,3	11,4
Jazz	12,9	50,5	28,3	8,3	7,6	55,6	24,7	12,1
Peças de teatro	38,2	12,6	38,7	10,5	38,1	9,2	38,3	14,4
Esportes	30,7	23,8	36,3	9,2	23,2	26,4	39,1	11,3
Variedades	48,4	3,9	40,7	7,0	39,7	6,4	43,5	10,4
Reportagens e informações	25,4	7,6	58,3	8,7	21,4	4,4	64,2	10,0
Poesias	5,1	38,8	27,8	28,3	5,0	29,8	34,1	31,1

O MERCADO DE BENS SIMBÓLICOS

Indivíduos que possuem rádio mas não televisão	Funcionários				Dirigentes médios			
	+	—	=	x	+	—	=	x
Grande música sinfônica	15,8	34,8	36,0	13,4	22,9	20,5	46,5	10,1
Ópera	16,8	38,9	32,9	11,4	16,2	32,7	38,7	12,4
Opereta	39,8	12,4	39,5	8,3	33,9	14,7	44,5	6,9
Canções	51,6	6,9	37,8	3,7	35,0	13,0	49,1	2,9
Música de dança	39,1	15,2	39,4	6,3	22,5	18,6	51,2	7,7
Jazz	15,7	50,0	27,9	6,4	13,6	53,4	26,8	6,2
Peças de teatro	52,6	7,9	32,0	7,5	54,1	5,1	34,8	6,0
Esportes	19,3	32,8	38,7	9,2	21,9	31,0	41,4	5,7
Variedades	47,1	3,4	43,9	5,6	43,4	6,4	47,5	2,7
Reportagens e informações	23,7	6,2	64,9	5,2	31,4	3,4	61,6	3,6
Poesias	7,1	38,4	32,9	21,6	15,6	26,8	42,1	15,5

Indivíduos que possuem rádio mas não televisão	Industriais e grandes comerciantes				Profissionais liberais e altos dirigentes			
	+	—	=	x	+	—	=	x
Grande música sinfônica	20,0	22,9	44,0	12,8	40,8	10,3	31,0	17,9
Ópera	11,4	44,3	27,1	17,2	26,8	18,3	35,7	19,2
Opereta	22,9	17,1	45,7	14,3	23,9	20,3	41,5	14,3
Canções	35,7	5,7	44,3	14,3	13,0	24,1	50,2	12,7
Música de dança	15,7	22,9	50,0	11,4	14,3	23,2	47,8	14,7
Jazz	17,2	40,0	31,4	11,4	13,4	42,9	30,1	13,6
Peças de teatro	24,3	10,0	45,7	20,0	41,1	12,7	34,6	11,6
Esportes	21,4	32,9	30,0	15,7	13,0	31,0	41,5	14,5
Variedades	40,0	8,6	38,6	12,8	28,8	11,2	48,0	12,0
Reportagens e informações	14,3	7,1	72,9	5,7	27,0	7,4	58,2	7,4
Poesias	5,7	32,9	35,7	25,7	10,7	26,6	38,4	24,3

Fonte: *Études et Conjoncture*, outubro de 1963, p. 988.

4. Campo do Poder, Campo Intelectual e Habitus de Classe*

A história da literatura em sua forma tradicional continua presa ao estudo ideográfico de casos particulares capazes de resistir ao deciframento enquanto forem apreendidos como "pedem" para sê-lo, quer dizer, em si mesmos e por si mesmos, e ignora quase que completamente o esforço por reinserir a obra ou o autor singular que toma como objeto no sistema de relações constitutivo da classe dos fatos (reais ou possíveis) de que faz parte sócio-logicamente. Tal ocorre porque o obstáculo epistemológico com que se defronta qualquer apreensão estrutural, o indivíduo diretamente perceptível, *ens realissimum* pedindo insistentemente para ser pensado em sua existência separada e exigindo por isso uma apreensão substancialista, reveste-se aqui com a forma de uma individualidade "criadora" cuja originalidade deliberadamente cultivada parece propícia a suscitar o sentimento da irredutibilidade e a reverência [1]. Deixando-se impingir este objeto pré-construído que vem a ser o artista individual, ou então, com outros disfarces, a obra singular, a tradição positivista permanece filiada no essencial à ideologia romântica do gênio criador como individualidade única e insubstituível. Destarte, por pretenderem fazer a mímica da ciência, os biógrafos gostam de exibir a fieira de documentos exuma-

---

(1) R. Wellek e A. Warren iniciam assim o capítulo que dedicam à biografia, em sua *Theory of literature*, (New York, Harcourt, Brace and Co., 1955, 2ª ed., p. 63): "A causa mais evidente de uma obra de arte é seu criador, o autor; por isso, a explicação através da personalidade e da vida do escritor constitui um dos métodos mais antigos e mais bem fundados da história literária".

(*) "Champ du pouvoir, champ intellectuel et *habitus* de classe", publicado originalmente in *Scolies*, 1, 1971, pp. 7-26. Tradução de Sergio Miceli, com base numa versão mimeografada ligeiramente distinta do texto definitivo.

dos com paciência cabendo-lhes destino semelhante ao daqueles geógrafos cuja preocupação de fidelidade ao "real" leva-os, segundo a parábola de Borges, a produzir um mapa tão grande como o país.

Mormente na área de sociologia da arte e da literatura, a ruptura com as pré-noções que constitui a condição da construção do objeto de ciência só pode se realizar através da ciência do objeto que é a mesma ciência das pré-noções contra as quais a Ciência constrói seu objeto. De fato, tanto as teorias espontâneas que orientam a pesquisa tradicional como as normas do bom-tom social que regem a relação "distinta" com a obra de arte [2], são o produto das condições sociais sobre as quais o sociólogo deve fazer a ciência, de modo que os obstáculos à construção adequada do objeto fazem parte do objeto da ciência adequada. Assim, a teoria da biografia enquanto integração retrospectiva de toda história pessoal do artista em um projeto puramente estético ou a representação da "criação" enquanto expressão da pessoa do artista em sua singularidade, somente podem ser compreendidas inteiramente se forem recolocadas no campo ideológico de que fazem parte e que exprime, de uma forma mais ou menos transfigurada, a posição de uma categoria particular de escritores na estrutura do campo intelectual, por sua vez incluído em um tipo específico de campo político, cabendo uma posição determinada à fração intelectual e artística.

Embora o interesse pela pessoa do escritor e do artista se amplie paralelamente à autonomização do campo intelectual e artístico e à elevação correlata do *status* (e da origem social) dos produtores de bens simbólicos [3], é na época ro-

---

(2) Seria fácil mostrar as ligações entre a maneira tradicional de aproximação e de abordagem de escritores e obras, e as normas sociais que regem a postura do amador esclarecido e do *expert* refinado. Estes procuram excluir, em nome das regras do bom-tom e do bom gosto, quaisquer tentativas de correlacionar escritores e obras às suas condições sociais de produção, condenando como reducionistas e grosseiras (no duplo sentido do termo) todas as tentativas de objetivação científica. A despeito de sua cientificidade pomposa, a "crítica criadora" e a leitura estrutural receberiam hoje melhor acolhida se estivessem mais próximas das normas mundanas que impõem se trate as obras e os autores nos termos em que pedem para serem tratados (ao menos desde a época romântica), ou seja, como "filhos de suas obras" (tomemos, por exemplo, o debate, tornado lugar-comum das dissertações, a respeito das relações entre a biografia ideal que só seria possível captar na própria obra, e as peripécias anedóticas da existência real).

(3) Assim, desde o Renascimento, à medida que se desenvolve a produção livre para um mercado e que o artista conquista sua independência em relação às guildas, desloca-se o interesse da obra para a pessoa do artista e para seu poder criador que se manifesta de maneira notória muito mais nos esboços e fragmentos do que na obra acabada. Ver A. Hauser. *Social History of Art*. Londres, Routledge and Kegan Paul, 1962, vol. 2, pp. 46-74. Uma história social da biografia, das condições sociais de sua aparição, dos modelos e das normas a que ela obedeceu em diferentes épocas, das teorias espontâneas da produção literária ou artística a que deu ensejo implícita ou explicitamente, e das funções sociais que pôde cumprir, constituiria uma contribuição muito

mântica apenas que a vida do escritor tornada ela própria uma espécie de obra de arte (por exemplo, Byron) ingressa enquanto tal no âmbito da literatura. De fato, vivendo aos olhos da posteridade uma vida cujos mínimos detalhes são dignos da coleta autobiográfica, e integrando através do gênero "memórias" todos os momentos de sua existência na unidade reconstruída de um projeto estético, em suma, ao fazer de sua vida uma obra de arte e a matéria da obra de arte, os escritores estimulam uma leitura biográfica de sua obra e sugerem se conceba a relação entre a obra e o público como uma comunhão pessoal entre a "pessoa" do "criador" e a "pessoa" do leitor. Todavia, o culto romântico da biografia é parte integrante de um sistema ideológico onde se inserem, por exemplo, a concepção da "criação" como expressão irredutível da "pessoa" do artista ou a utopia, tão estimada por Flaubert, por Renan ou Baudelaire, de um "mandarinato intelectual" fundado nos princípios de um aristocratismo da inteligência e de uma representação carismática da produção e da recepção das obras simbólicas [4]. Não seria difícil mostrar que são esses os mesmos princípios que engendram ainda hoje a representação que os intelectuais possuem do mundo social e de sua função neste mundo. Também não surpreende o fato de que a quase totalidade das pesquisas em história da arte e literatura mantenham com o "criador e com sua criação" a relação encantada que, desde a época romântica, a maioria dos "criadores" têm mantido com sua "criação". Deste modo, é ainda a mesma recusa de métodos suspeitos de dissolver "a originalidade criadora" reduzindo-a às suas condições sociais de produção que inspira o desprezo com que hoje se considera as pesquisas biográficas ou o deslumbramento pelos métodos de análise interna das obras. Uma investigação efetivamente inspirada pela preocupação de romper com a ideologia carismática da "criação" e da "leitura criadora" deveria tomar precauções para não se deixar impingir, no momento da definição de seu objeto, os limites em que se move a biografia, o que implica na decisão de

importante à sociologia do conhecimento bem como à teoria do conhecimento científico da arte e da literatura.

(4) De fato, fingindo romper com a tradição romântica que estabelecia entre a obra e a vida uma relação de simbolização recíproca, pode-se afirmar que a escola da arte pela arte não faz nada mais do que "racionalizar" o processo de estetização de toda a existência que já se fazia presente com o dandismo, sujeitando a vida de modo cada vez mais total às exigências da obra e convertendo sistematicamente as aventuras pessoais em "experiências" estéticas ("não se tem possibilidades (de ter êxito) a não ser cultivando seu temperamento e exagerando-o", dizia Flaubert), pelo recurso a técnicas de concentração e ascese, pelo acentuamento de tendências patológicas e pela exploração de situações-limite, capazes de revelar os aspectos originais da personalidade ou de propiciar sentimentos insólitos.

tomar como unidade uma obra individual ou a obra de um autor particular ou mesmo um aspecto particular de uma ou de outra ("a filosofia política de Vigny" etc.). Antes, é preciso situar o *corpus* assim constituído no interior do campo ideológico de que faz parte, bem como estabelecer as relações entre a posição deste *corpus* neste campo e a posição no campo intelectual do grupo de agentes que o produziu. Em outros termos, é necessário determinar previamente as funções de que se reveste este *corpus* no sistema das relações de concorrência e de conflito entre grupos situados em posições diferentes no interior de um campo intelectual que, por sua vez, também ocupa uma dada posição no campo do poder.

A análise estatística pode tornar-se um instrumento eficaz de ruptura se estivermos conscientes de que a aplicação ingenuamente empirista de taxinomias pré-construídas ou formais a esta ou àquela população de escritores ou de artistas (população concebida como uma simples coleção de entidades separadas) neutraliza as relações mais significativas entre as propriedades pertinentes dos indivíduos ou dos grupos. A maioria das análises estatísticas aplica-se a amostras pré-construídas de que são parcial ou totalmente excluídos os escritores "menores" ou marginais (tanto do ponto de vista estético como do ponto de vista político, como "a boêmia"), sendo portanto incapazes de detectar os princípios de seleção de que tal população é o produto, ou seja, as leis que regem o acesso e o êxito no campo intelectual e artístico. Ao mesmo tempo, por serem incapazes de compreender a significação real das regularidades que estabelecem podem acabar dando razão aos defensores mais ingênuos do estudo ideográfico, estando fadadas a captar, no máximo, as leis das tendências mais gerais do campo intelectual em seu conjunto, como por exemplo a elevação global do nível de formação universitária dos escritores durante o Segundo Império ou o aumento da parcela de escritores originários das classes médias que ocupavam posições universitárias durante a Terceira República. Em suma, seria inútil, também neste caso, esperar que a estatística produza ela mesma os princípios de sua construção. Somente uma análise estrutural dos sistemas de relações que definem um determinado estado do campo intelectual pode imprimir eficácia e verdade à análise estatística, fornecendo-lhe os princípios de uma seleção dos fatos capaz de levar em conta suas propriedades mais pertinentes, isto é, suas propriedades de posição.

Além disso, pelo fato de que a análise estatística só pode fundar-se, ao menos num primeiro momento, nas informações mais diretamente acessíveis, vale dizer, nos dados colhidos nas biografias ou nas autobiografias em função de critérios de seleção pouco explícitos e pouco sistemáticos, embora na maioria das vezes de acordo com os princípios que definem a maneira legítima de abordar a obra de arte, ela sempre corre o risco de deixar-se impingir, ao menos em suas *lacunas*, a representação "dominante" da "criação" artística. Sem dúvida, é a mesma fé na irredutibilidade da criação e na autonomia absoluta das escolhas estéticas que faz com que as monografias universitárias releguem a segundo plano a formação escolar e universitária e privilegiem de maneira exagerada a primeira educação e as primeiras experiências onde já irrompem e, em grau menor, já estão sendo moldadas as particularidades inteiras dadas desde a origem de uma "invenção criadora" irredutível a tais determinações. Ademais, tal crença também é responsável pelo interesse com que essas monografias se voltam para as tomadas de posição estéticas em detrimento das tomadas de posição políticas, deixando quase sempre de reunir ambos os tipos no sistema das tomadas de posição concorrentes em relação às quais elas se constituem e se definem. Demais, o gosto pelas correspondências que os biógrafos mais ingenuamente hagiográficos sugerem, numa linha metafórica e sem se preocuparem com a sistematização — tomemos, por exemplo, as variações literárias sobre as afinidades eletivas entre "a alma" do escritor e as virtudes que a tradição literária empresta a uma paisagem, a uma região ou a uma linhagem — pode ainda inspirar a pesquisa semi-erudita de correlações diretas entre uma certa característica da biografia e uma outra característica da obra, entre o gosto pré-romântico pela meditação no cemitério e a primeira educação de filhos de pastores do interior. Existem, contudo, armadilhas mais sutis e a análise sociológica corre sempre o risco de sucumbir aos erros impecáveis de uma sociografia hiperempirista quando se deixa levar pela preocupação de escapar à acusação de "reducionista", passando então a competir com a historiografia tradicional em seu próprio terreno e a procurar na multiplicação das características sociologicamente pertinentes que seleciona o sistema explicativo capaz de elucidar cada obra em sua singularidade, ao invés de construir a hierarquia dos sistemas de fatores pertinentes quando se trata de dar conta de um campo ideológico que corresponde a um determinado estado da estrutura do campo intelectual [5].

(5) Os mesmos riscos descritos acima ameaçam o projeto (atualmente em vias de realização) de constituir progressivamente um fichário universal dos

Uma análise semelhante à que Sartre consagra a Flaubert com o objetivo de restituir as mediações pelas quais os determinismos sociais moldam a individualidade singular do artista, rompe apenas na aparência com a tradição dominante da história da arte e da literatura. Tendo como projeto captar as condições sociais de possibilidade de um autor e de uma obra tomados em sua singularidade, Sartre corre o risco de imputar aos fatores mais diretamente visíveis a partir do ponto de vista particular que assume (ou seja, os determinantes de classe da maneira como se atualizam refratados nas particularidades de uma estrutura familial e de uma história individual) os efeitos de sistemas de fatores que determinam as práticas e as ideologias de *todo* escritor na medida em que pertence a um campo intelectual dotado de uma estrutura determinada, por sua vez incluído em um campo do poder dotado de uma estrutura determinada e, mais precisamente, de todo escritor que ocupa em tal campo (presente, passado ou futuro) uma posição estruturalmente equivalente àquela do escritor considerado. Ademais, o esforço de retomar o princípio gerador e unificador das experiências biográficas seria perfeitamente legítimo se não estivesse inspirado por uma filosofia da consciência (particularmente visível na linguagem da análise)[6] cuja credibilidade reside em última análise no poder evocatório de uma autobiografia por procuração. A análise sartriana está inspirada pelo projeto interminável e desesperado de integrar na unidade construída de um "projeto original", espécie de inversão de uma essência leibniziana, toda a verdade objetiva de uma condição, de uma história e de uma obra singulares e, em particular, todas

escritores e artistas que poderia ser submetido a um tratamento estatístico. Na verdade, a necessidade de acumular de forma operacional e sem que seja preciso recorrer às fontes, todas as informações sociologicamente pertinentes (sem julgar por enquanto os sistemas explicativos que poderão usar tais informações a respeito de artistas e escritores pertencentes a campos profundamente diferentes, exige um acordo *provisório* quanto a uma definição "semipositivista" dos princípios de seleção e classificação dos dados disponíveis, pois trata-se sobretudo de produzir uma informação tão homogênea e tão exaustiva quanto possível que permita uma análise comparativa. É claro, somente uma análise da estrutura de cada campo particular pode colocar-se a salvo dos erros em que incorreria a aplicação mecânica de um sistema de seleção e classificação estandardizado a campos dotados de estruturas muito ·diferentes.

(6) Alguns exemplos logo nas páginas iniciais: "Ele *sente* (...) a burguesia como sua classe de origem"; "nenhum menino burguês pode *tomar consciência por si mesmo de sua classe*" (Ver J.-P. Sartre. "La conscience de classe chez Flaubert". *Les Temps Modernes*, nº 240, maio de 1966, pp. 1921-1951, e nº 241, junho de 1966, pp. 2113-2153). "Gustave *está convencido* de que seu pai deve sua fortuna a seu mérito"; "ele *não chega a compreender bem* que os iletrados possam dispor de alguma arma para sair da miséria (...); "o filho de um *self-made man* está evidentemente inclinado *a pensar*..."; "o menino (...) *sente-se* obscuramente rejeitado"; "contra a desagregação que o ameaça, ele não pára de *exigir* a integração total"; "ele é colocado em condições de *captar* esta comunidade que o produziu, que o alimenta e que o exila, como um quase-objeto cujos vícios todos lhe *aparecem* pouco a pouco (...). Em suma, ele *vive* sua condição com mal-estar" (p. 1922, grifado por mim).

as características ligadas à pertinência de classe mediada pela estrutura familial e às experiências biográficas correlatas. Nesta lógica, não é a condição de classe que determina o indivíduo, mas o sujeito que se autodetermina a partir da tomada de consciência, parcial ou total, da verdade objetiva de sua condição de classe. Esta filosofia das relações entre as condições de existência, a consciência e as práticas ou as ideologias transparece através da insistência com que Sartre quer enxergar em um momento da história biográfica — o período de crise dos anos 1837-1840 —, uma espécie de primeiro começo, matriz de todo o desenvolvimento ulterior. Na verdade, esta crise, longamente analisada, não passa de uma modalidade de *cogito* sociológico, acontecimento constitutivo, arrancado da história e capaz de arrancar da história as verdades que funda: eu penso à maneira burguesa, logo sou burguês? "A partir de 1837 e nos anos 40, Gustave faz uma *experiência* capital para a orientação de sua vida e para o sentido de sua obra: ele *sente,* nele e fora dele, a burguesia como sua classe de origem (...). Agora é preciso retraçar o movimento desta *descoberta,* tão repleta de conseqüências" [7]. Vê-se o quanto se está longe da teoria das relações entre as estruturas sociais e as estruturas da consciência expressa naquela análise célebre das relações "entre os *representantes políticos e literários* de uma classe e a classe que eles representam": "O que faz deles os representantes da pequena burguesia é o fato de que seu cérebro não pode *ultrapassar os limites* que o próprio pequeno burguês não supera em sua vida e, por conseguinte, eles são teoricamente levados aos mesmos problemas e às mesmas soluções a que são conduzidos praticamente os pequenos burgueses por seu interesse material e por sua situação social" [8]. Em suma, fazendo como

---

(7) J.-P. Sartre. *Op. cit.,* p. 1921 (o grifo é nosso). O próprio trajeto da pesquisa em seu duplo movimento, exprime esta filosofia da biografia como sucessão de acontecimentos em última análise aparente uma vez que se encontra inteiramente contida em potência na crise que lhe serve de ponto de partida: "Para que fiquemos esclarecidos, é preciso mais uma vez percorrer esta vida desde a adolescência até a morte. Em seguida retomaremos os anos de crise — de 1838 a 1844 — que contêm em potência todas as linhas-mestras deste destino" (p. 1935). Ao analisar a filosofia essencialista cuja forma exemplar era, no seu entender, a monadologia de Leibniz, Sartre observava, em *L'être et le néant,* que tal filosofia anula a ordem cronológica ao reduzi-la à ordem lógica. De modo paradoxal, sua própria filosofia da biografia produz um efeito do mesmo tipo, mas a partir de um começo absoluto que, neste caso, consiste da "descoberta" produzida por um ato de consciência originária: "Entre estas diferentes concepções, não há ordem cronológica: desde o momento em que faz sua aparição nele, a noção de "burguês" entra em desagregação permanente. e todos os avatares do burguês de Flaubert são dados ao mesmo tempo: as circunstâncias fazem eclodir um ou outro dentre eles mas isso ocorre apenas num instante e sempre sobre o fundo obscuro desta indistinção contraditória. Tanto aos dezessete como aos cinqüenta anos, censura o burguês por não se constituir em ordem privilegiada" (pp. 1949-1950).

(8) K. Marx. *Le 18 Brumaire de Louis-Napoléon Bonaparte.* Paris, Éd. Sociales, 1948, p. 199 (grifado por nós).

se a consciência não tivesse outros limites senão aqueles que ela própria constitui pela tomada de consciência de seus limites, Sartre contradiz o princípio da teoria do conhecimento do social segundo o qual as condições objetivas determinam as práticas e os limites mesmos da experiência que o indivíduo pode ter de suas práticas e das condições que as determinam.

As monografias aparentemente mais exaustivas de escritores ou artistas apresentam apenas informações lacunosas e amiúde incoerentes quando instadas a mostrar os documentos necessários à construção da estrutura de um estado do campo intelectual ou político, porque situando-se desde logo em um lugar privilegiado só conseguem perceber uma porção restrita do horizonte social e, em conseqüência, não podem apreender em sua verdade o ponto de vista de onde são captadas todas as visões em perspectiva do campo intelectual ou político que apresentam ou analisam. Ou seja, como uma posição em um sistema de relações entre posições que conferem sua particularidade a cada *posição* e às *tomadas de posição* implicadas. Para que seja possível romper com a problemática tradicional (de que Sartre permanece prisioneiro) a condição básica consiste em constituir o campo intelectual (por maior que seja sua autonomia, ele é determinado em sua estrutura e em sua função pela posição que ocupa no interior do campo do poder) como sistema de posições predeterminadas abrangendo, assim como os postos de um mercado de trabalho, classes de agentes providos de propriedades (socialmente constituídas) de um tipo determinado. Tal passo é necessário para que se possa indagar não como tal escritor chegou a ser o que é, mas o que as diferentes categorias de artistas e escritores de uma determinada época e sociedade deviam ser do ponto de vista do *habitus* socialmente constituído, para que lhes tivesse sido possível ocupar as posições que lhes eram oferecidas por um determinado estado do campo intelectual e, ao mesmo tempo, adotar as tomadas de posição estéticas ou ideológicas objetivamente vinculadas a estas posições.

Sem apresentar uma exposição sistemática e muito menos uma ordenação acabada da teoria proposta [9], nosso intuito seria definir, tomando-se o exemplo da escola da arte pela

---

(9) Estas hipóteses teóricas orientam um conjunto de pesquisas sobre o campo intelectual na França, entre 1830 e 1914, realizadas em colaboração com J.-C. Chamboredon no âmbito de um seminário da Escola Normal Superior que em breve deverão ser publicadas.

arte (logo, Flaubert), os princípios da inversão metodológica que parece ser a condição de uma ciência rigorosa dos fatos intelectuais e artísticos. Esta ciência comporta três momentos necessários que mantêm entre si uma relação de ordem tão estrita quanto os três níveis da realidade social que apreendem. Primeiramente, uma análise da posição dos intelectuais e dos artistas na estrutura da classe dirigente (ou em relação a esta estrutura nos casos em que dela não fazem parte nem por sua origem nem por sua condição). Em segundo lugar, uma análise da estrutura das relações objetivas entre as posições que os grupos colocados em situação de concorrência pela legitimidade intelectual ou artística ocupam num dado momento do tempo na estrutura do campo intelectual. Em termos metodológicos rigorosos, a construção da lógica peculiar a cada um dos sistemas imbricados de relações relativamente autônomas (o campo do poder e o campo intelectual) constitui a condição prévia de construção da trajetória social como sistema dos *traços pertinentes* de uma biografia individual ou de um grupo de biografias. O terceiro e último momento corresponde à construção do *habitus* como sistema das disposições socialmente constituídas que, enquanto estruturas estruturadas e estruturantes, constituem o princípio gerador e unificador do conjunto das práticas e das ideologias características de um grupo de agentes. Tais práticas e ideologias poderão atualizar-se em ocasiões mais ou menos favoráveis que lhes propiciam uma posição e uma trajetória determinadas no interior de um campo intelectual que, por sua vez, ocupa uma posição determinada na estrutura da classe dominante.

Em outras palavras, quando se trata de explicar as propriedades específicas de um grupo de obras a informação mais importante reside na forma particular da relação que se estabelece objetivamente entre a fração dos intelectuais e artistas em seu conjunto e as diferentes frações das classes dominantes. À medida que o campo intelectual e artístico amplia sua autonomia, elevando-se, ao mesmo tempo, o estatuto social dos produtores de bens simbólicos, os intelectuais e os artistas tendem progressivamente a ingressar por sua própria conta, e não mais apenas por procuração ou por delegação, no jogo dos conflitos entre as frações da classe dominante [10].

---

(10) As análises de Frederick Antal mostram que nas situações em que os art.stas encontram-se situados em uma relação de estreita dependência em relação a seu público, como por exemplo na Florença dos séculos XIV e XV, as diferenças de estilo que separam suas obras são quase que completamente redutíveis às diferenças que separam as visões do mundo correspondentes às

Colocados em situação de dependência material e impotentes politicamente diante das frações dominantes da burguesia de onde a maioria de seus membros se origina e da qual participam se não por suas relações familiares e círculos de amigos, pelo menos por seu estilo de vida, infinitamente mais próximo do estilo da burguesia do que do estilo das classes médias (o que é válido inclusive para as categorias mais desfavorecidas da *intelligentsia* proletaróide, condenada às formas menos refinadas da vida boêmia), os escritores e artistas constituem, pelo menos desde a época romântica, uma *fração dominada da classe dominante,* que, em virtude da ambigüidade estrutural de sua posição na estrutura da classe dominante, vê-se forçada a manter uma relação ambivalente tanto com as frações dominantes da classe dominante ("os burgueses") como com as classes dominadas ("o povo"), e a compor uma imagem ambígua de sua posição na sociedade e de sua função social. Em termos mais precisos, a relação que mantêm com o mercado literário e artístico, cujas sanções anônimas, imprevisíveis e cambiantes, podem criar entre eles disparidades notáveis, constitui o princípio da representação ambivalente que escritores e artistas (forçados a se enxergarem de modo mais ou menos claro em sua verdade objetiva, ou seja, como produtores de mercadorias) possuem do "grande público", ao mesmo tempo fascinante e desprezado, em que identificam quase sempre o "burguês" escravizado às preocupações vulgares dos negócios e o "povo" entregue ao embrutecimento das atividades produtivas.

A medida que aumenta a autonomia do campo intelectual e artístico em relação às coerções e às demandas diretas das frações dominantes da burguesia, ou seja, à medida que se desenvolve um mercado de bens simbólicos, embora se amplie a força explicativa das características propriamente intelectuais ou artísticas dos produtores de bens simbólicos, a saber, o sistema dos fatores associados à posição que ocupam no campo intelectual, a ação destes fatores apenas especifica a ação do fator fundamental que consiste da posição da fração dos intelectuais e artistas na estrutura das classes dominantes. Deste modo, as três posições em torno das quais se organiza o campo intelectual e artístico, entre 1830 e 1850 (e, com algumas modificações, durante todo o curso do

diferentes categorias de consumidores de suas obras, ou seja, redutíveis às diferentes frações da classe dominante. Ver F. Antal. *Florentine Painting and its Social Background.* Londres, Paul Kegan, 1947, p. 4.

século XIX), — a saber, "a arte social", "a arte pela arte" e "a arte burguesa" —, só revelam completamente sua significação que é sempre e de modo indissociável uma significação estética e política (embora a autonomia das tomadas de posição estéticas comparadas às tomadas de posição políticas seja maior ou menor segundo as épocas, isto é, segundo o estado das relações entre a fração dos artistas e o poder, segundo a posição no campo e segundo a função na divisão do trabalho intelectual), se encaradas enquanto especificações da posição genérica da relação fundamental de pertinência e de exclusão que caracteriza a fração dominante-dominada dos intelectuais e artistas. A cada uma das posições típicas no campo corresponde uma forma típica de relação entre a fração dominante-dominada e as frações dominantes. Em termos mais precisos, é através da relação que as categorias de agentes vinculados a cada uma destas posições mantêm com o mercado e através dos diferentes tipos de gratificações econômicas e simbólicas correspondente às diferentes formas desta relação que se define o grau em que se enfatiza objetivamente a pertinência ou a exclusão e, paralelamente, a forma da experiência que cada categoria de agente pode ter a respeito da relação objetiva entre a fração dos artistas e as frações dominantes (e secundariamente, as classes dominadas). Enquanto os artistas e os escritores "burgueses" (DOMINANTES-dominados) encontram no reconhecimento que o público "burguês" lhes concede e que muitas vezes lhes assegura condições de existência quase burguesas, as razões para assumirem o papel de porta-vozes de sua classe, à qual sua obra dirige-se diretamente[11], os defensores da "arte social" (dominantes-DOMINADOS) encontram em sua condição econômica e em sua exclusão social os fundamentos de uma solidariedade com as classes dominadas que erige como princípio primeiro a hostilidade com relação às frações dominantes das classes dominantes e com relação a seus representantes no campo intelectual. Os de-

(11) Sem dúvida, o melhor indicador da relação que as diferentes categorias de escritores mantêm com as frações dominantes, reside em sua atitude em relação ao teatro, forma por excelência da "arte burguesa". Assim, os empreendimentos teatrais dos defensores da arte pela arte foram em geral desastrosos: "Somente Bouilhet e Théodore de Banville obtiveram algum êxito. Alguns como Flaubert ou os Goncourt fracassaram redondamente; outros, como Gautier ou Baudelaire, ficaram mais ou menos de lado, deixando todavia rascunhos de libretos e roteiros que comprovam seu desejo de obter sucesso no palco. Outros, ainda, como Leconte de Lisle, compuseram mais tarde obras respeitáveis mas que pouco acrescentaram à sua reputação, ou então, como Renan, fizeram dramas majestosos mas que não podiam ser encenados". Ver A. Cassagne. *La théorie de l'art pour l'art en France*. Paris, Hachette, 1906, p. 140.

fensores da "arte pela arte" ocupam no campo intelectual uma posição *estruturalmente ambígua* que os leva a sentir de maneira redobrada as contradições inerentes à posição ambígua da fração intelectual e artística na estrutura das frações das classes dominantes. Pelo fato de sua posição no campo obrigá-los a pensar sua identidade estética e política de modo simultâneo ou sucessivo (conforme a conjuntura política) em oposição aos "artistas burgueses", homólogos dos "burgueses" na lógica relativamente autônoma do campo, ou em oposição aos artistas "socialistas" ou à boêmia, homólogos do "povo", estão fadados a formar imagens contraditórias tanto de seu próprio grupo quanto dos grupos a que se opõem. Encarando o mundo social de acordo com critérios estritamente estéticos, são levados a rejeitar na mesma classe desprezada o "burguês" fechado à arte e o "povo" às voltas com as preocupações materialistas da existência cotidiana ("eu chamo burguês, diz Flaubert, todo aquele que pensa vulgarmente"). Nestas condições, podem simultânea ou alternativamente identificar-se com o "povo" ou com uma nova aristocracia: "Para mim, a palavra burguês abrange os burgueses de avental e os burgueses de sobrecasaca. Nós, e somente nós, quer dizer, os letrados, é que somos o povo, ou melhor, a tradição da humanidade" [12]. "É preciso inclinar-se diante dos mandarins: a Academia de Ciências deve substituir o Papa". "Acreditais que se a França, em lugar de ser governada pela multidão, estivesse em poder dos mandarins, nós estaríamos assim? Em lugar de haver desejado esclarecer as classes baixas, teria sido melhor tratar de instruir as altas" [13]. Levados a aproximar-se dos "burgueses" quando se sentem ameaçados enquanto artistas, ou enquanto burgueses quando a ameaça vem dos "desclassificados" da boêmia, eles invocam sua solidariedade com todos aqueles que a brutalidade dos interesses e dos preconceitos burgueses rejeita ou exclui, a boêmia, o aprendiz de pintor, o saltimbanco, o nobre arruinado, "a criada de bom coração" e sobretudo a prostituta, espécie de realização simbólica da relação do artista com o

---

(12) G. Flaubert. Lettre à George Sand, maio de 1867, citada por P. Lidsky, *Les écrivains contre la Commune*, Paris, Maspéro, 1970, p. 21. Ou ainda: "Os burgueses eram mais ou menos todo mundo, os banqueiros, os corretores de câmbio, os notários, os negociantes, os comerciantes e outros, qualquer um que não fizesse parte do misterioso cenáculo ou que ganhasse sua vida prosaicamente". Ver Théophile Gautier, *Histoire du romantisme*, citado por P. Lidsky, *op. cit.*, p. 20.

(13) G. Flaubert. *Correspondance, passim*, citado por A. Cassagne, *op. cit.*, p. 181. Segundo Maxime Ducamp (*Souvenirs littéraires*, citado in A. Cassagne, *ibidem*), Flaubert "teria desejado uma espécie de mandarinato que colocasse as rédeas do país em mãos dos homens mais inteligentes".

mercado. E seu ódio ao "burguês", cliente invisível, ao mesmo tempo convocado e desprezado, capaz de rejeitá-los assim como eles o rejeitam, ou melhor, que só rejeitam na medida em que se sentem rejeitados, é reativado no próprio interior do campo intelectual (primeiro horizonte de todos os conflitos estéticos e políticos) na e pela raiva que sentem dos "artistas burgueses", concorrentes desleais cujo sucesso imediato e cuja consagração burguesa são obtidos às custas de uma auto-renegação como escritores: "Há uma coisa mil vezes mais perigosa que os burgueses, diz Baudelaire, nas *Curiosidades Estéticas*, é o artista burguês, criado para interpor-se entre o artista e o gênio, e que esconde ambos (...). Se tal figura fosse eliminada, o dono do armazém carregaria Eugène Delacroix em triunfo". Da mesma maneira, é o desprezo da parte de "profissionais" do trabalho artístico pelo proletariado literário invejoso de seus êxitos e de sua arte que, *em outros momentos,* serve de inspiração à imagem que os defensores da arte pela arte têm do "populacho": "Percebi que nosso prefácio dedicado a Henriette Maréchal acabou com a peça. Pois bem, e daí? Tenho a consciência de haver dito a verdade, de haver indicado a tirania das cervejarias e da boêmia em relação a todos os trabalhadores honestos, a todas as pessoas de talento que não ficaram vadiando pelos cabarés, de haver assinalado o novo socialismo que recomeça no domínio das letras pela manifestação de 20 de março e faz explodir seu grito de guerra: 'Abaixo as luvas' " [14]. "Talvez seja um preconceito, mas acredito que é preciso ser um homem de bem e um burguês honrado para ser um homem de talento. Julgo a partir de Flaubert e de nós, bem como pela comparação com os grandes homens da boêmia, o romancista Mürger, o historiador Monselet, o poeta Banville" [15]. O princípio de suas oscilações e parlapatices, de sua translação para o engajamento, ou então, a simpatia revolucionária em 1848, sua inclinação para o indiferentismo ou para o conservadorismo políticos durante o Segundo Império e, sobretudo durante a Comuna, não é senão a transformação da estrutura das relações entre a fração intelectual e as frações dominantes, paralela à transformação da estrutura das relações de força entre as classes tendente a determinar, em uma categoria de dominantes-dominados caracterizada por seu equilíbrio instável entre a posição de

(14) E. e J. Goncourt. *Journal*, 5 de março de 1865, cit. por P. Lidsky, *op. cit.*, p. 27.
(15) E. e J. Goncourt. *Journal*, 17 de novembro de 1868, *ibid.*

DOMINANTE-dominado e a posição de dominante-DOMINADO, o deslizamento para uma ou outra destas posições e para as tomadas de posição, conservadoras ou "revolucionárias" a elas solidárias.

Os artistas que se opõem efetivamente tanto à "arte burguesa" dos Paul de Kock, Octave Feuillet, Scribe ou Casimir Delavigne, tão decididamente como ao "rebotalho socialista" (segundo a expressão de Flaubert a respeito dos escritos de Proudhon sobre a arte), encontram na arte pela arte e na escrita pela escrita uma maneira de resolver a contradição inerente ao projeto de escrever *recusando qualquer função social,* ou seja, qualquer conteúdo socialmente marcado, sendo também uma maneira de realizar no âmbito simbólico, pela afirmação de seu domínio *exclusivo* (no duplo sentido do termo) sobre sua arte e pela reivindicação do monopólio absoluto da competência propriamente artística, a inversão da relação objetiva entre as frações dominantes e a fração dos artistas e dos intelectuais, compelidos a pagar pela autonomia que lhes é concedida com sua relegação a práticas destinadas a permanecer simbólicas, quer simbolicamente revolucionárias ou revolucionariamente simbólicas [16]. O culto do estilo pelo estilo que equivale, no campo estético, ao indiferentismo político e à recusa desprendida e distanciada de qualquer "engajamento", constitui-se originariamente *contra* as tomadas de posição dos escritores e artistas que pretendem assumir explicitamente uma função social, seja no sentido de glorificar os valores burgueses, seja no sentido de instruir as massas nos princípios republicanos e socialistas [17].

A arte pela arte, isto é, a arte para o artista, a arte em que a arte do artista constitui a única matéria e cujo único destinatário é a comunidade artística, constitui uma arte para nada, sobre nada, posição expressamente assumida por um texto de Flaubert freqüentemente citado: "O que me parece

(16) Ao rejeitar as frações não-intelectuais da burguesia no filisteísmo e ao condená-las à indignidade cultural, o que jamais aconteceu em tais dimensões com a arte das épocas anteriores, a arte pura afirma a pretensão do artista a um reino indiviso sobre a arte e, ao mesmo tempo, uma intenção de revanche simbólica: "Não sei se existe em francês uma página mais bela de prosa! É esplêndido! E estou certo de que o burguês não compreende patavina. Tanto melhor!" (G. Flaubert, carta a Renan a respeito da prece sobre a Acrópole, *Correspondance,* IV, citado por A. Cassagne, *op. cit.,* p. 394).

(17) "Eu me enfio em meu buraco e, mesmo que o mundo desabe eu não saio do lugar. A ação (quando ela não é forçada) me parece cada vez mais antipática" (G. Flaubert, carta de 4 de setembro de 1850, citada por P. Lidsky, p.34). "Os cidadãos que ficam esquentados a favor ou contra o Império ou a República, parecem-me tão úteis como os que discutiam a respeito da graça eficiente ou da graça eficaz. A política morreu, como a teologia!", G. Flaubert, carta a George Sand, fins de junho de 1869, citada por P. Lidsky, *ibid.*

belo, o que eu gostaria de fazer, é *um livro sobre nada, um livro sem vínculos exteriores,* que se sustentaria pela força interna de seu estilo, assim como a terra se sustenta sozinha no ar, um livro que pudesse quase prescindir de tema, ou pelo menos, em que o tema seria quase invisível, caso isso seja possível. As obras mais belas são aquelas onde há menos matéria (...), pois o próprio estilo é uma maneira absoluta de ver as coisas" [18]. A metáfora acaba revelando a utopia da *"intelligentsia* sem vínculos nem raízes" que, por sua vez, supõe a ignorância do campo das forças de gravitação que comandam também as práticas e as ideologias dos intelectuais e que em geral se revelam em termos manifestos através do esforço desesperado em negar essas forças pela produção de um *discurso socialmente utópico.* Com efeito, qual é o princípio da escritura reduzida a um puro exercício de estilo a não ser a vontade imperiosa de banir do discurso todos os *índices sociais,* a começar pelas "idéias recebidas", lugares-comuns em torno dos quais um grupo inteiro se congrega com o intuito de reafirmar sua unidade reafirmando seus valores e crenças que denotam infalivelmente a posição social e a identificação satisfeita com esta posição por parte daqueles que professam tais valores e crenças. A arte "pura" é o resultado inevitável do esforço por esvaziar o discurso de todo o impensado social, ou seja, desde os automatismos da linguagem até as significações reificadas que veicula. A recusa daquilo que Flaubert denomina a *bêtise* (e Sartre, na época de *O Ser e o Nada,* chama *l'esprit de sérieux*), ou seja, a adesão indiscutida e assegurada às frases feitas, católicas ou voltairianas, materialistas ou espiritualistas, nas quais e com as quais as diferentes frações dominantes se identificam, conduz forçosamente a um discurso cujo objeto exclusivo é o próprio discurso. Em outras palavras, querer falar recusando dizer alguma coisa é o mesmo que falar para não dizer nada, a falar para dizer nada, a falar por falar, em suma, é o mesmo que dedicar-se ao culto puro da forma [19]. A partir

(18) G. Flaubert, *Correspondance*, carta a Louise Collet, 16 de janeiro de 1852. Em carta datada de 15 de julho de 1839, pode-se ler o seguinte: "Pensava que me ocorreriam pensamentos, mas não veio nada, piriripiriripipi! Estou chateado mas não tenho culpa, não tenho o espírito filosófico como Cousin, ou Pierre Leroux, Brillat-Savarin ou Lacenaire". Ou então: "A idiotice consiste em querer tirar conclusões. Qual o espírito um pouco sólido que tenha chegado a conclusões? Contentemo-nos com o quadro, é tão bom!", citado por A. Cassagne, *op. cit.*, p. 263.

(19) Mediante uma lógica análoga, a pintura moderna tende a inscrever na própria linguagem da obra uma indagação a respeito da linguagem da obra, seja pela destruição sistemática das formas convencionais da linguagem, seja por um uso eclético e quase parodístico de formas de expressão tradicionalmente exclusivas seja simplesmente pelo desencantamento produzido pela atenção dirigida à forma em si mesma.

deste momento, a carreira entrega-se a uma pesquisa propriamente estética, estimulada ou determinada pela concorrência entre os artistas para o reconhecimento da originalidade e, por esta via, da raridade e do valor propriamente estéticos do produto e do produtor. Nestas condições, a lógica da dissimulação que singulariza o campo intelectual e artístico, compele escritores e artistas a romper continuamente com as normas estéticas vigentes, as únicas normas efetivamente dominadas pelos consumidores potenciais, com exceção dos outros artistas predispostos a compreender ao menos (não tanto as novas obras produzidas com o novo estoque) a intenção da ruptura com as normas estabelecidas. Quanto mais a produção artística obedece exclusivamente às exigências internas da comunidade artística, tanto mais as obras oferecidas excedem as capacidades de recepção dos consumidores potenciais (isto é, os "burgueses") e tanto maior a defasagem temporal entre a oferta e a demanda. Tal sucede porque a característica específica dos bens simbólicos consiste do fato de que o consumo de tais bens encontra-se restrito aos detentores do código necessário para decifrá-los, a saber, os que detêm as categorias de percepção e de apreciação adquiridas pelo convívio com as obras produzidas segundo tais categorias, uma vez que essas obras foram produzidas com base na negação das normas de produção anteriores e das categorias de percepção correspondentes. A mística da salvação no além e o tema do "artista maldito" constituem apenas a retradução ideológica da contradição que paira sobre este novo modo de produção e circulação dos bens artísticos e que obriga os defensores da arte pela arte a se sujeitarem a uma remuneração adiada (em certa medida instados a produzir seu próprio mercado), ao contrário dos "artistas burgueses" que têm um mercado imediato garantido.

Como vimos, os defensores da arte pela arte estavam predispostos, por sua posição na estrutura do campo intelectual, a sentir e a exprimir de maneira particularmente aguda as contradições inerentes à posição da fração dos artistas na estrutura das classes dominantes. Também Flaubert, cujas tomadas de posição políticas e estéticas podem ser estendidas às dos escritores situados na mesma posição [20], além de partilhar com eles grande parte das características fundamen-

---

(20) Apenas em virtude do grupamento temático que efetua, a obra admirável de Albert Cassagne já citada oferece provas contundentes, como por exemplo, quando trata dos juízos sobre o sufrágio universal ou sobre a instrução do povo, pp. 195-198.

tais de origem e de formação [21], encontrava-se de algum modo predisposto a entrar no campo da arte pela arte em virtude da homologia evidente que se estabelece entre a estrutura da relação entre a fração dos artistas e as frações dominantes da classe dominante, e a estrutura da relação que desde a infância ele mantém com sua família e, mais tarde, sob a forma de sua relação vivida com seu pai e com seu irmão mais velho, com sua classe de origem e com o futuro objetivo a ela inerente. Por esta razão, explica-se por que as informações mais pertinentes de uma perspectiva sociológica, detectadas por Sartre na biografia de Flaubert, parecem sempre redundantes até mesmo nos detalhes se comparadas às informações construídas por uma análise da posição e das tomadas de posição da Escola da arte pela arte *em seu conjunto*. É redundante a relação que Flaubert mantém com seu meio familial, com sua classe de origem e, de modo geral, com seus educadores, relação cujo princípio, segundo Sartre, reside no ressentimento da criança ou do aluno desconhecido: "Ele está fora e dentro (...). Desta burguesia, enquanto ela se manifesta a ele como seu meio familial, ele não pára de exigir que ela o *reconheça* e o *incorpore*" [22]. "Excluído e comprometido, vítima e cúmplice, sofre ao mesmo tempo com sua exclusão e com sua cumplicidade" [23]. Eis toda a relação da fração dos artistas e, em especial, dos defensores da arte pela arte, com as frações dominantes. É redundante a relação que Gustave mantém com seu irmão Achille, realização objetiva da probabilidade objetiva de uma carreira vinculada à sua categoria: "É o grande irmão Achille, coberto de honras, é o jovem herdeiro imbecil que se congratula por uma herança que não merece, é o médico circunspecto que argumenta à cabeceira de um moribundo a quem não sabe como salvar, é o ambicioso que aspira o po-

(21) Somente a hipótese da "harmonia preestabelecida" entre a posição e aquele que a ocupa, entre o profissional e sua profissão, permite compreender as numerosas "coincidências" que se podem observar entre as características sociais e escolares dos membros da escola da arte pela arte. Destarte, quase todos são originários de famílias de grandes médicos da província (Bouilhet, Flaubert, Fromentin) ou de pequenos nobres da província (Théodore de Banville, Barbey d'Aurevilly, os Goncourt), quase todos realizaram estudos de Direito (Banville, Barbey d'Aurevilly, Baudelaire, Flaubert, Fromentin, Leconte de Lisle), e seus biógrafos chamam a atenção para o fato de que, no caso de alguns, o pai "queria para o filho uma alta posição social" ou "desejava que se tornasse médico". Estas breves indicações deverão, é claro, ser qualificadas com maior precisão mediante análises mais aprofundadas. Não obstante, pode-se verificar também que os "artistas burgueses" parecem originários em sua maioria da burguesia econômica e não da burguesia intelectual, ao passo que os defensores da "arte social", em especial após 1850, provêm em grande parte das classes médias e até mesmo das classes populares.
(22) J.-P. Sartre, *op. cit.*, p. 1933.
(23) *Ibid.*, p. 1949.

der mas que se contentará com a legião de honra (...). E é o que ocorrerá com Henry ao fim da primeira *Educação* (...): 'O futuro lhe pertence, são estas as pessoas que se tornam poderosas'" [24]. Eis toda a relação dos defensores da arte pela arte com os "artistas burgueses" "a quem às vezes invejaram o êxito, a clamorosa fama e também os lucros" [25]. Caso se coloque a questão de quais as condições mais específicas a serem preenchidas pelos membros da escola da arte pela arte para ocupar a posição que o campo lhes proporciona, constata-se que, dentre todas as características biográficas, a mais importante é sem dúvida o fato de que eram burgueses e burgueses mais "transviados" do que desclassificados. Era preciso ser burguês e dispor, portanto, dos recursos necessários a fim de poder resistir à solicitação direta da demanda [26] e esperar pelas remunerações materiais e simbólicas *necessariamente adiadas* (algumas vezes tal espera se prolongava até os últimos anos da vida e mesmo além) que o mercado de bens simbólicos está em condições de oferecer aos artistas que se recusam a curvar-se às exigências imediatas do público burguês: "Flaubert, diz Théophile Gautier a Feydeau, teve mais espírito do que nós, teve a inteligência de vir ao mundo com algum patrimônio, *coisa absolutamente indispensável a quem deseja fazer arte*" [27]. A exemplo dos escritores, os pintores mais inovadores do século XIX são originários, em sua maioria, das classes privilegiadas, o que talvez se explique pelo fato de suas famílias e eles mesmos estarem mais aptos e mais dispostos a realizar este tipo de investimento muito arriscado e a longo prazo em que se traduz o ingresso em uma carreira de artista. É significativo o fato de que Manet e Degas, originários da alta burguesia parisiense, não tivessem tido que enfrentar as admoestações e ameaças mal disfarçadas com que os pais de Cézanne e, em especial Monet, pertencentes

---

(24) *Ibid.*, pp. 1943-1944.

(25) A. Cassagne, *op. cit.*, p. 139.

(26) Tudo leva a crer que, por não contarem com as proteções e seguranças de que dispunham os escritores da arte pela arte, inúmeros escritores da boêmia, originários das classes médias ou populares e providos de uma formação escolar menos completa, acabaram cedendo às solicitações do mercado sacrificando-se a formas artísticas menos exigentes, embora mais rentáveis.

(27) Citado por A. Cassagne, *op. cit.*, p. 218. "Flaubert, Th. Gautier, Th. de Banville, são pessoas de família abastada, de padrão de vida decente e, mesmo quando não são medíocres ou maus administradores de sua fortuna, como acontece com Baudelaire ou Théophile Gautier, são quase ricos. Sem dúvida, Leconte de Lisle, Louis Ménard, Bouilhet, tiveram muitos dias bem difíceis e uma juventude dura, mas sua situação melhorou". Ver A. Cassagne, *op. cit.*, p. 333.

respectivamente à média e à pequena burguesia de província, forneciam suas verbas. Na verdade, também era preciso ser burguês "transviado", ou seja, em ruptura com as normas e valores de sua classe e sobretudo com as oportunidades de carreira objetivamente vinculadas à sua posição, para estar ao mesmo tempo pouco disposto a corresponder às expectativas do público burguês e, talvez, pouco capaz de satisfazê-los, como demonstram os fracassos teatrais dos defensores da arte pela arte.

A fim de encontrar as razões capazes de explicar esta espécie de harmonia preestabelecida entre as posições oferecidas pelo campo e os que assumiram tais posições, não é preciso invocar o trabalho da consciência ou a iluminação da intuição comumente designada pelo termo de "vocação", mera transfiguração ideológica da relação que se estabelece objetivamente entre uma categoria de agentes e um estado da demanda objetiva, ou melhor, do mercado do trabalho, e que se concretiza através de uma carreira por intermédio do sistema de disposições produzidas pela interiorização de um tipo determinado de condições objetivas envolvendo um tipo determinado de oportunidades objetivas. As práticas mais deliberadas ou aquelas mais inspiradas levam sempre em conta objetivamente o sistema das possibilidades e das impossibilidades objetivas que define o futuro objetivo e coletivo de uma classe especificado por fatores secundários determinando um tipo particular de *desvio* em relação ao feixe de trajetórias característico da classe. Tomemos, por exemplo, o caso de Flaubert, "burguês transviado", cuja *relação com o pai* sintetiza todas as características específicas de suas condições primárias de formação (sua posição de caçula, seu êxito escolar considerado medíocre se comparado ao de seu irmão etc.) e através da qual se constitui o princípio inconsciente de sua relação prática com suas possibilidades individuais e com as possibilidades objetivamente vinculadas à sua classe social bem como à defasagem ao mesmo tempo recusada e assumida, revoltante e encampada, entre umas e outras. O princípio unificador e gerador de todas as práticas e, em particular, destas orientações comumente descritas como "escolhas" da "vocação", e muitas vezes consideradas efeitos da "tomada de consciência", não é outra coisa senão o *habitus*, sistema de disposições inconscientes que constitui o produto da interiorização das estruturas objetivas e que, enquanto lugar geométrico dos determinismos objetivos e de uma determinação, do futuro objetivo e das esperanças subjetivas, tende a produzir práticas e, por esta via, carreiras objetivamente ajustadas às estruturas objetivas [28].

julho de 1970

---

(28) Neste ponto uma análise estatística rigorosamente subordinada à análise estrutural assume todo seu valor. Em primeiro lugar, a análise da estrutura do mercado de lugares oferecidos em um dado momento do tempo (análise muito espinhosa em virtude da escassez de documentos disponíveis) e a comparação do retrucamento social da fração dos escritores e dos artistas (ou melhor, das diferentes categorias de escritores e artistas) com o recrutamento social das demais frações das classes dominantes, deveria permitir determinar o campo das possibilidades e das impossibilidades associadas a cada tipo de posição na estrutura social e, por esta via, chegar no sistema dos fatores objetivos que contribui para definir as trajetórias biográficas mais prováveis para as diferentes categorias de agentes. Em segundo lugar, ao esclarecer as relações que se estabelecem entre as diferentes posições pertinentes no campo intelectual bem como as propriedades sociologicamente definidas de seus ocupantes, a análise estatística deveria levar à lei dos diferentes processos de seleção ao fim dos quais realiza-se, na e pela transmutação permanente do destino em vocação e quando os determinismos tornam-se determinação, o futuro objetivo e coletivo das diferentes categorias de agentes, isto é, a lei das diferentes famílias de *trajetórias biográficas* (ou carreiras), definidas como sistemas de posições estruturalmente pertinentes sucessivamente ocupadas por uma classe determinada de agentes no mesmo campo intelectual ou em campos sucessivos, dotados de estruturas diferentes e ocupando posições diferentes na estrutura do poder.

5. Sistemas de Ensino e Sistemas de Pensamento*

Nas páginas de *Tristes Trópicos* onde evoca seu itinerário intelectual, Claude Lévi-Strauss descreve as técnicas e os ritos do ensino francês de filosofia.

"Lá, comecei a aprender que qualquer problema, grave ou fútil, pode ser liquidado pela aplicação de um método, sempre idêntico, que consiste em opor dois pontos de vista tradicionais da questão; em introduzir o primeiro pelas justificações do senso comum, em seguida destruí-lo por meio do segundo; enfim, em rejeitá-los ambos, graças a um terceiro que revela o caráter igualmente parcial dos dois outros, reduzidos por artifícios de vocabulário aos aspectos complementares duma mesma realidade: forma e fundo, continente e conteúdo, ser e parecer, contínuo e descontínuo, essência e existência etc. Tais exercícios logo se tornam verbais, fundados numa arte do trocadilho que toma o lugar da reflexão, as assonâncias entre os termos, as homofonias e as ambigüidades fornecendo progressivamente a matéria dessas surpresas de teatro especulativas, em cuja engenhosidade se reconhecem os bons trabalhos filosóficos.

Cinco anos de Sorbonne se reduziam ao aprendizado dessa ginástica, cujos perigos são, entretanto, manifestos. Em primeiro lugar porque a mola dessas restaurações é tão simples que não existe problema que não se possa abordar dessa maneira. Para preparar o concurso e essa prova suprema (que consiste, depois de algumas horas de estudo, em tratar de um ponto sorteado), meus colegas e eu pro-

---

(*) "Systèmes d'enseignement et systèmes de pensée", publicado originalmente in *Revue Internationale des Sciences Sociales*, vol. XIX, 3, 1967, pp. 367-388. Tradução de Sergio Miceli.

púnhamos os assuntos mais extravagantes... Não apenas o método fornece uma chave-mestra, mas incita a somente perceber, na riqueza dos temas de reflexão, uma forma única, sempre a mesma, salvo algumas correções elementares"[1].

A essa excelente descrição etnológica dos esquemas intelectuais e lingüísticos que o ensino francês transmite — de modo muito mais implícito do que explícito — corresponde a descrição dos esquemas que guiam o pensamento e a conduta dos índios bororos no momento em que constroem suas aldeias segundo uma distribuição tão formal e fictícia quanto a organização dualista dos exercícios de concurso para docentes universitários. Neste caso, com certeza por estar mais distanciado e também mais cúmplice, o etnólogo reconhece a necessidade ou, se quisermos, a função de tais esquemas: "... seus lábios elaboraram uma cosmologia grandiosa; inscreveram-na no plano de suas aldeias e na distribuição das casas. As contradições contra as quais se chocavam, tomaram-nas e retomaram-nas, jamais aceitando uma posição senão para negá-la em proveito de outra, cortando e talhando os grupos, associando-os e afrontando-os, fazendo de toda a sua vida social e espiritual um brasão em que a simetria e a assimetria se equilibram..."[2].

Em sua condição de sujeito social, o etnólogo mantém uma relação de familiaridade com sua cultura e, por esta razão, encontra dificuldades para tomar como objeto de pensamento os esquemas que organizam seu próprio pensamento. Quanto mais tais esquemas encontram-se interiorizados e dominados, tanto mais escapam quase que totalmente às tomadas de consciência parecendo-lhe assim coextensivos e consubstancias à sua consciência. Ademais, o etnólogo pode hesitar em admitir que, embora tenham sido adquiridos pelas aprendizagens metodicamente organizadas da Escola e, portanto, quase sempre explícitos e explicitamente ensinados, os esquemas que organizam o pensamento dos homens cultivados das sociedades "escolarizadas" possam preencher a mesma função cumprida pelos esquemas inconscientes que descobre — pela análise de criações culturais como os ritos ou os mitos — nos indivíduos das sociedades desprovidas de instituições escolares, onde estas "formas primitivas de classificação" não constituem nem poderiam constituir o objeto de

(1) C. Lévi-Strauss. *Tristes Tropiques*. Paris, Plon, 1955, pp. 42-43.
(*) Para o trecho citado por Bourdieu, recorremos à tradução em português da obra de Lévi-Strauss, feita por Wilson Martins. Ver C. Lévi-Strauss. *Tristes Trópicos*. São Paulo, Anhembi, 1957, pp. 48-49, cap. VI (Como se faz um etnógrafo) da 2ª parte intitulada "Caderno de viagem". (N. do T.)
(2) C. Lévi-Straus. *op. cit.*, pp. 255-256 (Ver tradução em português já citada, 6ª parte (Bororo), cap. XXIII (Os vivos e os mortos), p. 258).

uma captação consciente e de uma transmissão explícita e metódica. Será que os esquemas lingüísticos e de pensamento transmitidos pela escola, como por exemplo aqueles que os tratados de retórica designavam como figuras de palavras e figuras de pensamento, cumprem ao menos para os membros das classes cultivadas a função dos esquemas inconscientes que organizam o pensamento e as obras dos homens das sociedades tradicionais, ou então, as condições em que são transmitidos e adquiridos fazem com que só cheguem a operar ao nível mais superficial da consciência? Se é verdade que a especificidade das sociedades dotadas de uma cultura erudita (cultura acumulada e cumulativa) reside, do ângulo que aqui nos interessa, no fato de que dispõem de instituições especialmente organizadas a fim de transmitir, explícita ou implicitamente, formas de pensamento explícitas ou implícitas que operam em níveis diferentes da consciência, desde os mais manifestos (suscetíveis de serem apreendidos pela ironia ou pela reflexão pedagógica) até às formas mais fundamente enterradas que se atualizam nos atos de criação cultural ou de deciframento sem que, por isso, sejam tomadas como objeto da reflexão, pode-se indagar se a sociologia da transmissão institucionalizada da cultura não constitui, pelo menos através de um de seus aspectos, um dos caminhos e dos mais significativos da sociologia do conhecimento.

ESCOLA E INTEGRAÇÃO CULTURAL

A fim de se perceber o que há de insólito neste trajeto, basta observar que tanto Durkheim como, depois dele, a maioria dos autores que abordaram a sociologia do ensino de uma perspectiva antropológica, enfatizam a função de integração "moral" da escola e relegam a segundo plano, ou então, nem levam em conta o que se poderia chamar a "função de integração cultural" (ou lógica) da instituição escolar. É paradoxal o fato de que o autor das *Formas primitivas de classificação* e das *Formas elementares da vida religiosa* não se tenha dado conta, em seus escritos dedicados à educação, de que, do mesmo modo que a religião nas sociedades primitivas, a cultura escolar propicia aos indivíduos um corpo comum de categorias de pensamento que tornam possível a comunicação. Embora pareça menos paradoxal que, em sua sociologia do conhecimento, Durkheim se esforce em estabelecer a gênese social das categorias lógicas sem mencionar o papel da educação, pois nas obras citadas seu interesse concentra-se sobretudo nas sociedades onde a transmissão destas categorias lógicas não é, via de regra, confiada a uma instituição especialmente organizada com este fim, não obstante é surpreendente que, ao mesmo tempo em que encara a aprendizagem escolar como um dos instrumentos mais eficazes da integração "moral" das sociedades diferenciadas, não se dê conta de que a escola tende a assumir uma função de integração lógica de modo cada vez mais completo e exclusivo à medida que seus conhecimentos progridem. Na verdade, os indivíduos "programados", quer dizer, dotados de um programa homogêneo de percepção, de pensamento e de ação, constituem o produto mais específico de um sistema de ensino. Os homens formados em uma dada disciplina ou em uma determinada escola, partilham um certo "espírito", literário ou científico: o moldado pela Escola Normal Superior ou aquele moldado pela Escola Politécnica. Tendo sido moldados segundo o mesmo "modelo" (*pattern*), os espíritos assim modelados (*patterned*) encontram-se predispostos a manter com seus pares uma relação de cumplicidade e comunicação imediatas. Segundo Henri-Irénée Marrou, tal sucede com os indivíduos formados na tradição humanista: o ensino tradicional assegura "entre todos os espíritos, tanto os que pertencem a uma mesma geração como os que pertencem a um mesma história, uma homogeneidade própria que facilita a comunicação, a comunhão... No seio de uma cultura clássica, todos os homens possuem em comum um mesmo tesouro de admiração, de modelos, de regras e, sobretudo de exemplos, metáforas, imagens, palavras, em suma uma linguagem comum" [3]. As sentenças, as máximas e as narrativas exemplares da cultura humanista, bem como as metáforas e os paralelismos inspirados na história grega ou romana, desempenham um papel sob todos os aspectos muito semelhante ao que as sociedades tradicionais conferem aos provérbios, ditados e poesias gnômicas. Caso se admita que a cultura e, neste caso particular, a cultura erudita em sua qualidade de código comum é o que permite a todos os detentores deste código associar o mesmo sentido às mesmas palavras, aos mesmos comportamentos e às mesmas obras e, de maneira recíproca, de exprimir a mesma intenção significante por intermédio das mesmas palavras, dos mesmos comportamentos e das mesmas obras, pode-se compreender por que a Escola, incumbida de transmitir esta cultura, constitui o fator fundamental do consenso cultural nos termos de uma parti-

---

(3) H. I. Marrou. *Histoire de l'éducation dans l'antiquité.* 6ª edição revista e aumentada, Paris, Seuil, 1965, p. 333.

cipação de um senso comum entendido como condição da comunicação. O que os indivíduos devem à escola é sobretudo um repertório de lugares-comuns, não apenas um discurso e uma linguagem comuns, mas também terrenos de encontro e acordo, problemas comuns e maneiras comuns de abordar tais problemas comuns. Embora os homens cultivados de uma determinada época possam discordar a respeito das questões que discutem, pelo menos estão de acordo para discutir certas questões. É sobretudo através das problemáticas obrigatórias nas quais e pelas quais um pensador reflete que ele passa a pertencer à sua época podendo-se situá-lo e datá-lo. Assim como os lingüistas recorrem ao critério da intercompreensão a fim de determinar as áreas lingüísticas, também poder-se-ia determinar áreas e gerações intelectuais e culturais através de um levantamento dos conjuntos de questões obrigatórias que definem o campo cultural de uma época. De qualquer modo, não se conseguiria ir além das aparências caso se concluísse em todos os casos a partir das divergências patentes que opõem os intelectuais de uma época acerca do que muitas vezes se designa os "grandes problemas do tempo" como se houvesse uma falta de integração lógica. O desacordo supõe um acordo nos terrenos de desacordo, e os conflitos manifestados entre as tendências e as doutrinas dissimulam, aos olhos dos que deles participam, a cumplicidade em que implicam e que choca o observador estranho ao sistema. É preciso não confundir o consenso na dissensão (cujas raízes situam-se na tradição escolar) que constitui a unidade objetiva do campo intelectual de uma dada época — ou seja, a participação na atualidade intelectual — com uma submissão à moda. O que torna contemporâneos certos autores que se encontram separados sob inúmeros outros ângulos são as questões consagradas a respeito das quais eles se opõem e, em relação às quais organiza-se pelo menos um aspecto de seu pensamento. Assim, à maneira dos fósseis que permitem datar as eras da pré-história, os temas de exame — vestígios cristalizados dos grandes debates do tempo — indicam com alguma defasagem as questões que orientaram e organizaram o pensamento de uma época. Destarte, poder-se-ia distinguir, na história recente do pensamento filosófico na França, uma era da dissertação sobre o juízo e o conceito, uma era da dissertação sobre a essência e a existência (ou o medo e a angústia) e, finalmente, uma era da dissertação sobre a língua e a fala (ou a natureza e a cultura). Um estudo comparativo dos temas de dissertação ou dos discursos acadêmicos e conferências mais freqüentes nos diferentes países e em épocas diversas, traria uma contribuição importante à sociologia do conhecimento ao definir a problemática obrigatória, isto é, uma das dimensões mais fundamentais da programação intelectual de uma sociedade e de uma época. É o que Renan pressentira quando escreveu: "Será possível acreditar que, em cerimônias análogas às nossas distribuições de prêmios onde os gastos de eloqüência constituem uma presença obrigatória, os alemães dediquem-se a leituras de dissertações gramaticais do gênero mais severo e repletas de palavras latinas? Será que poderíamos compreender sessões solenes e públicas ocupadas pelas seguintes leituras: Sobre a natureza da conjunção; Sobre o período alemão; Sobre os matemáticos gregos; Sobre a topografia da batalha de Maratona; Sobre a planície de Crissa; Sobre as centúrias de Servius Tullius; Sobre as vinhas do Ático; Classificação das preposições; Esclarecimento a respeito das palavras difíceis em Homero; Comentário sobre o retrato de Térsito em Homero etc.? Isto supõe em nossos vizinhos um gosto maravilhoso pelas coisas sérias e, talvez, também uma certa dose de coragem para se chatear mortalmente quando é preciso" [4].

No pensamento de um mesmo autor e, *a fortiori*, de uma mesma época, podem coexistir elementos pertencentes a eras escolares diferentes [5]. Pelo fato de que o campo cultural transforma-se por reestruturações sucessivas e não através de revoluções radicais, alguns temas são levados a primeiro plano enquanto outros são relegados sem serem completamente abolidos, o que assegura a continuidade da comunicação entre as gerações intelectuais. Não obstante, em todos os casos, os esquemas que organizam o pensamento de uma época somente se tornam inteiramente compreensíveis se forem referidos ao sistema escolar, o único capaz de consagrá-los e constituí-los, pelo exercício, como hábitos de pensamentos comuns a toda uma geração.

A cultura não é apenas um código comum nem mesmo um repertório comum de respostas a problemas recorrentes. Ela constitui um conjunto comum de esquemas fundamentais, previamente assimilados, e a partir dos quais se articula, segundo uma "arte da invenção" análoga à da escrita musical, uma infinidade de esquemas particulares diretamente aplicados

---

(4) E. Renan. *L'avenir de la science*. Paris, Calmann-Lévy, 1890, pp. 116-7.

(5) Devido à sua própria inércia, a Escola arrasta categorias e modelos de pensamento pertencentes a diferentes épocas. Destarte, pela obediência às regras da dissertação em três pontos, os alunos franceses são ainda hoje contemporâneos de São Tomás. O sentimento da "unidade da cultura européia" deriva diretamente do fato de que a Escola faz com que coincidam, em termos de uma reconciliação exigida pela pedagogia, tipos de pensamento pertencentes a épocas muito diferentes.

a situações particulares. Os *topoi* não são apenas lugares-comuns mas também esquemas de invenção e suportes da improvisação: estes *topoi* — dentre os quais os pares de oposições como pensamento e ação, essência e existência, contínuo e descontínuo etc., apresentam um rendimento particularmente elevado — fornecem pontos de apoio e pontos de partida aos desenvolvimentos, sobretudo os improvisados, do mesmo modo como as regras da harmonia e do contraponto sustentam "a invenção" musical mais inspirada e mais livre na aparência. Tais esquemas de invenção também podem ter a função de remediar a falta de invenção, no sentido comum do termo. Em conseqüência, o formalismo e o verbalismo denunciados por Lévi-Strauss constituem apenas o limite patológico do uso normal de qualquer método de pensamento. Pode-se lembrar aqui o que Henri Wallon escreveu a respeito da função do pensamento binário na criança: "Os contrastes de imagens ou de linguagem são o efeito de uma ligação tão natural e tão espontânea, que muitas vezes tomam o lugar da intuição e do sentido do real. Fazem parte do material sempre disponível ao pensamento que tende a formular-se, sendo capazes de prevalecer sobre ele. Dizem respeito ao "saber verbal" diante do qual a inteligência refletida não faz outra coisa senão reconhecer os resultados já formulados e cujas operações sobrevivem muitas vezes às operações do pensamento em certos estados de enfraquecimento, de confusão ou de distração psíquicas"[6]. Os automatismos verbais e os hábitos de pensamento têm por função sustentar o pensamento, mas também podem, nos momentos de "baixa tensão" intelectual, dispensar de pensar. Embora devam auxiliar a dominar o real com poucos gastos, podem também encorajar aos que a eles recorrem para fazer economia da referência ao real.

Muito provavelmente, poder-se-ia definir para cada época, além de um lote de temas comuns, uma constelação particular de esquemas dominantes e um número de "perfis epistemológicos" (tomando-se esta noção em um sentido ligeiramente diferente do sentido dado por Bachelard) correspondente às escolas de pensamento. De fato, pode-se supor que cada sujeito deve ao tipo de aprendizagem escolar que recebeu um conjunto de esquemas fundamentais, profundamente interiorizados, que servem de princípio de seleção no tocante às aquisições ulteriores de esquemas, de modo que o sistema dos esquemas segundo os quais organiza-se o pen-

(6) H. Wallon. *Les origines de la pensée chez l'enfant*. Paris, Presses Universitaires de France, 1945, tomo I, p. 63.

samento deste sujeito deriva sua especificidade não apenas da natureza dos esquemas constitutivos e do nível de consciênqüência com que estes são utilizados e do nível de consciência em que operam. É claro, tais propriedades encontram-se ligadas às condições de aquisição dos esquemas intelectuais mais fundamentais.

Sem dúvida, o fato mais essencial aponta que os esquemas depositados sob a forma de automatismos somente são apreendidos quase sempre por intermédio de um retorno reflexivo, sempre difícil, sobre as operações já efetuadas. Logo, podem reger e regular as operações intelectuais sem que sejam conscientemente apreendidos e dominados. Um pensador participa de sua sociedade e de sua época, primeiro através do inconsciente cultural captado por intermédio de suas aprendizagens intelectuais e, em especial, por sua formação escolar. Em outros termos, as escolas de pensamento poderiam conter pensamentos de escola de modo mais freqüente do que possui.

Esta hipótese encontra uma confirmação exemplar na célebre análise das relações entre a arte gótica e a Escolástica proposta por Erwin Panofsky. O que os arquitetos das catedrais góticas tomam de empréstimo à escola mesmo sem o saber é um *principium importans ordinem ad actum*, ou então, um *modus operandi*, ou seja, "um método original de proceder que deve se ter imposto de início sobre o espírito do leigo cada vez que este entrou em contato com a Escolástica" [7]. Por exemplo, o princípio de clarificação (*manifestatio*), esquema de apresentação literária descoberto pela Escolástica, segundo o qual o autor torna palpável e explícito (*manifestare*) a ordenação e a lógica de seu propósito — diríamos seu "plano" — também rege a ação do arquiteto e do escultor, o que se pode verificar pela comparação do *Juízo Final* do tímpano de Autun com os de Paris ou de Amiens onde, a despeito de uma riqueza maior de motivos, reina a mais extrema clareza graças ao jogo das simetrias e das correspondências [8]. Tal sucede porque os construtores de catedrais estavam sujeitos à constante influência da Escolástica, "força formadora de hábitos" (*habit-forming-force*) a qual, entre por volta de 1130-1140 e até aproximadamente 1270, "possuía um verdadeiro monopólio da educação" num raio de 150 quilômetros em torno de Paris: "É bem pouco provável que os construtores das estruturas góticas tenham

(7) E. Panofsky. *Gothic Architecture and scholasticism*. New York, 1957, p. 28.
(8) *Ibid.*, p. 40.

lido Gilbert de La Porrée ou Tomás de Aquino no original. Todavia, encontravam-se expostos ao ponto de vista escolástico de inúmeras outras maneiras, sem levar em conta o fato de que sua atividade colocava-os automaticamente em contato com os que concebiam os programas litúrgicos e iconográficos. Tinham freqüentado a escola; tinham ouvido os sermões e tinham tido a oportunidade de assistir às *disputationes de quolibet* que, por tratarem de todas as questões do momento, haviam se tornado acontecimentos sociais muito semelhantes às nossas óperas, concertos ou conferências públicas. Enfim, puderam sempre manter contatos frutíferos com os letrados em diversas ocasiões" [9]. Nas condições, observa Panofsky, a conexão entre a arte gótica e a Escolástica é "mais concreta do que um mero 'paralelismo' e, não obstante, mais geral do que essas 'influências' individuais (muito importantes) que os conselheiros eruditos exercem sobre os pintores, escultores e arquitetos". Tal conexão constitui "uma autêntica relação de causa e efeito" que opera pela difusão "do que pode ser designado, na falta de um termo mais apropriado, um hábito mental — desde que tal clichê seja entendido em seu sentido escolástico preciso de "princípio que regula o ato, *principium importans ordinem ad actum*" [10]. Enquanto "força formadora de hábitos", a escola propicia aos que se encontram direta ou indiretamente submetidos à sua influência, não tanto esquemas de pensamento particulares e particularizados, mas uma disposição geral geradora de esquemas particulares capazes de serem aplicados em campos diferentes do pensamento e da ação, aos quais pode-se dar o nome de *habitus* cultivado.

Desta maneira, com vistas a explicar homologias estruturais que descobre entre campos da atividade intelectual tão distantes como a arquitetura e o pensamento filosófico, Erwin Panofsky não se limita a invocar uma "visão unitária do mundo" ou um "espírito do tempo", o que equivaleria a nomear o que ainda falta explicar, ou pior ainda, a pretender dar por explicado o que é preciso explicar. Ele propõe a explicação aparentemente mais ingênua e, sem dúvida, a mais sólida: em uma sociedade onde a transmissão cultural é monopolizada por uma escola, as afinidades subterrâneas que unem as obras humanas (e, ao mesmo tempo, as condutas e os pensamentos) encontram seu princípio na instituição escolar investida da função de transmitir conscientemente (e também, em certa medida, inconscientemente) o incons-

(9) *Ibid.*, p. 24.
(10) *Ibid.*, pp. 20-23.

ciente, ou melhor, de produzir indivíduos dotados deste sistema de esquemas inconscientes (ou profundamente internalizados) que constitui sua cultura. Sem dúvida, também seria ingênuo suspender neste ponto a busca da explicação, como se a Escola fosse um império dentro de um império e como se a cultura encontrasse nela seu começo absoluto. Contudo, também parece ingênuo querer ignorar que a escola, pela própria lógica de seu funcionamento, modifica o conteúdo e o espírito da cultura que transmite e, sobretudo, cumpre a função expressa de transformar o legado coletivo em um inconsciente *individual e comum*. Assim, referir as obras de uma época às práticas da Escola é o mesmo que obter um meio de explicar não somente o que estas obras *proclamam,* mas também o que elas deixam escapar na medida em que participam da simbologia de uma época ou de uma sociedade.

ESCOLAS DE PENSAMENTO E CULTURAS DE CLASSE

Independentemente das representações coletivas, tais como a representação do homem como resultado de uma longa evolução ou a representação do mundo governado por leis necessárias e imutáveis e não por um destino arbitrário e caprichoso ou por uma vontade providencial, cada sujeito recorre inconscientemente a disposições gerais, como por exemplo aquelas pelas quais se reconhece o "estilo" de uma época — estilo da arquitetura e do mobiliário ou estilo de vida —, ou seja, esquemas de pensamento que organizam o real orientando e organizando o pensamento do real, fazendo com que aquilo que pensa seja pensável para ele como tal e na forma particular pela qual é pensado. Como observa Kurt Lewin, "as experiências referentes à memória e à pressão do grupo sobre o indivíduo mostram que o que existe como "realidade" para o indivíduo encontra-se determinado, em grande medida, pelo que é socialmente aceito como real... Logo, a "realidade" não é absoluta. Ela difere de acordo com o grupo a que o indivíduo pertence" [11]. Do mesmo modo, o que existe enquanto "questão na ordem do dia" é determinado em ampla medida pelo que é socialmente considerado como tal. Assim, em cada época de cada sociedade, há uma hierarquia dos objetos de estudo legítimos que consegue impor-se de maneira tanto mais total por não ha-

(11) K. Lewin. *Resolving social conflicts.* New York Harper and Brothers, 1948, p. 57.

ver a necessidade de ser explicitada uma vez que ela aparece como se estivesse depositada nos instrumentos de pensamento que os indivíduos recebem no curso de sua aprendizagem intelectual. O que se costuma designar como a hipótese de Sapir e Whorf aplica-se perfeitamente à vida intelectual. As palavras e sobretudo as figuras de palavras e as figuras de pensamento características de uma escola de pensamento modelam o pensamento assim como o expressam. Os esquemas lingüísticos e intelectuais determinam muito mais o que os indivíduos apreendem como digno de ser pensado e o que pensam a respeito, pois atuam fora do alcance das tomadas de consciência crítica: "o pensamento segue uma rede de caminhos abertos no interior de uma linguagem particular, uma organização capaz de orientar de modo sistemático na direção de certos aspectos da inteligência ou de certos aspectos da realidade, descartando sistematicamente outros aspectos valorados por outras linguagens. O indivíduo é inteiramente inconsciente desta organização e completamente amarrado a estes liames intransponíveis" [12].

A língua e o pensamento de escola operam esta ordenação pela valorização de certos aspectos da realidade: produto específico da escola, o pensamento por "escolas" e por gêneros (designados por inúmeros conceitos terminados em ismo) permite organizar as coisas de escola, isto é, o universo das obras filosóficas, literárias, plásticas ou musicais e, além delas ou por seu intermédio, ordenar toda a experiência do real e todo o real. Para falar a linguagem da tradição grega, o mundo natural só se torna significante quando passa a constituir o objeto de uma *diacrisis*, de um recorte que assegura o triunfo do "limite" (*peras*) sobre o caos sem delimitação (*apeiron*): a escola fornece o princípio desta ordenação e ensina a arte de operá-la. O gosto não passa da arte de estabelecer diferenças, entre o cozido e o cru, entre o insípido e o saboroso, mas também entre o estilo clássico e o estilo barroco, entre o modo maior e o modo menor. Quando faltam tanto este princípio divisório como a arte de aplicá-lo comunicada pela escola, o mundo cultural reduz-se a um caos sem delimitações nem diferenças. Por exemplo, os visitantes de museus desprovidos deste arsenal de palavras e categorias que permitem nomear as diferenças e apreendê-las ao nomeá-las — nomes próprios de pintores célebres que operam enquanto categorias genéricas, conceitos que designam

---

(12) Whorf. Language, mind and reality. *A review of general semantics*, 9, nº 3, pp. 167-8.

uma escola, uma época, um "período" ou um estilo e que autorizam as aproximações (os "paralelos") ou as oposições — estão fadados à diversidade monótona de sensações desprovidas de sentido: "Quando não se sabe de nada, diz um operário de Dreux, não se consegue ver muito bem... Acho tudo parecido, é um quadro bonito, é uma bela pintura, mas não se consegue ver muito bem". E um outro operário, de Lille, observa: "Para alguém que queira interessar-se, é difícil. Só enxerga pinturas, datas. Para se poder fazer as diferenças, falta um guia, se não tudo fica igual"[13]. À medida que se ampliam os sistemas de pré-conhecimentos típicos que os indivíduos devem à escola (em outros termos, à medida que se eleva o nível de instrução), a familiaridade com o universo organizado das obras torna-se mais imediata e mais intensa. Isto porque a escola não fornece apenas indicações, mas também define itinerários, ou seja, no sentido primeiro, métodos e programas de pensamento. Os esquemas intelectuais e lingüísticos organizam um espaço balizado, eivado de sentidos obrigatórios e de sentidos proibidos, de avenidas e impasses: no interior deste espaço, o pensamento pode manifestar-se com o sentimento da liberdade e da improvisação porque os itinerários já de antemão esboçados que deverá seguir, são os mesmos que já foram antes diversas vezes percorridos no curso das aprendizagens escolares. A ordem de exposição imposta pela escola à cultura transmitida e que, quase sempre, prende-se tanto às rotinas escolares como a necessidades pedagógicas, tende a impor-se como necessária à consciência dos que adquirem a cultura segundo esta ordem. Ao organizar um trajeto regulamentado através das obras culturais, a escola transmite ao mesmo tempo as regras que definem a maneira canônica de abordar as obras (de acordo com seu nível em uma hierarquia consagrada) e os princípios que fundam tal hierarquia. Pelo fato de que a ordem de aquisição tende a aparecer como solidária da cultura adquirida e pelo fato de que a relação que cada indivíduo mantém com sua cultura carrega a marca das condições da aquisição, pode-se distinguir de imediato o autodidata do homem formado pela escola. Por não poder contar com itinerários reconhecidos, o autodidata de *La Nausée* de Sartre se põe a ler, por ordem alfabética, todos os autores possíveis: a rigidez irrisória deste programa faz com que pareça mais arbitrário do que o programa comum que a escola consagra,

---

(13) Ver P. Bourdieu e A. Darbel, com D. Schnapper. *L'amour de l'art, les musées et leur public*. Paris, Éditions de Minuit, 1966, colleção "Le sens commun", pp. 69-76.

fundado na ordem cronológica, aparentemente natural e obrigatório, mas na verdade tão alheio como o outro às razões da lógica e da pedagogia. Nem por isso, aos olhos dos que levaram a cabo o trajeto regulamentado que define o *cursus*, uma cultura adquirida segundo um trajeto a tal ponto singular se oporia sempre a uma cultura acadêmica, assim como uma floresta agreste se opõe a um jardim de estilo francês.

Encarregada de comunicar estes princípios de organização, a escola deve ela mesma organizar-se com vistas a cumprir esta função. Para transmitir este programa de pensamento chamado cultura, deve submeter à cultura que transmite uma programação capaz de facilitar sua transmissão metódica. Assim, cada vez que a literatura torna-se uma disciplina escolar — como por exemplo, no caso dos sofistas ou na Idade Média — constata-se o surgimento da preocupação de classificar, quase sempre mediante gêneros e autores, de estabelecer hierarquias e distinguir na massa das obras os "clássicos", dignos de serem conservados pela transmissão escolar. As antologias e os manuais constituem o gênero por excelência das obras subordinadas à função de valoração e ordenação que cabe à escola. Tendo que preparar seus alunos para responder a problemas escolares, os professores são levados a organizar de antemão seus objetivos segundo a organização que seus alunos deverão reencontrar a fim de responder estes problemas. Trata-se em última instância de manuais de dissertação onde se encontram discursos inteiramente organizados em função de determinados temas de dissertação. Não há professor que não esteja obrigado a ter em conta a situação e a função pedagógica no tocante à elaboração de seu discurso professoral e, muitas vezes, de toda sua obra. O *Éloge d'Hélène* de Górgias talvez seja o primeiro exemplo histórico de uma exibição da mestria professoral e, ao mesmo tempo, algo no gênero de um modelo de exercícios. Inúmeras proposições de Alain não passam de exemplos bem acabados do que os alunos de retórica superior aos quais ensinou durante a maior parte de sua vida chamam de *topos*, isto é, discursos estritamente programados segundo a letra e o espírito do programa e inteiramente ajustados, em seus temas, fontes, estilo e até mesmo por seu espírito, às exigências escolares do concurso de ingresso na Escola Normal Superior. Destarte, o programa de pensamento e de ação, que a escola tem a função de transmitir, deriva uma parte importante de suas características concretas das condições institucionais de sua transmissão e dos imperativos propriamente escolares. Assim, não se pode ter a pretensão de compreender inteiramente cada "escola de pensamento", definida pela submissão a este ou àquele programa, sem relacioná-la com a lógica específica do funcionamento da escola onde ela encontra seu princípio.

Por conseguinte, a racionalização progressiva de um sistema de ensino — que se organiza de modo cada vez mais exclusivo em função das atividades profissionais cada vez mais diversas para as quais oferece uma formação — poderia ameaçar a integração cultural da classe cultivada, não fosse o fato de que, para esta classe, a transmissão da cultura e, particularmente do que se designa por cultura geral, encontra-se a cargo tanto da escola como da família, tanto a família de procriação como a família de orientação (por exemplo, inúmeros "cientistas" possuem mulheres dotadas de uma formação literária), e o fato de que todos os tipos de formação concedem um lugar (quase sempre relativamente importante) à cultura humanista. A participação em uma cultura comum, quer se trate de esquemas verbais, admirações ou experiências artísticas, constitui certamente um dos fundamentos mais seguros da cumplicidade profunda que une os membros das classes dominantes a despeito das diferenças de situação profissional e de condição econômica. Compreende-se, destarte, porque T.S. Eliot considera a cultura o instrumento por excelência da integração da elite: "Uma sociedade corre o risco de desintegrar-se quando não há contatos entre os diferentes setores de atividade, ou seja, entre os espíritos políticos, científicos, artísticos, filosóficos e religiosos. A fim de remediar tal separação, não bastará um esforço de organização por parte das autoridades. Não se trata de agrupar no seio dos comitês representantes dos diferentes tipos de esferas e de conhecimentos, e solicitar a cada um que auxilie e aconselhe todos os demais. A elite deveria ser algo de diferente, alguma coisa muito mais orgânica do que um grupo de pontífices, manitus e barões. Os homens que só se encontram por razões precisas e graves, por ocasião das reuniões oficiais, na verdade não se encontram nunca. Pode acontecer que estejam apaixonados pelo mesmo problema, pode ocorrer que, graças a contatos repetidos, acabem por partilhar um vocabulário e uma maneira de se exprimir que pareçam traduzir todas as *nuances* de sentido necessárias a seu objetivo comum. Não obstante, após tais encontros, cada um continuará preso em seu universo social particular e em meio à sua solidão interior. É coisa conhecida a possibilidade de guardar um silêncio carregado, a de sentir uma alegria em comum ao se realizar uma tarefa comum, a de sentir a gravidade e a importância de um empreendimento por detrás do sorriso de um colega que fez um mau trocadilho, tudo isso caracteriza as relações estreitas entre os homens. Em meio a um grupo de amigos, o sentimento de cumplicidade familiar tem por base uma convenção social comum, um cerimonial comum e os prazeres comuns do descanso. Tais condições da intimidade são tão indispensáveis à comunicação do sentido das palavras como o conhecimento de uma mesma matéria por parte de todos os membros do grupo. Para um homem é lamentável que seus amigos e suas relações de negócios formem dois grupos distintos: não obstante, seu horizonte é muito mais estreito quando estes dois grupos coincidem" [14]. A cumplicidade e a familiaridade (*congeniality*) fundadas na comunidade de cultura deitam suas raízes ao nível do inconsciente e conferem às elites tradicionais uma coesão e uma continuidade sociais de que são carentes as elites unidas apenas pelos vínculos do interesse profissional: "Estarão unidos apenas por um lado de suas respectivas personalidades, e o lado mais consciente; assim, seus encontros serão semelhantes a reuniões de comitê". [15]. Não seria difícil encontrar, no interior da classe dirigente, unidades sociais fundadas nesta "familiaridade" que cria a unidade de "programação" intelectual. Neste sentido, as afinidades escolares desempenham o papel mais importante desde que se possa recrutar um grupo por cooptação.

Em oposição ao ensino tradicional, que toma a seu cargo a tarefa de transmitir a cultura integrada de uma sociedade integrada — ensino "total" capaz de preparar para *status* "totais" — o ensino especializado, capaz de transmitir conhecimentos e um saber fazer específicos, corre o risco de produzir tantas "famílias espirituais" quantas forem as escolas especializadas. Tomando-se o exemplo mais visível e mais grosseiro, as relações entre o grupo literário e o grupo científico são, via de regra, regidas em nossas sociedades pelas mesmas leis que regulam os contatos entre culturas diferentes. Mal-entendidos, empréstimos, descontextualizados e reinterpretados, imitação admirativa, distanciamento desdenhoso, eis uma série de signos familiares aos especialistas das situações de contato cultural. Se o conflito entre os defensores do humanismo literário e os defensores do humanismo científico ou técnico desenvolve-se quase sempre na esfera dos

---
(14) T. S. Eliot. *Notes towards the definition of culture*. Londres, Faber, 1962, pp. 84-5.
(15) *Ibid.*, p. 47.

valores últimos (eficiência ou desinteresse, especialização ou cultura geral), tal sucede porque cada formação escolar tende naturalmente a trancar-se em um universo autônomo e autárquico. Demais, todo ato de transmissão cultural implica necessariamente na afirmação do valor da cultura transmitida (e paralelamente, a desvalorização implícita ou explícita das outras culturas possíveis). Em outros termos, isto significa que todo ensino deve produzir, em grande parte, a necessidade de seu próprio produto e, assim, constituir enquanto valor ou como valor dos valores a própria cultura cuja transmissão lhe cabe. E tal exigência se faz presente no próprio ato de transmissão [16]. Em conseqüência, os indivíduos condenados por sua formação a uma espécie de hemiplegia cultural, sentem-se por esta razão inclinados a identificar seu próprio valor com o valor de sua cultura e, ao mesmo tempo, são levados a viver ansiosamente os contatos com os portadores de uma cultura estranha e muitas vezes concorrente. Tal ansiedade poderá traduzir-se por um fervor compensatório com função de exorcismo (tomemos, por exemplo, o fetichismo e o xamanismo da formalização observados em certos especialistas das ciências humanas) ou então, pela rejeição e pelo desprezo.

Os princípios da oposição entre "famílias espirituais" captados pela consciência comum, não residem jamais todos eles no conteúdo das culturas transmitidas e no "espírito" delas solidário. O que separa, por exemplo, no interior da grande família de formação "literária", o antigo aluno da Escola Normal Superior do antigo aluno da Escola Nacional de Administração, ou então, entre os de formação "científica", o politécnico do aluno da Escola Central, é tanto a natureza dos conhecimentos aí adquiridos como o modo de aquisição destes conhecimentos, ou seja, opõem-se tanto pela natureza dos exercícios que lhes foram impostos, pelas provas a que foram submetidos, como pelos critérios segundo os quais foram julgados e em relação aos quais organizaram sua aprendizagem. A relação que um indivíduo mantém com sua cultura depende, fundamentalmente, das condições nas quais

(16) A desvalorização da cultura concorrente constitui, via de regra, o meio mais cômodo e mais seguro de valorizar a cultura transmitida e de reassegurar quem a transmite acerca de seu próprio valor. Esta tendência encontra-se reforçada, na França, pela inclinação de muitos professores em relação à pedagogia carismática que faz com que eles vivam as relações entre as disciplinas e os mestres como relações de concorrência. Daí decorre a ideologia carismática que os encoraja a perceber as carreiras intelectuais como vocações da *pessoa*, fundadas em "dons" tão evidentemente exclusivistas que a posse de um exclui a posse de outro, e vice-versa. Proclamar a falta de dotes para as ciências é uma das maneiras menos dispendiosas de convencer os outros e de convencer a si mesmo acerca dos dotes que se possui para as letras.

ele a adquiriu, mormente porque o ato de transmissão cultural é, enquanto tal, a atualização exemplar de um certo tipo de relação com a cultura. Destarte, o curso *ex cathedra* transmite algo distinto e a mais do que reza seu conteúdo literal: ele propõe um exemplo de proeza intelectual, e acaba por definir de modo inescapável a cultura legítima e a relação legítima com esta cultura. A seriedade e o brilho, a elegância e a naturalidade, eis algumas das qualidades que definem maneiras próprias ao ato de transmissão que marcam a cultura transmitida e impõem-se, junto com tal cultura, àqueles que a recebem mediante tais modalidades [17]. Poder-se-ia mostrar igualmente de que modo todas as práticas pedagógicas propõem implicitamente o modelo da modalidade adequada da atividade intelectual. Por exemplo, a própria natureza das provas — desde a dissertação fundada na técnica do "desenvolvimento", que prevalece na maioria dos exames e concursos literários, até o "resumo" imposto nos grandes concursos científicos — bem como o tipo de qualidades retóricas e lingüísticas exigidas e o valor atribuído a estas qualidades, a relativa importância conferida às provas escritas, às provas orais, as qualidades exigidas em ambos os casos, etc. tudo isso tende a encorajar uma determinada relação com a linguagem: econômica ou derramada, familiar ou reverencial, complacente ou reservada. Deste modo, os cânones que regem obras propriamente escolares (dissertações ou exposições) podem continuar a reger produções intelectuais aparentemente libertas das disciplinas escolares (artigos jornalísticos, conferências públicas, notas de síntese e obras eruditas).

Caso se leve a sério o fato de que os indivíduos cultivados devem sua cultura à escola — quer dizer, um programa de percepção, de pensamento e de ação —, constata-se que, assim como a diferenciação das escolas ameaça a integração cultural da classe cultivada, também a segregação efetiva tendente a reservar de modo mais ou menos completo o ensino secundário (sobretudo nas seções clássicas) e o ensino superior às classes mais favorecidas tanto do ponto de vista econômico, e sobretudo, do ponto de vista cultural, tende a criar uma situação de cisma cultural. A divisão entre aqueles que, por volta dos dez ou onze anos, entram durante longos anos no universo escolar, e aqueles que passam diretamente à vida

(17) Embora não haja qualquer vínculo necessário entre um determinado conteúdo e um certo tipo de transmissão, aqueles que puderam adquiri-los em conjunto tendem a considerá-los indissociáveis. Desta maneira, alguns encaram qualquer tentativa destinada a racionalizar a pedagogia como uma ameaça de dessacralização da cultura.

dos adultos, esposa de modo muito mais estrito, se comparado aos séculos passados, o conteúdo das condições sociais. No Antigo Regime, como observa Philippe Ariès, "os hábitos de escolaridade diferiam não tanto segundo as condições mas segundo as funções. Em conseqüência, as atitudes existenciais, bem como diversos traços da vida cotidiana, não diferiam tanto assim", a despeito do "rigor e diversidade da hierarquia social"[18]. Ao contrário, "desde o século XVIII, a escola única foi substituída por um sistema de ensino duplo onde cada área corresponde a uma condição social e não a uma faixa etária: o liceu ou o colégio para os burgueses (o secundário) e a escola para o povo (o primário)"[19]. Desde então, à dualidade rígida das formações escolares corresponde uma dualidade de cultura. "É todo o colorido da vida, escreve Philippe Ariès, que se alterou com o tratamento escolar diferencial da criança, burguesa ou popular". Ao perder sua função de unificar, ou pelo menos, de tornar possível a comunicação, a cultura recebe uma função de diferenciação: "Não é verdade, escreve Edmond Goblot, que a burguesia só exista através de seus costumes e não através das leis. O liceu constitui sua instituição jurídica... O "bacharelado" *, eis a barreira séria, a barreira oficial e garantida pelo Estado, que lhe serve de defesa contra a invasão. Sem dúvida, pode-se tornar burguês; mas para tanto, é preciso antes tornar-se bacharel"[20]. A cultura "desinteressada" da tradição humanista, com sua pedra de toque, o latim — *signum* social por excelência —, constitui a diferença e, ao mesmo tempo, dá-lhe as aparências da legitimidade. "No momento em que, ao invés de pensar em seus interesses individuais, ele [o burguês] pensa em seus interesses de classe, passa então a ter necessidade de uma cultura capaz de diferenciar uma elite, uma cultura que não seja puramente utilitária, uma cultura de luxo. Não fosse isto, poderia confundir-se rapidamente com uma parte das classes populares que consegue instruir-se às custas de trabalho e inteligência e que se apropria das profissões liberais. Apesar dos recursos educativos do liceu, os estudos malfeitos de um filho da burguesia não valem o mesmo que os estudos bem feitos de um filho de funcionário, que conta apenas com os recursos da escola primária superior.

(18) P. Ariès. *L'enfant et la vie familiale sous l'Ancien Régime*. Paris, Plon, 1960, p. 375.
(19) *Ibid.*, p. 376.
(*) Traduzimos *baccalauréat* por "bacharelado". No sistema de ensino francês, trata-se, ao mesmo tempo, do certificado de conclusão do segundo ciclo secundário (o estudante torna-se "bacharel") e o primeiro grau universitário. (N. do T.)
(20) E. Goblot. *La barrière et le niveau, étude sociologique sur la bourgeoisie française*. Paris, Alcan, 1930, p. 126.

Deste modo, ainda que não tenham qualquer aplicação profissional, os estudos humanistas são úteis para manter de pé a barreira" [21].

A escola não cumpre apenas a função de consagrar a "distinção" — no sentido duplo do termo — das classes cultivadas. A cultura que ela transmite separa os que a recebem do restante da sociedade mediante um conjunto de diferenças sistemáticas: aqueles que possuem como "cultura" (no sentido dos etnólogos) a cultura erudita veiculada pela escola dispõem de um sistema de categorias de percepção, de linguagem, de pensamento e de apreciação, que os distingue daqueles que só tiveram acesso à aprendizagem veiculada pelas obrigações de um ofício ou a que lhes foi transmitida pelos contatos sociais com seus semelhantes. Assim como Basil Bernstein opõe à *public language* das classes populares — linguagem que utiliza muito mais noções descritivas do que conceitos analíticos — uma *formal language* — mais complexa e mais favorável à elaboração verbal e ao pensamento abstrato —, poder-se-ia opor uma cultura erudita reservada aos que desde cedo se curvaram às disciplinas da escola, a uma cultura popular característica dos que foram excluídos da escola. Todavia, o uso em ambos casos do mesmo conceito de cultura poderia dissimular o fato de que estes dois sistemas de esquemas de percepção, de linguagem, de pensamento, de ação e apreciação, encontram-se separados por uma diferença essencial: a saber, somente o sistema dos esquemas cultivados pela escola, ou seja, a cultura erudita (no sentido subjetivo da palavra inglesa *cultivation* ou da palavra alemã *Bildung*) organiza-se basicamente em relação a um sistema de obras culturais que lhe servem de apoio e expressão. Falar em cultura popular é acreditar que o sistema dos esquemas que constitui a cultura (no sentido subjetivo) das classes populares poderia ou deveria, em condições que nunca são especificadas, constituir-se em cultura (no sentido objetivo) objetivando-se sob a forma de obras "populares" capazes de exprimir o povo de acordo com os esquemas de linguagem e pensamento que definem sua cultura (no sentido subjetivo). Isto é o mesmo que exigir ao povo que tome de empréstimo à cultura erudita a intenção e os meios de expressão (como fazem os escritores populistas, burgueses ou trânsfugas) a fim de exprimir uma experiência estruturada segundo os esquemas de uma cultura (no sentido subjetivo) que, por definição, exclui tal intenção e tais meios. Logo, não se pode desconhecer o fato de que

(21) E. Goblot. *Op. cit.*, pp. 125-126.

a cultura popular define-se, em sua essência, como se estivesse privada da objetivação e até mesmo da intenção de objetivação que define a cultura erudita.

ESCOLA E PERSONALIDADE INTELECTUAL DE UMA NAÇÃO

A exemplo de numerosos traços pelos quais é possível reconhecer as "escolas de pensamento" e as "famílias espirituais" de uma mesma sociedade, inúmeras características nacionais da atividade intelectual devem ser referidas às tradições dos sistemas escolares cuja especificidade deriva de uma história nacional particular e, sobretudo, de sua história específica no interior desta história. Na falta de um estudo comparativo da história específica dos diferentes sistemas escolares — história dos esquemas intelectuais (ou então, caso se prefira, dos programas de pensamento patentes e latentes) transmitidos por cada escola de modo implícito ou explícito, em cada época (história dos programas, dos métodos pedagógicos e das condições ecológicas em meio às quais se realiza o ato de ensino, dos tipos e temas de exercício, dos tratados de retórica e estilística etc.) — corre-se o risco de considerar apenas análises parciais que tratam do único exemplo da universidade francesa. Com vistas a explicar traços como o gosto pela abstração ou o culto da proeza e do brilhantismo que se pretende considerar como constitutivos da "personalidade intelectual" da França, será preciso referi-los sempre às tradições específicas do sistema de ensino francês. No final de um estudo onde mostra a extensão da influência exercida pelo pensamento de Aristóteles sobre a literatura francesa do século XVII, Étienne Gilson conclui: "Aos olhos de Aristóteles e dos escolásticos, a abstração constitui o ato próprio do pensamento humano e... se o espírito clássico foi essencialmente generalizador e capaz de abstrair essências, isto deve-se ao fato de que, durante muitos séculos, ensinou-se aos jovens franceses que a própria essência do pensamento reside na capacidade de abstrair e generalizar" [22]. Do mesmo modo, seria preferível procurar o princípio do culto professoral da proeza verbal junto às tradições pedagógicas do que associá-lo ao culto nacional da proeza artística ou guerreira, como faz J. R. Pitts [23]. É o que pretende Renan: "A Universidade da França imitou demais os Je-

---

(22) E. Gilson. La scholastique et l'esprit classique. *Les idées et les lettres*. Paris, Vrin, 1955, p. 257.
(23) J. R. Pitts. *À la recherche de la France*. Paris, Seuil, 1963, p. 273.

suítas, suas lengalengas insípidas e seus versos latinos; e por isso lembra demais os mestres de retórica da decadência. O mal francês, qual seja, a necessidade de discursar, a tendência que faz com que tudo degenere em declamação, tudo isso é mantido por uma parte da Universidade que se obstina em desprezar o fundo dos conhecimentos e valorizar tão-somente o estilo e o talento" [24]. Renan anuncia a linguagem a ser assumida mais tarde por Durkheim em *A evolução pedagógica na França* onde constata que "o ensino pseudo-humanista" dos Jesuítas e "o espírito literário" que o primeiro estimula, constituem um dos fundamentos do temperamento intelectual francês. "Na primeira metade do século XVII, a França protestante estava em vias de realizar o que a Alemanha protestante fez na segunda metade do século XVIII. Daí resultou em todo país um admirável movimento de discussões e pesquisas. Era a época dos Casaubon, dos Scaliger, dos Saumaise. A revogação do Edito de Nantes rompeu com tudo isso e acabou com os estudos de crítica histórica no país. Como só se encorajava o espírito literário, daí resultou uma certa frivolidade. A Holanda e a Alemanha, em parte graças aos nossos exilados, alcançaram o monopólio dos estudos eruditos. Desde então, decidiu-se que a França seria sobretudo uma nação de pessoas dedicadas ao espírito, uma nação que sabe escrever bem, e conversar maravilhosamente, embora inferior no tocante ao conhecimento das coisas e exposta a todas as bobagens que só se consegue evitar com a extensão da instrução e a maturidade do juízo" [25]. E Renan, bem como Durkheim mais tarde, salienta que "o sistema de educação francesa criado após a Revolução com o nome de 'Universidade' deve muito mais aos Jesuítas do que às antigas universidades" [26], como se pode comprovar através do enfoque a que submete a matéria literária: "Ela [a Universidade] enfatiza em demasia a matéria clássica, sem avivá-la com o espírito literário; as formas antigas circulam diariamente e passam de mão em mão, embora haja carência do sentido do belo antigo...; nunca se consegue passar do exercício árido de inteligência a um alimento vital de qualquer homem espiritual... Adquire-se somente uma habilidade singular para o autodisfarce e para disfarçar diante dos outros o vazio do pensamento em meio a uma forma vazia, envolvente e pomposa... Um espírito estreito

---
(24) E. Renan. *Questions contemporaines*. Paris, Calmann-Lévy, s.d., p. 79.
(25) E. Renan. *Op. cit.*, p. 80.
(26) *Ibidem*, p. 81, nº 1.

e formalista é o traço característico do ensino na França"[27]. É a linguagem do próprio Durkheim: "De fato, uma cultura científica tem a grande vantagem de obrigar o homem a sair de si mesmo para entrar em contato com as coisas; e por esta via, acaba tomando consciência do estado de dependência em que se encontra em face do mundo que o envolve... Ao contrário, o letrado, o humanista puro, às voltas com os movimentos de seu espírito, não chega a defrontar-se com algo bastante resistente a que possa se ligar e com que se sinta solidário...: o que abre as portas a um diletantismo mais ou menos elegante, mas deixa o homem abandonado a si mesmo sem vinculá-lo a nenhuma realidade externa, a nenhuma tarefa objetiva"[28]. Tal ensino literário fundado na idéia de uma natureza humana "eterna, imutável, fora do tempo e do espaço, uma vez que a diversidade das condições e dos lugares não chega a afetá-la" imprimiu, segundo Durkheim, sua marca sobre o "temperamento intelectual" dos franceses, inspirando o "cosmopolitismo constitucional", "o hábito de pensar o homem em termos gerais" (de que "o individualismo abstrato dos homens do século XVIII é uma expressão" bem como "a incapacidade de pensar em algo diverso do abstrato, do geral e do simples") [29].

Demais, Renan observa de que maneira as condições institucionais,em meio às quais o ensino se desenvolveu após a revolução, contribuíram para reforçar à tendência para a exibição literária" [30]. "Duas vezes por semana, durante uma hora, o professor teve que comparecer diante de um auditório composto ao acaso e, quase sempre, em duas aulas sucessivas, formado por pessoas inteiramente diversas. Tinha que falar sem preocupar-se com as necessidades específicas dos alunos, sem tomar conhecimento do que eles sabem e do que não sabem... As longas deduções científicas, que exigiam uma intricada argumentação, tiveram que ser postas de lado... Se Laplace tivesse ensinado neste tipo de escola, certamente não teria mais do que uma dúzia de ouvintes. Abertos a todos, tornados o teatro de uma espécie de concorrência cujo alvo consiste em atrair e reter o público, o que são os cursos superiores nestas condições? Exposições

(27) *Ibidem*, p. 277.
(28) E. Durkheim. *L'évolution pédagogique en France*. Paris, Alcan, t. II, p. 55.
(29) *Ibidem*, t. II, pp. 128-132.
(30) Ao tornar o curso *ex cathedra* a forma de ensino mais prestigiada, o sistema de ensino francês encoraja um certo tipo de obras e um certo tipo de qualidades intelectuais dentre as quais as qualidades de exposição recebem um valor privilegiado. Seria preciso estudar a questão de saber se uma instituição como a *lecture* inglesa encontra-se associada a outros hábitos de pensamento e a outros valores.

brilhantes, 'recitações' à maneira dos declamadores da decadência romana... A surpresa do alemão que acaba de assistir a esses cursos é muito grande. Chega de sua universidade onde estava acostumado a cercar seu professor de grande respeito. Seu professor é um *Hofrath*, que encontra o príncipe algumas vezes! É um homem sério que só profere coisas admiráveis e que se leva muito a sério. Aqui, tudo é diferente. A porta batendo que não pára de se abrir e fechar durante todo o curso, um vaivém perene, o ar desligado dos ouvintes, o tom do professor raramente didático e, muitas vezes declamatório, a habilidade para encontrar os lugares-comuns sonoros que não trazem nada de novo mas que conseguem colher infalivelmente sinais de assentimento, tudo isto parece estranho e inaudito [31]." E seguindo ainda Renan, vejamos como, através da resenha do livro de um observador alemão (Ludwig Hahn) [32], ele mostra que um procedimento de seleção como o concurso acaba por reforçar o prestígio e a preferência concedidos às qualidades formais: "É bastante lamentável que o concurso constitua a única via de acesso ao professorado dos colégios e que a habilidade prática aliada a conhecimentos suficientes, não possa aí ter lugar. Os homens mais experientes na educação, os que trazem ao cumprimento de suas difíceis funções não somente faculdades brilhantes mas também um espírito sólido marcado por um pouco de lentidão e timidez, serão sempre colocados, durante as provas públicas, atrás dos jovens que sabem divertir seu auditório e seus juízes e que, dotados de uma palavra fácil para livrar-se das situações embaraçosas, não possuem nem a paciência nem bastante firmeza para ensinar bem" [33]. Renan encontra em toda parte os signos desta tendência em preferir a eloqüência à verdade, o estilo ao conteúdo: "A instituição a que a França confiou o recrutamento de seu corpo docente, ao nível secundário e superior, a escola normal, foi, na área das letras, uma escola de estilo e não uma escola onde se aprendem coisas. Ela produziu jornalistas requintados, ro-

---

(31) E. Renan. *Questions contemporaines*, pp. 90-91.
(32) L. Hahn. *Das Unterrichtwesen in Frankreich, mit einer Geschichte der Pariser Universitaet*. Breslau, 1948.
(33) E. Renan. "L'instruction publique en France jugée par les Allemands". *Questions contemporaines*, p. 26. Seria fácil mostrar de que modo os valores presentes no sistema de seleção orientam toda a vida intelectual, pois estando profundamente interiorizados dominam a relação que cada criador mantém com sua obra. Destarte, explicar-se-ia, por exemplo, a evolução da tese de doutoramento: os indivíduos moldados por um sistema que exige de cada sujeito a perfeição inigualável, que assegura o primeiro lugar nos concursos, são instados a elevar de forma incessante as exigências que se impõem a si mesmos. Assim, apesar do caráter ritual da prova propriamente dita (a defesa), os autores de "teses de doutoramento" entregam-se a uma espécie de lance máximo na ambição intelectual, na erudição e no comprimento, consagrando de dez a quinze anos à produção de sua obra-prima profissional.

mancistas envolventes, espíritos refinados nos gêneros mais diversos, em suma tudo, só não produziu homens dotados de um conhecimento sólido das línguas e das literaturas... Com a desculpa de concentrar-se nas verdades gerais da moral e do gosto, conseguiu-se irmanar os espíritos pelo lugar-comum" [34]. O princípio daquilo que Mme de Staël chamava "o pedantismo da ligeireza" deve ser buscado nas tradições da escola e na relação com as coisas escolares que a escola estimula. Citemos novamente Renan: "Se não for definido com clareza, o nome pedantismo além de poder ser tão mal aplicado — embora para os espíritos superficiais, tal nome seja quase sinônimo de qualquer pesquisa séria e erudita — tornou-se um espantalho para os espíritos finos e delicados que muitas vezes preferiram continuar superficiais para furtar-se a tal crítica, a que mais nos sensibiliza. Levou-se tão longe tal escrúpulo que até mesmo críticos de categoria, ao invés de empregar a palavra da escola que era muito mais apropriada, preferiram ostentar propositadamente sua expressão incompleta. Quando o jargão escolástico não recobre nenhum pensamento ou quando só serve de fachada a espíritos limitados, é sempre insípido e ridículo. Entretanto, querer banir o estilo exato e técnico, o único capaz de exprimir certas *nuances* delicadas ou profundas do pensamento, é cair em um purismo pouco razoável. Kant e Hegel, e até mesmo espíritos tão desligados da escola como Herder, Schiller e Goethe, não estariam imunes, por esta razão, a nossa terrível acusação de pedantismo. Devemos congratularmo-nos com nossos vizinhos por não enfrentarem tais obstáculos que, não obstante, é preciso dizer, lhes seriam menos prejudiciais do que a nós. Em seu país, a escola e a ciência se tocam, enquanto, aqui, todo ensino superior que, por seu jeito, ainda se assemelhe ao colégio, é considerado insuportável e de mau gosto. Assim, acreditamos dar provas de finura ao colocarmo-nos acima de tudo que possa lembrar o ensino das aulas. Cada um enfrenta esta pequena vaidade e, por aí, acredita provar que já superou sua época de pedagogia" [35].

As análises de Renan e Durkheim trazem uma contribuição decisiva para a sociologia da personalidade intelectual de uma nação, pois vinculam a "personalidade intelectual"

---

(34) E. Renan. *Questions contemporaines*, p. 94. Seria bem fácil mostrar que existem afinidades entre os valores que orientam a ação escolar e os valores das classes cultivadas. Ver P. Bourdieu e J. C. Passeron. *Les héritiers, 'es étudiants et la culture*. Paris, Éditions de Minuit, 1964.
(35) E. Renan. *L'avenir de la science*. Paris, Calmann-Lévy, 1890, p. 116.

dos franceses às condições institucionais de sua formação. Na verdade, embora a escola seja apenas um agente de socialização dentre outros, todo este conjunto de traços que compõem a "personalidade intelectual" de uma sociedade — ou melhor, das classes cultivadas desta sociedade — é constituído ou reforçado pelo sistema de ensino, profundamente marcado por uma história singular e capaz de modelar os espíritos dos discentes e docentes tanto pelo conteúdo e pelo espírito da cultura que transmite como pelos métodos segundo os quais efetua esta transmissão. Inúmeras diferenças que separam os universos intelectuais — diferenças nos esquemas lingüísticos e intelectuais (como por exemplo, as técnicas de composição e de exposição) e, sobretudo, no quadro intelectual de referência (perceptível, por exemplo, através de citações implícitas ou explícitas, facultativas ou obrigatórias) — poderiam ser associadas às tradições universitárias das diversas nações, ou melhor, à relação que cada criador intelectual mantém com sua tradição acadêmica nacional e que depende, fundamentalmente, de sua biografia escolar. Diversos traços pelos quais se reconhece o "positivismo" inglês ou o "racionalismo" francês não passam de truques e tiques da escola. A hierarquia das atividades intelectuais (segundo o grau de formalização, de acessibilidade, de abstração e de generalidade, ou ainda, segundo a qualidade literária) que toda tradição escolar comunica e consagra implícita e explicitamente e que se expressa de maneira concreta na hierarquia das disciplinas acadêmicas num dado momento do tempo, orienta tanto as produções intelectuais como os preceitos retóricos inspirados pelos mesmos valores e que encorajam ou desencorajam, por exemplo, o discurso abstrato sem exemplos, o esoterismo conceitual e sintático ou a elegância estilística. Do mesmo modo, em cada sociedade histórica, a hierarquia das "questões" dignas de interesse comanda inúmeras escolhas vividas como "vocações" e guia as ambições intelectuais mais vivas em direção aos objetos de estudo mais prestigiados. Quando os sociólogos americanos consideram a sociologia do conhecimento como uma "especialidade marginal que conserva um sabor europeu" [36],

(36) "A Sociologia do Conhecimento só suscitava um interesse periférico entre o conjunto dos sociólogos, cujos problemas não eram os mesmos que preocupavam os pensadores alemães entre 1920 e 1930. Isto acontecia de modo especial no caso dos sociólogos norte-americanos que consideravam esta sociologia como uma especialidade marginal conservando um sabor europeu. O que é ainda mais grave, o fato de se continuar a vincular a sociologia do conhecimento à série de problemas que a carácterizavam em sua origem, subsistiu como uma causa de fraqueza teórica, mesmo quando tal disciplina chegou a suscitar interesse". Ver P. L. Berger e Thomas Luckmann. *The social construction of reality*. New York, Doubleday and Co., 1966, p. 4.

isto ocorre porque esta área da ciência permanece dominada por uma "constelação original de problemas", por uma tradição perpetuada pelo ensino na Europa e que continua viva para os sociólogos europeus. Estes são levados, em virtude de sua formação filosófica, a colocar em termos sociológicos um problema tradicional da filosofia, o das condições de possibilidade e dos limites do conhecimento objetivo. Segundo a mesma lógica, poder-se-ia compreender inúmeras "influências" que os historiadores da literatura se deleitam em detectar nos autores, escolas ou épocas, e que pressupõem afinidades ao nível dos esquemas de pensamento e das problemáticas, bem como, em certos casos, uma orientação coletiva do interesse em direção a grupos ou nações implicitamente considerados legítimos. O sentimento de familiaridade transmitido por determinadas obras ou temas intelectuais e que favorecem sua difusão, deve-se ao fato de que em ampla medida os espíritos organizados segundo o mesmo programa, acabam "aí se reencontrando". A relação de incerteza de Heisenberg não teria tido tamanho êxito na literatura de manuais caso não se pudesse situá-la em campo seguro, entre o determinismo e a liberdade das dissertações de filosofia [37].

"Pelo fato de que todos nós fomos crianças antes de tornarmo-nos homens, e nos foi preciso ser dirigidos por nossos apetites e por nossos preceptores, muitas vezes contrários uns aos outros, além de que nem sempre nos aconselhavam o melhor, parece-me quase impossível que nossos juízos sejam tão puros e tão sólidos como teriam sido caso pudéssemos ter tido o uso inteiro de nossa razão desde o momento de nosso nascimento, de tal modo que ela teria sido sempre nosso guia"[38]. A utopia cartesiana da cultura inata, da cultura natural, conduz ao cerne da contradição que define a relação entre o sujeito e sua cultura. A exemplo da pomba ligeira que podia imaginar-se voando melhor no vazio, o sujeito que pensa se compraz em sonhar com um pensamento liberto do impensado que nele se constituiu sob a palmatória

(37) Por maiores que sejam as afinidades, os empréstimos são sempre reinterpretados por referência às estruturas de recepção, ou seja, no caso, aos esquemas de pensamento característicos de cada tradição nacional (tomemos, por exemplo, os avatares da filosofia hegeliana na França). Tal sucede mesmo quando, como por exemplo no caso da literatura filosófica de inspiração fenomenológica que floresceu na França após 1945, as formas nativas de pensamento e mesmo de linguagem encontram-se inspiradas até nos detalhes em esquemas linguísticos e verbais da filosofia importada, a tal ponto que parecem imitar os deslizes laboriosos de traduções mais literais que literárias.
(38) R. Descartes. *Discours de la méthode*, segunda parte.

dos preceptores e que constitui o suporte de todos os seus pensamentos.

"Eu recebi, diz Husserl, a educação de um alemão, não a de um chinês. A educação de um cidadão de vilarejo, em um quadro familial e uma escola de pequenos burgueses, e não a formação de um fidalgo de província, grande proprietário rural, aluno em uma escola de cadetes" [39]. Assim como Descartes, Husserl convida seus leitores a refletir acerca dos paradoxos da finitude. O sujeito que tem acesso à compreensão imediata e concreta do mundo familiar, do ambiente de origem no qual e pelo qual foi educado, acaba sendo privado, por este motivo, da possibilidade de apropriar-se de maneira plena e imediata do mundo estrangeiro. Ter acesso à cultura é o mesmo que ter acesso a *uma* cultura, a cultura de uma classe de uma nação. Sem dúvida, a pessoa que deseja compreender o universo dos chineses e dos *junkers* e que não nasceu nesses ambientes, pode tentar refazer sua educação à maneira dos chineses e dos *junkers* (como diz Husserl, "tentando, por exemplo, aprender a série de cursos lecionados na escola de cadetes"), mas tal apropriação mediata e erudita será sempre distinta da familiaridade imediata com a cultura natal, do mesmo modo que a cultura interiorizada e enterrada do indígena se distingue da cultura objetivada que o etnólogo reconstrói.

---

(39) E. Husserl, A VII, 9, p. 15, cit. por R. Toulemont. *L'essence de la société selon Husserl*. Paris, Presses Universitaires de France, 1962, p. 191.

Apêndice II:
A Excelência e os Valores do Sistema de Ensino Francês*

Esta pesquisa está inspirada pela intenção de negar os dualismos ainda em voga junto a certas tradições metodológicas e seu objetivo consiste em captar em bases metódicas e com as técnicas mais objetivas, os valores mais recônditos (por serem os mais inconscientes) que os agentes mobilizam em sua prática e os critérios aparentemente mais subjetivos, qualitativos e inefáveis, que servem para definir, tanto em um certo universo escolar como em qualquer sociedade, o modelo do homem realizado, ou seja, o modelo da excelência como maneira inimitável e indefinível de obedecer aos modelos. O sistema das relações estatísticas que caracteriza uma população de *laureados* — produtos de seleção e de exposição onde todo um sistema de ensino se reconhece e se projeta — constitui um objeto estratégico para que se possa captar os valores que orientam as escolhas das bancas (muitas vezes sem que o saibam) e que, ademais, dominam todas as práticas escolares. De fato, como toda percepção social, os juízos que os professores fazem a respeito dos alunos, mormente em situação de exame, levam em conta não apenas o saber e o saber-fazer, mas também as *nuances* imponderáveis das *maneiras* e do *estilo*. Trata-se de manifestações ao mesmo tempo imperceptíveis e nunca despercebidas da relação que os indivíduos mantêm com este saber e com este saber-fazer, isto é, expressões semiformuladas, informuladas ou informuláveis de um sistema de valores e que, via de regra, são decifradas em função de um sistema

(*) "L'excellence scolaire et les valeurs du système d'enseignement français", publicado originalmente in *Annales*, XXV, 1, janeiro-fevereiro de 1970, pp. 147-175. Tradução de Sergio Miceli.

de valores também parcamente formulados e formuláveis [1]. Os princípios inconscientes da definição social da excelência escolar — definição que não é menos arbitrária (embora sócio-logicamente necessária) quando recebe os nomes de "inteligência", "brilhantismo" ou "talento" — têm muito mais possibilidades de se expressarem ou de se revelarem através das operações de cooptação pelas quais o corpo de professores seleciona aqueles que considera dignos de perpetuá-lo, como por exemplo os concursos das grandes escolas, a "agregação" * e, sobretudo, o concurso geral ** cuja função exclusiva é estabelecer uma classificação puramente honorífica, operando, destarte, e em função de critérios puramente universitários, a pré-seleção dos noviços mais aptos a integrar-se na instituição justamente por serem os mais ajustados ao ideal da excelência universitária e os mais convictos do valor universal dos valores universitários [2].

Não obstante, a sociologia tende a preocupar-se exclusivamente em captar regras e regularidades objetivas que regem as condutas, ignorando amiúde a relação que os indivíduos mantêm com essas regras ou com essas regularidades. Tal sucede porque uma definição objetivista da objetividade científica leva inúmeros sociólogos a deixarem a mercê da intuição (a que se entregam tantas vezes os mais objetivistas) ou da psicologia aquilo que Malinowski denominava "os imponderáveis da vida autêntica" (*imponderabilia of actual life*). E também porque, no entender do autor dos *Argonautas*, os detalhes e as *nuances* da conduta que tornam a *maneira de agir* algo de irredutível à descrição objetivista muito embora "todos estes fatos possam e devam ser formulados e registrados cientificamente" [3]) não se revelam de modo ime-

---

(1) Pode-se mencionar aqui a excelente definição das *maneiras* que Robert Redfield toma como uma definição do *estilo de vida*: "a culture's hum and buzz of implications... half uttered or unuttered or unutterable expressions of value" (L. Trilling, "Manners, Morals and the Novel", in *The Liberal Imagination*, New York, Viking Press, 1950, pp. 206-207, citado por R. Redfield, *The Primitive World and its Transformations*, Ithaca, New York, Cornell University Press, 1ª ed., 1953, 4ª ed., 1961, p. 52).

(*) "Agrégation" é o concurso para o recrutamento dos professores de liceu e de algumas faculdades (N. do T.).

(**) Concurso geral é aquele realizado anualmente entre os primeiros alunos das classes superiores dos liceus, colégios e escolas normais (N. do T.)

(2) Segundo a mesma lógica, um estudo estatístico das características sociais, escolares e intelectuais dos candidatos eleitos e derrotados nos concursos em uma grande faculdade (como a Sorbonne), poderia certamente contribuir muito mais para um conhecimento dos valores que definem o *homo academicus* e a *academic mind*, do que todas as pesquisas de opinião e todas as análises de conteúdo, sobretudo se tal estudo fosse complementado por um estudo etnográfico dos mecanismos sociais atuantes em cada concurso (igrejinhas, ciclos de prestações e de contra-prestações, etc.).

(3) B. Malinowski, *Argonauts of the Western Pacific*, Londres, Routledge, 1922, pp. 17-20, (trad. francesa de A. e S. Devyver, Paris. Gallimard, 1963, pp. 74-77).

diato ao registro apressado e superficial do observador distante que se contenta em analisar documentos ou a fazer interrogatórios, ou então, que, por intermédio da técnica do questionário aplicado por uma segunda pessoa, pode nunca ter visto nem ouvido nenhum daqueles cujas práticas pretende descrever e analisar. Ao contrário de muitos etnólogos que (tornando a necessidade uma virtude) recorrem a uma teoria falsamente erudita das virtudes epistemológicas da situação de estrangeiro com vistas a justificar coletas precipitadas das características mais exteriores e mais fossilizadas da vida social, a sugestão de Malinowski é estimulante desde que não se apresente a observação direta e prolongada como a única maneira possível de apreender as *nuances* e o "algo mais" que definem a experiência indígena *em sua objetividade*. Embora tudo que se refira à *modalidade* dos comportamentos, isto é, sobretudo o estilo e as maneiras, escape inevitavelmente à medida experimental do modo como é praticada por um tipo de pesquisa empírica tão rotineira na produção de seus instrumentos como na interpretação de seus resultados, é possível encontrar índices da modalidade do comportamento nas relações mais objetivas entre as práticas ou as opiniões e as características sociologicamente pertinentes dos sujeitos que as realizam ou as professam. O uso mecânico das técnicas de pesquisa acaba por ignorar a distinção entre o comportamento e a modalidade do comportamento o que nos leva a identificar pura e simplesmente certas práticas e opiniões separadas apenas por sua modalidade: por exemplo, em questões políticas, as diferentes maneiras ligadas à origem social e ao sistema de atitudes correlato que levam um estudante a ser ou a se dizer "de esquerda", e que estabelecem toda a diferença entre os "esquerdistas" e "os direitistas contrariados", ou então, as diferentes maneiras de admirar ou de amar uma mesma obra de arte que se manifestam através da constelação das obras conjuntamente admiradas, da maneira de portar-se diante da obra e de observá-la (sozinho e em silêncio, ou tomando seus companheiros de visita como testemunhas, de modo mais ou menos insistente) ou através do estilo do discurso pelo qual proclama-se a admiração. Como vemos, nada mais distante dos decretos do intuitivismo do que a coleta minuciosa de índices que, em sua sutileza, permanecem ambíguos enquanto forem tomados de modo isolado e cuja verdadeira significação só transparece através de uma leitura estrutural das relações estatísticas capaz de reconstituí-los em sistemas.

OS FATORES SOCIAIS DA EXCELÊNCIA ESCOLAR

A análise das características dos laureados do concurso geral revela que a seleção desta população recrutada por uma seleção em dois graus, isto é, a seleção levada a efeito pelos estabelecimentos de ensino secundário que designam seus melhores alunos e aquela realizada pela banca entre os candidatos, obedece à lei geral que rege os processos de seleção e de eliminação [4]: as características demográficas, sociais e escolares de uma população de sobreviventes e as características secundárias dos indivíduos das diferentes categorias segundo as quais pode-se recortar tal população, encontram-se tanto mais afastadas das características da população ou das categorias correspondentes desta população tomadas em seu conjunto quando, de um lado, esta população ou estas categorias têm menos chances de estarem representadas neste nível do curso (precisamente porque apresentam em grau mais elevado e/ou em maior número as características que determinam a eliminação) e quando, de outro lado, esta população ou estas categorias situam-se em um nível mais elevado do curso, ou então, em um dado nível do curso, ocupam uma posição mais elevada na hierarquia escolar dos estabelecimentos, das disciplinas ou das seções. Por conseguinte, a população dos laureados distingue-se da população das classes terminais por um conjunto sistemático de vantagens sociais [5]: sendo mais jovens, quase sempre provenientes dos liceus da região parisiense, e freqüentemente inscritos em um liceu desde o ano correspondente à idade mínima *, os laureados pertencem também a ambientes mais favorecidos tanto do ponto de vista do prestígio social como do ângulo do capital cultural [6]. Em conseqüência, os laureados perten-

---

(4) A pesquisa foi feita por correspondência junto aos laureados dos anos 1966, 1967 e 1968: as taxas de resposta atingiram, respectivamente, 81%, 79% e 71% (não tendo sido necessário uma segunda chamada), o que constitui um bom índice das disposições éticas dos laureados (sobretudo se levarmos em conta que a última remessa se fez logo após maio de 1958). A população dos que responderam não apresenta qualquer distorção significativa do ponto de vista dos critérios passíveis de controle. Por exemplo, constata-se a existência de 33% de moças na amostra e apenas 32,5% no conjunto dos laureados, 23% de laureados em disciplinas científicas em ambos os casos, 35,5% de laureados de liceus parisienses e 39% na população-matriz. A distribuição dos laureados por liceus e por departamentos permaneceu praticamente a mesma no curso do tempo. P. Maldidier contribuiu com a análise de conteúdo dos relatórios elaborados pelas bancas de exame; J.-C. Combessie e B. Queysanne trabalharam conosco tanto na elaboração do questionário como na fase de análise da pesquisa.

(5) Reunimos em dois quadros sinóticos os principais dados quantificados que fundamentam as proposições aqui expostas (o conjunto dos dados concernentes aos laureados do concurso geral, os alunos das escolas preparatórias para Matemática e Letras, e os alunos das grandes escolas, serão publicados em uma obra em preparo).

(*) A idade mínima para ingresso no 1º ciclo secundário é onze anos (N. do T.).

(6) A parcela dos indivíduos originários das classes superiores (61%) é nitidamente mais elevada na população dos laureados do que nas faculdades

centes às categorias com menor representação distinguem-se das categorias correspondentes por todo um conjunto de índices convergentes: desta maneira, por exemplo, os filhos e filhas de operários que constituem, respectivamente, 5% e 9% dos laureados, pertencem a famílias que se distinguem do restante de sua classe por um nível cultural relativamente elevado (somente 8,5% dos operários pais de laureados não possuíam qualquer diploma, 16,5% possuíam o certificado de conclusão do primeiro ciclo secundário (B.E.P.C) *, sendo que as proporções correspondentes no conjunto da população ativa são, respectivamente, de 58% e de 2%); do mesmo modo, as moças, que representam apenas 32,5% das indicações embora constituam 48% da população das classes terminais, distinguem-se dos rapazes por todo um conjunto de vantagens sociais e escolares (por exemplo, 67% delas provinham das classes superiores, em comparação com 58% dos rapazes); o mesmo ocorre com os laureados em matemática e física, relativamente mais selecionados que, originários de famílias mais favorecidas social e culturalmente, são sempre homens e mais jovens do que os candidatos aos cursos literários.

Basta aplicar novamente a lei geral a fim de compreender que os laureados detêm tanto mais características raras em sua categoria (quer dizer, para aqueles que pertencem às categorias desfavorecidas, isto significa tanto mais vantagens compensatórias) quanto mais jovens, tendo atingido portanto em menos tempo o mesmo nível de êxito. Sendo privilegiados do ponto de vista social e cultural, os mais precoces são também privilegiados do ponto de vista escolar pois são os que em maior número (proporcionalmente) seguiram o caminho mais nobre desde o ano de ingresso no secundário com idade mínima, estando ademais quase sempre inscritos nos liceus da região parisiense. Tamanha precocidade (uma vez que dois terços dos laureados sabiam ler e contar antes da escola primária) jamais desmentida ao longo de toda esco-

(31,5%) e muito próxima, ao contrário, da parcela existente nas classes preparatórias (ou seja, 62,5% para as escolas preparatórias de letras e 57,5% para as escolas preparatórias de matemática) e nas grandes escolas (ou seja, 67,5% para a Escola Normal Superior, seção ciências, 66% para a Escola Normal Superior, seção letras, e para a Escola Politécnica, e 61% para a Escola Nacional de Administração). 74% dos laureados exprimem a intenção de prosseguir seus estudos nas classes preparatórias para as grandes escolas e apenas 26% na faculdade (embora as classes preparatórias só recebam aproximadamente 1/20 dos estudantes inscritos no ensino superior. Pode-se encontrar 14,5% de laureados no concurso geral entre os alunos da Escola Normal Superior de Ulm, 7% na Escola Politécnica 4,5% na Escola de Minas, 3% na Escola Central, contra uma taxa insignificante nas faculdades de letras e de ciências (a partir da pesquisa realizada pelo Centro de Sociologia Européia envolvendo o conjunto dos alunos das grandes escolas em 1966).

(*) B.E.P.C. — "Brevet d' Études du Premier Cycle". (N. do T.).

Quadro sinótico das variações de algumas características sociais, escolares, culturais, e de algumas atitudes dos laureados segundo a origem social.

Taxa de laureados do concurso geral de uma dada classe social caracterizados da seguinte maneira:	Ingresso no liceu com idade mínima	Represent. de um liceu parisiense no ano do concurso	Classes puladas	Prêmio de Excelência (ano do concurso)	Número médio de países visitados	Audiência de France-Musique e de France-Culture	Excelente aluno em geografia	O *dom* foi citado como fator de êxito	Professor ideal = pedagogo conscien- cioso
Agricultores	46	23	7,5	31	2	20	38,5	23	54
Operários	58,5	25	25	29	2,1	20	33,5	37,5	71
Empregados, artesãos e pequenos comerciantes	83,5	29,5	11	26	2,3	26,5	55,5	52	66,5
Técnicos/nível médio	100	36,5	9	45,5	2,5	40	54,5	36,5	63,5
Professores primários	93	26,5	26,5	60	4,3	20	53,5	20	66,5
Técnicos e dirigentes/nível superior, profissionais liberais	86	40,5	26,5	38,5	3,6	35,5	42,5	44,5	57
Professores	85	38	20,5	36,5	3,3	35,5	23,5	29,5	59
Conjunto	80	35,5	21,5	37,5	3,1	40,5	42	38	60,5

Quadro sinótico das variações de algumas características sociais, escolares, culturais, e de algumas atitudes dos laureados segundo a disciplina.

Taxa de laureados do concurso geral de cada disciplina, assim caracterizados	Pai originário das classes altas	Pai com diploma superior ao "bacharelado"	Pai professor	Sempre na seção clássica do liceu	Classes puladas	Prêmio de excelência no ano do concurso	Audiência de France-Musique e France-Culture	O *dom* foi citado como fator de êxito	Professor ideal: criativo
Francês	66,5	58,5	16,5	83,5	50	28,5	66,5	50	50
Filosofia	57	47,5	14,5	57	19	16,5	60	28,5	43
Latim-Grego	56,5	36,5	13,5	90	10	63,5	28	40	16,5
Línguas	69	52	17,5	57,5	25	32,5	30,5	50	15,5
História-Geografia	53,5	39	2,5	73	22	46,5	25	31,5	12
Matemática	74	64,5	13	77,5	32	48,5	28	29	13
Física	70,5	64,5	23,5	70,5	35,5	59	22	47	12
Ciências Naturais	26,5	26,5	13,5	40	6,5	33,5	0	6,5	6,5
Conjunto	64	47	13	65,5	21,5	37,5	40,5	38	18

laridade, receberá sua consagração nas grandes escolas capazes de assegurar uma precocidade perpétua aos que chegaram até elas, situando-os desde logo na pista de uma *trajetória social* apta a conduzi-los mais rapidamente ao mesmo ponto, ou melhor, apta a levá-los mais longe e mais alto no mesmo espaço de tempo.

Como vemos, não há distinção propriamente escolar que não possa ser relacionada a um conjunto de diferenças sociais sistematicamente associadas. Na verdade, a hierarquia no interior da elite escolar — ela mesma separada por diferenças sociais da população no interior da qual ela é recrutada mediante uma extração socialmente comprometida —, podem ser associadas a diferenças sociais. A exemplo das distinções entre os sexos e as classes de idade, são também diferenças sociais que recobrem as diferenças entre as disciplinas ordenadas segundo uma hierarquia comumente reconhecida: desde as disciplinas mais canônicas, como o francês, as letras clássicas, a matemática ou a física, socialmente designadas como as mais importantes e mais nobres (dentre outros índices, em virtude dos pesos nos exames, pelo estatuto de "professor principal" conferido aos docentes nessas áreas e, finalmente, pelo consenso dos docentes e dos alunos), até as disciplinas secundárias como a história e a geografia, as línguas vivas (que constituem um caso à parte), as ciências naturais, e as disciplinas marginais, como o desenho, a música e a educação física. Na medida em que as diferentes disciplinas exigem aptidões distribuídas desigualmente e, portanto, desigualmente raras nas diferentes classes sociais, aos graus desta hierarquia correspondem graus crescentes de seleção. As disciplinas canônicas consagram os alunos provenientes das famílias mais favorecidas tanto pela situação social como pelo nível cultural, aqueles mais favorecidos por sua carreira escolar por terem seguido em maior número o caminho real dos liceus e das seções clássicas desde o primeiro ano no secundário até as classes terminais, e também por terem em maior número pulado anos durante seus estudos secundários. Nestas condições, não se deve estranhar se a hierarquia escolar das disciplinas coincide com a hierarquia que se estabelece segundo a idade média dos laureados, que vai da matemática à física e às ciências naturais, na área das matérias científicas, e do francês e das letras clássicas à história e geografia ou às línguas vivas, na área das disciplinas literárias.

Mas não se estaria fazendo a ciência destas relações sem considerar que só podem ser esclarecidas através de operações necessariamente excluídas da prática em que se atualizam. Em outras palavras, o conhecimento da relação entre o conhecimento teórico e a prática (definida fundamentalmente pela exclusão do conhecimento propriamente teórico da prática) exige que a ciência completa do objeto abranja, além da ciência das relações objetivas, a ciência da relação que os agentes mantêm com estas relações objetivas, ou seja, neste caso, a ciência do desconhecimento de tais relações e dos determinantes sociais de tal desconhecimento. Dentre os fatores que fazem com que a relação entre as características escolares e as características sociais de uma população escolar se ponha fora do alcance da consciência dos agentes, é preciso colocar, em primeiro lugar, a lei que rege o processo de eliminação diferencial: em uma população produzida por uma seleção que (mesmo nos casos em que alega apenas critérios escolares) se funda objetivamente em critérios sociais, a desigualdade da seleção tende progressivamente a reduzir e até mesmo anular os efeitos da desigualdade diante da seleção. Tal sucede porque, de um lado, como vimos, os sobreviventes apresentam tanto menos as características responsáveis pela eliminação do restante de sua categoria quanto mais fracas eram suas chances (ligadas à sua categoria) de alcançar um dado nível do curso e, de outro lado, porque todo o sistema de suas atitudes é objetivamente comandado e, em certa medida, produzido por sua situação de sobreviventes. Assim, os laureados originários das classes médias e, também, embora em menor grau, das classes populares, podem encontrar no caráter excepcional ou mesmo miraculoso de seu êxito de exceção razões para aderir aos valores de um sistema escolar que reconheceu seu valor e para renegar as "virtudes" (socialmente condicionadas) que lhes valeram tal êxito e, ademais, assumir a mesma representação ideológica das causas do sucesso escolar que os laureados das classes superiores, formados desde a primeira infância, pela familiarização inconsciente da educação familiar, nas sutilezas de uma cultura extra-escolar e na relação não-"escolar" com tal cultura, tendem a professar por razões inteiramente diversas.

Assim, ao produzir por intermédio de suas sanções aparentemente neutras certas diferenças escolares que parecem não dever nada às diferenças sociais, o sistema de ensino compele professores e alunos a buscarem o princípio dessas diferenças nas desigualdades naturais. E trai completamente os segredos da alquimia que lhe permite operar tal transmutação através do valor eminente que concede à precocidade, qualidade de que não existe definição absoluta e absolutamente neutra pois não passa de uma certa relação entre a idade em que se cumpre uma prática e a idade socialmente definida como "normal" ou "conveniente" para cumpri-la (de modo mais rigoroso, a idade modal da categoria correspondente, ou seja, no caso da precocidade escolar, a idade modal dos indivíduos que alcançaram o mesmo nível de estudo)[7]. Para demonstrar o caráter arbitrário da valorização da precocidade, basta considerar a reprovação de que é vítima (freqüentemente nos mesmos ambientes sociais) a precocidade em outros campos, como por exemplo no campo sexual, quando então precoce passa a significar prematuro [8]. De fato, parece existir um consenso em reconhecer na precocidade uma duplicação do mérito ou do dom, e em exaltar, como fazem os jornais por ocasião dos exames, o bacharel de quinze anos, "o mais jovem docente" ou "o mais jovem politécnico da França", porque ao invés de aparecer como um acréscimo de privilégio, a precocidade é considerada como a manifestação mais indiscutível das virtudes inatas, das qualidades congênitas e dos dons da natureza. Por exemplo, com o culto da "criança prodígio" — forma-limite do culto romântico do "gênio" —, a proeza e o feito são tanto mais capazes de atestar o carisma pois quanto mais cedo se concretizam parecem nada dever à cultura ou aos enxertos do jardineiro, e muito menos à sua precocidade [9]. Destarte, a

---

(7) A idéia de precocidade supõe a existência de um *cursus* distribuído em "classes" marcando diversas etapas (*gradus*) na aquisição progressiva dos conhecimentos e associadas a uma idade determinada. Como salientou Philippe Ariès, tal estrutura só se constituiu a partir do início do século XVI, pois a pedagogia indiferenciada da Idade Média ignorava a idéia de uma relação entre "a estruturação das capacidades e a das idades" (Ver P. Ariès. *L'enfant et la vie de famille sous l'Ancien Régime.* Paris, Plon, 1960, p. 202). À medida que a estrutura do *cursus* se torna mais precisa e mais rígida e, sobretudo a partir do século XVII, as carreiras precoces tornam-se mais raras, e neste momento começam a surgir como um índice de superioridade e como uma promessa de êxito social. Seria interessante seguir, no curso do século XIX, os progressos no sentido de um *cursus* rigorosamente definido e o desenvolvimento correlato da ideologia da precocidade, ambos aliados às ideologias românticas da criação e do gênio.

(8) Sobre as variações da definição social da precocidade sexual segundo as classes sociais, ver J.-C. Chamboredon e M. Lemaire. Proximité spatiale et distance sociale. *Revue Française de Sociologie*

(9) A idéia de dom está a tal ponto ligada à idéia de precocidade que a juventude tende a constituir por si só uma garantia do talento. Assim, as bancas de concurso para professores podem reconhecer um concurso "brilhante" da parte dos novos, dos "jovens talentos": "Neste ano pudemos ver diversos dos jovens recrutas se distinguirem. Em 27 aprovados, temos 14 candidatos que nunca ensinaram e 8 dentre eles estão classificados entre os 10 primeiros (...). Seu êxito não nos faz esquecer os *méritos* dos professores em exercício os quais, colocados em condições de trabalho menos favoráveis, contribuíram com um *esforço valoroso* e venceram as dificuldades. (...) Mas aos que conseguiram se afirmar desde *seu primeiro concurso* somos gratos não somente por terem *animado* o exame oral com seu *entusiasmo* e seu desejo de convencer, mas também por nos terem oferecido um testemunho precioso..." (Concurso masculino de gramática, 1963). "No exame oral, os 'carrés' candidatos mais jovens) muitas vezes revelam-se os melhores: mais vivos na entrevista, mais *despertos*, mais *disponíveis*. No decorrer dos concursos, a *graça* é substi-

valorização da precocidade é tão-somente um dos mecanismos ideológicos pelos quais o sistema de ensino tende a transformar os privilégios sociais em privilégios naturais, *e não de nascimento*: a "inteligência", o "talento" ou o "dom" são os títulos de nobreza da sociedade burguesa que a Escola consagra e legitima ao dissimular o fato de que as hierarquias escolares que ela produz por uma ação de inculcação e de seleção aparentemente neutra, reproduzem as hierarquias sociais no duplo sentido do termo. Por esta via, o sistema de ensino não cumpre apenas uma função ideológica, mas de fato concede a sanção de seus veredictos a uma das formas mais encobertas e mais eficazes do privilégio de classe, aquilo que se poderia denominar o privilégio de uma forte aceleração. "A nobreza, observava Pascal, constitui uma grande vantagem a ponto de fazer com que um homem de dezoito anos torne-se conhecido e respeitado o que para muitos outros só vai ocorrer aos cinqüenta anos! São trinta anos ganhos de graça". À maneira dos títulos de nobreza, os títulos escolares, capital social convertido em capital escolar ele mesmo diretamente conversível em crédito social, permitem adquirir *a crédito*, isto é, precocemente, antes da hora e antes dos outros, queimando as etapas e com a dispensa de respeitar as formas e os prazos usuais, os cargos, os lucros, as honras, os prazeres, em suma, todos os benefícios materiais e simbólicos que os demais deverão pagar *à vista*, isto é, ao cabo de todo o tempo que lhes será necessário para "fazer suas provas" e para reunir um capital de garantias reais e imediatamente exigíveis [10].

tuída pela *lerdeza*" (Concurso de ingresso na Escola Normal Superior de Ulm, oral de filosofia, 1965) O estudante precoce, favorito da banca, torna-se o objeto de uma indulgência especial, e suas lacunas e erros podem inclusive, a título de "pecados de juventude", concorrer para confirmar seu talento: "Elas são mais jovens do que nos anos anteriores. Talvez se deva pensar que muitas falharam por falta de maturidade, de experiência, e seus erros poderão ser rapidamente corrigidos (...) Por trás de seu *desajeitamento*, de sua *ingenuidade*, existem dons e qualidades sérias que são verdadeiras promessas" (Concurso feminino de letras modernas, 1965). "Enfim. reencontramos, como antigamente, candidatos que sabem fazer uma explicação de texto em francês. Se não conseguiram obter as notas mais altas, é porque em alguns trechos cometeram erros de pequena monta na interpretação, o que se explica por inadvertências bem compreensíveis em um concurso, ou por *pecado de juventude*" (Concurso masculino de gramática, 1963).

Nestas e noutras transcrições referidas adiante sublinhamos as palavras ou as expressões que manifestam melhor a ideologia escolar e as oposições fundamentais em torno das quais ela se estrutura. Utilizaremos as seguintes abreviaturas: 1) C.L.M. = Concurso de letras masculino; 2) C.L.F. = Concurso de letras feminino; 3) C.G.M. = Concurso de gramática masculino; 4) C.G.F. = Concurso de gramática feminino; 5) C.L.M.M. = Concurso de letras modernas masculino; 6) C.L.M.F. = Concurso de letras modernas feminino. As transcrições foram extraídas dos relatórios elaborados pelas bancas desses vários concursos.

(10) Em geral, quando estudam o consumo, os economistas esquecem que o valor de um bem, em particular de um bem simbólico como um espetáculo (p.ex.: as "estréias", as "sessões especiais") ou uma viagem turística sempre tem a ver, de um lado, com a precocidade (definida nos termos já descritos)

AS CONTRADIÇÕES DO SISTEMA DE VALORES ESCOLARES

Esta análise da significação escolar e das funções sociais do culto escolar da precocidade esclarece a secreta afinidade que une os valores mais propriamente escolares (pelo menos aparentemente) e os valores das classes dominantes, sem resvalar pelos princípios desta espécie de harmonia preestabelecida que faz com que, mesmo quando parece obedecer tão-somente às suas próprias normas (propriamente escolares), o sistema de ensino obedeça ao mesmo tempo a normas externas. A fim de captar de modo integral a relação de dependência/independência que vincula o sistema de ensino a um determinado tipo de estrutura das relações de classe, é preciso entrar a fundo nas sutilezas das distinções e das hierarquias (sempre fundadas em critérios de modalidade) que se estabelecem entre diferentes formas de excelência escolar e que se revelam por índices tão objetivos como por exemplo a hierarquia das disciplinas e das atitudes ou das aptidões que as primeiras exigem: de um lado, matérias como o francês (e em outro registro, a matemática) parecem exigir o talento e o dom e, de outro, matérias como a geografia (e em menor grau, a história), as ciências naturais e as línguas vivas que requerem sobretudo trabalho e estudo. No pólo oposto ao francês (ou em grau bem menor, à filosofia) que desvaloriza a boa vontade e o zelo escolar tanto pela imprecisão das tarefas como pela indeterminação e pela incerteza dos signos de êxito ou fracasso, exigindo via de regra um capital prévio ("é preciso ter muita leitura") e muitas vezes indefinível (quer se trate de estilo ou de cultura geral), disciplinas como a história, a geografia, as ciências naturais ou as línguas (tanto as modernas como, em grau menor, as antigas) propõem tarefas onde se pode exprimir o gosto pelo trabalho "bem feito" e pelas manipulações minuciosas, como por exemplo os mapas de geografia ou os desenhos em ciências naturais, que aparecem como "seguras" e "gratificantes" pois o esforço sabe onde concentrar-se e porque aí o efeito do trabalho é medido com mais facilidade.[11]

da apropriação que mede efetivamente a raridade social num dado momento do tempo. Tendo em vista as leis da difusão diferencial dos bens raros, as desigualdades entre as classes sociais assumem sempre a forma de desníveis temporais: as classes desfavorecidas estão "atrasadas", isto é, as práticas e os consumos usuais em outras classes constituem em seu caso, exceções, e os indivíduos que as compõem só têm acesso aos mesmos bens muito mais tarde, e numa idade muito mais avançada e, em conseqüência, por muito menos tempo (por exemplo, a casa construída "para a aposentadoria" em oposição ao apartamento herdado aos vinte anos).

(11) A argumentação utilizada pelos laureados literários para explicar por que seu trabalho recebeu tal distinção ilustra muito bem tal oposição: [1] "Teria sido o estilo?" (francês, filho de professor de faculdade de medicina)

Por conseguinte, não deve surpreender o fato de que as matérias que exigem talento, capazes de oferecer a colocação mais rentável ao capital cultural (isto é, à chamada cultura "livre" — em oposição à cultura "escolar" — e à relação familiar com a cultura que só se consegue adquirir através das aprendizagens difusas da educação familiar), tenham um recrutamento social mais elevado do que as matérias que dão oportunidade aos alunos originários das classes populares e sobretudo das classes médias, de manifestarem disposições éticas capazes de preencher melhor sua função compensatória, muito mais neste campo do que em outros [12].

De modo distinto daqueles a quem a tradição escolar designa com o nome pejorativo de "cu-de-ferro" (ou "aplicado", "esforçado", "caxias") os quais, obcecados pelo rendimento diretamente escolar de seus investimentos culturais e eternamente condenados a recuperar seu "atraso" em matéria de cultura, e que possuem conhecimentos, preferências e práticas "clássicas", "livrescas" e "escolares", diretamente

— "Originalidade, rigor, sensibilidade" (francês, filho de engenheiro químico) — "Creio que recebi tal distinção graças, de um lado, a um profundo conhecimento da obra de Camus e, de outro, graças a uma certa personalidade" (francês, filho de jornalista) — "Pessoal, não muito escolar e claro (filosofia, filho de operário profissional). [2] "Talvez por causa dos mapas, bastante completos, e por certas informações sobre o Maciço Central e sobre os Vosges mais amplas do que as relativas aos demais maciços montanhosos" (geografia, filho de funcionário) — "Clareza do plano" (geografia, filho de inspetor dos Correios e Telégrafos) — "Clareza, esquemas, referências" (ciências naturais, filho de professor de desenho) — "Sobriedade, nitidez" (ciências naturais, filho de operário) — "Qualidade e número dos esquemas, rigor do plano" (ciências naturais, filho de diretor comercial). [3] As línguas antigas parecem ocupar uma posição intermediária: "Tradução relativamente exata com a tentativa de um bom texto em francês" (grego, filho de diretor técnico) — "Em primeiro lugar, a correção gramatical que é a condição *sine qua non* de uma boa versão, e em seguida, a maneira fina de transpor as sutilezas do texto francês" (Versão para o latim, filho de médico) — "Um conhecimento aprofundado da língua latina. Era preciso conhecer os arranjos e as expressões correspondentes aos inúmeros galicismos" (Versão para o latim, filho de professor de letras) — "Rigor sintático" (Versão para o latim, filha de chefe de escritório do Serviço Nacional de Estradas de Ferro). [4] Os laureados em matemática e física invocam quase sempre a clareza, o rigor, a exatidão, a precisão embora não estejam ausentes as observações a respeito da maneira: "Redação, rigor e maneira de encaminhar o raciocínio" (matemática, filho de professor do ensino marítimo) — "Creio que meu trabalho foi premiado pela clareza e pelas soluções concisas às questões tratadas" (matemática, filho de professor de 1º preparatório de letras) — "A rapidez e a elegância das soluções" (matemática, filho de médico).

(12) Já verificamos que as diferenças entre os estudantes de diferentes origens sociais que tendem a se enfraquecer e até mesmo a se anular (quanto mais se amplia a desigualdade entre as taxas de seleção dos sobreviventes) nos campos mais rigorosamente controlados pela escola, como por exemplo o manejo da língua escolar (Ver P. Bourdieu, J.-C. Passeron e M. de Saint-Martin. *Rapport pédagogique et communication*. Paris, Mouton, 1965), reaparecem com todo vigor à medida que nos afastamos daquilo que é diretamente ensinado pela escola, ou então, à medida que passamos do teatro clássico ao teatro de vanguarda ou ao teatro de *boulevard* (Ver P. Bourdieu e J.-C. Passeron. *Les étudiants et leurs études*. Paris. Mouton, 1964). De outro lado, observa-se que, enquanto os laureados das disciplinas nobres ouvem com maior freqüência as emissoras "culturais" (45,5% dos laureados em francês e em filosofia ouvem bastante France-Musique e France-Culture), os laureados em geografia e sobretudo em ciências naturais só ouvem as emissoras de ampla difusão (France-Inter e as estações periféricas).

subordinadas à escola se bem que não sejam diretamente produzidas pelos exercícios da escola, os laureados em francês ou em filosofia manifestam de todas as maneiras a idéia de que possuem uma margem de liberdade e segurança bastante grande que lhes permite manter com a cultura (entendida de modo mais "livre" e menos "escolar") uma relação de diletantismo esclarecido e de familiaridade eclética que pode estender-se ou aplicar-se a esferas ainda não reconhecidas e consagradas pela escola. Neste sentido, apresentam a taxa mais elevada de freqüência ao cinema [13] e também a propensão mais forte para adotar uma disposição "cultivada" nessas matérias "livres" (cinema ou *jazz*), ao passo que os demais se esforçam ou se forçam a gostar mesmo quando não conseguem tratá-las como simples objetos de divertimento[14].

Em conseqüência, todos os traços pelos quais o sistema de ensino francês reconhece a elite de sua elite e que definem a maneira por excelência de ser excelente, encontram-se concentrados nesta espécie de tipos ideais realizados que são os laureados em francês (e a *fortiori,* os laureados em francês originários das classes superiores) [15]. Não é de estranhar, portanto, quando se constata neste caso uma harmonia perfeita entre os valores professados expressa-

(13) 72,5% dentre eles vão pelos menos uma vez por mês ao cinema, e fazem o mesmo 61% dos laureados em história e geografia e 53,5% dos laureados em latim e grego.

(14) Vejamos alguns juízos a respeito do *jazz* que ilustram tal posição: 1) "expressão artística muito rica e envolvente" (francês, filho de engenheiro químico). "O *jazz* é uma tentativa artística original, resultante da fusão original do folclore religioso negro e do folclore europeu (...). A canção de *jazz* não é parada, imóvel, pelo contrário, é suscetível de variações, de interpretações novas e originais, ao contrário das demais obras musicais que se encontram 'fechadas' em sua partitura" (matemática, filho de engenheiro técnico). 2) "O ritmo é moderno e parece traduzir todas as aspirações do mundo mormente quando é tocado por negros" (ciências naturais, filho de comerciante). "O jazz da época dos *blues* de New Orleans traduz um certo espírito infeliz dos negros" (ciências naturais, filho de operário mecânico).

(15) São os laureados em francês que a hagiografia jornalística louva, e suas produções escolares são tratadas como acontecimentos literários. Assim como os discursos de recepção na Academia Francesa, as melhores dissertações de francês no concurso geral ou no "bacharelado" são tradicionalmente publicadas pelos jornais literários (*Figaro Littéraire,* suplemento literário de *Le Monde.* Outro índice indireto da superioridade concedida ao francês entre as disciplinas literárias consiste na preocupação de reabilitação expressa pelos relatórios de concurso para professores de gramática. A referência insistente à juventude dos candidatos e à sua "vocação", bem como a lembrança das qualidades superiores exigidas por certos exercícios como a tradução latina, com tudo isso pretende-se provar que os docentes de gramática por concurso não são o produto de uma seleção negativa e que tal concurso não é como quer a representação comum, o primo pobre do concurso em letras: "Este ano, são elementos *jovens,* com a *vocação* de gramáticos, que deram o tom pelo menos no exame oral ... *Metódicos e* amigos de uma certa *disciplina* intelectual, iniciados no espírito moderno da pesquisa gramatical e sensíveis ao interesse de seus trabalhos, *e nem por isso desprovidos* das qualidades exigidas pelos estudos propriamente literários..." (Concurso masculino de gramática, 1963); *Sutileza..., invenção..., graça...* Três candidatos souberam aliar estas qualidades dentre as quais a última não é nada desprezível (Concurso de gramática masculino, 1963).

mente por toda a tradição das disciplinas literárias e os valores revelados pelas práticas e atitudes dos que nelas têm êxito. Em lugar de uma longa análise da relação letrada com a cultura literária, um rápido exame das duas dissertações premiadas em 1969 cujo tema (por uma espécie de acaso objetivo) era a "criação" e a "leitura" [16] mostrará a afinidade profunda entre a tradição de um ensino de humanidades todo impregnado por uma ideologia humanista, personalista e espiritualista, e a tradição pedagógica que estimula a desvalorização escolar do "escolar", do "livresco" e de tudo que cheira a escola inclusive o culto da chamada expressão "pessoal" [17]. Trata-se, na verdade, de uma representação carismática da atividade do escritor — descrita como "criação" [18]* e "mistério" [19] — e do deciframento da obra concebida como leitura "criativa" e como identificação espiritual do "ego" do leitor com o "ego" do autor [20], que serve de fundamento à exaltação subjetivista e irracionalista do arbitrário das sensações ou das afeições [21] como pretextos ao egotismo

(*) Os trechos em francês que constam de inúmeras notas que seguem, foram extraídos de dissertações "laureadas" e por este motivo preferimos mantê-los na língua original. (N. do T.)

(16) O tema proposto era o seguinte: "Uma vez que a criação só pode encontrar seu acabamento na leitura, uma vez que o artista deve confiar a um outro o cuidado de completar o que ele começou, uma vez que é através da consciência do leitor que ele pode tomar a si mesmo como essencial à sua obra, toda obra literária constitui uma apelo... O escritor faz apelo à liberdade do leitor para que colabore na produção de sua obra... A obra de arte é valor porque é apelo", afirmou J.-P. Sartre em 1948.. E em 1953, o crítico literário G. Picon complementava tal afirmação dizendo o seguinte: "Toda obra requer um juízo de valor e sentimo-nos frustrados com a crítica que não responde a tal apelo." Será que vossa experiência pessoal como leitor está de acordo com estas afirmações do escritor e do crítico concernentes às relações da obra literária e seu público?" (Le Monde, Suplemento literário do número de 21 de junho de 1969). Ao fim deste artigo, o leitor poderá consultar o texto de ambas as dissertações.

(17) Segundo o dicionário de Lalande, o adjetivo "pessoal" passou a ser empregado há pouco tempo no sentido laudatório de "original, resultante de reflexões ou de sentimentos reais, sinceros, e não de lembranças e de imitação" (este adjetivo não figura no Littré, nem no Darmesteter, Hatzfeld e Thomas), sendo usado apenas "pela crítica literária e pela crítica de arte, e em pedagogia" para qualificar "maneiras de pensar, de sentir e de expressar".

(18) "Il y a comme un phénomène de *création spontanée*".

(19) "Le *mystère* du don artistique", "pouvoir magique (des mots)", "le *mystère* de sa beauté".

(20) "Le *mystère de la lecture*", "*C'est moi qui suis* au bord des eaux bleutées, *c'est moi qui croise ce regard*", "Cette oeuvre que nous avons *nous-même créée*." "*C'est moi qui écris*", "me retrouvant merveilleusement *moi*" "L'oeuvre devient ma propre création." "Je peux participer à la *création* littéraire." "Le personnage que j'entends *créer*."

(21) "Que d'*interprétations différentes* à partir d'un même personnage, d'un même geste, d'une même phrase !", "Et pour chacun, les personnages du roman, les sentiments du roman, prendront une *signification* particulière." "Peut-on juger?...", "est pour moi", "reste pour moi". "L'oeuvre littéraire ouvre en moi des échos faits d'impressions et de sensations"; "pour que nous puissions les interpréter à notre guise, selon notre sensibilité", "Nous pouvons comprendre une oeuvre littéraire, l'expliquer et surtout la ressentir." O subjetivismo das afeições associa-se naturalmente a uma rejeição de quaisquer enfoques que possam parecer "reducionistas": "il est toujours dangereux de soumettre l'oeuvre à des critères, tel un produit industriel"; "l'oeuvre littéraire se résout-elle à un personnage?": "L'oeuvre littéraire représente bien plus que tout cela". Aos que ainda duvidam da validade

complacente das efusões pessoais [22] do misticismo romântico [23] ou do *pathos* existencial [24]. E também não seria muito difícil mostrar que a filosofia implícita do ensino tradicional da filosofia que oscila entre um intelectualismo idealista e um espiritualismo personalista e que se funda sempre na desvalorização (declarada ou tácita) do que antigamente se chamava, desde Cícero, *plebeia philosophia* — ou seja, de todas as doutrinas "vulgares" como o materialismo ou o empirismo, ou demasiado próximas do "senso comum" e, em todos os casos, de todas as formas "vulgares" das doutrinas e, em especial das mais "vulgares" dentre elas [25]. Para convencermo-nos de que "o antigo regime filosófico" (como dizia Augusto Comte) ainda está florescente, basta fazer menção ao destino reservado (mais nos cursos do que nos manuais destinados a servir de realce) a todos os filósofos meio grossos, condenados a surgirem nas primeiras partes, superadas sem dificuldade, das dissertações — tomemos, ao acaso, Hume, Comte, Taine, Durkheim — ou então, as inúmeras maneiras de banir o discurso científico, desde a excomunhão ritual e o anátema infamante ("cientificismo", "psicologismo", "sociologismo", "historicismo"), até a anexação transfiguradora.

desta análise e da representatividade dos documentos em que se apóia, é suficiente citar trechos de relatórios das bancas de concursos onde se encontram "definidos" os princípios da interpretação dos textos literários e, por esta via, pretende-se mostrar que não há muita distância entre os preceitos explícitos da pedagogia da "explicação de texto" e os discursos dissertativos dos alunos bem formados na leitura "criativa". Tomemos apenas o tema da "sensibilidade": "Há aí uma *insensibilidade* literária que surpreende" (Concurso masculino de letras, 1962); "Era indispensável mostrar alguma *sensibilidade musical e poética*"; "Para isso é preciso *sensibilidade* — uma sensibilidade *fresca*, talvez um pouco *ingênua*, que *se recuse a procurar o segredo* de um poema nas dobras de uma elaboração erudita sempre duvidosa ("Se vós entrais nas cozinhas...", já dizia La Bruyère) e que acolha com *simplicidade* o *intimismo comovente* da "criada com bom coração", — uma *sensibilidade* afinada por uma memória *amorosa*"; "Procurou-se logo distinguir termos de valor, acentos *originais*, passagens densas que fremem de uma *vida interior*, de uma intenção talvez latente mas vivamente *sentida*"; "O frescor de espírito de um primeiro contato pode substituir vantajosamente uma ciência enfadonha" (Concurso de ingresso na Escola Normal Superior, explicação de francês, 1966). "Uma vez recolocado em seu contexto, deixemos que o hemistíquio *ressoe em nós*... O exorcismo *poético* não aniquilou a *angústia* e *sentimos* o último verso em *nossa carne e em nossa alma, como uma ferida ainda aberta*" (Concurso feminino de gramática, 1959). Poder-se-á observar que os mestres (tanto como os alunos) não recuam diante da exaltação do mistério poético ou da complacência narcisista.

(22) "C'est dans cette *lecture de soi-même*, cet *épanchement* de notre *personnalité*, que le roman trouve son accomplissement"; "c'est *moi-même* que je rencontre".

(23) "Alors, *je m'évade*", "les sensations fugitives qui *font le fantastique et le merveilleux* de mon quotidien"; "le domaine *féerique*"; "ombre *mystérieuse*"; "Cette oeuvre que nous avons nous-mêmes créée en y transférant *nos rêves et nos chimères*".

(24) "Tous les rêves qui sans cesse *me hantent* et *me déchirent*", "quête *inlassable*", "le chemin de fer *désespérémen: inutile*...", "le cri d'angoisse d'un homme", "*déchirement*", "*incertitudes*".

(25) É suficiente lembrar os esforços desenvolvidos por diversas gerações de intelectuais franceses a fim de salvar o marxismo da "vulgaridade"...

Tudo leva pois a crer que os ensinos nobres, o francês e a filosofia, devem sua posição dominante ao fato de que os valores que assumem explicitamente a fim de transmiti-los, não contradizem em nada os valores atuantes nas práticas pedagógicas e, ademais, concretizam no mais alto grau a harmonia entre os pressupostos implícitos de sua ação pedagógica e as ideologias que veiculam. Assim, percebe-se por que a análise das diferenças sistemáticas que opõem os virtuoses das disciplinas que exploram o talento aos tarefeiros das disciplinas de segunda ordem, leva ao princípio do sistema de oposições paralelas entre propriedades e qualidades complementares e antagônicas que orienta as práticas pedagógicas no ensino francês e que se resume no seguinte: brilhante/opaco; natural/laborioso; requintado/vulgar; cultivado/escolar; pessoal/banal; original/comum; eminente/quadrado; fino/grosseiro; notável/insignificante; elegante/desajeitado; fervilhante/ /parado; vivo/lento; picante/insípido; expressivo/pesado, e assim por diante. O único problema é o excesso de material para que se possa escolher alguns exemplos da prática destas categorias que se aplicam tanto aos indivíduos, aos professores ou aos alunos, como às suas produções, cursos, trabalhos, idéias, discursos, ou melhor, tanto ao estilo da prática como às obras. Assim, a língua dos relatórios dos concursos de seleção para professores é inesgotável quando se trata de nomear, amortecendo-a, a "mediocridade" congênita da "massa dos candidatos", este bolo "cinzento" de provas "opacas", "insípidas" ou "quadradas" de onde "emergem felizmente" algumas provas "requintadas" ou "brilhantes" [26]. A definição escolar da relação cultivada (isto é, não-"escolar") com o saber opõe dois tipos de relação com o saber (veremos adian-

---

(26) Lê-se mesmo num relatório a respeito do concurso na Escola Nacional de Administração: "Afora alguns candidatos 'fora de série', dotados de uma personalidade marcante e às vezes brilhante, a prova deixa uma impressão de monotonia". (Reflexões das bancas a respeito dos trabalhos dos candidatos à Escola Nacional de Administração, *Épreuves et statistiques du concours de 1967*, Paris, Imprimerie Nationale, 1968, p. 9). Ou então, citando os relatórios das bancas de concurso para ingresso no Magistério Superior ou para a Escola Normal: "Em suma, quer se trate da certeza da informação (...), da exatidão dos termos ou do sentimento da verdadeira *elegância*, o conjunto das provas de explicação (...) nos deixou uma impressão inquietante de ignorância, confusão e *vulgaridade* (C.L.M., 1959). "A banca é indulgente com inúmeros desajeitamentos e até mesmo com alguns contra-sensos isolados, mas não pode deixar de ser impiedosa com a *pretensão* tola, com o *pedantismo* e com a *vulgaridade*" (Concurso de ingresso na Escola Normal Superior, Explicação de francês, 1966). "É assim que se poderia superar *o esforço humilde e moroso* de um deciframento *aplicado*, para atingir a *destreza* de uma tradução capaz de aliar *a elegância* à exatidão" (*idem*).

A propensão professoral para deplorar de maneira complacente os defeitos do candidato, faz com que o vocabulário correspondente ao pólo negativo do sistema de oposições seja muito mais sortido. Demais, nestes dois exemplos, percebe-se que as oposições verificadas acima não são rígidas e imutáveis, havendo muitos termos passíveis de substituição, como por exemplo, vulgar, laborioso e desajeitado.

te, ambos encontram-se ligados a dois modos diferentes de aquisição deste saber) e dois sistemas de maneiras, pelo recurso a termos cujo poder sugestivo provém do fato de que cada um deles evoca todo um sistema de oposições homólogas e muitas vezes permutáveis [27].

Mas a predominância dos valores que se pode chamar carismáticos é tão forte neste sistema que pode chegar a encobrir os índices das contradições e dos conflitos que a concorrência entre os dois princípios opostos de avaliação e de hierarquização engendra na prática e no discurso dos professores e dos alunos. Eis um exemplo tomado de empréstimo aos relatórios das bancas de concurso para seleção de professores: "Explicar, isto requer atenção, penetração e gosto, *mas também* conhecimentos precisos" (CM Letras, 1959). O autor desta reabilitação do saber, que por outro lado deplorava que ninguém mais decorava textos, escrevia no mesmo relatório: "Tal como é, se é belo, ele (o poema) atinge uma verdade mais alta do que a verdade anedótica cujo rasto *o erudito* procura nos papéis íntimos". E alguns anos mais tarde: "De outro lado, desejamos distinguir os candidatos com base em qualidades de gosto e juízo, *e não limitadamente de memória*. Isto posto, deveriam evitar falar daquilo que ignoram, não devendo ademais desprezar o saber, sobretudo quando se trata dos fundamentos de uma cultura geral" (CM Letras, 1962). É preciso não considerar estas contradições e retratações como simples acidentes individuais: a oscilação entre a condenação e a reabilitação da erudição e, em particular, a relação dúplice com a representação da crítica universitária que os escritores e a crítica "criativa" difundiram (a exploração dos papéis íntimos), exprimem a ambivalência do juízo escolar a respeito das virtudes propriamente "escolares". Outro índice mais indireto mas nem por isso menos contundente, consiste da incerteza sobre os critérios da excelência que transparece através da discordância entre dois tipos de sanção escolar: o prêmio de excelência concedido pelo conjunto dos professores de cada classe a um de seus alunos, julgado a partir do conjunto de seus trabalhos

---

(27) Seria infindável o levantamento (e não apenas no discurso universitário) dos juízos construídos conforme os princípios deste sistema classificatório. Dentre todas estas oposições, a de rendimento mais elevado é a que se estabelece entre a erudição (sempre suspeita de trazer a marca de um esforço de aquisição trabalhoso) e o talento (com a noção correlata de cultura geral): "O que mais apareceu foi a falta de *cultura geral* (...) muito mais útil aos candidatos do que as obras *de erudição* em meio as quais eles se perdem" (C.L.M., 1959). A distinção entre o saber e o talento constitui o princípio da desvalorização das disciplinas que supostamente exigem apenas a memória, a mais desprezada de todas as aptidões: "É claro, sem que se possa negligenciar o esforço de *memorização*, indispensável em filosofia, não obstante é a *cultura* adquirida pela reflexão que confere aos fatos da língua sua significação e, finalmente, seu alcance pedagógico e humano" (C.G.F., 1959).

e de sua conduta durante o ano, e a indicação para o concurso geral, consagração concedida após uma prova única e pontual. Os "laureados" em latim e grego que contam com a maior proporção de "prêmios de excelência" (63,5%, baixando para 28,5% no caso dos "laureados" em francês), distinguem-se dos demais "laureados" por um conjunto de traços sistemáticos: se consideram com maior freqüência (em 60% dos casos) do que os demais "laureados" das disciplinas literárias (42%) os melhores alunos de sua classe; parecem mais inclinados a julgar seu trabalho muito bom ou excelente (26,5%, e 18% para os demais) e a empregar os mesmos qualificativos usados para descrever o aluno que são para designar o aluno que gostariam de ser (75%, e 65,5% para os demais), índices de uma *certitudo sui* à altura de sua consagração escolar; concorreram em diversas matérias com maior freqüência (56,5%) do que todos os outros (23%) e dentre os literários são os que se consideram mais fortes em matemática (43,5%, e 20,5% para os demais) e nunca muito fracos. Quando se observa que os titulares de um prêmio literário ou científico obtiveram o prêmio de excelência com maior freqüência do que aqueles que só tiveram uma menção honrosa (*accessit*)*, é lícito supor que (mantendo-se iguais as aptidões medidas pelo concurso geral) o juízo escolar deve levar em conta critérios suplementares quando confere o prêmio de excelência: e na verdade, tal distinção consagra o "bom aluno completo" cuja docilidade em relação à escola não se manifesta apenas através de seu ecletismo de boa vontade e da prudência de seus investimentos escolares [28]. Destarte, os "laureados" em línguas antigas são proporcionalmente os que mais desejam (92,5%) ingressar na Escola Normal Superior, ao contrário dos "laureados" em filosofia (37,5%); são também os que mais freqüentemente colocam em primeiro lugar as profissões de professor do ensino superior e do ensino secundário (ou seja, 63,5%, comparados aos 41,5% dos "laureados" em francês, aos 33% dos "laureados" em línguas e aos 31% dos "laureados" em história e geo-

(*) *Accessit*, palavra latina que significa, literalmente, *ele se aproximou*. Trata-se de distinção concedida aos alunos que obtiveram as melhores colocações, em seguida aos premiados. (N. do T.)

(28) Em geral, embora se tenha consciência do peso das provas de línguas antigas nos grandes concursos literários, tanto na Escola Normal Superior como nos concursos para professores de letras ou gramática, muitas vezes deixa-se de examinar os efeitos da predominância de matérias consideradas como "valores seguros." ("A gramática 'paga'! É isso que não se deveria esquecer" C. F. gramática, 1963): a lógica de um concurso como o da Escola Normal Superior aproxima-se muito mais da que preside à atribuição dos prêmios de excelência e, por esta razão, pode-se supor que ela privilegia o mesmo tipo de excelência.

grafia) [29]; são também os que mais freqüentemente (80%) sabem citar os nomes de antigos "laureados" do concurso geral (ao contrário dos "laureados" em ciências naturais) (33,5%) e conhecem um número importante (no mínimo, sete ou oito) de grandes escolas. Eis aí um dos mecanismos mais poderosos de autoperpetuação do corpo docente, a saber, a *dialética da consagração e do reconhecimento* ao fim da qual a Escola escolhe os que a escolhem porque ela os escolhe [30]: quando uma instituição como por exemplo o sistema de ensino controla completamente sua própria reprodução, está em condições de atrair (ou afastar) para junto de si — pela consagração que lhes concede —, os indivíduos mais ajustados às suas exigências explícitas e implícitas e os mais dispostos à perpetua-la idêntica a ela mesma [31].

Quando se observa que a distinção entre os dois tipos de excelência encarnados, respectivamente, pelos "laureados" em letras e pelos "laureados" em línguas antigas, reproduz no interior das disciplinas nobres a distinção entre as disciplinas nobres e as disciplinas secundárias, constata-se que a aplicação do mesmo princípio permite distinguir, até o infinito, tipos sutis de sistemas de disposições que são sempre indistintamente disposições com relação à cultura e disposições com relação à escola. Tomemos, por exemplo, no caso em questão, a dedicação "laboriosa" do bom aluno "sem brilho", o diletantismo desenvolto do aluno "brilhante" e o ecletismo bem temperado do "bom aluno completo". As contradições entre o culto do "brilhantismo", correlato à depreciação escolar do "escolar", e o reconhecimento das virtudes propriamente escolares se resolvem na exaltação do meio-termo que define o que se poderia chamar *academica mediocritas*, esta soma de virtudes médias e, por assim dizer,

(29) Dentre os científicos, observa-se uma hierarquia do mesmo tipo, ou seja, respectivamente, 76,5% dos "laureados" em física, 68% dos "laureados" em matemática e 52,5% dos "laureados" em ciências naturais.
(30) Como veremos, o *efeito de consagração* é muito desigual segundo as disposições socialmente condicionadas com relação à escola por parte daqueles sobre os quais se exerce a consagração escolar.
(31) Toda sanção escolar produz, ademais, um efeito de consagração. Em particular, o concurso geral desempenha o papel de um verdadeiro concurso de pré-recrutamento universitário, muito embora não seja essa sua função manifesta. A esse respeito, um bom índice reside no fato de que a quase totalidade dos "laureados" considera sua indicação para o concurso geral como o acontecimento mais importante de sua vida escolar. É assim que a carreira universitária pode ser vivida no maravilhamento ininterrupto de uma série contínua de "acontecimentos universitários": "Desde o início da tarde ia ao ministério (...); acabei descobrindo um obscuro funcionário que, ao ouvir meu nome, me diz de chofre: 'O senhor foi indicado mestre de conferências em Grenoble! Que *deslumbramento! Junto com minha admissão à Escola Normal*, isto foi uma das mais fortes explosões de *alegria de minha vida*" (R. Blanchard. *Je découvre l'université.* Paris, Fayard, 1963, p. 80); "Meu interesse voltava-se para muitos outros objetos nos primeiros anos de permanência em Grenoble, voltado sobretudo para essa universidade que me concedia a *honra de me acolher*" (*ibid.*, p. 87).

sacerdotais — em oposição às virtudes proféticas. Destarte, o magistral do tipo brilhante — que supõe o saber e a distância refinada para com o saber — opõe-se às habilidades suspeitas da virtuosidade vazia bem como à erudição sem inspiração do "aplicado"[32]. Do mesmo modo, o equilíbrio justo do bom-tom acadêmico, composto de elegância discreta e de entusiasmo contido, distingue-se da desenvoltura pretensiosa do virtuose presunçoso, bem como do servilismo escolar do bom aluno excessivamente aplicado. E por último, a originalidade de um espírito ou de um estilo "pessoal" se opõe tanto às audácias descontroladas da ambição criadora como às chatices do didatismo[33]. As qualidades que definem positivamente o bom-tom universitário, decorrem naturalmente desta busca de conciliação dos contrários: é este misto de "juízo" e de "gosto", de "medida" e de "finura" que engendra os pensamentos, as *nuances*, as distinções obsessivamente designadas como "justas e finas" e que põe a salvo das "falhas de tom e de gosto", do "impudor" e da "vulgarida-

(32) Pode-se ler no *Dictionnaire des Idées reçues*, "Versão: no colégio, prova a aplicação, assim como a tradução prova a inteligência. Mas no mundo, é preciso rir dos que são aplicados".

(33) Os relatórios das bancas de concurso invocam amiúde a "vivacidade", "entusiasmo", o "engajamento pessoal", a "convicção", traços que se opõem tanto à "despreocupação culpada" quanto à "prudência astuciosa": "ela teve mesmo a coragem de *engajar-se pessoalmente*, com inteligência e *medida*" (C. F. letras 1965). Pedem que "se insufle vida" no estilo, na elocução, e se regozijam com o *"frescor"* mesmo que um pouco *"ingênuo"* dos jovens candidatos. Lembram que "... para uma boa aula, também é preciso *tato*, habilidade e um mínimo de *entusiasmo* com o que o *labor gramatical* torna-se um autêntico *prazer do espírito*" (C.F. gramática, 1959). "Os examinadores muitas vezes têm a impressão de que um amor *escolar* pelos *jogos de linguagem* e pela complicação verbal pode chegar a embaçar a percepção justa das questões, a reação crítica e a exigência de lucidez" (Concurso de ingresso na Escola Normal Superior de Ulm, exame oral de filosofia, 1965). Repreendem os "... candidatos *céticos* em matéria literária, *hábeis* em *exercícios de volteio* e no manejo do *sic et non*" (C. M. letras, 1969, sem que por isso **cheguem a** reprovar o recurso a uma "retórica de categoria que, nos limites do razoável, não bloqueie nem o calor nem o sorriso" (C. F. gramática, 1959). Os relatórios também condenam a *"desenvoltura", "a segurança absoluta"* (em relação à cultura e ao mesmo tempo em relação às bancas de exame), a "mistura de negligência e pretensão". E não param de repetir aos candidatos que devem sempre ficar a meio caminho entre o "muito" e o "muito pouco". É preciso evitar a qualquer preço *duas atitudes igualmente censuráveis*: a admiração de cabresto e o arrasamento sistemático" (C. F. letras clássicas, 1962). *"Entre a secura e a prolixidade*, existe uma *maneira maleável*, arejada, *discreta*, de encaminhar-se aos poucos em direção às conclusões essenciais" (*ibid.*). "Desde que se tenha lido o texto com inteligência, sem se considerar um requintado *declamador*, mas também sem *tropeçar*, sem fazer erros de ligação..." (C. M. gramática, 1963). "Encontramos menos expressões *pretensiosas* ou *inutilmente abstratas*, menos palavras *"da moda"*... Mas não conviria que este esforço louvável em favor da *simplicidade* e da *clareza* levasse ao abandono do estilo do ensaio para cair no estilo coloquial *largado*, e até *vulgar*" (C. F. letras modernas, 1965); "gostaríamos de lembrar aos futuros candidatos que a explicação de texto em francês... é uma *mistura inteligente* das explicações literárias indispensáveis e de explicações literárias...; é uma seleção rigorosamente montada" (C. M. gramática, 1957). "...Uma elocução natural que *evita* impropriedades como o *excesso de ênfase* ou as generalidades muito *ambiciosas*" (C. M. letras 1965). "O que é chocante e ridículo, é o *tom arrogante e superior*, este *jeito de quem está dando uma aula*" (C. M. letras 1965).

de"[34]. Assim, sob as aparências de um liberalismo do "razoável", esta moral do meio-termo e do caminho médio esconde na verdade um absolutismo do "bom senso" e uma ditadura do "tato" e do "gosto" que inspiram tanto os veredictos infalíveis e inapeláveis de quem corrige como as escolhas dos pares com base na cooptação e até mesmo o trabalho científico. O discurso magistral é escrito no *tom da evidência*: e não poderia ser de outro modo pois invoca critérios como o bom senso que todos sabem, desde Descartes, que se trata da coisa mais bem dividida do mundo e cujos veredictos ninguém poderia negar sem ser excluído da sociedade dos espíritos, e também o bom gosto que, por definição, pertence a qualquer homem bem nascido e que conta a seu favor com toda a boa sociedade. "Repetimos isso todos os anos, incansavelmente. Mas é uma verdade cuja *evidência* a maioria dos candidatos *recusa obstinadamente"* (CM gramática, 1962). Em conseqüência, a "falta de tom", a "falta de gosto" e a "falta de juízo" constituem faltas *morais* que exprimem o mal-querer e a malignidade quando não constituem a expressão de uma natureza má: "Muitos erros decorrem da *recusa* das soluções de *bom senso"* (CM letras, 1962). E a lamentação à maneira antiga do tratamento destruidor que o estudante inflige a tudo de que se aproxima, oscila entre a metáfora da barbárie e a da calamidade natural: o estudante "arrasa", "pilha", "tortura", "corrompe", "devasta", "avilta" os textos, a língua, a ortografia ou as idéias: "Quantas vezes este delicado texto acha-se *odiosamente maltratado, violentado"* (CM letras modernas, 1965); "... referimo-nos a essa *pretensão freudiana* inteiramente gratuita que avilta uma página delicada" (CM gramática, 1959). Por aí temos uma idéia dos "estragos" que podem fazer os princípios de interpretação e de apreciação tão incertos como o *flair* (*faro*) acadêmico, quando os mestres passam a aplicá-los a pensamentos que não receberam a chancela do bom senso e do bom gosto "bem francês", quer no caso de autores antigos ou do romance contemporâneo [35].

(34) "Nestes casos delicados, ... *o único critério é o do gosto,* a única atitude possível é a de uma simpatia vigilante" (C. F. letras clássicas, 1962); "... comentar com *sobriedade* e com *tato"* (C. F. gramática 1959); "... é preciso *alcançar uma certa justeza de tom"* (C. M. letras, 1962). "Em geral esperou-se em vão o que se tem o direito de exigir de futuros professores — ou de professores em exercício: uma certa *jovialidade, e talento* para fazer ouvir e apreciar uma tradução, o *gosto* de transpor não somente as construções mas também as *sutilezas"* (C. F. gramática, 1959). "Uma explicação de texto em francês tem o privilégio de revelar as qualidades de *sutileza,* de *maleabilidade* intelectual, bem como o *dom do discernimento"* (Concurso de ingresso na Escola Normal Superior de Ulm, explicação de texto em francês, 1965).

(35) "... a gramática e o *bom senso obrigam a escolha"* (C. M. letras 1962); "no campo próprio da tradução, é preciso um pouco de *faro semântico"* (C. M. letras, 1962). "A tradução de conjunto... deve manifestar seu *vigor*,

As contradições da ideologia universitária constituem a expressão simbólica da contradição inerente à função de conservador e de transmissor legitimado de uma cultura legítima, contradição entre a *verdade objetiva* da ação escolar como exercício, autorizado por uma delegação expressa da autoridade da instituição — de uma ação pedagógica contínua e duradoura, regulamentada (em seus programas, seus horários e seus lugares), mantida (através de auxiliares estandardizados, como por exemplo os textos canônicos, os manuais etc.) e controlada pela instituição — e a *verdade vivida* desta ação, isto é, a representação ideológica que consiste em atribuir à pessoa dos agentes pedagógicos a autoridade automaticamente conferida a qualquer funcionário de uma instituição escolar pelo fato de pertencer à instituição. Assim como o sacerdote em sua condição de funcionário de uma Igreja, o professor está investido de uma autoridade institucional (autoridade pedagógica) a qual, diversamente do profeta ou do criador intelectual, dispensa-o de fundar sua autoridade por sua própria conta, uma vez que em qualquer ocasião e a qualquer momento sua prédica dirige-se a um público já convertido ao valor de sua mensagem [36]. Ao contrário do criador intelectual que, a exemplo do profeta, impõe por uma ação de influência descontínua e extraordinária sobre um âmbito limitado (os discípulos), uma mensagem original em relação ao conjunto das mensagens disponíveis no campo cultural em um dado momento do tempo, o professor, em sua condição de conservador da cultura considerada legítima, reproduz uma mensagem consagrada de acordo com as normas necessariamente "rotinizadas" e homogeneizadas que é exigida pela ação duradoura de inculcação necessária para produzir um *habitus* cultivado e, por esta via, a devoção cultural enquanto disposição duradoura [37]. Assim como a depreciação escolar do "escolar" e a ideologia do dom, a ideologia complementar do magistério e a denúncia "rotinizada" da rotina escolar — ou seja, tudo aquilo que é responsável pelo paradoxo de "um antiacademismo acadêmico" segundo a expres-

sua *engenhosidade*, seu gosto, em suma, sua *arte* das equivalências. É a eterna associação do espírito geométrico com o espírito requintado" (C. M. gramática, 1959).

(36) "O mestre, assim como o sacerdote, possui uma autoridade reconhecida porque ele é o órgão de uma pessoa moral que o ultrapassa" (Ver E. Durkheim. *Education et Sociologie*. Paris, Alcan, 1922, pp. 71-72).

(37) É o que Kant sugere em um texto consagrado ao ensinamento do sacerdote: "O que ele ensina a partir de suas funções, como mandatário da Igreja, ele procura apresentar como alguma coisa diante da qual não possui o livre poder de ensinar segundo sua opinião pessoal, mas apenas enquanto ensinamento a serviço do qual ele se engajou em nome de uma autoridade estrangeira" (Ver E. Kant. *La philosophie de l'histoire*. Trad. de S. Piobetta, Paris, Gonthier, 1947, p. 50).

são de Levenson [38] —, trai o esforço para negar simbolicamente a verdade objetiva da situação pedagógica. As contradições da relação que os professores mantêm com a verdade de sua prática (e que sem dúvida são cada vez mais gritantes à medida que se elevam na hierarquia da profissão), transparecem de modo excepcional através dos jogos duplos em que são envolvidos quando, por ocasião das correções querem que uma dissertação destinada a julgar futuros professores seja algo mais e diverso de uma dissertação de professor, ou então, o que é pior, de um aspirante a professor [39]. Ao mesmo tempo que valorizam as disposições "criativas" ("originalidade", "invenção" etc.) e as qualidades intelectuais e morais da "pessoa" em detrimento do saber e do domínio técnico (depreciados como "receitas escolares", "conhecimentos de manual" ou "apresentações mecânicas"), nem por isso deixam de sancionar os mínimos desvios aos cânones escolares minuciosamente codificados. Não obstante, sob a imagem carismática de um ordálio de talentos, sempre transparece a realidade prosaica de um concurso para recrutamento de professores para o ensino secundário: "Talvez o melhor caminho fosse além de não esquecer em nenhum momento que o que se está fazendo é um concurso (é evidentemente impossível), não esquecer que os textos não foram escritos para se tornarem temas de concurso: eram apelos que alguns homens dirigiam a outros homens" (CM gramática, 1962). Ao lembrar de forma brutal a verdade do concurso, o bom aluno que não passa de um bom aluno e que promete apenas ser um bom professor, não entra no jogo que consiste em esquecer e encobrir a verdade do que ele faz. De que outra maneira poderíamos compreender todas essas exortações para "fazer de conta", se tudo não fosse bom, inclusive a ficção, para alimentar a ficção? A criação simulada e a sinceridade fingida de uma improvisação longamente preparada são sempre preferíveis ao empréstimo declarado ou ao didatismo bem informado [40]. Contudo, a verdade objetiva do "escolar" aparece de modo estratégico através das denúncias estereotipadas da rotina escolar: "Certos candidatos parecem acreditar que uma dissertação não valeria nada se não estivesse dividida em três pontos" (CM letras, 1959). "Eles (os candidatos) li-

(38) J. R. Levenson. *Modern China and its Confucian Past.* New York, Doubleday and Co., 1964, p. 31.
(39) "Tivemos que julgar as provas com base em critérios mais humildes e até mesmo mais humilhantes" (C. M. letras, 1959).
(40) "... é inadmissível que o candidato substitua o desenvolvimento pessoal que se espera dele pela leitura de uma página extraída de um crítico ... declarando com modéstia: não saberia dizer nada melhor" (C. M. letras, 1962).

mitam-se a aplicar receitas caducas transmitidas por uma tradição escolar em que ficaram registrados por várias gerações certos automatismos dos quais se espera que possam dispensar um esforço de pensamento" (*idem*). "Parece que todo texto selecionado para o exame torna-se ao mesmo tempo ungido de solenidade" (*idem*). "Era preciso que os candidatos se convencessem de que uma obra inscrita no programa não deixa por isso de ser uma obra humana" (CM letras, 1962). E se muitas vezes repreende-se o candidato por estar "dando aula" quando, na verdade, está lá para isso mesmo, tal sucede porque o candidato usurpa por antecipação um privilégio do magistério e porque revela de modo muito visível a verdade do exercício [41]. Destarte, a ideologia professoral da docência descreve a verdade da relação pedagógica mesmo quando pensa em denunciar suas falhas. Tal fato aparece com clareza através da tradição hagiográfica das lembranças da escola e dos retratos dos "mestres". "Ninguém torna-se professor por indicação do reitor ou por decreto ministerial, no mesmo dia em que se enfrentou com sucesso as provas para o certificado de aptidão pedagógica, para o diploma ou para o concurso. Um decreto de nomeação pode designar um professor primário ou um professor em geral, mas não tem o poder de consagrar um mestre, assim como nenhum decreto pode suspendê-lo ou revocá-lo (...). Mais uma vez, a maioria dos docentes não são mestres. Dão suas aulas, realizam seus cursos, como bons funcionários. Redistribuem os conhecimentos acumulados, mas nunca lhes ocorreu que para além das verdades que defendem afirma-se a existência de uma verdade mais alta (...). Ao professor, só se pede um conhecimento, mas do mestre exige-se uma outra competência que supõe a superação e a relativização do saber" [42].

---

(41) Não seria difícil mostrar que as mesmas contradições encontram-se, de modo muito mais evidente, na representação que o estudante tem de seu trabalho, de seus professores e de suas próprias aptidões. Por exemplo, a aspiração por um enquadramento mais estreito e mais "escolar" da aprendizagem alterna-se com a imagem ideal e prestigiosa do trabalho nobre e livre, que ignora controle e disciplina, como por exemplo as anotações mesquinhas e mais a adesão exaltada ao *charme* do verbo magistral. Ou então, a expectativa do "mestre" prestigioso, "brilhante", "não muito escolar", animado por um "fogo sagrado", "intenso", capaz de "fazer gostar do que ele apresenta e de estabelecer uma comunicação com o público" (segundo as expressões captadas nas entrevistas com estudantes de Lille), coexiste, muitas vezes em entrevistas com os mesmos indivíduos, com o gosto pelo "curso" "útil", "bem feito", com "plano claro", "fácil de seguir" e "bem documentado". Embora os dois tipos de expectativa possuam pesos bastante variáveis (como vimos no caso dos laureados do concurso geral) segundo as categorias e, sobretudo, segundo a origem social dos estudantes e segundo as disciplinas, mesmo assim a predominância dos valores carismáticos sempre se afirma em medida suficiente de modo a imprimir a todas as reivindicações propriamente escolares um caráter envergonhado e culpado.

(42) G. Gusdorf. *Pourquoi des professeurs?*. Paris, Payot, 1963, pp. 10 e 110.

Se a descrição ideológica do "magistério autêntico" revela tão claramente a verdade da função professoral, é porque uma instituição inteiramente organizada para funcionar na ausência de qualquer carisma, aparece aos que dela fazem parte como mero suporte do "magistério". O professor que se entrega à vertigem de uma prática ou de um discurso carismático deveria provocar o riso, segundo Schopenhauer, porque (à maneira do cavalo de teatro que sujasse o palco — ilustração do "cômico pedante") possui um comportamento que não é compreendido em seu conceito. Não se tem como criticar a instituição por ela não prever funcionários "da humanidade" e "do suplemento de alma" quando toda instituição está organizada com vistas a oferecer a todos os funcionários o meio de economizar tal suplemento (embora dando a ilusão do contrário) já que ela lhes fornece, ao mesmo tempo, o programa e a chance de modificá-lo, os horários e a licença para transgredi-los, os manuais e a inclinação para depreciá-los, sendo que todas as liberdades encontram-se hierarquicamente distribuídas a exemplo dos graus do "magistério". De fato, ao oferecer ao docente a possibilidade de jogar com as regras institucionais o que contribui mais do que uma imposição literal das regra para impor o reconhecimento da regra, e ao mesmo tempo, ao lhe conceder o direito e o poder de desviar em favor de sua pessoa a autoridade da instituição, o sistema de ensino reserva a si mesmo o meio mais seguro de obter do funcionário a disposição para colocar todos os recursos e todo o zelo de sua pessoa a serviço da instituição e, ademais, a serviço das funções sociais da instituição [43].

(43) Percebe-se o quanto seria ingênuo explicar por meio da busca do prestígio e das satisfações do amor-próprio ou por meio de qualquer outra "motivação", práticas e ideologias cuja possibilidade e probabilidade encontram-se objetivamente inscritas na estrutura da relação pedagógica e presentes, ademais, na definição social da tarefa pedagógica que os agentes interiorizaram inconscientemente durante toda sua aprendizagem. Além do que, à medida que nos aproximamos dos graus mais altos da hierarquia das profissões, constata-se que a definição socialmente aceita e aprovada do exercício realizado da profissão implica na distância desprendida em relação à tarefa, quer dizer, em relação à definição minimal (e subalterna) da tarefa. Neste sentido, os professores e, em particular, os professores do ensino superior, devem contar com uma imagem da realização acabada de sua profissão que possua a objetividade de uma instituição, imagem que só poderia ser completamente explicada por uma história social da posição da fração intelectual no interior das classes dominantes e da posição dos universitários no interior desta fração (quer dizer, no campo intelectual) e das representações correlatas das maneiras consagradas de realizar a imagem aceita do intelectual realizado. Todavia, uma análise completa das funções destas práticas e destas ideologias deveria levar em conta os serviços bem palpáveis que prestam a uma determinada categoria de docentes em um dado estado do sistema de ensino. Por exemplo, não há dúvida de que certas condutas — como por exemplo, a recusa ostensiva de exigir e controlar a assiduidade dos estudantes ou de exigir a entrega pontual dos trabalhos e deveres — oferecem um meio de realizar pelo menor custo a imagem do professor de qualidade para alunos de qualidade, e possibilitam aos docentes subalternos — condenados a um jogo duplo permanente entre as atividades de ensino e as atividades de pesquisa — diminuir sua carga de trabalho.

Mesmo que não saiba ou não queira, o professor deve definir-se em relação à definição social de uma prática que, pelo menos em sua forma tradicional, assume algum colorido dramático. Embora suponha sempre a autoridade pedagógica necessária à realização, a ação pedagógica deve obter na e pela comunicação pedagógica o reconhecimento da autoridade desta comunicação. Por estar obrigado a ilustrar a qualidade de sua função e da cultura que ele comunica através da qualidade de sua maneira pessoal de comunicá-la, o professor deve ser dotado genericamente dos atributos simbólicos da autoridade ligada a seu posto (a começar pela libré verbal que atualmente está para o professor assim como o avental ou o paletó branco está para o cozinheiro, para o garçom ou para a enfermeira) para que possa dar-se ao luxo de renunciar ostensivamente às mais visíveis proteções da instituição, acentuando os traços de sua tarefa mais convenientes para manifestar simbolicamente a qualidade ímpar do executante e da execução. De fato, as proezas mais tipicamente carismáticas, como a acrobacia verbal, a alusão hermética, as referências desconcertantes ou a obscuridade peremptória, bem como as receitas técnicas que lhes servem de suporte ou sucedâneo, como por exemplo a dissimulação das fontes, a introdução de gracejos bem montados ou o abandono de formulações comprometedoras, derivam sua eficácia simbólica da situação de autoridade que a instituição lhes proporciona. E se a instituição tolera e estimula a tal ponto o jogo com os complementos ou até mesmo com os regulamentos institucionais, é porque a ação pedagógica deve sempre transmitir, além de um conteúdo, a afirmação do valor deste conteúdo (e particularmente nos casos extremos onde não tem outro conteúdo a oferecer a não ser uma afirmação de valor). De outro lado, o melhor meio de conseguir isso é obter junto ao docente um mínimo de adesão à ação de transmissão fazendo com que ele desloque em favor da coisa comunicada o prestígio que a maneira "insubstituível" de comunicá-la propicia ao autor permutável da comunicação, prestígio cujo princípio reside na autoridade da instituição, ainda quando pareça prender-se à qualidade única do executante e da execução.

VALORES DOMINANTES E VALORES DOMINADOS

Mas o ardil da razão universitária pelo qual a instituição leva o docente a servir à instituição dando-lhe a permissão e a disposição para servir-se da instituição, serve na verdade funções que a razão universitária não conhece, ou em todo caso, não quer reconhecer. Caso fosse indispensável reconstituir, como fizemos, a lógica propriamente escolar segundo a qual engendra-se o sistema de valores que domina o sistema de ensino francês, e em particular, esclarecer os mecanismos ideológicos tendentes a resolver as contradições inerentes à estrutura da relação pedagógica, seria preciso levar em conta o fundamento último dos valores do sistema de ensino, ou seja, a relação que os une aos valores das classes dominantes. Assim como a liberdade de que dispõe o docente constitui uma maneira de fazer com que sirva ao sistema, a liberdade de que dispõe o sistema para produzir seus próprios valores conforme a lógica de suas tensões internas, talvez seja a melhor maneira de fazer com que o sistema se ponha a serviço de funções externas. Tal sucede porque a possibilidade deste novo desvio dos fins encontra-se inserida na lógica de um sistema que cumpre muito melhor suas funções sociais e sua função ideológica de dissimulação destas funções justamente quando parece perseguir exclusivamente seus próprios fins.

Embora o sistema de ensino simule conhecer apenas os valores propriamente escolares quando, na verdade, está a serviço dos valores das classes dominantes, isto é possível porque os sistemas de maneiras que distinguem as taxinomias escolares remetem sempre (qualquer que seja o grau de refinamento) a diferenças sociais. Como sabemos, em matéria de cultura, a maneira de adquirir perpetua-se no que é adquirido sob a forma de uma certa maneira de usar o que se adquiriu. Assim, quando acreditamos reconhecer por *nuances* ínfimas, infinitas e indefiníveis que definem a "destreza" ou o "natural", as condutas ou os discursos socialmente designados como autenticamente "cultivados" ou "requintados" pois neles nada lembra o esforço ou o trabalho de aquisição, na verdade referimo-nos a *um modo particular de aquisição,* a saber, a aprendizagem por familiarização insensível cujas condições de realização só se realizam nas famílias que têm por cultura a cultura erudita, ou melhor, para aqueles que, possuindo por cultura maternal a cultura erudita, podem manter com ela uma relação de familiaridade que implica na inconsciência da aquisição [44]. E de maneira mais geral, a relação

(44) Para explicar variações na adesão a uma ideologia de tipo carismático que tende a crescer à medida que nos aproximamos dos graus mais altos da hierarquia social, é preciso levar em conta, entre outras coisas (e neste sentido, a docilidade com a escola constitui um fator importante), a forma de que se reveste, nos diferentes meios, o auxílio dado pela família. Se o auxílio manifesto (conselhos, explicações etc.) é percebido como tal cresce na razão direta da elevação do nível social (passando de 25% nas classes populares para 36% nas classes superiores), e muito embora pareça diminuir na medida em que se eleva o nível de êxito (uma vez os titulares de menções

que um indivíduo mantém com a escola, com a cultura e com a língua que ela transmite e supõe — relação presente em todas as suas condutas, relação que as avaliações e os veredictos escolares sempre levam em conta —, é mais ou menos "fácil" e "natural", "tensa" e "laboriosa" conforme suas chances de sobrevivência no sistema, isto é, segundo as probabilidades (objetivamente ligadas à sua categoria) de ter acesso a uma posição determinada no sistema.

Prendendo-se à relação com a cultura de molde a transmitir a ilusão de exprimir as qualidades intrínsecas da pessoa, ordenados como um sistema de maneiras indefiníveis, e privilegiando dentre todos os tipos de relação com a cultura aqueles que menos evocam a aprendizagem, o sistema de ensino adianta-se de alguma forma às expectativas das classes ociosas ou abastadas que, pela exaltação da abundância, da facilidade, do natural e da desenvoltura, estabelecem uma separação intransponível entre os detentores do monopólio das boas maneiras. Estas últimas só podem ser adquiridas através de aprendizagens imperceptíveis e inconscientes de uma primeira educação ao mesmo tempo difusa e total. Desta cultura estão excluídos os arrivistas que revelam por meio de falhas imperceptíveis de sua prática os erros sutis de uma cultura mal adquirida, os autodidatas que revelam através da ostentação de conhecimentos desordenados e discordantes uma boa vontade ao mesmo tempo anárquica e encarniçada, os "pedantes" ou "primários" que revelam sua dívida total em relação à escola através de conhecimentos e interesses exclusivamente escolares.

Este é o princípio unificador e gerador das práticas características que separam os alunos originários das classes médias os quais, para se manterem no sistema, vêem-se forçados a extrair da boa vontade pura e vazia que caracteriza sua

honrosas declaram ter recebido auxílio em 38% dos casos, e a mesma declaração abrange 27% dos premiados), tal ajuda constitui apenas a parte visível dos "dons" de toda ordem que as crianças recebem de suas famílias. Se levarmos em conta o fato de que a parcela de laureados que fizeram sua primeira visita ao museu ainda na infância (antes dos onze anos) com sua família se amplia bastante dependendo da origem social (ou seja, 60,5% para as classes médias e 67,5% para as classes superiores) — o que não passa de um dos indicadores dos estímulos indiretos e difusos dados pela família —, constata-se que as crianças das classes superiores acumulam a ajuda difusa e a ajuda explícita, as das classes médias (e em especial, os filhos de funcionários e de professores primários) recebem sobretudo uma ajuda direta, ao passo que os filhos das classes populares não podem contar com nenhuma dessas formas de auxílio diretamente rentáveis do ponto de vista escolar. Os "laureados" do concurso geral provenientes das classes médias aprenderam a ler antes de ingressar na escola em proporção maior do que os "laureados" provenientes das classes superiores (a saber, respectivamente, 70% e 64%), embora freqüentemente em menor proporção do que os filhos e filhas de operários (85%), sendo que esta forma de ajuda direta constitui uma das vantagens compensatórias (sociais e escolares) capazes de explicar o êxito dessa categoria sobre-selecionada.

relação com a escola e com a cultura de sua classe de origem e que se expressa de maneira visível em suas práticas e preferências, os recursos indispensáveis para compensar as carências ligadas à pobreza de capital cultural por um trabalho assíduo e árduo. Assim, quando os laureados do concurso geral originários das classes médias (que, como se sabe, são os que apresentam os índices mais altos de presença em disciplinas que, em sua definição atual, exigem mais trabalho, estando quase totalmente ausentes de disciplinas como o francês), atribuem a si mesmos qualidades de tenacidade, estão expressando diretamente a verdade objetiva de toda uma prática escolar (em sua modalidade laboriosa, tensa e contraída) necessariamente marcada pelo esforço contínuo e persistente a que se vêem obrigados para que possam se manter no sistema (ou como se diz, para nele se "pendurar"). Um outro índice desta oposição entre dois estilos de relação com a escola e com a cultura, reside no fato de que os "laureados" originários das classes médias obtiveram com maior freqüência do que os demais o prêmio de excelência que, como se sabe, ao contrário das sanções como por exemplo as menções no "bacharelado" (onde as classes superiores de uma população mais ou menos equivalente, os alunos das classes preparatórias para as grandes escolas, obtêm melhores resultados), recompensa um trabalho assíduo durante todo o ano escolar, além de recompensar a docilidade com relação aos mestres, a seu ensino e às disciplinas que impõem [45]. Ao que tudo indica, quanto mais se estende pelo tempo o controle dos conhecimentos, das aptidões e das disposições éticas que o julgamento escolar sempre leva em conta, tanto mais os alunos das classes médias (e também das populares) conseguem fazer prevalecer suas virtudes de assiduidade, tenacidade, perseverança, bem como seus ganhos correlatos, ao passo que os alunos originários das classes superiores impõem mais facilmente suas qualidades no curto prazo das provas de fim de ano e, em especial, nas provas orais as

(45) 40,5% dos alunos originários das classes médias obtiveram o prêmio de excelência durante o ano, em comparação com 38% dos alunos originários das classes superiores, e 60% dos filhos de professores primários em comparação com 35% dos filhos de professores secundários (e 73% dos alunos das classes médias indicados em latim e grego, comparados aos 67% dos alunos das classes superiores da mesma categoria). O fato de que os filhos de professores provenham o mais das vezes dos liceus parisienses (38% comparados aos 28,5% dos demais) onde a seleção e a concorrência são mais severas não é suficiente para explicar a diferença. Nas classes preparatórias para as grandes escolas científicas e literárias, os alunos originários das classes médias são os que (junto com os alunos originários das classes populares) obtiveram mais vezes o prêmio de excelência e os que menos chegaram a obter menções no "bacharelado".

quais, em sua definição atual, exigem a proeza carismática e a exibição de qualidades como *"brio"* e "brilhantismo" [46].

Nestas condições, não seria de esperar que os alunos originários das classes médias reivindicassem explicitamente os meios de realizar de modo eficaz sua disposição no tocante à aquisição e à acumulação apressadas de conhecimentos, ou então, que chegassem a professar e a proclamar os valores presentes em suas práticas escolares? Na verdade, embora sejam os que mais (65,5%) esperam que o professor ideal seja consciencioso ou bom pedagogo (mais do que os filhos dos técnicos e dirigentes de nível superior, 57,5%, e menos do que os filhos de operários, 71%), enquanto que os filhos de técnicos e altos dirigentes (com exceção dos quadros científicos de alto nível) desejam que o professor seja criativo ou brilhante (em 30% dos casos, em comparação com 22% dos casos nas classes médias), não obstante revelam de inúmeras maneiras sua adesão à representação dominante da hierarquia das práticas ou das aptidões e a relação quase envergonhada que mantêm com sua própria maneira de ser. Por exemplo, são mais inclinados do que os demais (47%) a aspirarem qualidades que julgam não possuir (como a facilidade e o brilhantismo, pois como se sabe, tendem a atribuir a si mesmos a tenacidade), ao contrário dos filhos dos técnicos e dirigentes de nível superior (37,5%) os quais não só tendem a ostentar qualidades "carismáticas" como também querem ser o que são (ou seja, 62,5%, comparados aos 54% das classes médias e aos 50% dos operários). Da mesma maneira, assim como foram indicados com maior freqüência em história, geografia ou em ciências naturais, e se consideram bons em geografia (em 38,5% dos casos, taxa que ainda é mais alta para os filhos de professores primários) muito mais do que os filhos dos técnicos e dirigentes de nível superior, sendo também os que mais declaram gostar de geografia — ao contrário dos filhos de técnicos e dirigentes de nível superior e, em particular, dos filhos de professores, os únicos que se permitem não gostar de geografia além de se considerarem muito fracos nesta matéria —, também aderem mais do que

---

(46) Uma observação contínua levada a efeito durante o ano de 1965 junto a 80 estudantes em vias de obter o diploma em sociologia na Faculdade de Letras de Lille levou a conclusões semelhantes: a substituição de um controle insistente, fundado em critérios mais explícitos e mais rigorosos e que permita uma organização racional dos estudos, em lugar de um controle tradicional fundado apenas no exame final, tende a favorecer relativamente os estudantes originários das classes médias em comparação com os alunos originários das classes superiores, bem como a favorecer as moças em relação aos rapazes.

os outros à representação dominante segundo a qual deve-se gostar de francês acima de tudo [47].

Assim, a boa vontade cultural e a docilidade escolar dos alunos das classes médias produzem de modo tão eficaz, quanto a familiaridade dos estudantes privilegiados, a adesão aos modelos da modalidade cultivada que implica não tanto na condenação mas na depreciação das práticas sobre as quais tais disposições esforçadas imprimem sua marca. Os alunos originários das classes médias mantêm com seus próprios valores — valores dominados aos quais obedece toda sua prática enquanto professam uma adesão apressada aos valores dominantes que toda sua prática contradiz e perante os quais ela parece desprovida de valor — uma relação muito semelhante à relação que une os valores implicados na lógica da ação escolar aos valores que o sistema escolar reconhece e privilegia. Esta *coincidência* entre a relação de oposição e de subordinação que une os valores pequeno-burgueses aos valores burgueses, bem como a relação do mesmo tipo que une os valores propriamente escolares aos valores mundanos, fazem com que todas as práticas escolares possam sempre se tornar o objeto de uma *dupla leitura*: a primeira, puramente interna, vincula as práticas à lógica própria da instituição, e a segunda, puramente externa, leva em conta as funções externas das relações internas. É desse modo que é necessário interpretar o reconhecimento ao mesmo tempo restrito e envergonhado que a escola concede às disposições ascéticas das classes médias, bem como o reconhecimento ao mesmo tempo alardeado e, de certa maneira, forçado que ela concede às maneiras carismáticas das classes privilegiadas [48]. Mesmo que só reconheça inteiramente a relação com a cultura cuja

(47) A parcela dos laureados que declaram gostar muito de francês atinge 73% nas classes médias (e 79% no caso dos filhos de professores primários), 68% dos filhos dos técnicos e dirigentes de nível superior e 62% dos laureados originários das classes populares.

(48) Esta dupla relação assume evidentemente formas diferentes segundo os níveis e os tipos de ensino: a subordinação aos valores dominantes nunca é tão marcante como nos níveis mais elevados do ensino e, como já vimos, nas disciplinas que tanto por seu conteúdo como por sua significação exprimem no mais alto grau o ideal escolar e social que o sistema de ensino francês reconhece. Quanto mais distante desta sede dos valores escolares que os estudos superiores de letras representam (seja verticalmente, em direção ao ensino primário, seja lateralmente no sentido do ensino técnico, ou então, nos dois sentidos ao mesmo tempo, em direção ao ensino técnico elementar), tanto maior é a desvalorização e a depreciação das instituições, dos agentes e de suas práticas, como demonstram as representações (amplamente reativadas hoje em virtude da concorrência entre os professores tradicionais do ensino secundário e os professores primários) que envolvem o ensino primário, os "primários" e tudo que possa lembrar sua pedagogia (a caligrafia, "ciência das bestas" ou a preocupação com a ortografia). Outro indicador é a situação inferior de que dispõe o ensino técnico de todos os graus, ou seja, desde o Centro de ensino técnico ao Conservatório Nacional de Artes e Ofícios, escola politécnica do pobre, ou até os Institutos universitários de tecnologia, recém-criados.

aquisição se realiza fora da escola, a escola não pode desvalorizar completamente a relação escolar com a cultura sob pena de renegar seu modo particular de inculcação da cultura. E ao mesmo tempo, embora reserve seus melhores favores aos que lhe devem menos no essencial, ou seja, a maneira e as maneiras, a escola não pode renegar completamente os que lhe devem tudo e cujas disposições "escolares", desvalorizadas na medida em que determinam uma relação "escolar" com a cultura, são também valorizadas na medida em que inspiram uma boa vontade e uma docilidade que a escola não pode de modo algum dispensar [49]. Logo, a relação ambivalente que o sistema de ensino mantém com as disposições pequeno-burguesas ou burguesas (sempre percebidas através de categorias puramente escolares e, por conseguinte, jamais em sua significação social) e, em particular, com as disposições pequeno-burguesas ou burguesas em relação à escola, se superpõe como que *sobreimpressa* à relação ambivalente que tal sistema mantém com sua própria verdade objetiva enquanto modo de produção escolar de maneiras escolares [50].

A relação que o sistema de ensino mantém com as diferentes categorias de seu público e com os valores que trazem para o sistema, não pode se definir independentemente da relação que cada uma das categorias mantém com o sistema de ensino e que se manifesta sobretudo através da dialética da consagração e do reconhecimento. Embora o efeito de consagração exerça uma ação muito forte sobre o conjunto dos "laureados" uma vez que somente 11% daqueles que especificam seus projetos de carreira se encaminham para estudos e profissões exteriores ao campo intelectual (direito, ciências políticas, cursos escolhidos de preferência pelos "lau-

---

(49) E de fato, a escola tende a considerar com indulgência uma relação negativa com a cultura quando surge com resquício de uma boa relação com a escola. Como vimos, os relatórios das bancas de concursos exigem dos aspirantes ao magistério que pelo menos professem com a vivacidade de sua postura e com o entusiasmo de seus propósitos a adesão à instituição e a seus valores.

(50) Desta maneira, com a ilusão mais total da neutralidade ética os docentes podem professar juízos escolares que são na verdade juízos de classe, como atesta a escolha das metáforas e dos adjetivos: "Mistura de *negligência* e *pretensão*, o francês falado por esses futuros professores de letras parece um *jargão* que *abarca ao mesmo tempo as audácias das palavras na moda* e os solecismos *populares*. Esta *incongruência* é tão desagradável como *bijuterias de imitação em uma pele suja*. É impossível que os mais inteligentes de nossos candidatos não fiquem *chocados!* De que maneira os pensamentos muitas vezes corretos e sutis que elaboraram podem se exprimir de modo tão *destoante* e tão *baixo!*" (C. M. letras, 1959). Vemos de que modo os docentes que se recusam com indignação a qualquer ação pedagógica visando inculcar abertamente os valores dominantes, podem professar tais valores nos mínimos detalhes de sua prática, em seus juízos manifestos, mas também em seus amuos, alusões, subentendidos, e em seus silêncios ou omissões. E quando se refugiam na transmissão objetivista de uma informação factual, transmitem sempre algo mais do que simples conhecimentos, mesmo porque o valor dos conhecimentos transmitidos e da maneira particular de transmiti-los encontra-se implícita no fato de transmiti-los.

reados" em história e geografia; Escola Nacional de Administração, medicina), sendo que dentre aqueles que aspiram ingressar em uma grande escola, 63% citam uma Escola Normal Superior, são os laureados originários das classes médias e das frações intelectuais das classes superiores que manifestam a adesão mais incondicional aos valores da escola. Logo, os laureados originários das classes médias são os que mais tendem a classificar em primeiro lugar as profissões intelectuais (professor ou pesquisador), e o mesmo ocorre com os filhos de professores no caso das classes superiores. Assim, a parcela dos alunos de classes preparatórias para as grandes escolas literárias que se destinam ao ensino, varia na razão inversa da posição de sua família na hierarquia social. Enfim, dentre os laureados do concurso geral que se destinam à Escola Normal Superior, e que se distinguem do conjunto dos laureados por um nível social e sobretudo cultural particularmente elevado, os filhos de professores primários e de professores dos demais níveis têm uma representação mais elevada desde que se mantenham invariáveis as demais condições. Por conseguinte, a tensão presente na representação escolar da cultura e da relação com a cultura, tensão entre os valores escolares e os valores mundanos que se superpõe à tensão entre os valores pequeno-burgueses e os valores burgueses, revela-se através da lógica das relações entre o sistema de ensino e as diferentes classes sociais, ou então, nos níveis mais elevados do curso, entre o sistema de ensino e as diferentes frações das classes dominantes. Sabendo-se, de um lado, que o êxito escolar é função do capital cultural herdado da família (que pode ser medido apenas pelo nível escolar atingido pelos ascendentes em duas gerações) e da adesão aos valores da escola e, de outro lado, sabendo-se que o efeito de consagração (e a "vocação" correlata pelas carreiras escolares) produzido pela sanção escolar é tanto mais forte (mantendo-se iguais as demais condições) quando os sujeitos aos quais ela se aplica reconhecem de modo mais completo os valores da escola e o valor de suas sanções, compreende-se por que a escola consegue impor com muito mais facilidade o reconhecimento de seu valor e do valor de suas hierarquias quando os interesses das classes e das frações de classe sobre as quais ela exerce sua ação, encontram-se ligados mais diretamente à escola, ou melhor, quando o valor mercantil e a posição social dos indivíduos que as compõem dependem mais completamente da garantia escolar.[51] Embora a escola possa lançar mão de sua autonomia relativa perante as classes dominantes a fim de impor hierarquias cujo coroamento seja a carreira universitária e a fim de desviar em seu favor alguns indivíduos das frações das classes dominantes menos dispostas a reconhecer seus veredictos, mesmo assim ela não consegue tal intento a não ser quando conquista os convertidos que são os filhos de professores ou de intelectuais, ou então, esta espécie de oblatos desde a infância destinados a uma escola contra a qual nada podem opor, pois tudo lhe devem e dela esperam tudo, que são os filhos das classes populares e médias, e *a fortiori*, os filhos da fração docente das classes médias [52].

É porque a estrutura objetiva da relação entre o sistema de ensino e as classes dominantes (relação de dependência//independência) domina os mecanismos pelos quais o sistema de ensino se reproduz ao reconhecer os que o reconhecem e ao consagrar os que a ele se consagram, que se verifica

(51) Com base na análise das características sociais e escolares dos "laureados" do concurso geral ou dos alunos das grandes escolas e, em particular, a partir da comparação entre as escolas normais superiores que dão acesso às profissões de professor, de pesquisador, de intelectual, e as escolas que, a exemplo da Escola Nacional de Administração ou da Escola Politécnica, conduzem às carreiras da alta administração ou dos negócios, as diferentes frações das classes dirigentes podem ser hierarquizadas, no tocante à sua relação com o sistema de ensino, entre dois pólos extremos que correspondem às populações mais representadas nesses dois tipos de escola: de um lado, famílias dotadas de um sólido capital cultural (medido pelos diplomas dos pais e dos avós), de tamanho relativamente pequeno, quase sempre provincianas e cujos membros pertencem em sua maioria ao ensino; de outro lado, famílias dotadas de um sólido capital social (medido pela antiguidade da pertinência às classes elevadas), relativamente grandes, de extração majoritária parisiense, e cujos membros pertencem em sua maioria ao mundo do poder e dos negócios. Ao que tudo indica, a exemplo da atitude das diferentes classes sociais, a atitude das diferentes frações das classes dominantes com relação à escola é função do grau em que o êxito social depende do êxito escolar em cada um dos meios correspondentes. A partir de uma análise estatística do *Who's Who*, é no ambiente dos negócios que o êxito social menos depende do êxito escolar (23% dos empresários, dirigentes e técnicos do setor privado constantes do *Who's Who*, não realizaram estudos superiores, enquanto o mesmo ocorre com apenas 4,5% dos altos funcionários, e com menos de 1% dos médicos e universitários). Em conseqüência, seria fácil mostrar que, aos olhos da grande burguesia dos negócios e do poder, o normalista o qual, na ideologia universitária, encarna o ideal do homem realizado, não está longe de ser para o aluno 'da Escola Nacional de Administração — encarnação de uma cultura mundana atualizada segundo o gosto do momento — o que o aluno "aplicado" significa para o homem cultivado segundo os cânones da escola. Quando a banca do concurso da Escola Nacional de Administração descobre nos candidatos qualidades que outros chamariam de universitárias, nem sempre isso resulta em elogios: "Candidatos que com certeza trabalharam com afinco não reservaram tempo suficiente para refletir nem mesmo para ler alguma outra coisa que não fosse *Le Monde*. Não apresentam qualquer recuo diante de seus deslumbramentos. Faltam-lhes humor e alegria, e ouvi-los desperta o temor de que a administração torne-se bem triste e demasiado séria; demais, se a alta administração e os grandes corpos do Estado se tornarem lugares geométricos de lúgubres "aplicados", como poderão construir uma França feliz"? (Concurso de ingresso na ENA, 1967.)

(52) Constata-se que a escola contribui, portanto, para reproduzir a estrutura das relações entre as frações das classes dominantes fazendo com que as crianças originárias de outras classes ou de outras frações não possam extrair de seus títulos escolares o mesmo lucro econômico e simbólico obtido pelos filhos da grande burguesia de negócios e do poder por estarem melhor colocados para relativizar os julgamentos escolares.

esta espécie de coincidência estrutural entre o *ethos* que os agentes devem à sua classe de origem e de pertinência, e as condições de atualização deste *ethos* objetivamente inscritas no funcionamento da instituição e na estrutura de suas relações com as classes dominantes [53]. A oscilação entre os valores escolares e os valores mundanos ou intelectuais, entre os valores pequeno-burgueses e os valores burgueses, que as práticas pedagógicas dos professores do ensino secundário e, sobretudo, do ensino superior revelam, exprime a tensão entre os valores aristocráticos que se impõem ao sistema de ensino francês tanto em virtude de sua própria tradição como em decorrência da relação que o vincula às classes privilegiadas, e os valores pequeno-burgueses estimulados, inclusive junto aos que não possuem tal origem social, por uma instituição que destina seus agentes (em virtude de sua própria função

(53) Por exemplo, constata-se que o peso relativo dos docentes originários da pequena-burguesia decresce à medida que nos aproximamos dos graus mais elevados da hierarquia dos níveis de ensino, isto é, à medida que surge a contradição inscrita na função professoral e que se afirma de maneira mais integral o primado da relação com a cultura característica das classes privilegiadas: 33% dos professores primários em exercício em 1964 eram originários das classes populares, 36% da pequena burguesia e 12% da classe média ou da alta burguesia, ao passo que, entre os professores (do secundário e do ensino superior), 13% eram originários das classes populares, 42% da pequena burguesia e 33% da média e da alta burguesia. Pode-se ter uma idéia da origem social dos professores do ensino superior a partir da origem social dos alunos da Escola Normal Superior; 6% das classes populares, 27,2% das classes médias e 66,8% das classes elevadas. Embora não haja dúvida de que as diferentes categorias de docentes derivam inúmeras de suas características da posição que ocupam no sistema de ensino e da trajetória escolar (com o tipo de formação correlato) que os conduziu a tal posição, não obstante todas essas características estão estritamente ligadas a diferenças de origem social de modo que algumas categorias de docentes, que não mais se distinguem por suas condições de existência e por sua situação profissional, podem ser separadas por suas atitudes profissionais e extraprofissionais, e por diferenças irredutíveis a oposições de interesses de categorias. Além disso, pode-se admitir com poucos riscos a hipótese de que, através de todas as retraduções ligadas ao tipo de curso escolar, à faculdade, à disciplina etc. (diversas características que não se distribuem ao acaso entre as diferentes origens sociais), através de todas as reinterpretações propriamente universitárias, exprimem-se ainda alguns grandes tipos de sistemas de disposições ligados a origens sociais diferentes. Embora sejam construídas quase sempre segundo as categorias de uma taxinomia propriamente intelectual, as oposições percebidas parecem remeter à oposição entre os dois recrutamentos, o pequeno-burguês e o burguês, do pessoal do ensino superior. Por exemplo, os princípios segundo os quais R. Blanchard distingue, em suas memórias, os "obscuros e os conscienciosos" dos "gentlemen" não diferem em nada daqueles utilizados por análises anteriores. Tomemos algumas anotações a respeito da segunda categoria: "um colega o batizou fidalgo das letras"; "mais professor do que *pesquisador* e *produzindo pouco*" (*op. cit.*, p. 94); "aureolado de espantosos êxitos escolares, *primeiro* no normal, primeiro no concurso de ingresso (...) mas não fazia muita coisa (...) e publicava uma vez por ano uma nota *muito curta*, que pelo menos esgotava o assunto" (*idem*); "um verdadeiro *aristocrata;* primeiro pelo nascimento, filho de um célebre professor da Sorbonne cuja esposa era uma grande dama, afilhado da princesa Matilde: tudo isso significava muito para os plebeus que éramos. Além de tudo isso, muito *classudo*: esguio, magro, elegante, sedutor, muito assediado pelas mulheres e capaz de lhes agradar. Seus *dons* intelectuais eram condizentes com sua pessoa: inteligente e sutil" (*op. cit.*, p. 95). A estes opõem-se os obscuros: "Revejo um grupo de professores e instrutores obscuros e conscienciosos, estrume de gênio, dizia jocosamente um de meus amigos" (*op. cit.*, p. 90); "enfim o último dos antigos era um obscuro germanista, o único que não era normalista" (*op. cit.*, p. 94).

e de sua posição em face do poder) a ocuparem um lugar subalterno na hierarquia das frações das classes dominantes, isto é, na distribuição do poder e dos privilégios. Os professores do ensino superior podem então encontrar nas próprias ambigüidades de uma ideologia onde se exprimem ao mesmo tempo a dualidade social do recrutamento do corpo e a ambivalência da definição objetiva do posto profissional, o instrumento mais indicado para reprimir sem contradição todos os desvios em relação aos dois sistemas de normas contraditórios em mais de um ponto. Por esta razão, compreende-se o desprezo altivo pelas virtudes laboriosas do trabalhador intelectual, retradução universitária do aristocratismo do talento — que retraduz, conforme as exigências da hereditariedade burguesa, a ideologia aristocrática do nascimento — que se harmoniza facilmente, tanto nas práticas como nos juízos a respeito das práticas, com a reprovação moral perante o sucesso imediatamente percebido como compromisso mundano e com a defesa minuciosa dos direitos estatutários, ainda que seja contra os direitos dados pela competência. Eis algumas das atitudes que exprimem, sob uma forma propriamente universitária, a propensão pequeno-burguesa para consolar-se com uma afirmação apotropéia da mediocridade universal. Assim, por serem o produto da combinação entre as exigências contraditórias da instituição e os modelos contraditórios segundo os quais os diferentes grupos de agentes entram em relação com a instituição, todas as normas universitárias, tanto as que presidem à seleção dos estudantes, à cooptação dos docentes, como as que regem a produção dos cursos, das teses e inclusive dos trabalhos com pretensões científicas, tendem sempre a favorecer o sucesso (pelo menos no interior da instituição) de um tipo modal de homem e de obra definidos por uma dupla negação, isto é, pelo brilhante sem fogo nem claridade e pela lerdeza sem peso científico, ou por assim dizer, "o pedantismo da superficialidade" e a afetação da erudição.

6. Modos de Produção e Modos de Percepção Artísticos*

> *"Je soutiens, et ceci doit être un dogme pratique de la vie d'artiste, qu'il faut faire de son existence deux parts: vivre en bourgeois et penser en demi-dieu."*
>
> FLAUBERT, *Correspondance*.

A observação estabelece que os produtos da atividade humana socialmente designados como obras de arte (por sua exposição em museus, além de muitos outros signos de consagração) podem tornar-se objeto de percepções consideradas muito diferentes, desde uma percepção propriamente estética considerada socialmente adequada à sua significação específica, até uma percepção que não difere tanto por sua lógica como por suas modalidades daquela aplicada na vida cotidiana aos objetos cotidianos. Por ser produto de uma história particular, tal distinção impõe-se pelo arbitrário do fato social. A melhor prova desta afirmação é certamente o fracasso inevitável em que incorre uma análise de essência da percepção propriamente estética desde o momento em que, por não efetuar uma última "redução", deixa de levar em conta as condições sociais de possibilidade da experiência vivida da obra de arte a que se aplica. Não é por acaso que a fenomenologia da experiência estética venha recair no círculo que envolvia a fenomenologia da experiência do sagrado, compelida a oscilar indefinidamente entre o ponto de vista do sujeito e o do objeto, entre o "numinoso" e o "sentimento do numinoso"

(*) "Disposition esthétique et compétence artistique", publicado originalmente in *Les Temps Modernes*, 295, 1971, pp. 1345-1378. A versão publicada nesta coletânea sofreu diversas modificações do próprio autor. Tradução de Sergio Miceli.

e, de modo mais geral, instada a indagar indefinidamente acerca da prioridade da veneração e do venerável, da adoração e do adorável, do respeito e do respeitável, da admiração e do admirável. Se aceitarmos a colocação de Panofsky, de que a obra de arte é o que exige uma apreensão guiada por uma intenção estética (*demands to be experienced esthetically*) e, de outro lado, se todo objeto, natural ou artificial, pode ser percebido segundo uma intenção estética, de que maneira pode-se escapar à conclusão de que é a intenção estética que "faz" a obra de arte, ou melhor, transpondo-se uma fórmula de Saussure, de que é o ponto de vista estético que cria o objeto estético? Para livrar-se do círculo, Panofsky confere à obra de arte uma "intenção" no sentido da escolástica: uma percepção puramente "prática" contradiz esta intenção objetiva, do mesmo modo que uma percepção estética constituiria de alguma maneira uma negação prática da intenção objetiva de um sinal, como por exemplo o farol vermelho, que exige uma resposta "prática", a saber, frear. Destarte, no interior da classe dos objetos elaborados, definidos em oposição aos objetos naturais, a classe dos objetos de arte seria definida pelo fato de que exige uma percepção guiada por uma intenção propriamente estética, ou seja, percepção de sua *forma* muito mais do que de sua *função*. Mas de que maneira poder-se-ia tornar operacional tal definição? Panofsky observa que é quase impossível determinar cientificamente em que momento um objeto elaborado torna-se uma obra de arte, isto é, em que momento a forma se impõe sobre a função: "Quando escrevo a um amigo convidando-o para jantar, minha carta é, em primeiro lugar, um instrumento de comunicação; todavia, quanto mais concentro minha atenção na forma de minha escrita, tanto mais ela tende a tornar-se uma obra de caligrafia; quanto mais presto atenção à forma de minha linguagem, tanto mais ela tende a tornar-se uma obra literária ou poética" [1]. Quer dizer que a linha de demarcação entre o mundo dos objetos técnicos e o mundo dos objetos estéticos depende da "intenção" do produtor destes objetos? Na verdade, esta "intenção" constitui ela própria o produto das normas e das convenções sociais que concorrem para definir a fronteira sempre incerta e historicamente mutável entre os simples objetos técnicos e os objetos de arte: "O gosto clássico, observa Panofsky, exigia que as cartas privadas, os discursos oficiais e os escudos dos heróis fossem *artísticos* (...) ao passo que

---

[1] E. Panofsky. *Meaning in the Visual Arts*. New York, Doubleday Anchor Books, 1955, p. 12.

o gosto moderno exige que a arquitetura e os cinzeiros sejam *funcionais*" ².

A apreensão e a apreciação da obra dependem tanto da intenção do espectador que, por sua vez, é função das normas convencionais que regem a relação com a obra de arte em uma dada situação histórica e social, como da aptidão do espectador em conformar-se a estas normas, vale dizer, de sua competência artística. Para escapar à aporia, a única maneira de tratar a percepção propriamente estética da obra de arte, ou seja, a percepção considerada a única legítima em uma dada sociedade, consiste em abordá-la como um fato social cuja necessidade deriva de "uma instituição arbitrária", palavras de Leibniz ao traduzir o *ex instituto* da escolástica. Por não estar unido por qualquer espécie de relação interna com a "natureza das coisas" ou com uma "natureza humana", o *ex instituto* não pode ser deduzido de qualquer princípio, seja físico ou biológico e, ademais, pelo fato de que sua existência e seu valor só se explicam em função de uma história particular, ele impõe-se não por uma necessidade lógica, universal, mas por uma necessidade sócio-lógica.

A distinção entre as obras de arte e os demais objetos elaborados e a definição (dela indissociável) da maneira propriamente estética de abordar os objetos socialmente designados como obras de arte, vale dizer, objetos que exigem e merecem ser abordados segundo uma intenção propriamente estética, capaz de reconhecê-los e constituí-los enquanto obras de arte, impõe-se com a necessidade arbitrária de fatos normativos cujo contrário não é contraditório mas simplesmente impossível ou improvável. Fatos reconhecidos como *legítimos* apenas na medida em que esta verdade objetiva é desconhecida enquanto tal ³. O *principium divisionis* que designa à admiração adequada os objetos que merecem e exigem admiração, não pode ser considerado uma categoria *a priori* de apreensão e de apreciação, a não ser na medida em que

---

(2) E. Panofsky. *Ibid.*, p. 13.
(3) Ao falar de cultura legítima, pretende-se chamar atenção para o fato de que a dominação da cultura dominante é tanto maior e mais completa quanto menos ela se manifesta enquanto tal, condição para que consiga obter o reconhecimento de sua legitimidade, reconhecimento implícito no desconhecimento de sua verdade objetiva. Legitimidade não é o mesmo que legalidade: se os indivíduos das classes mais desfavorecidas em matéria de cultura quase sempre reconhecem, de maneira direta ou indireta, a legitimidade das regras estéticas propostas pela cultura legítima, podem passar *de facto* toda sua vida fora do campo de aplicação destas regras sem lhes contestar sua legitimidade, vale dizer, a pretensão de serem universalmente reconhecidas. Embora a regra que define a prática legítima possa não determinar as condutas, manifestando-se apenas através de exceções, nem por isso deixa de definir a modalidade da experiência que acompanha tais condutas (por exemplo, a vergonha cultural, atual e virtual), na medida em que não pode deixar de ser pensada e reconhecida, sobretudo nos casos em que é transgredida, como a regra que rege as práticas culturais quando estas aspiram ao estatuto da legitimidade.

as condições históricas e sociais da produção e da reprodução da disposição propriamente estética — produto histórico que deve ser reproduzido pela educação — implicam o esquecimento destas condições históricas e sociais. A história do gosto, individual ou coletivo, é suficiente para desmentir a ilusão segundo a qual objetos tão complexos como as obras de arte, produzidos conforme leis de construção que foram elaboradas no curso de uma história relativamente autônoma, sejam capazes de suscitar preferências naturais apenas pela força de suas propriedades formais. Somente uma autoridade pedagógica pode romper continuamente o círculo da "necessidade cultural" — condição da educação que supõe a educação — ao constituir a ação propriamente pedagógica nos termos de uma ação capaz de produzir a necessidade de seu próprio produto bem como a maneira adequada de satisfazê-la. Ao designar e ao consagrar certos objetos como dignos de serem admirados e degustados, algumas instâncias como a família e a escola são investidas do poder delegado de impor um arbitrário cultural, isto é, no caso particular em discussão, o arbitrário das admirações, e por esta via, estão em condições de impor uma aprendizagem ao fim da qual tais obras poderão surgir como intrinsecamente, ou melhor, como naturalmente dignas de serem admiradas ou degustadas [4]. Na medida em que produz uma cultura (no sentido de competência) que não passa da interiorização do arbitrário cultural, a educação familiar ou escolar tem por efeito mascarar de modo cada vez mais acabado, através da inculcação do arbitrário, o arbitrário da inculcação, ou seja, o arbitrário das significações inculcadas e das condições de sua inculcação.

Também é preciso levar em conta as condições sociais de possibilidade da representação dominante da maneira legítima de abordar as obras de arte — ou seja, as condições sociais de produção do ideal do gosto "desinteressado" e dos "homens de gosto", capazes de obedecer aos cânones de uma "estética pura" em sua percepção ou em sua produção da obra de arte — porque a definição completa do gosto considerado em sua função social de signo de distinção exclui precisamente a consciência de tais condições. O ideal da percepção "pura" da obra de arte enquanto obra de arte é o produto

---

(4) Os filhos das famílias cultivadas que acompanham seus pais em visitas a museus ou exposições, acabam por lhes tomar de empréstimo sua disposição em relação a tal prática, até que possam adquirir eles mesmos a disposição para praticar que terá origem em uma prática arbitrária e, de início, arbitrariamente imposta. Basta substituir o museu pela igreja para depararmo-nos com a lei da transmissão tradicional das disposições, ou melhor, da reprodução do *habitus*.

de um longo trabalho de "depuração" que se inicia desde o momento em que a obra de arte se despoja de suas funções mágicas ou religiosas [5], correlato à constituição de uma categoria socialmente distinta de profissionais da produção artística, tendentes cada vez mais a levar em conta exclusivamente as regras transmitidas por uma tradição herdada e cada vez mais em condições de libertar sua produção e seus produtos de toda e qualquer servidão social.

Com efeito, na medida em que (como já vimos) [6] a constituição de um campo artístico relativamente autônomo é concomitante à explicitação e à sistematização dos princípios de uma legitimidade propriamente estética, capaz de impor-se tanto na esfera da produção como na esfera da recepção da obra de arte e, também, na medida em que, com o Impressionismo e sobretudo com a reação pós-impressionista, a dinâmica do campo artístico leva o artista a fazer valer ao extremo a afirmação do primado da forma sobre a função, do modo de representação sobre o objeto da representação, a obra de arte tende a exigir categoricamente uma disposição propriamente estética exigida pela arte anterior apenas de modo condicional. Nestas condições, o modo de percepção propriamente estético constitui o produto de uma transformação do modo de produção artístico.

Na medida em que privilegia a impressão do instante no que ela tem de fugidio e fortuito, e por esta via exprime, nas palavras de Arnold Hauser, "uma relação distanciada e mutável com as coisas", "uma visão do mundo fundamentalmente passiva", em suma, "uma atitude puramente estética de receptividade contemplativa" disponível e distante, na medida em que expulsa da pintura todo elemento não-óptico e, em particular, todo conteúdo literário ou narrativo, reduzindo todos os motivos à paisagem, à natureza morta e ao retrato (também tratado como uma natureza morta ou uma paisagem), a pintura impressionista não só proclama o direito do pintor em afirmar em sua representação do objeto o primado de sua relação com o objeto e a predominância na pintura de princípios especificamente pictóricos, como também passa a exigir do espectador uma disposição propriamente estética passível de tornar-se o princípio de todo um estilo de vida. Tal sucede a partir do momento em que a

(5) Sem dúvida, poder-se-ia mostrar que, à maneira das mitologias, as obras de arte plástica, de início meros instrumentos do ritual, e em seguida destinadas à propaganda ou ao panegírico, acabam na Grécia antiga sendo despojadas destas funções mágicas ou políticas à medida que sua função passa a ser definida de modo mais completo pela referência às exigências e às tradições próprias a uma comunidade artística.
(6) Ver o texto *O mercado de bens simbólicos*, nesta coletânea.

arte não é mais considerada apenas ocasião de deleite e o objeto de uma devoção destituída de qualquer intenção extra-estética, mas sim como uma razão de existir e um modelo de vida marcado pelas extravagâncias dispendiosas e gratuitas do diletante, do esteta ou do dândi, novos heróis intelectuais do final do século passado inteiramente votados ao culto da forma e da maneira.

Uma vez que a própria lógica de sua reação contra o Impressionismo faz com que, paradoxalmente, leve as últimas conseqüências a afirmação da autonomia da arte e do artista, a arte pós-impressionista — cubismo, construtivismo, expressionismo, dadaísmo ou surrealismo — exige *categoricamente* do espectador uma disposição propriamente estética que antes lhe era exigida apenas de maneira *condicional* [7]. De fato, rompendo radicalmente com tudo que, na pintura impressionista, expressa ainda um vínculo naturalista com a ilusão do real, banindo todos os vestígios de uma complacência romântica pelas efusões do sentimento ou pelas iluminações da instituição metafísica, bem como qualquer vestígio do hedonismo sensualista que coloria a estética do período impressionista e, enfim, a partir de um trabalho metódico com vistas a destruir todas as convenções propriamente pictóricas, o artista moderno assegura a si mesmo um domínio completo de sua arte e, ao mesmo tempo, introduz na prática artística e, paralelamente, na relação entre a obra de arte e o público dos não-artistas, uma contradição insuperável: na medida em que tende a inscrever na própria linguagem da obra uma indagação acerca de sua linguagem, seja pela destruição sistemática das formas convencionais da linguagem, seja por um uso eclético e quase parodístico de formas de expressão tradicionalmente incompatíveis, seja simplesmente pelo desencantamento produzido pela atenção dirigida à forma em si mesma e por ela mesma, a arte moderna acaba por fazer a denúncia de si própria como efeito arbitrário da arte e do artifício, e passa a exigir uma leitura paradoxal que implica o domínio do código de uma comunicação tendente a colocar em questão o código da comunicação. Destarte, o modo de percepção propriamente estético é o produto — ou o subproduto — de uma transformação do modo de produção artístico: a ambição demiúrgica do artista capaz de aplicar a intenção pura de uma pesquisa artística a *qualquer* objeto, a exemplo de Marcel Duchamp

---

(7) Afirmar que a arte pós-impressionista exige uma disposição propriamente estética não significa absolutamente que a obra de arte esteja em condições de obter, e muito menos de produzir, uma tal disposição apenas por sua força de imposição simbólica.

que envia um urinol ao Salão dos Independentes de New York, requer a disponibilidade infinita do esteta capaz de apreender qualquer objeto, segundo uma intenção propriamente estética, tenha ele sido ou não produzido segundo tal intenção. Não é por acaso que as máscaras da Oceânia e os fetiches dogons deixaram os museus de etnografia e passaram a ser exibidos nas exposições de arte no momento em que, a partir da arte abstrata, a obra de arte afirmava sem concessões nem exceções sua pretensão de impor à percepção da obra as normas puras de sua produção. O corte que o museu (enquanto espaço fechado e separado) opera entre o mundo sagrado da arte e o mundo profano da não-arte (objetivamente definido apenas pelo fato da exclusão como indigno de ser conservado e exposto à admiração) não é o bastante para que se ignore o *ecletismo* das escolhas operadas no interior do universo globalmente designado como sagrado. Em oposição à "galeria" privada dos séculos XVI e XVII, cujo sortimento compunha-se exclusivamente de obras produzidas de acordo com os princípios estéticos de uma época ou de uma classe (ou fração de classe), realizadas segundo os padrões de gosto de um amador, o museu requer o olhar propriamente estético capaz de aplicar-se a qualquer coisa designada como digna de ser apreendida esteticamente, ou seja, capaz de exercitar-se mesmo diante de objetos que não tenham sido produzidos a fim de suscitar tal apreensão.

Assim, à medida que se amplia a autonomia do campo intelectual e artístico, os artistas parecem inclinados a encontrar na afirmação de seu controle *exclusivo* (no duplo sentido do termo) sobre sua arte e na reivindicação do monopólio da competência artística (reivindicações tanto mais provocadoras quando tomam como alvo explícito a contestação simbólica da ordem burguesa e não quando surgem expressas através da linguagem "intimista" de uma arte muitas vezes chamada "burguesa"), um meio de realizar no plano simbólico *a inversão* da relação que se estabelece objetivamente em todos os outros campos entre as frações dominantes das classes dominantes e a fração dos artistas e dos intelectuais. Neste sentido, a arte "pura" iguala todos os espectadores compelindo à indignidade cultural as frações não-intelectuais da classe dirigente, o que jamais ocorreu a tal ponto com a arte das épocas anteriores. A intenção de desforra simbólica se exprime muitas vezes, e de modo explícito, como por exemplo na carta que Flaubert dirige a Renan a respeito da prece sobre a Acrópole: "Não sei se existe em francês uma página mais bela de prosa!(...) É esplêndido! E estou certo de que o burguês não compreende patavina. Tanto melhor" [8]! É a indignação escandalizada do "burguês" excluído (ao menos temporariamente) do acesso à arte enquanto "direito de burguesia", revolta tão bem expressa por Ortega y Gasset quando denuncia como "impopular ou mesmo antipopular" uma arte ininteligível para os burgueses: "A arte nova, por sua mera existência, obriga o bom burguês a confessar o que é: um bom burguês, um ser indigno dos sentimentos estéticos, cego e surdo a toda beleza pura. Todavia, não se inflige impunemente tal tratamento após cem anos de exaltação do povo e de toda espécie de adulações à massa. Habituada a dominar em tudo, a massa sente-se ofendida pela arte nova em seus 'direitos humanos', arte de privilégio, de nobreza de nervos, de aristocracia do instinto" [9].

Mas as representações da arte e da cultura, forjadas no curso do século XIX pelos escritores e artistas contra os "burgueses" e que pretendem impor-se com a aparência da universalidade pelo fato de que as condições sociais de sua produção estão hoje esquecidas, não poderiam ter sido deslocadas com tamanha facilidade de sua função patente passando a servir de instrumentos de legitimação da dominação burguesa caso não estivessem predispostas à reinterpretação e à anexação por expressarem os interesses de uma fração *dominada* da classe *dominante*, condenada, em virtude da ambigüidade estrutural de sua posição, a manter uma relação ambivalente tanto com as frações dominantes da classe dominante como com as classes dominadas e, por esta razão, compelida ademais a cumprir funções externas em contradição aparente apenas com seus próprios fins particulares [10]. Como o conflito entre as frações desenvolve-se nos limites de uma profunda cumplicidade, pode-se compreender tanto a reivindicação do direito absoluto de legislar em questões de arte como a recusa paralela do pragmatismo e do utilitarismo do "burguês", que se caracteriza sobretudo, se não exclusivamente, como filisteu infenso à beleza. Através da arte pela arte e da disposição puramente estética que ela exige, as razões antes citadas levaram artistas e escritores a produzir uma das peças-chave do código das maneiras de usar os bens simbólicos que define a simbologia da "distinção" bur-

---

(8) G. Flaubert. *Correspondance*, IV, cit. por André Cassagne. *La théorie de l'art pour l'art en France*. Paris, Hachette, 1906, p. 394.
(9) J. Ortega y Gasset. *La deshumanización del arte*. Madrid, Revista de Occidente, 1ª ed., 1962, p. 7. Este texto oferece um exemplo da confusão inerente à noção de "grande público" que designa quase sempre, a despeito das aparências, o público "burguês", ou seja, as frações não-intelectuais das classes dominantes.
(10) Ver o texto *Campo do poder, campo intelectual e habitus de classe*, nesta coletânea.

guesa, esta "arte infinitamente variada de marcar as distâncias" de que falava Proust. Nestas condições, as frações dominantes da classe dominante que sentem uma secreta desconfiança pelo artista tido como aliado um pouco comprometedor e como um adversário temível quando se põe a fazer "a arte social" como se dizia no século XIX, ou então, em época mais recente, "a arte engajada", não podem deixar de regozijar-se com a declaração de "neutralidade" professada pelos defensores da arte pela arte, oponentes resolutos tanto da "arte burguesa" como da "grossura socialista" segundo a expressão empregada por Flaubert a respeito dos escritos de Proudhon sobre a arte [11]. A melhor prova desta afinidade tácita é a convergência (que não deve nada às influências diretas) entre a recusa do utilitarismo em todas as suas formas, "burguesa" ou "socialista", tal como se exprime nos românticos ou nos parnasianos, e o ecletismo acadêmico de Victor Cousin que, ao considerar a arte como um "poder independente", prega ser "preciso compreender e amar a moral pela moral, a religião pela religião e a arte pela arte", ou então, afirma que "a arte é em si mesma uma espécie de religião" [12]. Na medida em que exprime a lógica característica de todo sistema institucionalizado de ensino e, de modo mais específico, a lógica de sistemas de ensino que, ao assegurar uma função de reprodução cultural assumem uma função de reprodução social, não seria difícil mostrar que um ecletismo espiritualista não muito distante daquele pregado por Victor Cousin continua presente na maioria das tradições escolares, tanto o ensino da história da arte e da literatura como a produção universitária nestas áreas. Por exemplo, o formalismo da crítica universitária ainda presa a uma teoria da história da arte que oscila entre a afirmação mais implícita do que explícita e, neste sentido, pré-wölffliniana, da autonomia absoluta da obra de arte, implicando na exclusão correlata da história, e no reconhecimento também mais implícito do que explícito de uma dicotomia entre "fatores puramente artísticos" e "fatores não-artísticos", ambos instados a levarem vidas paralelas sem que jamais se coloque de modo expresso a questão de sua integração em um sistema construído de relações inteligíveis. O referido formalismo não passa da forma erudita da disposição com relação à obra de arte, disposição objetivamente exigida pela produção "pura" da obra. A

(11) Poder-se-ia aplicar a mesma análise ao ideal da "neutralidade ética" tão a gosto dos sociólogos.
(12) Ver A. Cassagne. *Op. cit.*, pp. 39-43.

"neutralização" operada pelo olhar propriamente estético que assume a postura de interesse puro pela forma (olhar que mantém uma relação de dependência recíproca com o ecletismo universitário), constitui apenas um dos mecanismos de "desrealização" tendentes, dentre outras funções, a assegurar o consenso cultural no interior da classe dominante procedendo à reconciliação das obras e dos autores mais inconciliáveis no panteão da cultura consagrada. Fazendo abstração das condições sociais da produção, da circulação e do consumo da obra de arte, como se a história perfeitamente autônoma dos estilos tivesse lugar numa espécie de vazio social, a crítica formalista (que hoje pode assumir ares de anticonformismo opondo-se às formas mais fossilizadas do comentário universitário) acaba por subordinar-se totalmente, na escolha de seus objetos e de seus métodos, às convenções e às conveniências sociais do bom-tom e do bom gosto que definem a relação autenticamente cultivada com a obra de arte, cuja encarnação ideal é o amador esclarecido ou o conhecedor elegante. Ademais, tal crítica suspeita com arrogância de qualquer pesquisa que ponha em risco de algum modo o ideal da contemplação desinteressada: primeiro, porque uma pesquisa deste tipo recusa-se a dissociar a análise das estruturas internas da obra da análise das funções que ela cumpre em favor dos grupos que a produzem, a difundem e a consomem; segundo, porque tal pesquisa aplica à obra um olhar redutor capaz de lembrar as funções interessadas da contemplação desinteressada [13]. Por esta via, tal crítica situa-se na tradição da leitura letrada que recobre indefinidamente a mensagem original e os discursos sedimentados que a recobrem sob a capa das pretensas criações de um discurso que não é nem novo nem antigo, pois não há nada mais antigo do que sua maneira de ir ao encontro do novo. E, do momento em que os críticos perguntam com complacência se "o crítico é ou não é um escritor", não estão professando apenas a reivindicação profissional de uma categoria de agentes relegados ao degrau mais baixo da hierarquia das profissões originárias da diferenciação do campo intelectual, mas também estão traindo sua impotência para conquistar sua autonomia através do recurso de constituir uma ciência au-

---

(13) Para uma descrição dos obstáculos sociais com que se defronta a constituição de uma verdadeira ciência da arte, ver F. Antal. Remarks on the Method of Art History. *Burlington Magazine*, fevereiro de 1949, pp. 49-53, e março de 1949, pp. 73-75. "Vivendo em sua torre de marfim, eles (os historiadores da arte) pensam que invocar as contribuições da história social ou eclesiástica seria *degradar* uma história da arte, que, ao menos em teoria, deve interessar-se exclusivamente pelas grandes obras-primas e explicar a diversidade dos estilos pela diversidade dos estilos".

tônoma da arte em lugar de um discurso quase artístico sobre a arte moderna. Colocando entre parênteses a questão das condições sociais de produção da obra de arte e, ao mesmo tempo, a questão das condições de produção de uma análise da obra de arte fundada em tais premissas, a "crítica pura", ou melhor, transpondo uma expressão de Saussure, a estética interna prende-se sobretudo às qualidades *formais* da obra, chegando inclusive a negligenciar ou a relegar a segundo plano o tema ou o assunto da obra. Como observa Frederick Antal, o assunto ou tema encontra-se ligado à representação do mundo própria às diferentes classes ou frações de classe por uma relação mais direta e mais patente do que as características formais. Ao considerar a obra como *opus operatum* ignorando o *modus operandi* (o modo de produção de que é produto), tal crítica funda-se na universalização e na eternização de um modo de recepção "puro" que, a exemplo do modo de produção correlato, é o produto histórico de um tipo particular de condições sociais [14].

Destarte, pode-se compreender por que as frações dominantes, que dão tão pouco valor à prática das artes e aos produtores profissionais de obras de arte, colocam o consumo puro e desinteressado da obra de arte no rol dos direitos e deveres de seu estado encontrando na indulgência póstuma que concedem ao artista e a seus exageros mais atentatórios à ordem burguesa uma maneira de transcender simbolicamente, através da identificação imaginária com uma existência desviante ou desviada, os limites da existência burguesa [15]. Se a contestação simbólica do "burguês" pode tornar-se um objeto de consumo simbólico para o burguês, tal sucede porque a "neutralização" operada pela percepção "pura" exigida pela arte "pura", "protege" o espectador, por sua própria modalidade, contra experiências tão "ingênuas" como a indignação ou a revolta (lembremos, por exemplo, o destino que teve a *Guernica* de Picasso). Semelhantes neste aspecto ao feiticeiro contrafeito de que nos fala Lévi-Strauss, o qual, por não mais acreditar em seu poder mágico e muito menos no poderio da magia, vê-se obrigado não obstante a defrontar-se incessantemente com a imagem objetiva de sua eficácia, os artistas contemporâneos que mais se obstinam em repudiar as funções tradicionais da arte não conseguem livrar-se, como se estivessem inseridos em um círculo mágico, da defi-

---

(14) F. Antal. *Florentine Painting and its Social Background*. Londres, Kegan Paul, 1947, p. 4.

(15) A biografia romanceada que reduz a história ao anedotário e cujo tipo ideal é a *Vida de Shelley* de Maurois deriva seu êxito do mecanismo de consolação que se atualiza pela difamação ou pela demolição do herói.

nição social de sua arte e acabam vendo sua intenção ser desrealizada pela intenção objetiva de uma obra capaz ainda de obter uma percepção desrealizante. Tanto no caso em que colocam os recursos da arte a serviço da destruição simbólica da arte ou da imagem tradicional da obra de arte e do artista, produzindo obras indefinidamente reprodutíveis ou então simbólica ou efetivamente autodestrutivas, como no caso em que levam a cabo, embora de maneira ostentatória, a destruição efetiva da obra de arte (como por exemplo, a dilapidação cerimonial de quadros), suas tentativas mais radicais para aniquilar o encantamento artístico não passam de uma inversão mágica do velho ritual em glória da arte e do artista [16].

Além disso, por uma estranha transferência, a representação carismática do trabalho artístico — ideologia profissional incessantemente afirmada e ilustrada desde o período romântico pelos escritores e artistas, tanto através de suas confidências e confissões, como através dos mínimos detalhes de uma vida e obra votadas a certificar o "gênio" do artista —, encontra-se também presente embora de forma dissimulada na ideologia da percepção ou da interpretação "criadora" concebida como identificação espiritual do *"ego"* do espectador (ou do leitor) com o *"ego"* do autor através da qual o espectador participa, no sentido místico do termo, do "mistério" da "inspiração criadora" e da "graça" do criador. Tal representação carismática reproduzida por uma instituição escolar dedicada, tanto por sua lógica interna como por sua dependência em relação à classe dominante, ao culto "rotinizado" do "gênio" (correlato à desvalorização escolar do "escolar"), estava como que destinada a cumprir a função eminente que lhe cabe na "sociodicéia" burguesa. Embora a comunicação com a obra de arte constitua uma espécie de comunhão mística a que têm acesso somente algumas almas predestinadas, ela tende a conferir sua consagração a alguns eleitos que, por sua vez, são escolhidos com base em suas aptidões para entender o apelo da arte. Neste sentido, "o amor pela arte" separa por uma barreira invisível — a mes-

(16) A intenção *parodística* tão evidente em Picasso (ver M. Ayrton. "A Master of Pastiche". In: *New Writing and Daylight*, 1946, pp. 108 e ss.) e levada ao paroxismo por Marcel Duchamp que, segundo Robert Lebel, "parodiou ao mesmo tempo o pós-impressionismo, o *fauvismo*, o cubismo,, o futurismo, o 'maquinismo', o dadaísmo, a abstração e, em sua última fase 'protestatária', a *op-art*, a *pop-art*, o neo-realismo, a *minimal art*, a arte conceitual ou a arte impossível, transcendendo deste modo e adiantando-se às inovações futuras de seus próprios seguidores" (Ver R. Lebel. Le chef-d'oeuvre inconnu de Marcel Duchamp. *L'Oeil*, nº 183, março de 1970, pp. 8-14), surge como a expressão mais direta da relação contraditória do artista com "uma sociedade que ele despreza sem que possa romper com ela inteiramente" (Ver R. Lebel. *Op. cit.*).

ma barreira instituída pelo museu, espaço sagrado capaz de sacralizar os que nele podem penetrar — aqueles que foram tocados pela graça artística dos que não a possuem. Destarte, o consumo da obra de arte pode hoje assumir para as classes privilegiadas a função de distinção que inúmeros artistas, e escritores como Flaubert e Baudelaire, conferiam à sua atividade artística liberta até as raias do esoterismo das convenções da existência burguesa e de toda aparência social e convertida, com o dandismo, em uma simbologia refinada. Ao duplicar as diferenças puramente econômicas pelas diferenças criadas pela mera posse de bens simbólicos como por exemplo as obras de arte ou as distinções simbólicas na maneira de usar tais bens, as classes privilegiadas podem realizar o sonho, que antes tinha como alvo sua própria dominação, de um novo mandarinato capaz de reconciliar, à maneira da antiga aristocracia, o poder temporal e a grandeza espiritual ou a elegância mundana [17]. O esquecimento das condições sociais de produção e reprodução da disposição pura e desinteressada exigida pelas obras de arte e das categorias de percepção que se apresentam como categorias *a priori* de uma estética universal, é uma das premissas em que se fundam as funções interessadas pelo desinteresse e os lucros propiciados pelos consumos simbólicos (lucros que nunca são exclusivamente simbólicos) uma vez que transformam as diferenças de fato em diferenças legítimas [18]. A estética pura

(17) É dentro desta lógica que se deve compreender que a oposição entre as qualidades socialmente condicionadas e garantidas ("prescritivas", na linguagem de Parsons) e as qualidades ingenuamente consideradas como a expressão do próprio ser da pessoa (como a elegância ou o gosto) possa ocupar tal posição na ideologia dos escritores e artistas. "Do momento em que dois livros de pergaminho não têm mais lugar, quando o filho bastardo de um banhista milionário e um homem de talento têm os mesmos direitos que os filhos de um conde, só podemos nos distinguir por nosso valor intrínseco. Em nossa sociedade, as diferenças desaparecem, agora só há *nuances*. Logo o *savoir-vivre*, a elegância das maneiras, o não sei o quê, fruto de uma educação completa, constituem a única barreira que separa o ocioso do homem ocupado. Caso ainda exista um privilégio, deriva da superioridade moral. Explica-se assim o apreço que a grande maioria confere à instrução, à pureza da linguagem, à graça do porte, à maneira mais ou menos desenvolta com que se exibe uma vestimenta, à sofisticação dos apartamentos e, enfim, à perfeição de tudo que procede da pessoa" (H. de Balzac. *Traité de la vie élégante*. Paris, Delmas, 1952, pp. 27-28). "A palavra, o andar, as maneiras são atos que procedem imediatamente do homem, estando inteiramente submetidos à lei da elegância." (*Op. cit.*, p. 40). E o próprio Balzac enuncia a fórmula geradora do aristocratismo da inteligência tendente a reconverter-se em panegírico da "distinção" burguesa: "O século XIX desenvolve-se sob a égide de um pensamento cujo alvo é substituir a exploração do homem pela inteligência na exploração do homem pelo homem." (*Op. cit.*, p. 26).

(18) É significativo o fato de que a concepção aristocrática da inteligência expresse de maneira mais vulnerável seus princípios e inclusive suas condições sociais de possibilidade, hoje inconfessáveis, inconfessadas ou inconscientes, sobretudo por intermédio dos escritores do século XIX marcados pela inocência dos primeiros tempos. Citemos de novo Balzac: "As distinções se aviltam ao tornarem-se comuns (*op. cit.*, p. 30)". "... Condeno veementemente a idéia de levantar a barreira que separa a vida elegante da vida vulgar, e abrir as portas do templo a todo o povo. Não! exclamou Brummel batendo com o punho na mesa, não, nem todas as pernas foram feitas para exibir uma bota ou uma calça

que afirma o poder absoluto da intenção propriamente estética capaz de aplicar-se a qualquer objeto, mesmo o mais desprezível, propicia recursos inesgotáveis à procura da distinção. Fornece todo um sistema de traços discriminatórios que permitem instaurar uma discriminação rígida e total entre os detentores da maneira condigna e aqueles destituídos do lazer ou dos meios para dirigir à obra de arte o olhar "depurado" e "desinteressado" que para isso se exige. É justamente tal discriminação que a ilusão do *a priori*, outro nome para a inconsciência da história, tende a transfigurar como uma distinção natural. Demais, pelo fato de que o apuro formal da percepção estética tem por contrapartida a extensão indefinida do campo de seus objetos, tende a abolir a cômoda segurança de uma estética "realista" cuja única exigência consiste em saber o que é preciso admirar, e com isso autoriza e favorece os desdobramentos e os lances infinitos que definem o esnobismo. Nada seria capaz de garantir a pureza íntima e inefável do olhar, nem mesmo a pureza da coisa olhada pois a impureza de uma obra pode inclusive redobrar o mérito de um olhar puro embora reforçando a suspeita de sua impureza. Percebe-se, assim, o rendimento social desta estética da maneira, propícia a fornecer aos estetas o meio de marcar mais do que nunca a diferença de essência que os separa do "vulgo", e que ainda lhes permite instaurar entre si uma infinidade de diferenças infinitesimais.

Dentre todas as maneiras de fruir a obra de arte, a distância desligada do esteta é a mais adequada para surgir como a única legítima e para cumprir uma função social de distinção, sendo a qualidade estética da maneira de consumir responsável pela qualidade social do consumidor e vice-versa. Tal sucede porque as disposições às quais as classes dominantes conferem um valor universal de excelência e, em especial, a aptidão para realizar o ideal da percepção "pura", supõem, tanto em seu processo de constituição como nas modalidades com que se atualizam, condições sociais cujo monopólio dissimulado encontra-se em mãos dessas classes e, por este motivo, tais disposições parecem predispostas a marcar simbolicamente as diferenças entre as classes e com isso legitimá-las mascarando o fundamento não-simbólico

... Não, milordes, por acaso não existem pessoas mancas, gente disforme ou ignóbil para sempre?" (*Op. cit.*, p. 38). E mais: "para levar uma vida elegante, é preciso ter passado inclusive pela retórica".

destas diferenças simbólicas. A obra de arte considerada enquanto bem simbólico (e não em sua qualidade de bem econômico, o que ela também é) só existe enquanto tal para aquele que detém os meios para que dela se aproprie pela decifração, ou seja, para o detentor do código historicamente constituído e socialmente reconhecido como a condição da apropriação simbólica das obras de arte oferecidas a uma dada sociedade em um dado momento do tempo. A percepção propriamente estética distingue-se da percepção ingênua e, portanto, não-específica da obra de arte, não pela lógica de seu funcionamento mas pelo tipo de traços que a primeira retém como pertinentes em função de um princípio de seleção que não é senão a disposição propriamente estética. Enquanto que a percepção ingênua, fundada no domínio prévio da divisão em classes complementares do universo dos significantes e do universo dos significados, trata os elementos da representação, folhas ou nuvens, como índices ou sinais investidos de uma função de pura denotação ("é um álamo", "é uma tempestade"), a percepção propriamente estética enfatiza os únicos traços esteticamente pertinentes, a saber, tendo em vista o universo das possibilidades estilísticas os que caracterizam *uma maneira particular de tratar* as folhas ou as nuvens, isto é, um *estilo* como modo de representação onde se exprime o modo de percepção, de pensamento e de captação próprio de uma época, de uma classe, de uma fração de classe ou de um grupamento artístico. Constata-se que (o que aliás também é confirmado pela observação) a aptidão para perceber e decifrar as características propriamente estilísticas é função da competência propriamente artística que se traduz em conhecimento prático (adquirido pelo convívio com as obras ou por intermédio de uma aprendizagem explícita) de sistemas de classificação que permitem situar cada elemento de um universo de representações artísticas em uma classe necessariamente definida em relação à classe complementar (constituída por todas as representações artísticas consciente ou inconscientemente excluídas). Destarte, a apreensão dos traços estilísticos que definem a *originalidade* estilística das obras de uma época em relação às obras de uma outra época, ou então, no interior desta classe, das obras de uma escola em relação a uma outra e, ainda, das obras de um autor em relação às obras de sua escola ou de sua época, e até mesmo de uma obra particular de um autor em relação ao conjunto de sua obra, parece indissociável da apreensão das *redundâncias* estilísticas, isto é, dos tratamentos típicos da matéria pictórica que definem um estilo. Em suma, a captação das semelhanças implica a referência implícita ou explícita às diferenças, e vice-versa. O reconhecimento implica objetivamente na eliminação das possibilidades com as quais a classe se relaciona negativamente abarcando a possibilidade estilística efetivamente realizada em uma dada obra particular. Em termos mais concretos, pode-se afirmar que a atribuição apóia-se sempre e implicitamente na referência a "obras-testemunhas", consciente ou inconscientemente retidas porque apresentam em grau particularmente elevado as qualidades reconhecidas, de maneira mais ou menos explícita, como pertinentes em um sistema determinado de classificação. Tudo leva a crer que, mesmo para os especialistas, os critérios de pertinência que definem as propriedades estilísticas das obras-testemunhas permanecem via de regra em estado implícito. No mesmo sentido, também as taxinomias estéticas (que em geral orientam as práticas embora só raramente sejam pensadas como tais) nunca possuem o rigor lógico que tende a lhe atribuir (apenas com base na explicitação e na formalização) uma análise dos componentes dos princípios implicitamente usados para distinguir, classificar e ordenar um conjunto de obras de arte. Eis a lógica em ato da percepção estética descrita por A. Berne-Joffroy quando discorre a respeito dos historiadores da arte que viram em Caravaggio um precursor de Rembrandt (Saccà) ou de Velasquez (Cantalamessa ou Lionello Venturi): "as noções claras e distintas que representam Rembrandt e Velasquez para eles, valores plenamente conhecidos e reconhecidos na história da arte, lhes fornecem subsídios para *situar* as qualidades de Caravaggio, qualidades cuja existência *sentem* embora *não saibam defini-las a não ser aproximando-as e diferenciando-as de qualidades vizinhas bem definidas*" [19].

Em sua qualidade de produtos da história reproduzidos pela educação difusa ou metódica, os sistemas de classifica-

---

(19) A. Berne-Joffroy. *Le dossier Caravage*. Paris, Éditions de Minuit, 1959, p. 79. Assim também a análise das preferências expressas diante dos conjuntos de reproduções fotográficas tão unidimensionais quanto possível demonstra que uma obra é o objeto de um juízo muito mais *sincrético* do que *sintético*, em que intervêm em medida difícil de determinar e muito variável segundo o nível de competência artística (nível intimamente vinculado ao nível de instrução e ao nível cultural da família de origem) diversos fatores, dentre os quais a celebridade do autor e da obra, o realismo da representação, o gênero, ou simplesmente, a natureza do objeto representado. Embora a atenção dirigida às propriedades puramente formais da obra de arte seja maior na medida em que se amplia a competência, os trunfos falsos de um discurso que muitas vezes carrega consigo os vestígios estereotipados dos comentários dos especialistas não conseguem dissimular o fato de que, em todos os níveis de competência, o juízo de gosto orienta-se tanto pelos indicadores mais ou menos grosseiros e pelos sinais mais ou menos sutis, ambos propícios a estimular as condutas e os propósitos de bom-tom, como pelas propriedades intrínsecas da obra.

ção disponíveis para uma época e uma classe social determinadas constituem o princípio das distinções pertinentes com que os agentes podem operar no universo das representações artísticas e daquelas de que estão excluídos. Assim, cada época organiza o conjunto das representações artísticas segundo um sistema de classificação dominante que lhe é peculiar, aproximando obras que outras épocas separavam e separando obras que outros períodos aproximavam, de modo que os indivíduos têm dificuldades em pensar outras diferenças além daquelas que o sistema de classificação disponível lhes permite pensar. "Suponhamos, escreve Longhi, que os naturalistas e os impressionistas franceses, no período 1860-1880, não tenham assinado suas obras e que não tenham podido contar, como arautos, com críticos e jornalistas dotados da inteligência de Geffroy ou Duret. Esforcemo-nos por imaginá-los esquecidos em conseqüência de uma mudança de gosto ou de uma longa decadência da pesquisa erudita, esquecidos durante cem ou cento e cinqüenta anos. De início, o que poderia acontecer no momento em que voltassem a constituir objeto de atenção? É fácil prever que, em uma primeira fase, a análise começaria por distinguir nestes materiais mudos diversas entidades mais simbólicas que históricas. A primeira receberia o nome-símbolo de Manet, incorporando uma parte da produção juvenil de Renoir e, também, é o que temo, alguns Gervex, sem contar a obra inteira de Gonzales, de Morisot e do jovem Monet. Quanto ao Monet mais tardio, também ele tornado símbolo, abarcaria quase todo Sisley, boa parte de Renoir e, o que é pior, algumas dezenas de Boudin, diversos Lebour e diversos Lépine. Não se pode excluir a hipótese de que alguns Pissarro e até mesmo, o que seria uma recompensa pouco elogiosa, mais de um Guillaumin, acabassem sendo atribuídos a Cézanne [20]." Pelo estudo das representações sucessivas a respeito da obra de Caravaggio, Berne-Joffroy mostra que a imagem privada que os indivíduos de uma determinada época possuem de uma obra depende da *imagem pública* de tal obra, que é produto dos instrumentos de percepção historicamente constituídos e, portanto, historicamente mutáveis, que lhes são fornecidos pela formação social de que fazem parte: "Sei muito bem o que se diz das querelas de atribuição: em geral, afirma-se que elas não têm nada a ver com a arte que são mesquinhas e que a arte é grande [...] A idéia que temos de um artista depende das obras que lhe são atribuídas e, queiramos ou não, esta idéia

(20) R. Longhi, citado por A. Berne-Joffroy, *op. cit.*, pp. 100-101.

global que fazemos dele colore nossa visão a respeito de cada uma de suas obras"[21]. Destarte, a história dos instrumentos de percepção da obra constitui o complemento indispensável da história dos instrumentos de produção da obra, na medida em que toda obra é de algum modo feita duas vezes, primeiro pelo produtor e depois pelo consumidor, ou melhor, pelo grupo a que pertence o consumidor[22].

Em uma dada formação social, o grau em que uma obra de arte é legível é função da distância entre o código que a obra em questão exige objetivamente e o código artístico disponível para um indivíduo particular, e da distância entre o código que a obra exige e a competência individual definida pelo grau em que o código social (também ele mais ou menos adequado) foi incorporado[23]. De um lado, as obras que constituem o capital artístico objetivado, exigem códigos desigualmente complexos e refinados e, portanto, suscetíveis de serem adquiridos em ritmo mais ou menos rápido através de uma aprendizagem institucionalizada ou não. De outro lado, cada indivíduo possui uma capacidade definida e limitada de apreensão da informação proposta pela obra, em função do conhecimento que possui do código genérico do tipo de mensagem considerada, seja a pintura em seu conjunto, seja a pintura de uma determinada época, de uma dada escola ou de um dado autor. Quando a mensagem excede suas possibilidades de apreensão, o espectador incapaz de receber a informação não tem outra escolha senão desinteressar-se do que lhe parece uma borração sem rima e sem razão, um jogo de formas ou de cores desprovido de qualquer necessidade, ou então, vê-se forçado a aplicar os códigos de que dispõe sem indagar a respeito de sua adequação ou de sua pertinência.

É difícil descrever em termos positivos "a estética" que se exprime através das preferências ou das práticas das classes mais desprovidas de capital cultural, porque esta estética em si (e não para si) está fundada muito mais em uma privação

(21) A. Berne-Joffroy. *Op. cit.*, p. 9.
(22) Seria necessário examinar sistematicamente a relação que se estabelece entre a transformação dos instrumentos de percepção e a transformação dos instrumentos de produção artística, uma vez que a transformação das normas da percepção das obras passadas encontra-se indissoluvelmente ligada à transformação das normas da produção das obras de arte. Como ressalta Lionello Venturi, é a partir de Michelangelo que Vasari descobre Giotto, a partir de Carrache e Poussin que Belloni repensa Rafael; da mesma forma, é a partir de Courbet, e depois de Manet, que Caravaggio é ressuscitado. Explica-se assim o lugar que a história das artes e da literatura confere ao conceito de precursor.
(23) Não existe nenhum código constituído de uma vez por todas e cuja aplicação seria suficiente para que a obra de arte possa exibir seu sentido pleno e acabado. De acordo com o grau de riqueza e de complexidade do código aplicado, a mesma obra de arte destila uma informação diferente.

do que em uma recusa. Por não contar com os instrumentos indispensáveis para discernir os traços esteticamente pertinentes que uma dada obra partilha com a classe das obras de mesmo estilo e apenas com essas, os espectadores menos cultivados encontram-se na impossibilidade de considerar a obra de arte enquanto tal. Por exemplo, em lugar de detectar a cor de um rosto como um elemento de um sistema de relações antagônicas e complementares entre valores e cores (em um dado retrato, os valores e as cores do chapéu, do casaco e da parede situada em segundo plano), esses espectadores passam ao largo da qualidade sensível sem que nela se detenham, "situando-se de imediato em seu sentido" para falar como Husserl, nela captando diretamente uma significação fisiológica ou psicológica, lendo, por exemplo, no rubor de uma tez uma emoção como a percepção cotidiana [24]. Destarte, não contando com os instrumentos de apropriação simbólica que permitem perceber as obras de arte em sua especificidade, tais espectadores passam a aplicar-lhes inconscientemente o código válido para o deciframento dos objetos do mundo familiar, a saber, os esquemas de percepção que orientam sua prática. Neste caso, a interpretação assimilativa que leva a aplicar a um universo estranho todos os esquemas de interpretação disponíveis, impõe-se como o único meio de restaurar a unidade de uma percepção integrada [25]. Como observa Panofsky, esta apreensão ingênua está fundada na "experiência existencial", ou seja, nas propriedades sensíveis da obra (por exemplo, quando se descreve um pêssego como aveludado ou uma renda como vaporosa), ou então, na experiência emocional suscitada por essas propriedades (quando se fala de cores sérias ou alegres). Não obstante, tal apreensão tende sempre a ultrapassar o nível das sensações e das afeições, isto é, a "compreensão" das qualidades expressivas e, se é que se pode dizer, "fisionômicas" da obra. Na verdade, aqueles que não contam com os meios de acesso a uma percepção "pura" envolvem em sua apreensão da obra de arte as disposições que sustêm sua prática cotidiana, e por esta via, estão fadados a uma "estética" funcionalista que não

(24) Colin Thompson demonstrou, através de uma série de experiências, que mesmo quando a captação das cores em sua **significação propriamente estética** é sugerida por uma indicação expressa, quer dizer, *em suas relações internas*, ainda assim é extremamente rara (mesmo em adolescentes que chegaram ao fim dos estudos secundários), uma vez que a atenção dos espectadores concentra-se muito mais na significação anedótica ou narrativa da imagem. Ver C. Thompson. *Response to Colour*. Corsham, Research Center in Art Education, 1965. Assim, tudo leva a crer que a sensibilidade aos *valores* é ainda mais rara.

(25) Neste sentido é que se deve compreender como a exigência do "realismo" da representação se revela tanto mais forte quanto menor a competência artística.

passa de uma dimensão de sua ética, ou melhor, de seu *ethos* de classe. Por exemplo, o respeito incondicional pela cultura e pela arte consagrada, expressão sistemática de uma disposição ascética que também se manifesta em outras dimensões da existência, compele os pequenos burgueses a adotarem uma postura de pura boa vontade cultural que se alimenta da contemplação do trabalho bem feito, enquanto que o culto do trabalho pelo trabalho acaba por fornecer o substituto ético da arte pela arte. No tocante às classes populares condenadas pelas agruras da vida a uma disposição pragmática infensa à compreensão dos produtos ateleológicos da atividade propriamente artística como tais, e quase totalmente desprovidas do arsenal de palavras que, no primeiro passo da iniciação artística, permitem ao menos nomear as diferenças e constituí-las enquanto tais pelo próprio ato de nomeá-las. Tomemos, por exemplo, os nomes próprios de pintores célebres que funcionam enquanto categorias genéricas, ou então, os nomes de escolas ou épocas como "os impressionistas", "os holandeses" ou "o renascimento". Por essas razões, tais classes tendem a perceber indistintamente todas as obras que não oferecem de imediato um sentido quando se lhes aplica o código que permite apreender o mundo cotidiano como significante.

Poder-se-á objetar que a disposição "estética" daqueles que não têm lazer, à maneira do artista ou do esteta, de "viver para ver" para usar a expressão de Simmel, expressa-se especialmente em outras esferas e situações e, em particular, durante e diante de todas as formas do jogo de sociabilidade, festas, competições, provas físicas ou intelectuais, jogos de palavras ou trocas de gracejos etc. De fato, na medida em que tende a transformar as relações sociais em formas puras da sociabilidade destituídas de qualquer outra finalidade que não seja o êxito da comunicação, o jogo da sociabilidade (assim como a arte) instaura por um instante um mundo artificial e capaz através da graça do estilo de dar uma forma comum às significações mais pessoais, onde são abolidos simbolicamente as diferenças e os conflitos da existência cotidiana. Se passarmos a descrever estas e outras práticas semelhantes — esporte, decoração, culinária ou moda — como atividades situadas no campo da estética, seria o mesmo que assumir implicitamente a definição do campo dos objetos estéticos exigida por uma disposição propriamente estética e capaz de aplicar-se, como no caso do esteta, a qualquer esfera da prática. Falar de "estética popular" seria o mesmo que sucumbir a uma espécie de etnocentrismo invertido e, sob a aparência de reabilitação, impor a definição dominante da estética a práticas que não têm nada a ver com a busca da beleza em si mesma e para si mesma, ao passo que as experiências que estão a elas associadas podem ser descritas como análogas em outra esfera às experiências que a contemplação ou a produção das obras de arte propicia aos artistas e aos estetas.

A ilusão da compreensão imediata que condena os espectadores desprovidos de qualquer competência específica a uma compreensão ilusória, fundada na interpretação assimilativa, não difere em seu princípio daquela que conduz os espectadores mais avisados a aplicar às obras de seu tempo ou de uma outra tradição esquemas de percepção e apreciação adquiridos pelo convívio com as obras dos séculos anteriores. O grau de consciência da operação de deciframento independe, em suma, do grau de adequação do código com que opera, pelo fato de que os mais carentes diante das obras de cultura erudita só não ficam desconcertados quando aplicam a essas obras o código da experiência cotidiana. Isto impede que cheguem a descobrir os fundamentos objetivos de sua escassez cultural e, de outro lado, permite que os mais cultivados ignorem a questão das condições de possibilidade do deciframento de um sentido que lhes aparece como imanente. No quadro de Roger van der Weyden, *Os três magos*, o espectador cultivado percebe imediatamente, observa Panofsky, a representação de uma aparição, a de um menino em quem ele reconhece "o menino Jesus". Como sabemos que se trata de uma aparição? O halo de raios dourados que envolve o menino não constitui um índice suficiente pois também pode ser encontrado em representações da natividade onde o menino Jesus é "real". O que sustenta a primeira leitura é o fato de o menino estar solto no ar, sem suporte visível, muito embora a representação não pudesse ser muito diferente caso o menino se encontrasse sentado em uma almofada (como no modelo que Roger van der Weyden com certeza utilizou). Todavia, pode-se invocar centenas de representações onde seres humanos, animais ou objetos inanimados, parecem suspensos nos ares contra a lei da gravidade sem que sejam aparições. Por exemplo, em uma miniatura dos *Evangelhos de Otton III,* uma cidade inteira aparece figurada no centro do espaço vazio enquanto que os personagens que participam da ação estão apoiados no solo. Trata-se, não obstante, de uma cidade bem real onde ocorreu a ressurreição dos jovens representados em primeiro plano. Se "em uma fração de segundo e de maneira quase automática" apreendemos o personagem aéreo como uma aparição e não associamos qualquer conotação miraculosa à cidade flutuando nos ares, tal sucede porque "lemos o que vemos em função do que sabemos a respeito da maneira, variável segundo as condições históricas, de expressar por formas os objetos e os acontecimentos históricos". Em termos mais precisos, quando deciframos uma miniatura datada por volta do ano mil, mobilizamos inconscientemente o pressuposto de que o espaço vazio serve apenas de plano de fundo abstrato e irreal em lugar de integrar-se em um espaço unitário, aparentemente natural onde o sobrenatural e o miraculoso podem então surgir enquanto tais [26]. Por obedecer inconscientemente às regras que regem um tipo particular de representação do espaço quando decifra um quadro construído segundo tais regras, o espectador competente está em condições de apreender imediatamente como "visão sobrenatural" um elemento que poderia parecer "natural" ou "real" se referido a um outro modo de representação onde as regiões do espaço estariam de alguma maneira justapostas ou "agregadas" ao invés de integradas no interior de uma visão unitária. Segundo Panofsky, "a concepção baseada na perspectiva impede à arte religiosa qualquer acesso à região do *mágico* [...], embora ponha ao seu alcance uma região inteiramente nova, a região do 'visionário' onde o milagre torna-se uma experiência imediatamente percebida pelo espectador porque os acontecimentos sobrenaturais irrompem no espaço visível, aparentemente natural, que lhe é familiar, e lhe permitem por esta via penetrar na essência sobrenatural" [27].

A questão das condições que tornam possível a experiência da obra de arte como se fosse imediatamente dotada de sentido encontra-se radicalmente excluída desta experiência. Assim, o trabalho de familiarização, ou seja, o conjunto das aprendizagens insensíveis que acompanham o convívio prolongado com as obras de arte, produz não somente a interiorização inconsciente das regras de produção das obras mas também o sentimento de familiaridade derivado do esquecimento do trabalho de familiarização. Em conseqüência, os homens cultivados, indígenas da cultura erudita, são levados a considerar como natural, isto é, espontânea e fundada na natureza, uma maneira de perceber que não passa de uma dentre muitas outras e, ao mesmo tempo, a ignorar que

(26) E. Panofsky. "Iconography and Iconology", An Introduction to the Study of Renaissance Art. In: *Meaning in the Visual Arts*. New York, Doubleday and Co., 1955, pp. 33-35.
(27) E. Panofsky. "Die Perspektive als symbolische Form". **Vortraege** der Bibliothek Warburg, Vortraege 1924-25, Leipzig-Berlim, p. 257 e ss.

a "compreensão" imediata das representações do mundo que parecem ajustadas a sua visão do mundo da experiência prática supõe não obstante um acordo (ao menos parcial) entre o artista e o espectador no tocante às regras que definem a figuração do "real" que uma formação social, uma classe ou uma fração de classe considera "realista" justamente porque obedece a tais regras [28]. Aceitar a objeção segundo a qual a exigência de semelhança e realismo é cada vez menor quanto mais se amplia a competência, seria o mesmo que confundir os progressos no *manejo prático do código dos códigos* com o acesso à consciência das condições de possibilidade desta espécie de encontro miraculoso em que consiste a compreensão imediata (em particular, no caso especial da ilusão do "real") apenas acessível ao virtuose. De fato, pode-se admitir que, à medida que se conhece melhor um maior número de estilos ou as diferentes variantes de um mesmo estilo, diminui a obrigatoriedade ou a tentação de aplicar forçadamente os códigos disponíveis, e passa-se cada vez mais a supor ou a admitir que as obras podem "falar" segundo códigos ignorados. Entretanto, isto não significa que o mais alto grau de competência — que se manifesta através do domínio prático dos códigos e do código dos códigos — implique automaticamente o mais alto grau de consciência teórica da verdade objetiva da competência. A teoria científica da percepção artística supõe uma *ruptura* com a experiência inicial da obra de arte — que se caracteriza justamen-

---

(28) A competência do *connaisseur*, domínio inconsciente dos instrumentos de apropriação que constitui o produto de uma lenta familiarização e que funda a familiaridade com as obras, é uma "arte" que, a exemplo de uma arte de pensar ou de uma arte de viver, transmite-se exclusivamente através de preceitos ou prescrições, e cuja aprendizagem supõe o equivalente do contato prolongado entre o discípulo e o mestre no âmbito de um ensino tradicional, a saber, o convívio freqüente com as obras. E assim como o aprendiz ou o discípulo pode adquirir *inconscientemente* as regras da arte, inclusive aquelas que não são explicitamente conhecidas pelo próprio mestre, ao preço de um verdadeiro remanejamento de si mesmo que exclui a análise e a seleção dos elementos da conduta exemplar, também o amador de arte pode, deixando-se levar de algum modo pela obra, interiorizar suas regras de construção sem que elas jamais venham a sua consciência, nem sejam formuladas ou formuláveis enquanto tais. E nisto reside a diferença entre a teoria da arte e a experiência do *connaisseur*, quase sempre incapaz de explicitar os princípios de seus juízos. Tanto neste como em outros campos — como por exemplo, a aprendizagem da gramática da língua materna —, a educação escolar tende a favorecer a retomada consciente de modelos de pensamento, de percepção ou de expressão já manejados inconscientemente, pela formulação explícita dos princípios da gramática geradora, como por exemplo as leis da harmonia e do contraponto, ou então, as regras da composição pictórica, fornecendo o material verbal e conceitual indispensável para nomear diferenças de início apenas vislumbradas. O perigo do academicismo reside, como se pode ver, em toda e qualquer pedagogia racionalizada tendente a mercadejar através de um corpo doutrinal de preceitos, receitas e fórmulas explicitamente designadas e ensinadas, quase sempre muito mais negativas que positivas, tudo que um ensino tradicional transmite sob a forma de um *habitus* diretamente apreendido *uno intuitu* nas práticas que engendra, em termos de um estilo global que não se deixa decompor pela análise.

te pela ignorância da questão acerca de suas próprias condições de possibilidade — e com a teoria espontânea tão estimada pelos virtuoses do juízo de gosto. Esta última, fundada na experiência da familiaridade que constitui um caso particular cuja singularidade ignora, descreve a percepção artística como comunhão sentimental ou harmonia afetiva e, deste modo, reforça a representação carismática ou espontaneísta do acesso à obra de arte. [29].

O conservadorismo estético que leva as frações das classes dominantes mais distantes do pólo artístico a rejeitar todas as formas de arte libertas dos cânones estéticos do passado, funda-se, portanto, a exemplo do gosto das classes populares pelo "realismo", na recusa (ou na impossibilidade) de romper com os códigos conhecidos, sejam ou não artísticos, para entregar-se às exigências internas da obra. O gosto "acadêmico" pelas representações conhecidas e reconhecidas equipara-se ao gosto "popular" para exigir uma representação ajustada aos cânones de um estilo já apropriado, e para rejeitar a arte moderna que, ao afirmar sem concessões a autonomia absoluta do *modo de representação* (isto é, do estilo), tende a bloquear a interpretação assimilativa que a multifuncionalidade da pintura tradicional autorizava, e a exigir uma contemplação concentrada apenas em suas propriedades formais. Uma obra aparece como "semelhante" ou "realista" quando as regras que regem sua produção coincidem com a definição vigente da representação objetiva do mundo, ou melhor, com o sistema de normas sociais de percepção insensivelmente inculcadas através do convívio prolongado com representações produzidas segundo as mesmas normas. Destarte, ao conferir à fotografia um certificado de realismo, nossa sociedade está apenas confirmando para si mesma a certeza tautológica de que uma imagem ajustada à sua representação da objetividade é de fato objetiva. Com vistas a reforçar esta *certitudo sui*, basta-lhe esquecer que as representações fotográficas só devem parecer "semelhantes" e "objetivas" no que respeita à sua conformidade para com as leis da representação produzidas e praticadas por ela própria (sabe-se qual o uso que os pintores faziam da *camera obscura*) muito antes de ser capaz de produzir

(29) Certamente, pode-se admitir que a experiência interna enquanto capacidade de resposta emocional, constitui uma das chaves da obra de arte, mais ou menos eficaz segundo as artes (tomemos, por exemplo, o efeito específico do ritmo na música ou, em grau bem menor, a maneira e a cor na p.ntura) e de acordo com o grau de elaboração e refinamento da obra. Não obstante, a sensação ou a afeição suscitada pela obra apreendida em sua mera *expressividade* não possui o mesmo "valor" quando constitui o todo da experiência estética e quando se integra em uma experiência erudita que supõe o deciframento adequado a título de condição necessária mas não suficiente.

os meios de realizá-las mecanicamente [30]. Se é verdade, como já se afirmou, que "a natureza imita a arte", compreende-se que a fotografia, a imitação da arte mais "natural" em nossa sociedade, apareça como a imitação mais fiel da "natureza".

Em conseqüência, o grau em que uma obra contemporânea é legível varia, em primeiro lugar, de acordo com a relação que os produtores mantêm, em uma dada época e numa determinada sociedade, com o código exigido pelas obras da época precedente, e tal relação é função da relação que o artista, ou melhor, a fração dos artistas e mesmo dos intelectuais mantém com o restante da sociedade e, em particular, com as demais frações das classes dominantes, isto é, com os consumidores, seus gostos e suas demandas. A transformação dos instrumentos e dos produtos da atividade artística precede e condiciona necessariamente a transformação dos instrumentos de percepção estética, transformação lenta e trabalhosa já que se trata de minar um tipo de competência artística e substituí-la por um outro tipo, por um novo processo de interiorização forçosamente longo e difícil [31]. A inércia característica das competências artísticas (ou melhor, do *habitus* cultivado) faz com que, nos períodos de ruptura, as obras produzidas segundo um novo modo de produção estejam fadadas a serem percebidas, durante certo tempo, através dos instrumentos antigos de percepção, justamente aqueles contra os quais elas se constituíram. Os homens cultivados pertencentes à cultura no mesmo grau em que a cultura lhes pertence, são sempre instados a aplicar às obras de sua época categorias de percepção herdadas e a ignorar, ao mesmo tempo, a novidade irredutível de obras que, em oposição às obras "acadêmicas" (meras atualizações de um *habitus* pre-

(30) Utilizada desde o início do século XVI pelos pintores, e em seguida incessantemente aperfeiçoada, sobretudo pela inserção de uma lente convexa, a *camera obscura* difunde-se amplamente na medida em que se reforça a ambição de produzir imagens "semelhantes". Ademais, foi muito grande a voga dos retratos chamados "silhuetas" (desenhos de perfil executados a partir da sombra projetada pelo rosto), na segunda metade do século XVIII. Em 1786, Chrétien desenvolve o fisionotraço que permite traçar retratos três por quatro que, uma vez gravados em cobre, possibilitam a tiragem de diversos exemplares. Em 1807, Wollaston inventa a câmera clara, aparelho feito com um prisma que permite ver simultaneamente o objeto a ser desenhado e o desenho. Em 1822, Daguerre apresenta seus diorama, amplos quadros transparentes submetidos a iluminações mutáveis; em seguida, na busca de pigmentos capazes de dar mais força dramática a seus quadros, faz experiências com os produtos químicos sensíveis à luz, perseguindo o sonho de fixar quimicamente a imagem que se forma no interior da *camera obscura*. Ao saber da invenção de Niepce, nela introduz melhorias e constrói o daguerreótipo. Se a fotografia estava predestinada a tornar-se o critério de "realismo", isto se deve ao fato de que ela fornecia o meio mecânico de realizar a "visão do mundo" *inventada* muitos séculos antes com a perspectiva.

(31) Isto é válido para qualquer formação cultural, forma artística, teoria científica ou teoria política, uma vez que os *habitus* antigos podem sobreviver muito tempo a uma revolução dos códigos sociais e até mesmo às condições sociais de produção destes códigos.

existente), trazem consigo as normas de sua própria percepção. Aos devotos da cultura votados ao culto das obras consagradas dos profetas defuntos, e tanto aos sacerdotes da cultura como aos professores, ambos devotados à organização deste culto, opõem-se os profetas culturais que enfrentam a rotina do fervor ritualizado até o momento em que se tornem, por sua vez, o objeto do culto rotineiro de novos sacerdotes e novos devotos. Se é verdade que, como afirma Franz Boas, "o pensamento do que chamamos as classes cultivadas é regulado sobretudo pelos ideais transmitidos pelas gerações passadas"[32], pode-se dizer que a falta de formação artística não é a condição necessária nem a condição suficiente à percepção adequada das obras inovadoras, ou então, *a fortiori*, da produção de tais obras. A ingenuidade do olhar não passa, neste contexto, da forma suprema do refinamento do olho. O fato de ser destituído de chaves não predispõe de modo algum à compreensão das obras que exigem tão-somente se rejeitem todas as chaves antigas esperando-se assim que a própria obra ofereça a chave de seu próprio deciframento. Como se vê, eis a atitude que os mais desfavorecidos diante da arte não parecem dispostos a tomar. Se as formas mais inovadoras da arte não-figurativa só se deixam captar por uns poucos virtuoses (cujas posições de vanguarda devem sempre algo à posição que ocupam no campo intelectual e, de modo mais geral, na estrutura das relações de classe), é porque exigem a aptidão necessária para romper com todos os códigos, desde o código da percepção cotidiana, e porque tal disposição generalizável e transferível só pode ser adquirida através do convívio com obras que exigem códigos diferentes e através da experiência da história da arte enquanto sucessão de rupturas com os códigos estabelecidos. Em suma, a aptidão para abandonar provisoriamente todos os códigos disponíveis concentrando-se na própria obra, naquilo que ela tem de mais insólito à primeira vista, implica no domínio prático *do código dos códigos* que regulamenta a aplicação adequada dos diferentes códigos sociais objetivamente exigidos pelo conjunto das obras oferecidas em um dado momento do tempo e que, a despeito de seu universalismo aparente, deve sua raridade e seu valor ao fato de que tal aptidão constitui um produto muito particular de uma situação histórica particular e de condições sociais de exceção.

(32) F. Boas. *Anthropology and modern life*. New York, W. W. Norton and Co., 1962, p. 196.

7. Reprodução Cultural e Reprodução Social*

A sociologia da educação configura seu objeto particular quando se constitui como ciência das relações entre a reprodução cultural e a reprodução social, ou seja, no momento em que se esforça por estabelecer a contribuição que o sistema de ensino oferece com vistas à reprodução da estrutura das relações de força e das relações simbólicas entre as classes, contribuindo assim para a reprodução da estrutura da distribuição do capital cultural entre as classes. A ciência da reprodução das estruturas entendidas como sistema de relações objetivas capaz de transmitir suas propriedades de relação aos indivíduos aos quais tais propriedades preexistem e aos quais sobrevivem, não tem nada a ver com o registro analítico das relações que se estabelecem no âmbito de determinada população. Este postulado tanto se aplica à conexão entre o êxito escolar das crianças e a posição social de suas famílias como no caso das relações entre as posições ocupadas pelas crianças e pelos pais. Destarte, o modo de pensamento substancialista que, limitando-se aos elementos diretamente detectáveis, a saber os indivíduos, abstrai, fazendo a mímica de fidelidade ao real, a estrutura de relações de onde os indivíduos recebem todas suas determinações sociologicamente pertinentes, acaba envolvendo-se com a análise dos processos de mobilidade entre gerações em detrimento do estudo dos mecanismos tendentes a assegurar a reprodução da estrutura das relações entre as classes. De outro lado, tal pensamento ignora que a mobilidade controlada de uma catego-

---

(*) "Reproduction culturelle et reproduction sociale". Comunicação apresentada ao Colóquio da Associação Britânica de Sociologia, Durham, (abril de 1970), e posteriormente publicada com o mesmo título in *Information sur les Sciences Sociales*, X, 2, 1971, pp. 45-79. Tradução de Sergio Miceli, com base nas duas versões acima referidas.

ria limitada de indivíduos cuidadosamente selecionados e modificados pela e para a ascensão individual, não é incompatível com a permanência estrutural podendo até mesmo contribuir, através da única modalidade concebível em sociedades que se pretendem democráticas, para a estabilidade social e, por esta via, para a perpetuação da estrutura de relações de classe.

Romper com o atomismo substancialisa sem chegar ao exagero de certos estruturalistas que transformam agentes em meros "suportes" de estruturas investidas com o poder, assaz misterioso, de determinar outras estruturas, é o mesmo que tomar como objeto o processo de educação, vale dizer, a produção do sistema de disposições que é o *habitus*, mediação entre as estruturas e a prática. Em termos mais precisos, é preciso conhecer as leis segundo as quais as estruturas tendem a se reproduzir produzindo agentes dotados do sistema de disposições capaz de engendrar práticas adaptadas às estruturas e, portanto, em condições de reproduzir as estruturas. A partir desta perspectiva teórica, a sociologia das instituições de ensino e, em particular, das instituições de ensino superior, pode trazer uma contribuição decisiva à ciência da dinâmica da estrutura das relações de classe, problema muitas vezes negligenciado pela sociologia política. Na verdade, dentre as soluções historicamente conhecidas quanto ao problema da transmissão do poder e dos privilégios, sem dúvida a mais dissimulada e por isto mesmo a mais adequada a sociedades tendentes a recusar as formas mais patentes da transmissão hereditária do poder e dos privilégios, é aquela veiculada pelo sistema de ensino ao contribuir para a reprodução da estrutura das relações de classe dissimulando, sob as aparências da neutralidade, o cumprimento desta função.

O PAPEL DO SISTEMA DE ENSINO NA REPRODUÇÃO DA ESTRUTURA DE DISTRIBUIÇÃO DO CAPITAL CULTURAL

A definição tradicional do "sistema de educação" como o conjunto dos mecanismos institucionais ou habituais pelos quais se encontra assegurada, segundo a expressão de Durkheim, "a conservação de uma cultura herdada do passado", ou seja, a transmissão entre gerações da informação acumulada, permite às teorias clássicas dissociar a função de reprodução cultural que cabe a qualquer sistema de ensino, de sua função de reprodução social. Transpondo-se para o caso das sociedades divididas em classes a representação da cultura e da transmissão cultural em geral aceita pelos etnólogos, tais teorias baseiam-se no postulado tácito de que as diferentes ações pedagógicas que operam em uma formação social, vale dizer, tanto aquelas que as famílias das diferentes classes sociais exercem como a que a escola exerce, colaboram harmoniosamente na transmissão de um patrimônio cultural concebido como uma propriedade indivisa do conjunto da "sociedade".

De fato, a estatística de freqüência ao teatro, ao concerto e sobretudo ao museu (uma vez que neste último caso, talvez seja quase nulo o efeito de obstáculos econômicos) basta para lembrar que o legado de bens culturais acumulados e transmitidos pelas gerações anteriores, pertence *realmente* (embora seja *formalmente* oferecido a todos) aos que detêm os meios para dele se apropriarem, quer dizer, que os bens culturais enquanto bens simbólicos só podem ser apreendidos e possuídos como tais (ao lado das satisfações simbólicas que acompanham tal posse) por aqueles que detêm o código que permite decifrá-los. Em outros termos, a apropriação destes bens supõe a posse prévia dos instrumentos de apropriação. Em suma, o livre jogo das leis da transmissão cultural faz com que o capital cultural retorne às mãos do capital cultural e, com isso, encontra-se reproduzida a estrutura de distribuição do capital cultural entre as classes sociais, isto é, a estrutura de distribuição dos instrumentos de apropriação dos bens simbólicos que uma formação social seleciona como dignos de serem desejados e possuídos.

Para tanto, primeiro é preciso observar que a estrutura da distribuição das classes ou frações de classe segundo a parcela reservada aos consumos culturais corresponde, com desnível mínimo (os empresários industriais e os grandes comerciantes ocupam uma posição inferior à posição dos gerentes e dos membros das profissões liberais ou dos dirigentes dos escalões intermediários), à estrutura de distribuição segundo a hierarquia do capital econômico e do poder:

Quadro 1. *Parcela das despesas culturais no orçamento das diferentes categorias socioprofissionais*

Despesas	Consumo cultural[1]							
	Assalariados agrícolas	Proprietários agrícolas	Operários	Pequenos comerciantes	Funcionários	Técnicos e dirigentes de escalões intermediários	Industriais e grandes comerciantes	Profissionais liberais, gerentes e diretores de empresa
Cultura e lazer: Bens duráveis	0,6	0,5	0,8	0,8	1,4	2,8	1,5	3,6
Cultura e lazer: Outras despesas	1,6	1,9	2,2	2,2	3,2	3,6	3,3	6,2
Outras despesas	97,8	97,6	97	97	95,4	93,6	95,2	90,2
Consumo total	100	100	100	100	100	100	100	100

(1) Fonte: INSEE-CREDOC, pesquisa realizada em 1956, junto a 20 000 famílias.

As diferentes classes ou frações de classe organizam-se em torno de três posições básicas: a posição inferior, ocupada pelas profissões agrícolas, operários e pequenos comerciantes, que correspondem às categorias excluídas da participação na cultura "nobre"; a posição média, ocupada pelos funcionários, empresários industriais e comerciantes de um lado, e os técnicos e dirigentes de nível médio de outro (que estão quase tão afastados das duas outras categorias como estas das categorias inferiores); a posição superior, ocupada pelos grandes administradores e diretores e pelos membros das profissões liberais.

Observa-se a mesma estrutura sempre que se medem as práticas culturais e, em particular, aquelas que exigem uma disposição cultivada, como a leitura, a freqüência ao teatro, a concertos, ao cinema de arte ou a museus, sendo que as únicas deformações devem-se à utilização de princípios diversos de classificação.

Embora as estatísticas que se baseiam nas declarações dos entrevistados e não em observação direta acabem superestimando a intensidade da prática (devido à propensão das pessoas entrevistadas a se aproximarem, pelo menos por meio do discurso, da prática reconhecida como legítima), elas permitem detectar a estrutura real da distribuição do capital cultural. Para tanto, basta observar que a estatística de aquisição de livros omite a distinção entre os pequenos patrões artesãos e comerciantes, dos quais sabe-se que possuem práticas bem próximas às dos operários, e os grandes empresários da indústria e do comércio cujo consumo cultural é semelhante ao dos técnicos e dirigentes médios. Do mesmo modo, a estatística dos leitores de livros (livros comprados, mas também, é claro, emprestados ou lidos em bibliotecas, o que explica o translado para o topo da estrutura) reagrupa artesãos e comerciantes que possuem uma prática cultural muito baixa e os técnicos e dirigentes de nível médio com práticas bem superiores às dos funcionários.

Embora relativamente incongruentes, as categorias utilizadas no tocante ao nível de instrução permitem uma comparação mais direta sendo que todas evidenciam a existência de uma relação extremamente sólida entre as diversas práticas "legítimas" e o nível de instrução.

Quadro 2 — *Variações da prática e do consumo culturais segundo as categorias sócio-profissionais (porcentagens)*

Compradores de livros durante o mês de julho/ /1967 [2]	Leitores de livros [3]	Freqüência regular: teatro, concerto e cinema na região parisiense [4]			Foram ao teatro ao menos uma vez em 1964 [5] (índice nacional)
		TEATRO	CONCERTO	CINEMA	
Agricultores 14	Agricultores e assalariados agrícolas 15,5	Agricultores			18
Operários 22	Operários 33,0	Operários 21	8	70	17
Empresários industriais e grandes comerciantes 31	Funcionários 53,5	Comerciantes e artesãos 46	14	71	22
Funcionários e técnicos e dirigentes de nível médio 39	Artesãos, comerciantes e técnicos de nível médio 51,5	Funcionários e técnicos de nível médio 47	22	80	32
Profissionais liberais, administradores e diretores 50	Industriais, profissionais liberais e altos dirigentes 72	Industriais, altos dirigentes e profissionais liberais 65	33	81	63

(2) Sindicato Nacional dos Editores, *A clientela do Livro*, julho de 1967, pesquisa realizada pelo I.F.O.P.
(3) Sindicato Nacional dos Editores, *A Leitura e o Livro na França*, jan.-abr. de 1960, pesquisa realizada pelo I.F.O.P.
(4) Pesquisa sobre a freqüência ao teatro na região parisiense, I.F.O.P., 1964.
(5) Pesquisa sobre freqüência a cinema, S.O.F.R.E.S., junho de 1964. As taxas fixadas pela pesquisa da S.O.F.R.E.S. são nitidamente inferiores, sobretudo no tocante às classes médias, àquelas fornecidas pela pesquisa do I.F.O.P. Sem dúvida tal diferença deve-se ao fato de que a pesquisa da S.O.F.R.E.S. abrangia uma amostra nacional ao passo que a do I.F.O.P. englobava apenas a região parisiense. Sabendo-se que a estrutura das relações entre as classes é nitidamente distinta em Paris e na província, sobretudo em questões culturais (a distância entre as classes superiores e as classes médias é bem menos marcada em Paris) e levando-se em conta que a S.O.F.R.E.S. fazia entrevistas tomando como critério a freqüência real ao teatro e não um ritmo de freqüência "habitual" (freqüência real no sentido restritivo, ou seja, em oposição à ópera, à opereta e ao teatro de variedades, que também eram objeto de questões) durante o ano anterior. Apesar disso, o relatório da S.O.F.R.E.S. observa com razão que as taxas de freqüência são certamente superestimadas porque, de um lado, a pergunta não distinguia o teatro profissional do amador (em 1963, houve 19 000 representações de amadores na província e apenas 13 000 representações profissionais) e, de outro, pode-se supor que as recusas de resposta foram mais numerosas entre os freqüentadores ocasionais e que os entrevistados exageraram a importância de uma prática cultural de prestígio.

Quadro 3. *Variações da prática e do consumo culturais segundo o nível de instrução (porcentagens)*

Compradores de livros durante o mês de junho/1967 [6]		Leitores de livros [7]		Freqüência regular					Foram ao teatro	
					Teatro [8]	Concerto [8]	Cinema [8]	Cinema de arte	ao menos 1 vez em 1964	4 vezes ou mais
Primário	15	Primário	28	Primário	18	7	62	3	15	2
		Primário superior, comercial e técnico	60	Primário superior, comercial e técnico	41	15	76		24	5
Secundário	44	Secundário e superior	80	Secundário	57	25	79	15	38	12
Superior	64			Superior	69	43	88	32	49	21

(6) Ver nota 1.
(7) Ver nota 2.
(8) Ver nota 3.

Dentre todas as práticas culturais, a freqüência ao cinema em sua forma comum é a menos estreitamente vinculada ao nível de instrução (sem dúvida, eis uma das propriedades mais significativas das "artes médias" erroneamente designadas "artes de massa"), ao contrário da freqüência a concertos, prática mais rara que a leitura e a freqüência a teatros. Não obstante, o cinema tende a adquirir o poder de *distinção social* reservado até então às artes consagradas, sendo possível perceber tal mutação através da estatística de freqüência aos cinemas de arte.

Mais segura por estar fundamentada na mensuração das práticas efetivas e não em declarações dos entrevistados, a pesquisa realizada pelo Centro de Sociologia Européia junto ao público dos museus europeus permite a construção do sistema de condições sociais de produção dos "consumidores" dos bens culturais considerados os mais dignos de serem consumidos, vale dizer, os mecanismos de reprodução da estrutura da distribuição do capital cultural que se manifesta na estrutura da distribuição dos consumidores do museu, do teatro, do concerto, do cinema de arte e, em geral, de todos os bens simbólicos que constituem a cultura "legítima". Aumentando bastante à medida que se eleva o nível de instrução, a freqüência a museus é quase exclusivamente uma atividade das classes privilegiadas. A proporção das diferentes categorias socioprofissionais no público dos museus franceses corresponde quase exatamente à razão inversa de sua proporção na população global. Sabendo-se que o visitante típico dos museus franceses é bacharel (55% dos visitantes possuem ao menos o diploma de conclusão do secundário), compreende-se por que a estrutura do público distribuído segundo a categoria social seja semelhante à estrutura da população dos estudantes das faculdades francesas distribuídos conforme a extração social: a parcela de agricultores é de 1%, 4% de operários, 5% de artesãos e pequenos comerciantes, 23% de funcionários e técnicos e dirigentes de nível médio (sendo que 5% são professores primários), e 45% das classes superiores. Em lugar da taxa de representação das diversas categorias de visitantes no conjunto do público dos museus, se utilizarmos a probabilidade de ingresso das diversas categorias em um museu, durante certo período de tempo, constata-se (vide quadro abaixo) que, mantendo-se fixo o nível de instrução, o conhecimento do sexo ou da categoria socioprofissional dos visitantes só contribui com algumas poucas informações complementares (com um mesmo nível de instrução, observa-se que os professores e especialistas em arte apresentam uma prática cultural nitidamente superior àquela das demais categorias e, principalmente, àquela das outras frações das classes dominantes).

Quadro 4. *Taxa de freqüência anual dos museus franceses conforme as categorias socioprofissionais*[9] *(esperança matemática de visitas durante um ano, em porcentagem)*

	Sem diploma	Certificado de conclusão primário	Certificado de conclusão 1º ciclo secund.	Certificado de conclusão 2º ciclo secund.*	Licenciatura e outros títulos acadêmicos.**	Conjunto
Agricultores	0,2	0,4	20,4			0,5
Operários	0,3	1,3	21,3			1
Artesãos e comerciantes	1,9	2,8	30,7	59,4		4,9
Funcionários e técnicos/nível médio		2,8	19,9	73,6		9,8
Técnicos e altos dirigentes, empresários e profissionais liberais		2,0	12,3	64,4	77,6	43,3
Professores, especialistas em arte			(68,1)	153,7	(163,8)	151,5
Conjunto	1	2,3	24	70,1	80,1	6,2
Homens	1	2,3	24,4	64,5	65,1	6,1
Mulheres	1,1	2,3	23,2	87,9	122,8	6,3

Em suma, todas as relações observadas entre a freqüência ao museu e outras variáveis como a classe ou a fração de classe, a idade, a renda ou o domicílio, reduzem-se quase

(9) Ver P. Bourdieu e A. Darbel. *L'amour de l'art, les musées d'art européens et leur public*. Paris, Ed. de Minuit, 2ª edição, 1969, p. 40.

(*) Trata-se do "bacharelado" (*baccalauréat*) que, no sistema de ensino francês, constitui ao mesmo tempo o certificado de conclusão do 2º ciclo secundário e o primeiro título universitário. Há os "bacharelados" moderno, clássico e técnico. Em português, existe a palavra bacalaureato mas preferimos omiti-la. (N. do T.).

(**) A licenciatura (*licence*) é um título universitário intermediário entre o de bacharel e o de doutor. (N. do T.).

que totalmente à relação entre o nível de instrução e a freqüência. A existência de uma relação tão forte e tão exclusiva entre o nível de instrução e a prática cultural não deve dissimular o fato de que, dados os pressupostos implícitos que a orientam, a ação do sistema escolar somente alcança sua máxima eficácia na medida em que se exerce sobre indivíduos previamente dotados pela educação familiar de uma certa familiaridade com o mundo da arte. Na verdade, tal processo se desenvolve como se a ação escolar, que só atinge de forma bastante desigual (mesmo do ponto de vista da duração) as crianças das diferentes classes sociais e cujo êxito junto aos que atinge também é muito desigual, tendesse a duplicar e a consagrar por meio de suas sanções as desigualdades iniciais. O que se pretende medir através do nível de instrução é apenas a acumulação dos efeitos resultantes da formação adquirida por meio da família e da aprendizagem escolar que já supunham tal formação prévia. Por exemplo, a parcela daqueles que receberam de sua família uma iniciação precoce em arte aumenta bastante quando eleva-se o nível de instrução. Tal sucede porque, em primeiro lugar, a apropriação das obras de arte depende em sua intensidade, em suas modalidades e em sua própria existência, do domínio que o espectador possui dos instrumentos de apropriação disponíveis e, mais ainda, do código genérico e específico da obra, ou por assim dizer, dos esquemas de interpretação propriamente artísticos e diretamente adequados a cada obra particular sendo tais esquemas a condição de deciframento da obra [10]. No caso especial das obras de cultura erudita, o domínio do código não pode ser completamente adquirido pela aprendizagem corriqueira e difusa da existência cotidiana, sendo portanto necessário um ensino metodicamente organizado por uma instituição montada com este objetivo. Como o rendimento da comunicação pedagógica, responsável pela transmissão do código das obras de cultura erudita, é função da competência cultural que o receptor deve à educação familiar, o êxito da transmissão vai depender do grau de proximidade do código familiar junto à cultura erudita que a escola transmite e dos modelos lingüísticos e culturais segundo os quais se efetua tal transmissão.

(10) Para nos convencermos de que, em matéria de cultura, a raridade específica refere-se não aos bens mas aos instrumentos de apropriação destes bens, basta considerar as estatísticas mostrando que a posse dos instrumentos materiais de apropriação da Música (como se sabe, tal posse aumenta em função da renda e do nível de instrução) não é suficiente para assegurar a apropriação simbólica. Assim, a amplitude da variação de audiência de France-Musique (que transmite quase exclusivamente música clássica, numa proporção de 96,6 horas semanais) ainda é bastante grande entre os proprietários de aparelhos de freqüência modulada (Ver quadro anexo).

Posse e utilização de vitrolas e rádios com freqüência modulada

Proprietários de uma vitrola ou toca-discos		Proprietários de rádio com freqüência modulada		Índice de audiência/"FranceMusique"				Índice de audiência/"France-Musique" num determinado dia:	
				diariamente	2 ou 3 vezes por semana	menos de 2 vezes	nunca	dentre 100 dos que não possuem aparelhos com freq. modulada	dentre 100 que possuem aparelhos c/ freq. modulada
Agricultores	12,6	Assal. agrícolas	0,8	0,2	0,7	1,4	97,7		
		Pequenos proprietários rurais	1,7	0,9	1,5	1,8	95,8	0,3	1,4
Operários	32,4	Operários	3,5	0,6	1,6	2,8	95,0	0,2	4,2
Funcionários	48,5	Pequenos empresários	5,6	0,8	2,8	2,7	93,7	0,6	7,2
Empresários industriais e comerciantes	41,7	Técnicos e dirigentes de nível médio e funcionários	9,6	2,2	2,2	4,5	91,1	1,0	10,9
Técnicos e dirigentes de nível médio	60,9	Técnicos e altos dirigentes e grandes empresários	19,9	5,7	6,1	5,4	82,8	2,2	12,1
Profissionais liberais, dirigentes e técnicos	81,2								

Fontes: I.N.S.E.E., 1966, e C.E.S.P., 1964.

Uma vez que a recepção da mensagem pictórica e a aquisição institucionalmente organizada da competência cultural que constitui a condição para a recepção desta mensagem, encontram-se sujeitas às mesmas leis, compreende-se como é difícil romper o círculo que faz com que o capital cultural retorne ao capital cultural. O museu que delimita seu público e que legitimando sua qualidade social apenas através de seu "nível de emissão" [11], vale dizer, somente porque pressupõe a posse de um código cultural mais ou menos complexo, e por conseguinte mais ou menos raro, e necessário ao deciframento das obras expostas, constitui em certo sentido o limite a que tende uma ação escolar (poder-se-ia dizer uma pedagogia se, no caso particular, não fosse bem mais adequado chamá-la uma pedagogia da não-pedagogia) que exige implicitamente daqueles sobre os quais ela opera que possuam as condições necessárias à sua plena produtividade. O sistema de ensino reproduz tanto melhor a estrutura de distribuição do capital cultural entre as classes (e as frações de classe) quando a cultura que transmite encontra-se mais próxima da cultura dominante e quando o modo de inculcação a que recorre está menos distante do modo de inculcação familiar. Na medida em que opera através de uma relação de comunicação, a ação pedagógica visando inculcar a cultura dominante não pode furtar-se (mesmo parcialmente) às leis gerais da transmissão cultural segundo as quais a apropriação da cultura proposta (e em conseqüência, o êxito do empreendimento de aprendizagem sancionado por títulos escolares) depende da posse prévia dos instrumentos de apropriação apenas na medida em que fornece explícita e expressamente, na própria comunicação pedagógica, os instrumentos indispensáveis ao êxito da comunicação os quais, em uma sociedade dividida em classes, são distribuídos de forma bastante desigual entre as crianças das diferentes classes sociais. Pela prática de uma pedagogia implícita que exige a familiaridade prévia com a cultura dominante e que procede pela técnica de familiarização insensível, um sistema de ensino propõe um tipo de informação e de formação acessíveis exclusivamente àqueles sujeitos dotados do sistema de disposições que constitui a condição do êxito da transmissão e da inculcação da cultura. Eximindo-se de oferecer a todos explicitamente o que exige de todos implicitamente, quer exigir de todos uniformemente que tenham o que não lhes foi dado, a saber, sobretudo a competência lingüística e cultural e a relação de inti-

(11) A respeito desta noção, ver P. Bourdieu e A. Darbel, *op. cit.*, pp. 104-110.

midade com a cultura e com a linguagem, instrumentos que somente a educação familiar pode produzir quando transmite a cultura dominante. Em suma, uma instância oficialmente incumbida de assegurar a transmissão dos instrumentos de apropriação da cultura dominante que não se julga obrigada a transmitir metodicamente os instrumentos indispensáveis ao bom êxito de sua tarefa de transmissão, está destinada a transformar-se em monopólio das classes sociais capazes de transmitir por seus próprios meios, quer dizer, mediante a ação de educação contínua, difusa e implícita, que se exerce nas famílias cultivadas (muitas vezes sem que o saibam aqueles que a exercem e aqueles que a recebem), os instrumentos necessários à recepção de sua mensagem e necessários para assegurar a essas classes o monopólio dos instrumentos de apropriação da cultura dominante, e por esta via, o monopólio desta cultura [12]. Quanto mais a ação escolar se aproxima deste limite, tanto mais o valor que o sistema escolar concede aos produtos do trabalho pedagógico realizado pelas famílias das diversas classes sociais encontra-se intimamente vinculado ao valor enquanto capital cultural que é conferido, no âmbito de um mercado dominado pelos produtos do trabalho pedagógico das famílias das classes dominantes, à competência lingüística e cultural que as diferentes classes ou frações de classe estão em condições de transmitir, tendo em vista sobretudo a cultura de que dispõem e o tempo que podem dedicar à sua transmissão explícita ou implícita. Em outros termos, tudo depende da distância entre a competência lingüística e cultural implicitamente exigida pela transmissão escolar da cultura escolar (ela própria mais ou menos afastada da cultura dominante) e a competência lingüística e cultural inculcada pela primeira educação nas diversas classes sociais.

As leis do mercado escolar são visíveis nas estatísticas capazes de mostrar que, desde o ingresso no ensino secundário até as universidades, a hierarquia dos estabelecimentos escolares, ou então, no interior deles a hierarquia das seções e disciplinas segundo seu prestígio e segundo o valor escolar que conferem a seu público, corresponde estritamente à hierarquia destas instituições (ver quadro anexo) de acordo com a estrutura social de seu público. Logo, as classes e as frações de classe mais ricas em capital cultural fazem-se cada vez mais presentes quanto mais cresce a raridade e, ao mesmo

---

(12) A relação extremamente forte que se observa, de um lado, entre a freqüência a museus e o nível de instrução, e de outro, a precocidade do acesso às obras de arte, deve ser compreendida segundo esta lógica.

tempo, o valor escolar e o rendimento social dos títulos escolares. Tal sucede porque, em virtude da pequena autonomia real de um sistema escolar incapaz de afirmar a especificidade destes princípios de avaliação e de seu modo próprio de produção das disposições cultivadas, a relação entre as ações pedagógicas exercidas pelas classes dominadas e pelas classes dominantes pode ser entendida por analogia com a relação que se estabelece, no plano econômico, entre modos de produção de épocas diversas, ou seja, quando por exemplo em uma economia dualista, os produtos de um artesanato tradicional encontram-se submetidos às leis de um mercado dominado pelos produtos em série de uma indústria altamente desenvolvida. Os produtos simbólicos do trabalho pedagógico das diferentes classes sociais — isto é, além do saber e do saber fazer, as maneiras de ser, dizer e fazer —, possuem tanto menos valor no mercado escolar e, em geral, no mercado simbólico (por exemplo nas trocas matrimoniais) e no mercado econômico (pelo menos na medida em que suas sanções dependem da consagração escolar) quanto mais distante o modo de produção simbólico de que são o produto encontra-se do modo de produção dominante, a saber, as normas educativas das classes sociais em condições de impor a dominação dos critérios de avaliação mais favoráveis a seus produtos. É segundo esta lógica que se deve compreender o valor eminente que o sistema de ensino francês confere a modalidades sutis de relação com a linguagem e com a cultura, como por exemplo a intimidade, a elegância, o "natural" ou a "distinção". Estas são algumas das maneiras de utilizar bens simbólicos que devem representar a excelência em matéria de cultura (em detrimento das disposições produzidas pela escola e, paradoxalmente, desvalorizadas pela própria escola como "escolares") pelo fato de que pertencem apenas àqueles que adquiriram a cultura, ou ao menos, as disposições necessárias à aquisição da cultura escolar por familiarização, vale dizer, através da aprendizagem imperceptível imposta pela educação familiar como modo de aquisição dos instrumentos de apropriação da cultura dominante cujo monopólio encontra-se em mãos das classes dominantes.

A eficácia específica das sanções do mercado escolar resultam do fato de que tais sanções se exercem com todas as aparências da legitimidade. Na verdade, tudo se passa como se os agentes ajustassem os investimentos que realizam na produção para o mercado escolar — investimentos em trabalho e aplicação escolar para os alunos, investimentos em tempo, em esforços e em dinheiro para as famílias — aos

ESTRUTURA DE DIFERENTES PÚBLICOS ESCOLARES SEGUNDO A PROFISSÃO DO PAI

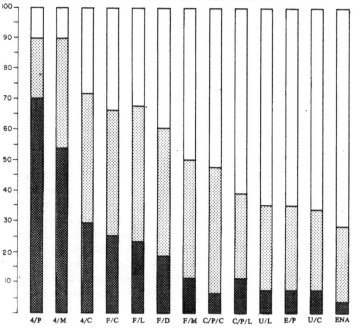

- ■ classes populares
- ▨ classes médias
- □ classes superiores

4º/P = prático ou técnico (nível secundário)

4º/M = moderno (nível secundário)

4º/C = clássico (nível secundário)

F/C = Faculdade de Ciências

F/L = Faculdade de Letras

F/D = Faculdade de Direito

F/M = Faculdade de Medicina

C/P/C ("*Taupes*") = classes preparatórias em ciências *

C/P/L ("*Khâgnes*") = classes preparatórias em letras **

U/L = Ulm/Letra ***

E/P = Escola Politécnica

U/C = Ulm/Ciências

ENA = Escola Nacional de Administração ****

(*) "*Taupes*" = classes preparatórias para as grandes escolas científicas (Ulm, Politécnica, Central, Minas), ligadas ao ensino secundário.
(**) "*Khâgnes*" = classes preparatórias para as Escolas Normais Superiores, área de letras, de Ulm e de Sèvres, também ligadas ao ensino secundário.
(***) Ulm: Escola Normal Superior (da rua com o mesmo nome). Esta Escola inclui duas seções (letras e ciências) e recruta através de concurso após dois ou três anos de passagem pelas classes preparatórias um número restrito de alunos (rapazes) que se tornarão, em sua maioria, professores no ensino superior ou pesquisadores.
(****) A Escola Nacional de Administração recruta por concurso os futuros altos funcionários. É preciso distinguir entre os alunos ou estudantes recrutados pelo primeiro concurso que de fato deverão ocupar os postos mais altos na administração e os funcionários recrutados pelo segundo concurso.

lucros que esperam obter a médio ou a longo prazo nesse mercado, como se o preço que eles conferem às sanções do mercado escolar fosse função do preço que lhes conferem as sanções deste mercado e do grau em que seu valor econômico e simbólico depende do valor que lhes concede o mercado escolar. Desta maneira, as disposições negativas no tocante à escola que levam a maioria das crianças das classes e frações de classe mais desfavorecidas culturalmente à auto-eliminação, como por exemplo a depreciação de si mesmo, a desvalorização da escola e de suas sanções ou a resignação ao fracasso e à exclusão, devem ser compreendidas em termos de uma antecipação fundada na estimativa inconsciente das probabilidades objetivas de êxito viáveis para o conjunto da categoria social, sanções que a escola reserva objetivamente às classes ou frações de classe desprovidas de capital cultural. O sistema de disposições em relação à escola é o produto da interiorização do valor que o mercado escolar (antecipando por suas sanções formalmente neutras as sanções do mercado simbólico ou econômico) confere aos produtos da educação familiar das diversas classes sociais (logo, de seu capital cultural) e do valor que, por suas sanções objetivas, os mercados econômico e simbólico conferem aos produtos da ação escolar segundo a classe social de que provêm. Nestas condições, o sistema de disposições em relação à escola enquanto propensão a consentir investimentos de tempo, esforço e dinheiro, necessários para conservar ou aumentar o capital cultural, tende a duplicar os efeitos simbólicos e econômicos da distribuição desigual do capital cultural ao mesmo tempo que os dissimula e os legitima. Os sociólogos funcionalistas recorrem a um mundo ideal quando, ao fim de um estudo longitudinal das carreiras escolares e sociais, descobrem que, pelos encantos de uma harmonia preestabelecida, os indivíduos obtiveram tudo que haviam esperado, ou melhor, não obtiveram nada mais do que haviam esperado. Esquecem-se, porém, que os indivíduos são apenas as vítimas menos perdoáveis pelo efeito ideológico que a escola produz ao desvincular as disposições a seu respeito ("esperanças", "aspirações", "disposições" ou "vontade") de suas condições sociais de produção além de não levar em conta que as condições objetivas — e no caso particular, as leis do mercado escolar — determinam as aspirações delimitando o grau em que podem ser satisfeitas.

Eis aí um dos mecanismos pelos quais o mercado escolar consegue impor às suas próprias vítimas o reconhecimento efetivo de suas sanções conseguindo dissimular a verdade objetiva dos mecanismos e dos requisitos sociais que as determinam. Bastando-lhe apenas *laisser faire,* isto é, permitir a livre ação das leis da transmissão cultural com vistas a assegurar a reprodução da estrutura de distribuição do capital cultural, o sistema de ensino se contenta em registrar a auto-eliminação imediata ou adiada (por exemplo, a composição de classes "especiais" para crianças das classes inferiores) ou a favorecer a eliminação através exclusivamente de uma pedagogia de privação eficiente capaz de mascarar sob as operações patentes de seleção a ação dos mecanismos tendentes a assegurar, de forma quase automática, (isto é, conforme as leis que regem qualquer modalidade de transmissão cultural) a exclusão de certas categorias de destinatários da mensagem pedagógica. Ao fazer tudo isso, o sistema de ensino dissimula melhor e de maneira mais global do que qualquer outro mecanismo de legitimação (por exemplo, quais seriam os efeitos sociais de uma limitação arbitrária do público a partir de critérios étnicos ou sociais), o aspecto arbitrário da delimitação efetiva de seu público, podendo assim impor de modo bem mais sutil a legitimidade de seus produtos e de suas hierarquias.

REPRODUÇÃO CULTURAL E REPRODUÇÃO SOCIAL

Ao apresentar as hierarquias sociais e a reprodução destas hierarquias como se estivessem baseadas na hierarquia de "dons", méritos ou competências que suas sanções estabelecem e consagram, ou melhor, ao converter hierarquias sociais em hierarquias escolares, o sistema escolar cumpre uma função de legitimação cada vez mais necessária à perpetuação da "ordem social" uma vez que a evolução das relações de força entre as classes tende a excluir de modo mais completo a imposição de uma hierarquia fundada na afirmação bruta e brutal das relações de força. Todavia, na maioria das sociedades altamente industrializadas, a expansão contínua da proporção de membros das classes dirigentes diplomados pelas melhores universidades, seria suficiente para levar-nos à conclusão de que a transmissão do capital cultural tende a substituir-se pura e simplesmente à transmissão do capital econômico e da propriedade dos meios de produção no sistema dos mecanismos de reprodução da estrutura das relações de classe?

Ademais, como a expansão da parcela dos detentores dos títulos escolares mais prestigiados entre os membros das classes dirigentes pode significar apenas que a necessidade de invocar a caução escolar para legitimar a transmissão do poder e dos privilégios se impõe de forma cada vez mais sólida, os novos mecanismos culturais e escolares de transmissão viriam apenas reforçar ou substituir os mecanismos tradicionais, como por exemplo a transmissão hereditária de um capital econômico, de um nome de família ou de um legado de relações sociais. Em suma, os investimentos aplicados na carreira escolar dos filhos viriam integrar-se no *sistema das estratégias de reprodução,* estratégias mais ou menos compatíveis e mais ou menos rentáveis conforme o tipo de capital a transmitir, e pelas quais cada geração esforça-se por transmitir à seguinte os privilégios que detém. Sabendo-se, de um lado, que as classes dominantes dispõem de um capital cultural muito mais importante que as demais classes, inclusive suas frações mais desfavorecidas em termos relativos (como vimos, tais frações possuem práticas culturais pelo menos tão intensas como as frações mais favorecidas das classes médias) e, tendo em vista que elas dispõem também dos meios de assegurar a este capital a melhor colocação escolar (vale dizer, os melhores estabelecimentos e as melhores seções), seus investimentos escolares não podem deixar de ser altamente rentáveis. Neste sentido, a segregação efetiva que se estabelece desde o ingresso no ensino secundário entre os alunos dos diferentes colégios e das diferentes seções tende a se reforçar à medida que avança o curso, em virtude do reforço contínuo das diferenças resultantes da orientação dos mais favorecidos culturalmente em direção às instituições capazes de intensificar sua vantagem. Também as instituições de ensino superior que asseguram ou legitimam o acesso às classes dirigentes e, sobretudo as grandes escolas (dentre as quais o internato de medicina), são quase totalmente monopolizadas pelas classes dominantes. Os mecanismos objetivos que permitem às classes dominantes conservar o monopólio das instituições escolares de maior prestígio (ainda que aparentemente tal monopólio seja colocado em jogo em cada geração), se escondem sob a roupagem de procedimentos de seleção inteiramente democráticos cujos critérios únicos seriam o mérito e o talento, e capazes de converter aos ideais do sistema os membros eliminados e os membros eleitos das classes dominadas, estes últimos os "milagrosos" levados a viver como "milagroso" um destino de exceção que constitui a melhor garantia da democracia escolar.

Pelo fato de que, de um lado, o mercado escolar tende a sancionar e a reproduzir a distribuição do capital cultural fazendo com que o êxito escolar seja proporcional à importância do capital cultural legado pela família (por exemplo, entre os alunos das grandes escolas, constata-se uma correlação muito forte entre o êxito escolar e o capital cultural familiar medido pelo nível de escolaridade dos ascendentes de duas gerações de ambas linhagens), enquanto, de outro lado, as frações das classes dominantes mais favorecidas do ponto de vista do capital econômico e do poder não são necessariamente as mais bem equipadas em capital cultural, não é preciso que a hierarquia dos valores conferidos pelo mercado escolar aos produtos do trabalho pedagógico das famílias das diferentes frações corresponda rigorosamente à hierarquia destas frações do ponto de vista do capital econômico e político. Deve-se, então, concluir que a autonomia relativa dos mecanismos de reprodução da estrutura de distribuição do capital cultural no tocante aos mecanismos responsáveis pela reprodução do capital econômico seria capaz de determinar uma transformação profunda, quando não da estrutura das relações de classe (ainda que as frações mais favorecidas das classes médias do ponto de vista cultural, por exemplo os filhos de professores primários e secundários, estejam em condições de competir com sucesso, no mercado escolar, com as frações culturalmente mais desfavorecidas das classes superiores), da estrutura de relações entre as frações das classes dominantes?

A estrutura de distribuição do capital cultural entre as diferentes frações da classe dominante pode ser construída a partir do conjunto de índices convergentes constantes do quadro sinótico abaixo [13]:

(13) S.O.F.R.E.S., *Le marché des cadres supérieurs français.* Paris, 1964.

Quadro 5. *Variações de alguns indicadores da prática cultural segundo as diferentes frações da classe dirigente*

	1 Professores	2 Técnicos e dirigentes do setor público	3 Profissionais liberais	4 Engenheiros	5 Técnicos e dirigentes do setor privado	6 Empresários industriais	7 Grandes Comerciantes
Leitores do *Le monde* (índice de penetração para 1000)	410	235	210	145	151	82	49
Leitores do *Figaro Littéraire* (mesmo índice)	168	132	131	68	100	64	24
Leitores de livros não-profissionais (15 horas ou mais por semana)	21	18	18	16	16	10	10
Freqüência/teatro (ao menos 1 vez cada 2 ou 3 meses)	38	29	29	28	34	16	20
Ouvintes de música clássica	83	89	86	89	89	75	73
Freqüentadores de museus e exposições	75	66	68	58	69	47	52
Freqüentadores de galerias de Pintura	58	54	57	45	47	37	34
Proprietários de rádio c/ freqüência modulada	59	54	57	56	53	48	48
Não possuem televisão	46	30	28	33	28	14	24

Com exceção de algumas inversões que expressam a ação de variáveis secundárias (como por exemplo o domicílio e as possibilidades objetivas de prática cultural que daí decorrem, e a renda [14] com as possibilidades que oferece), constata-se que as diversas frações se organizam segundo uma hierarquia única, sendo que a diferenciação do capital cultural acumulado conforme o tipo de formação recebida manifesta-se sobretudo no fato de que os engenheiros demonstram maior interesse pela música (e também pelas modalidades de lazer que exigem aptidões lógicas como o *bridge* e o xadrez) do que pelas atividades literárias (leitura do *Figaro Littéraire* ou freqüência a teatros). Se a parcela de indivíduos que não possuem televisão (e que se distinguem dos proprietários desse aparelho porque se dedicam com maior freqüência a práticas em geral consideradas como expressão de uma disposição autenticamente "cultivada" e refinada)[15], varia segundo a mesma lei, tal ocorre porque a recusa desta prática suspeita de "vulgaridade" em virtude de sua divulgação constitui uma das maneiras menos dispendiosas de exprimir pretensões culturais [16].

(14) Os empresários industriais entrevistados moram, mais freqüentemente que os grandes comerciantes, em pequenas cidades — 40% e 33%, respectivamente, dos quais 27% e 15%, respectivamente, moram em comunidades rurais; os técnicos e dirigentes do setor público ou privado e os engenheiros residem com maior freqüência do que os professores e profissionais liberais nas cidades com mais de 100 000 habitantes (28% desses últimos residem em pequenas cidades). Temos então 66% para as duas primeiras categorias, 65% para a terceira e 60% para as duas últimas, dados que explicam as inversões no caso dos índices de freqüência a teatros. Além da residência, o efeito da renda, nitidamente mais elevado nas profissões liberais que nos quadros da administração pública, explica as demais inversões constatadas sobretudo no que respeita à posse de aparelhos de rádio com freqüência modulada ou ao comparecimento a exposições de arte.

(15) Abaixo, damos alguns indicadores da oposição entre os dois sistemas de disposições onde a recusa da televisão constitui um elemento.

	Ouvem música clássica	Tocam algum instrumento	Freqüentam museus ou exposições	Freqüentam galerias de arte	Jogam *bridge*	Vão ao teatro
Possuem televisão	82	12	60	45	19	55
Não possuem televisão	91	15	70	53	28	70

(16) Inúmeros indicadores sugerem que as diferentes frações das classes dominantes se distinguem também conforme o tempo livre de que dispõem. Por exemplo, a parcela dos indivíduos que tiram férias atinge 95% dos professores, 92% dos engenheiros, 91% dos quadros do serviço público, 89% dos profissionais liberais, 87% dos técnicos e dirigentes do setor privado, e respectivamente 81 e 80% dos empresários industriais e dos grandes comerciantes. O efeito deste princípio de diferenciação é recorrente em certo número de práticas com dimensão cultural, como por exemplo a utilização do rádio ou da televisão.

Estes indicadores tendem a minimizar bastante as diferenças entre as diversas frações. Na verdade, a maioria dos consumos culturais implica também um custo econômico, sendo que a freqüência ao teatro, por exemplo, depende não apenas do nível de instrução (em uma população de técnicos e dirigentes, tal freqüência passa de 41% a 59 e 68% entre os níveis primário, secundário e superior) mas também da renda (46% com rendas inferiores a 20 000 francos anuais e 72% com rendas superiores a 75 000 francos). Demais, aparelhos como rádios com freqüência modulada ou vitrolas de alta fidelidade podem servir a utilizações bem diversas (audição de música moderna ou de música de dança) e dotadas de valores tão desiguais, como os diferentes tipos de leitura ou de teatro, é claro, por referência à hierarquia dominante dos usos possíveis. Assim, conforme os quadros abaixo, a posição das diversas frações hierarquizada segundo o interesse que demonstram pelos diferentes tipos de leitura, tende a aproximar-se de sua posição na hierarquia estabelecida segundo a riqueza em capital cultural à medida que nos dirigimos para leituras cujo montante depende bastante do nível de instrução e que se encontram melhor situadas na hierarquia dos graus de legitimidade cultural (Ver quadro anexo).

Quadro 6. *Tipo de leitura segundo as diferentes frações da classe dirigente (porcentagens e posições ou lugares)* [17] *

	Professores	Técnicos e dirigentes do setor público	Profissionais liberais	Engenheiros	Técnicos e dirigentes do setor privado	Empresários industriais	Grandes comerciantes
Romances policiais	25(6)	29 (1)	27(4)	28(3)	29 (1)	27(4)	25(6)
Romances de aventura	16(7)	20(3)	18(6)	24 (1)	22(2)	19(4)	19(4)
Relatos históricos	44(4)	47(2)	49 (1)	47(2)	44(4)	36(6)	27(7)
Livros de Arte	28(2)	20(3)	31 (1)	19(5)	20(3)	17(6)	14(7)
Romances	64(2)	68 (1)	59(5)	62(3)	62(3)	45(6)	42(7)
Filosofia	20 (1)	13(3)	12(5)	13(3)	15(2)	10(7)	12(5)
Política	15 (1)	12(2)	9(4)	7(5)	10(3)	5(6)	4(7)
Economia	10 (1)	8(3)	5(6)	7(5)	9(2)	8(3)	5(6)
Ciências	15(3)	14(4)	18(2)	21 (1)	9(7)	10(6)	11(5)

(17) O número entre parênteses representa o lugar de cada fração. Não se levou em conta a leitura de obras de Economia ou obras científicas uma vez que o interesse por este gênero de literatura depende de fatores secundários, como por exemplo o tipo de prática profissional para alguns (daí se explica o lugar dos técnicos e dirigentes do setor privado e dos empresários) e o tipo de formação intelectual para outros (decorre daí o lugar dos engenheiros).
(*) A tendência mais forte em cada linha aparece em negrito.

Quadro 7. *Tipo de leitura segundo o nível de instrução (porcentagens)* *

	Universidade	Grande escola	Secundário	Técnico	Primário
Romances policiais	28	27	27	**32**	24
Romances de aventura	17	14	22	**27**	17
Relatos históricos	47	**49**	42	41	25
Livros de arte	**25**	24	22	18	10
Romances	**65**	54	62	60	35
Filosofia	**18**	13	15	11	7
Ensaios políticos	**16**	14	6	6	3
Economia	12	**19**	5	3	4
Ciências	18	**27**	11	10	6

(*) A tendência mais forte em cada linha aparece em negrito.

Ao que tudo indica, as escolhas em matéria de teatro organizam-se segundo o mesmo princípio. Portanto, com base no quadro anexo, que mereceria comentários mais amplos, pode-se apontar que o índice de freqüência (visível a partir da distância entre a taxa de professores em cada teatro e a taxa média de professores para o conjunto de teatros) de professores (e estudantes) no público dos diversos teatros decresce de modo contínuo enquanto eleva-se paralelamente o índice de freqüência das demais frações (gerentes de empresas, técnicos de nível superior e profissionais liberais, categorias que foram infelizmente misturadas pela estatística) quando passamos do teatro de vanguarda ou do teatro percebido como tal ao teatro clássico e, sobretudo, deste último para o teatro de *boulevard* que recruta a terça ou quarta parte de seu público entre as frações menos "intelectuais" das classes dominantes.[18]

(18) Segundo S.E.M.A. *Le théâtre et son public*, T. II. quadro 215a.

	Operários	Comerciantes	Funcionários	Técnicos e dirigentes (escalão intermediário)	Estudantes, alunos	Professores	Administradores/empresas, técnicos/nível superior, prof. liberais	Sem profissão	Outros	
Odéon — La remise	4	1	11	12	28	26	9	4	4	100
Montparnasse — Sainte Jeanne	4	2	7	14	24	18	17	13	3	100
Vieux-Colombier — Noces de sang	3	1	4	16	39	17	10	11	1	100
T. E. P. — La locandiera	6	3	13	11	33	13	10	8	2	100
T. N. P. — Romulus le grand	7	1	13	14	27	12	12	11	2	100
Athénée — Le vicaire	9	4	10	12	28	8	11	11	5	100
Odéon — Tartuffe	3	2	2	9	41	12	20	9	3	100
Comédie Française — Cinna	4	2	13	11	43	6	12	9	3	100
Comédie Française — Cyrano	2	2	8	12	29	7	25	13	3	100
Théâtre de Paris — Comment réussir dans les affaires	3	1	5	14	11	12	23	26	7	100
Ambigu — Charmante Soirée	3	1	9	11	6	7	22	34	6	100
Antoine — Mary-Mary	8	4	13	16	7	4	26	21	2	100
Michodière — La preuve par quatre	4	9	7	14	8	4	31	18	3	100
Ambassadeurs — Photo-finish	4	5	5	10	13	6	35	24	—	100
Variétés — Un homme comblé	5	6	5	17	7	3	33	22	3	100
Conjunto	4	3	8	14	23	13	19	14	3	100

Com exceção das profissões liberais que ocupam neste campo uma posição elevada, a estrutura de distribuição do capital econômico é simétrico e inversa à estrutura de distribuição do capital cultural (ou seja, na ordem, empresários industriais e grandes comerciantes, técnicos e dirigentes do setor privado, profissionais liberais, engenheiros, técnicos e dirigentes do serviço público, professores)[19].

(19) Nenhum dos índices de consumo (automóvel, barco, hotel) é totalmente unívoco (na medida em que o primeiro índice depende também do tipo de prática profissional e os demais do montante de tempo disponível cuja distribuição entre as frações parece bastante desigual). Neste sentido, a posse de uma residência depende da estabilidade domiciliar (menor para os técnicos, engenheiros e professores). Demais, as rendas das diversas categorias são minimizadas de forma muito desigual (podendo-se considerar a taxa de não-declaração como indicador da tendência à declaração incompleta). Uma avaliação rigorosa das rendas das diversas frações exigiria o inventário dos lucros secundários referentes às diversas profissões. Sabe-se, por exemplo, que os técnicos e dirigentes do setor privado e alguns engenheiros muitas vezes dispõem de um carro (e de um motorista, em alguns casos) fornecido pela empresa que também se encarrega de lhes contratar uma arrumadeira ou uma empregada. A pesquisa citada permite um diagnóstico dos lucros secundários (e fáceis de dissimular) proporcionados pelas diversas profissões, como por exemplo as refeições para tratar de negócios (26% dos empresários industriais e dos técnicos e dirigentes do setor privado, 22% dos engenheiros, 17% dos grandes comerciantes, 14% para os técnicos e dirigentes do setor público, e apenas 10% dos profissionais liberais e 4% dentre os professores), viagens profissionais (abrangendo 41% entre os empresários industriais, 36% entre os técnicos e dirigentes do setor privado, 35% entre os engenheiros, 31% dos grandes comerciantes, e apenas 19% dentre os técnicos e dirigentes do setor público, 16% dentre os profissionais liberais e dirigentes e 4% dos professores).

	Grandes comerciantes	Empresários industriais	Profissionais liberais	Técnicos e dirigentes setor privado	Engenheiros	Técnicos e dirigentes do setor público	Professores
Residência própria [20]	70	70	54	40	44	38	51
Automóvel de categoria superior	33	34	28	22	21	20	12
Férias em hotel	32	26	23	21	17	17	15
Barco	13	14	14	12	10	8	8
Renda média em francos (1 000)	33	36	41	37	36	32	33
Taxas de não-declaração	(24)	(28)	(27)	(13)	(9)	(8)	(6)

(20) Dentre as personalidades mencionadas no *Who's Who*, a taxa de indivíduos que residem em bairros que comportam a proporção mais elevada de famílias de técnicos e dirigentes em relação ao conjunto de domicílios (7º, 8º e 16º *arrondissements*) é de 39,7% na burguesia de negócios, 40% na alta administração, 31% nas profissões liberais e 22% entre os professores.

A análise da mobilidade entre as frações mostra que o princípio dominante da hierarquia das frações reside na posse do capital econômico na medida em que tal critério encontra-se diretamente ligado à posse do poder. Destarte, o exame da mobilidade entre gerações dos indivíduos das diversas frações recenseados no *Who's who* mostra que a parcela de indivíduos deslocados para os níveis mais baixos da hierarquia no curso de sua carreira, é praticamente nula entre os empresários industriais e grandes comerciantes, aumentando continuamente à medida que nos deslocamos para as frações situadas nos graus mais baixos da hierarquia baseada no critério econômico. Outro índice bastante significativo, a relação entre a parcela de indivíduos originários da fração dominante das classes dominantes (burguesia de negócios) e a parcela nas diferentes frações de indivíduos originários das demais classes sociais, decresce continuamente à medida que nos deslocamos para as posições mais baixas da hierarquia.

	Parcela dos filhos de empresários industriais	Parcela dos indivíduos originários de outras classes	Relação
Empresários industriais	42,6	20,5	2,0
Grandes comerciantes	35,0	19,2	1,8
Profissionais liberais	20,5	16,1	1,2
Técnicos e dirigentes do setor público	11,9	28,0	0,4
Professores	15,0	31,0	0,4

A análise secundária da pesquisa nacional realizada pelo I.N.S.E.E. a respeito da mobilidade profissional entre gerações, permite verificar que a parcela em cada fração dos indivíduos provenientes das classes dirigentes e a parcela de indivíduos da mesma fração decrescem paralelamente, à medida que nos deslocamos para baixo na hierarquia das frações, havendo um corte marcante entre as três frações de posição superior e as outras três de posição inferior.

PAI	Empresários industriais	Grandes comerciantes	Profissionais liberais	Engenheiros	Técnicos e dirigentes do setor público	Professores
Empresários industriais	(33,5)	2,8	2,3	6,1	4,4	1,5
Grandes comerciantes	1,9	(31,0)	—	1,8	5,0	0,8
Profissionais liberais	0,6	0,9	(20,0)	0,9	2,4	7,6
Engenheiros	—	—	6,4	(6,7)	2,3	4,6
Ténicos e dirigentes do setor público	1,9	3,3	9,9	13,2	(14,3)	7,6
Professores	0,6	—	2,9	2,7	0,3	(6,1)
Conjunto da classe dirigente	(38,5)	(38,0)	(41,5)	(31,4)	(28,7)	(28,2)

Sabendo-se qual a estrutura das relações entre a estrutura de distribuição do capital cultural e a estrutura de distribuição do capital econômico entre as diversas frações da classe dirigente, e uma vez que o sistema de ensino ajusta o êxito ao capital cultural, compreende-se a razão pela qual os produtos do trabalho pedagógico das diferentes frações recebem no mercado escolar valores organizados conforme uma hierarquia que reproduz a hierarquia das frações distribuídas segundo a importância de seu capital cultural [21]. Demais, segundo um mecanismo já analisado, tal processo se concretiza

---

[21] No interior das classes médias, a oposição entre os técnicos de nível médio do setor público (em particular os professores primários) e os pequenos e médios empresários da indústria e do comércio, é homóloga à oposição que separa, no âmbito das classes superiores, os professores dos empresários industriais e grandes comerciantes. Não é por acaso que a ideologia do mérito escolar é particularmente persistente nas frações das classes médias mais ricas em capital cultural, da mesma forma que os defensores da "Escola liberadora" invocam com freqüência a ascensão em duas gerações (de camponês a professor primário e daí a professor). Na verdade, os professores primários (assim como as categorias subalternas de professores do ensino secundário) e, em geral, os técnicos de nível médio do setor público, ocupam uma posição bastante original, no ponto de junção entre as classes médias e as classes dominantes. Graças à relação privilegiada que mantêm com o sistema escolar, podem enfrentar com sucesso a competição junto às demais frações no plano escolar, concorrendo com frações mais abastadas em capital econômico e mesmo com as frações das classes dominantes menos ricas em capital cultural. A lógica que rege as relações entre os professores e as demais frações das classes dominantes (valendo *a fortiori* para os professores primários) faz com que seus filhos sejam relegados às funções de técnicos do ensino, da indústria ou da administração, espécie de pagamento pelo acesso às classes dominantes (aproximadamente 25% dos filhos de professores têm tal oportunidade).

de modo tanto mais seguro em virtude da tendência que as diferentes frações apresentam no sentido de investir o capital que estão em condições de transmitir no mercado capaz de lhe assegurar o melhor rendimento. Logo, deverão investir tanto mais na educação de seus filhos quanto mais disso depender seu êxito social, quer dizer, o mínimo necessário para sua manutenção nas classes dominantes.

As frações mais ricas em capital cultural são propensas a investir mais na educação de seus filhos e, ao mesmo tempo, em práticas culturais propícias a manter e aumentar sua raridade específica. As frações mais ricas em capital econômico dão primazia aos investimentos econômicos em lugar de investimentos culturais e educativos, atitude bem mais freqüente no caso dos empresários industriais e grandes comerciantes do que na nova burguesia de tecnocratas do setor privado que manifesta a mesma preocupação pelo *investimento racional* tanto no plano econômico como no plano educacional [22]. Relativamente providas das duas formas de capital, embora pouco integradas na vida econômica para nela empregar ativamente seu capital, as profissões liberais (e sobretudo, os médicos e os advogados) procuram investir na educação de seus filhos mas também em consumos capazes de simbolizar a posse de meios materiais e culturais adequados às regras do estilo de vida burguês e propícias à formação de um *capital social*, capital de relações mundanas, (fonte de "apoios" úteis) de honradez e respeitabilidade, muitas vezes indispen-

(22) Tendo chegado, ainda jovens, a posições de poder muitas vezes munidos com títulos universitários, e quase sempre trabalhando em empresas mais importantes e mais modernas, os técnicos e dirigentes do setor privado distinguem-se dos empresários industriais e dos grandes comerciantes, a burguesia tradicional, com férias em balneários exclusivos, recepções e obrigações mundanas — entre a" cuais a prática de esportes como golfe, equitação, e até mesmo a eventual sessão de teatro —, por um estilo de vida mais "modernoso". Neste sentido, são leitores mais assíduos do jornal financeiro *Les Échos* (índice de penetração de 126 contra 91 entre os empresários industriais) e dos semanários dedicados à Economia e às finanças (índice de penetração de 224 contra 190 para os empresários industriais). Demais, parecem menos inclinados a investir seu capital em bens imobiliários, preferindo os tipos de lazer modernos (esquiar, velejar, etc.). Identificam-se de modo mais integral com o papel do tecnocrata moderno voltado para o exterior (além dos técnicos do setor público e dos engenheiros, são dos que apresentam a taxa mais elevada de viagens ao exterior) e aberto às idéias modernas (daí sua elevada participação em colóquios e seminários profissionais, 30% deles comparecem a estas manifestações pelo menos três ou quatro vezes por ano, fazendo o mesmo 26% dos técnicos do setor público e dos grandes comerciantes, 25% dos engenheiros e 17% dos empresários industriais). Outro índice, à primeira vista irrelevante mas muito significativo, da oposição nas variações da parcela dos membros das diversas frações que declaram ter sempre em casa uísque ou champanha: no caso do uísque, 81% dos técnicos e dirigentes do setor privado, 80% dos engenheiros, 74% dos profissionais liberais, 69% dos técnicos e dirigentes do setor público, 62% dos empresários industriais, 60% dos grandes comerciantes e 58% dos professores; e no caso da champanha, 80% dos empresários industriais, 75% dos grandes comerciantes e dos profissionais liberais, 73% dos técnicos e dirigentes do setor privado, 72% dos técnicos e dirigentes do setor público e dos engenheiros, e 49% dos professores.

sável para atrair ou assegurar a confiança da boa sociedade e, por esta via, de sua clientela, podendo inclusive resultar numa carreira política [23].

De fato, a parcela das frações mais ricas em capital cultural é tanto maior naquelas instituições situadas no topo da hierarquia propriamente escolar dos estabelecimentos de ensino (comparada, por exemplo, ao índice de êxito escolar anterior), atingindo seu máximo na instituição encarregada de assegurar a reprodução do corpo docente (Escola Normal Superior) [24].

(23) A validação e o refinamento destas hipóteses só poderão ser feitos a partir de uma pesquisa que vem sendo atualmente realizada pelo Centro de Sociologia Européia e que pretende captar os sistemas de estratégias de reprodução das diferentes frações bem como determinar, em particular, o lugar do investimento em educação no interior de cada um dos sistemas. Por enquanto, será suficiente relatar alguns índices que parecem confirmar as proposições já indicadas acima, sobretudo no que concerne às profissões liberais. Com base na pesquisa da S.O.F.R.E.S. já citada, a hierarquia das frações segundo o nível de vida (fixado a partir da posse de certos bens, como por exemplo, máquina de secar roupa, congelador, máquina de lavar louça, vitrola, equipamento de alta fidelidade, rádio com freqüência modulada, gravador, máquina fotográfica, projetor de diapositivos, câmera de filmar, equipamento para acampar, barco, automóvel de luxo, residência de campo), se estabelece da seguinte maneira: profissões liberais (5,1), engenheiros (4,8) técnicos e dirigentes do setor privado (4,7), empresários industriais (4,6), grandes comerciantes (4,4), técnicos e dirigentes do setor público (4,4), professores (4,2). Na população selecionada de modo mais rígido no *Who's who*, a participação em clubes e a inscrição no Registro Social, se reparte assim: burguesia de negócios (respectivamente, 49,5 e 32,6), justiça (respectivamente, 38,1 e 36,5), medicina (respectivamente, 30,1 e 28,9), alta administração (respectivamente, 25,7 e 24,4), universidade (respectivamente, 24,3 e 22). É a seguinte a distribuição da leitura do jornal *Les Echos*, índice de participação na vida econômica e de informação a respeito da vida financeira (dados da S.O.F.R.E.S.): técnicos e dirigentes do setor privado (126), empresários industriais (91), técnicos e dirigentes do setor público (68), engenheiros (66), *profissões liberais* e grandes comerciantes (15), professores (0). Do mesmo modo, o índice de penetração dos semanários econômicos e financeiros é de apenas 124 para as profissões liberais, de 190 para os empresários industriais, de 224 para os técnicos e dirigentes do setor privado e de 250 para os engenheiros. Um último índice revelador da posição particular das profissões liberais, e em especial, dos médicos, é o fato de que 30% dos médicos inscritos no *Who's who* pertencem ao pessoal político local.

(24) As análises propostas acima se baseiam em um conjunto sistemático de pesquisas realizadas nos últimos anos pelo Centro de Sociologia Européia, a respeito das faculdades de letras, ciências, direito, medicina, e sobre o conjunto das grandes escolas literárias e científicas e dos cursos de preparação para tais escolas. Estas pesquisas tinham a intenção de tratar as instituições de ensino superior como um *sistema* e de construir a estrutura das relações que unem umas às outras. Em suma, a idéia era romper com a abordagem (consciente ou inconscientemente) monográfica da maior parte das pesquisas a respeito do ensino superior que acabam sempre ignorando as propriedades mais específicas das diversas instituições, a saber, as propriedades decorrentes de sua posição no sistema das instituições e dos efeitos de distinção estrutural que tal posição provoca. Desta maneira, os estudos dedicados às faculdades de letras ou de ciências que não se preocupam em reavaliar a posição destas instituições em relação aos cursos preparatórios para as grandes escolas ou em relação a estas últimas, privam-se da possibilidade de compreender e explicar até que ponto o recrutamento social e escolar do público destas instituições, a pedagogia que praticam ou as carreiras a que dão acesso decorrem do fato de se tratar de estabelecimentos de segunda categoria, locais compensatórios para jovens das classes médias e populares que têm acesso ao ensino superior ou refúgios para os filhos das classes dominantes cujos resultados escolares os desqualificam para instituições mais prestigiosas. De outro lado, a maioria dos estudos a respeito desta ou daquela grande escola não se distinguem nitidamente dos estudos realizados com fins práticos ou apologéticos pelas associações de antigos alunos, pois revelam quase sempre a permanência de um vínculo encantado com uma dada escola em particular, traço que pode mascarar-se tanto através de uma

Quadro 12. *As variações da parcela dos filhos de professores e do índice de êxito escolar segundo o tipo de estabelecimento* *

	Faculdade de Direito	Faculdade de Medicina	Faculdade de Ciências	Faculdade de Letras	Classes preparatórias p/ as Escolas Politécnicas	Escola Nacional de Administração	Politécnica	Ulm/Letras	Ulm/Ciências
Parcela dos filhos de professores	3,2	4,5	4,5	5,2	5,4	9,0	9,9	19,4	17,7
Taxa de menções	0,4		0,3	0,5	1,2	2,0	2,9	3,1	3,6

Como as diversas instituições se diferenciam não somente em função da formação que oferecem e, por conseguinte, do tipo de capital que exigem (a parcela dos filhos de engenheiros é particularmente elevada nas instituições científicas, 8,1% nas faculdades de ciências, 15,1% nos cursos preparatórios para as grandes escolas científicas, 19,7% na Escola Politécnica e 14% na Escola Normal Superior Científica), mas também em função da carreira a que dão acesso, a hierarquia propriamente escolar impõe-se de maneira perfeita apenas aos filhos de professores, levados pela formação familiar a identificar todo êxito ao êxito escolar. Na medida em que registra e consagra as diferenças que separam as diversas frações do ponto de vista do capital cultural (e em segundo lugar, do tipo de capital cultural) e da propensão a investir este capital no mercado escolar, ou melhor, em seu setor mais favorável, o sistema de ensino tende a reproduzir (no sentido duplo do termo) a estrutura de relações entre a estrutura de distribuição do capital cultural e a estrutura de distribuição do capital econômico entre as frações através das relações de oposição e complementariedade que definem o sistema de instituições do ensino superior. Na verdade, na medida em que resulta da aplicação de dois princípios opostos de hierarquização, a estrutura do sistema das instituições de ensino superior pode constituir o objeto de uma *leitura*

falsa postura objetivista como por meio de rupturas grandiloqüentes ou pela inversão desgostosa de um vínculo inicial de encantamento. Tal projeto metodológico implicava, sob pena de se perder informações específicas sobre cada instituição, a decisão de sujeitar quaisquer operações técnicas — desde a fase de construção de questionários ou escalas de análise — ao imperativo da comparação. O que de início poderia parecer uma abstração mutilante revelou-se a condição para se detectar as características mais específicas enquanto certas concessões que tinham a preocupação de levar em conta os particularismos (e sobretudo, os traços mais aparentes com os quais cada escola importante procura equiparar-se de um aparato idiossincrásico) não permitiam de modo algum comparações capazes de conduzir ao princípio das diferenças realmente *pertinentes*.

(*) Demos um ponto para uma menção *Regular*, dois pontos para uma menção *Bom* e três pontos para uma menção *Excelente* no "bacharelado", e calculamos o êxito médio por aluno.

Quadro sinótico das estruturas de diferentes públicos escolares segundo a profissão do pai.

	População ativa	Classes especiais	3º Gin. sem latim	3º Gin. com latim	Fac. Ciências	Fac. Letras	Fac. Direito	Medicina	Preparatórios Ciências	Preparatórios Letras	Escola Nacional de Adm.	Politécnica	Ulm/Letras	Ulm/Ciências
Assalariados agrícolas	2,9	5,3	3,3	1,2	2,9	2,7	1,7	0,9	0,5	3,0	1,0	0,4	0,6	1,6
Pequenos proprietários rurais	12	6,8	9,7	5,6	6,4	5,4	5,1	2,9	0,5	1,7	1,9	1,9	—	1,6
Operários e pessoal de serviço	43,4	57,3	40,7	21,7	15,2	14,6	10,3	5,8	4,3	4,3	—	3,7	5,4	2,5
Artesãos	3	6,1	9,9	8,3	5,4	5,1	4,4	3,9	1,6	1,3	2,9	1,4	1,4	3,1
Comerciantes	5,1	10,5	15,9	15,1	8,2	9,0	10,6	10,2	4,9	2,6	2,9	3,7	2,3	3,2
Empregados (exército — polícia)	16,5	10,5	15,9	15,1	9,5	10,1	11,0	8,8	6,5	4,3	3,9	5,1	7,6	5,8
Técnicos e dirigentes de nível médio	7,1	4,7	10,4	15,3	14,0	14,8	14,0	12,1	23,2	13,6	12,6	11,5	11,8	11,1
Professores primários	2,8	0,1	1,2	3,5	5,3	5,3	2,6	4,0	2,7	6,1	1,9	6,2	5,0	3,4
Industriais	1,4	0,5	1,8	3,3	2,4	2,6	4,0	3,7	5,8	2,4	×	6,0	2,4	2,8
Engenheiros	0,9	2,6	1,7	6,3	8,1	5,7	5,2	8,5	15,1	5,2	6,9	19,9	5,9	14,5
Técnicos e dirigentes de alto nível	2,2	0,5	2,4	7,9	9,5	10,6	14,0	11,7	19,1	23,7	+22,2	17,9	24,8	12,9
Altos funcionários									2,2	6,5	10,9	2,7	3,3	5,4
Profissionais liberais	1,6	5,4	2,1	7,5	8,5	8,8	13,8	22,9	8,1	10,4	23,8	9,7	10,1	14,3
Professores	1	0,1	0,9	4,3	4,5	5,2	3,2	4,5	5,4	14,8	9,0	9,9	19,4	17,7

× ENA. Técnicos e dirigentes de alto nível + industriais = 22,2

dupla: a hierarquia *dominante no interior da instituição escolar,* vale dizer, a hierarquia que ordena as instituições segundo critérios especificamente escolares e, ao mesmo tempo, conforme a parcela reservada às frações mais ricas em capital cultural de seu público, opõe-se radicalmente à *hierarquia dominante fora da instituição escolar,* vale dizer, a hierarquia que ordena as instituições segundo a proporção em seu público das frações mais ricas em capital econômico (ou em poder) e conforme a posição na hierarquia do capital econômico e do poder das profissões para as quais encaminham [25]. Destarte, as grandes escolas se distribuem quase sempre entre os dois pólos extremos, ou seja, de um lado, as escolas que levam ao poder econômico e político-administrativo (Politécnica, Escola Nacional de Administração) e, de outro lado, as escolas que dão acesso ao ensino e às profissões intelectuais (Escola Normal Superior literária e científica), sendo que os índices correspondentes a um dos princípios de hierarquização tendem a diminuir de modo progressivo à medida que aumentam os índices referentes ao outro princípio (Ver quadro nº 13).

A análise dos mecanismos escolares, mediante os quais se opera a distribuição dos candidatos entre as diversas instituições, permite detectar uma das formas mais sutis da astúcia da razão social, ou seja, o artifício que leva o sistema escolar a trabalhar objetivamente em favor da reprodução da estrutura de relações entre as frações das classes dominantes no mesmo momento em que parece utilizar plenamente sua autonomia e impor seus próprios princípios de hierarquização [26].

---

(25) A discordância entre ambas as hierarquias e a predominância, no âmbito da instituição, da hierarquia propriamente escolar, constitui um dos fundamentos da ilusão do mérito cuja forma mais típica é a ideologia da "escola liberadora". Tal fato explica também a indignação de muitos professores, primeiras vítimas desta modalidade de etnocentrismo acadêmico, em face da discordância entre as hierarquias escolares e as hierarquias sociais.

(26) Se muitas vezes passa despercebido o papel do sistema das instituições de ensino superior na reprodução da estrutura de relações entre as frações das classes dominantes, tal ocorre porque as pesquisas de mobilidade dão maior atenção à mobilidade entre as classes do que à mobilidade no interior das diversas classes e, sobretudo, no âmbito das classes dominantes. Demais, o modo de pensamento analítico e atomístico que orienta as pesquisas sobre mobilidade não permite que os estudos clássicos a respeito das "elites" possam ultrapassar a apreensão de fenômenos menores como a hereditariedade profissional. De fato, a estrutura das relações entre as frações pode permanecer inalterada ainda que a população que as constitui sofra profundas mudanças. Por exemplo, a estrutura das relações entre as frações intelectuais ou artísticas e as demais frações das classes dominantes permaneceu quase inalterada na França desde meados do século XIX, ao passo que o recrutamento social dos artistas e intelectuais tem variado em grau considerável segundo as épocas.

A taxa de alunos das classes superiores das diversas escolas que possui uma ou outra das características abaixo.

	Ulm/Letras	Ulm/Ciências	Sèvres/Letras	Sèvres/Ciências	Politécnica	Minas/Paris	Escola Nacional de Administração (1º conc.)	Altos estudos comerciais	Escola Central
Diploma do pai acima do diploma de curso superior	85,8	88,8	73,1	84,9	76	68,3	85,4	74,1	71,9
Diploma da mãe acima do diploma de curso superior	38,3	44,1	39,2	42,7	30,8	29,8	36,5	22,1	26,2
Taxa de professores	29,5	12,6	31,2	33	15	4,6	15,2	4,2	7,9
Secção literária	29,9	44,3	29,6	23,8	24,4	24,3	18,7	14,9	18,3
Êxito no "bacharelado"	3,6	5,5	3,2	2,7	3,1	3,1	2	1,1	2,3
Marxismo	51,1	30,4	31,4	35	12,2	19	1,8	7,2	7,7
Concerto número médio/audições	1,8	2,4	2,2	1,3	1,2	1,6	1,1	1,1	1,1
Teatro número médio de peças	3,8	3,4	4,7	4	3,6	4,6	2,5	2,3	2,3
Tamanho da família/4 filhos e mais	40,3	50,9	34,9	39,2	44	42,2	36,9	43,4	47,6
Católicos praticantes	29,7	31,6	39,1	38,8	41,6	39,1	39,8	41,2	48,9
Escola particular	14,6	17,8	19,4	9,5	17,9	18,7	24,9	23,9	13,5
Centro-direita/Direita/Extrema-direita	3,8	7,2	3,2	12,6		12,5	19,9	27,9	16,9
Técnico superior/indústria, comércio	41,3	23,2	44,1	32,6	36,2	53,2	30,9	57,4	55,7
Avô paterno das classes altas	56,6	41,7	44	31,3	48	62,6	61,6	63	47,5
Avô materno das classes altas	37,3	51,2	55,7	34,1	54,8	60	53,6	62	48,6
Residência em Paris	32,4	41,3	41,4	32,6	45,6	53,9	66,6	55,3	46,5

Obs.: Os resultados em negrito correspondem à tendência mais pronunciada em cada linha, e em itálico, à tendência seguinte.
Fonte: C. S. E. (Centro de Sociologia Européia).
(*)O problema não foi colocado na Escola Politécnica.

Quadro 13. *Quadro sinóptico de alguns indicadores dos valores (em %) das características sociais, escolares e culturais dos alunos das principais grandes escolas originários das classes superiores (porcentagens*)*

	Ulm Letras	Ulm Ciências	Sèvres/ Letras**	Sèvres/ Ciências	Politécnica**	Minas Paris***	Escola Nacional Administração	Altos Estudos Comerciais****	Escola Central***
Pai licenciado ou mais	85,8	88,8	73,1	84,9	76	68,3	85,4	74,1	71,9
Mãe licenciada ou mais	38,3	44,1	39,2	42,7	30,8	29,8	36,5	22,1	26,2
Filhos de professores	29,5	26,2	31,2	33	15	4,6	15,2	4,2	7,9
Secção latim-grego	29,9	44,3	29,6	23,8	24,4	24,3	18,7	14,9	18,3
Ao menos 1 menção *BOM* ou 2 menções *REGULAR* no 'bacharelado'	90	85,4	89,2	76,6	86,3	84,5	63,3	31	67,4
Marxistas	51,1	30,4	31,4	35	12,2	19	1,8	7,2	7,7
Concerto/ao menos 2 vezes por ano	21,9	30,5	33,5	24,7	18,1	24,3	17,1	14,6	18,2
Teatro/ao menos 2 vezes por ano	64,2	36,3	75,4	64,1	59,2	67,6	42,4	40,4	40,7
Originários de famílias com pelo menos 4 filhos	40,3	50,9	34,9	39,2	44	42,2	36,9	43,4	47,6
Católicos praticantes Escola particular por ocasião do ingresso com idade mínima					41,6	39,1	39,8	41,2	48,9
no 1.º ciclo secundário	14,6	17,8	19,4	9,5	17,9	18,7	24,9	23,9	13,5
Centro-direita, direita, extrema-direita	3,8	7,2	3,2	12,6	(§)	12,5	19,9	27,9	16,9
Filhos de técnicos de nível superior ou de empresários industriais e grandes comerciantes	41,3	23,2	44,1	32,6	36,2	53,2	30,9	57,4	55,7
Avô paterno das classes altas	56,6	41,7	44	31,3	48	62,6	61,6	63	47,5
Avô materno das classes altas	37,3	51,2	55,7	34,1	54,8	60	53,6	62	48,6
Parisienses	32,4	41,3	41,4	32,6	45,6	53,9	66,6	55,3	46,5

N.B. — O valor maior em cada linha aparece em negrito.
(§) — A pergunta não pôde ser feita na Escola Politécnica.

(*) Estes resultados foram obtidos através da pesquisa realizada pelo Centro de Sociologia Européia em 1966 e 1967 envolvendo o conjunto dos alunos das Escolas Normais Superiores, da Escola Politécnica, das Escolas de Minas de Paris, Nancy, Saint-Étienne, da Escola Central, da Escola de Altos Estudos Comerciais, da Escola Nacional de Administração, dos Institutos de Estudos Políticos, das Escolas de Agronomia.

(**) Sèvres: Escola Normal Superior para moças, sendo o equivalente da Escola Normal Superior (Ulm) para rapazes.

(***) Escola Politécnica, Escola Central de Artes e Manufaturas e Escola Nacional Superior de Minas de Paris: estas três escolas recrutam seus alunos por concurso após dois ou três anos de passagem pelas classes preparatórias. A Escola Politécnica tem como objetivo formar os altos escalões técnicos da nação e, em particular, os engenheiros das grandes agências do Estado dos quais, depois de 10 ou 20 anos de serviço, um elevado contingente se transfere para as grandes empresas privadas; a Escola Central destina-se a formar engenheiros que deverão ocupar os postos dirigentes em todos os ramos da indústria bem como no serviço público; além dos engenheiros do corpo nacional das Minas, a Escola de Minas forma sobretudo os escalões superiores da indústria e engenheiros/pesquisadores de alto nível científico.

(****) Escola de Altos Estudos Comerciais: recruta seus alunos por concurso, os quais deverão, em sua maioria, assumir

Sabemos que o êxito escolar é função do capital cultural e da propensão a investir no mercado escolar (tal propensão dependendo das chances objetivas de êxito escolar) e, em conseqüência, as frações mais ricas em capital cultural e mais dispostas a investir em trabalho e aplicação escolar são aquelas que recebem a consagração e o reconhecimento da escola [27]. Sabemos também que a adesão de uma categoria às sanções e às hierarquias da escola depende não somente da posição que esta lhe concede em suas hierarquias mas também do grau em que seus interesses estão vinculados à escola, ou seja, do grau em que seu valor mercantil e sua posição social dependem (tanto no passado como no futuro) da garantia escolar. Tendo em vista tais condições, compreende-se por que o sistema de ensino jamais consegue impor completamente o reconhecimento de seu valor e o valor de suas classificações, a não ser quando suas sanções se exercem sobre classes ou frações de classe que não podem lhe opor outro princípio concorrente de hierarquização. Enquanto as frações mais ricas em capital econômico autorizam e estimulam um estilo de vida cujas seduções são de molde a competir com as exigências ascéticas do sistema escolar, ao mesmo tempo que asseguram e prometem garantias diante das quais as garantias escolares não valem grande coisa ("o diploma não é tudo"), as frações mais ricas em capital cultural nada podem opor à atração exercida pelos signos de consagração escolar que sua dedicação escolar lhes assegura [28].

Em suma, a eficácia dos mecanismos pelos quais o sistema de ensino assegura sua própria reprodução encerra seu próprio limite. Se a escola pode lançar mão de sua relativa autonomia para propor e impor suas próprias hierarquias (dentre elas a carreira universitária que é o ápice), só conquista inteiramente a adesão quando prega a convertidos e oblatos, a saber, os filhos de professores ou jovens das classes médias e populares que dela tudo receberam e dela tudo

---

(27) Para uma análise da dialética da consagração e do reconhecimento mediante a qual a Escola reconhece seus adeptos, isto é, os que reconhecem a escola, ver P. Bourdieu e Monique de Saint-Martin, "A excelência escolar e os valores do sistema de ensino francês", nesta coletânea.

(28) A adesão aos valores veiculados pela tradição católica sem dúvida contribui, em parte, para desviar os jovens das frações dominantes das classes dominantes das carreiras escolares que conduzem às profissões universitárias ou intelectuais. Tal influência pode suscitar uma certa suspeita em relação à ciência e seus valores, ou então, estimular (com a preocupação de assegurar aos jovens "boas relações", quer dizer, a homogeneidade social do grupo de pares e garantias de "moralidade") a escolha de estabelecimentos particulares que como se sabe (mantendo-se iguais as demais condições), apresentam menor rendimento pedagógico. Entre os indivíduos mencionados no *Who's who*, as taxas de antigos alunos de escolas particulares são, respectivamente, 55,3% para a burguesia de negócios, 36,2% para a Justiça, 18,5% para a alta administração e medicina, 16% para a universidade.

esperam. Ao invés de desviar em proveito próprio os jovens das frações dominantes das classes dominantes (como parecem confirmar alguns exemplos cuja repercussão levou as frações mais conservadoras da burguesia a denunciar a corrupção da juventude e, ao mesmo tempo, levou professores e intelectuais a acreditarem na onipotência de suas idéias), impede que os jovens das demais frações e classes possam reivindicar o preço de seus investimentos escolares e obter de seus títulos o lucro econômico e simbólico de que sabem tirar proveito os filhos da grande burguesia de negócios, melhor situados para relativizar os juízos escolares.

A escola conseguiria desviar de forma tão completa em seu proveito as categorias a que concede seu valor mais alto (o que se constata através da diferença entre a qualidade escolar dos alunos da Escola Normal Superior e da Escola Nacional de Administração) se os títulos que oferece fossem possíveis de conversão, em termos paritários, no mercado econômico e político? Os limites da autonomia escolar na produção de suas hierarquias coincidem rigorosamente com os limites objetivamente atribuídos a seu poder de garantir fora do mercado escolar o valor econômico e simbólico dos títulos que outorga. Títulos escolares semelhantes recebem valores e funções bastante variáveis conforme o capital econômico e social (sobretudo o capital de relações legadas pela família) de que dispõem seus detentores e de acordo com os mercados em que são utilizados. Logo, sabemos que o êxito profissional dos antigos alunos da Escola de Altos Estudos Comerciais (recrutados em sua maior parte na burguesia de negócios parisiense) varia muito mais em função da maneira como foi obtido o primeiro posto profissional (através de relações familiares ou por outras vias) do que em função de sua posição no exame final da Escola. Enquanto os técnicos de nível superior filhos de funcionários recebiam em 1962 um salário anual médio de 18 027 francos, os técnicos de mesmo nível filhos de industriais ou grandes comerciantes recebiam 29 470 francos anuais [29]. Segundo a pesquisa da comissão Boulloche junto a 600 empresas, apenas 2,4% dos 17 000 técnicos empregados nestas empresas são bacharéis ou doutores em ciência ao lado de 37% diplomados por uma grande escola de engenharia. Isto porque os detentores dos títulos de maior prestígio dispõem também de um capital herdado de relações e aptidões que lhes permitem adquiri-los, como por exemplo a prática de jogos e esportes requintados, bem como as ma-

(29) M. Praderie. Héritage social et chances d'ascension, in Darras, *Le Partage des bénéfices*. Paris, Editions de Minuit, 1966, pp. 346-347.

neiras e os gostos da boa sociedade, que constituem em algumas carreiras (sem falar das trocas matrimoniais, oportunidades de aumentar o capital social de honorabilidade e de relações) a condição e talvez o fator principal do êxito [30]. O *habitus* inculcado por uma primeira educação burguesa engendra práticas que, por mais desinteressadas que sejam, são altamente rentáveis na medida que permitem obter o rendimento máximo dos títulos escolares sempre que o recrutamento ou a escalada dependerem de escolha por cooptação ou por critérios difusos e totais ("boa aparência", "cultura geral", etc.) [31]. Assim como em uma economia pré-capitalista onde uma garantia vale o que vale o fiador, o diploma vale fora do mercado escolar o que seu detentor vale econômica e socialmente, sendo que o rendimento do capital escolar (forma transformada do capital cultural) depende do capital econômico e social que pode ser utilizado em sua valorização. O filho de industrial egresso da Escola de Altos Estudos Comerciais torna seu diploma apenas um título suplementar para suceder legitimamente a seu pai ou para ocupar o posto de direção que a rede de relações familiares lhe assegura, ao passo que o filho de funcionário contando apenas com seu próprio êxito escolar para alcançar o mesmo título poderá não conseguir o cargo de diretor comercial na mesma empresa [32]. Em suma, através da análise das características sociais e escolares dos indivíduos mencionados no *Who's who,* o diploma é tanto mais indispensável quando se é originário de uma família desprovida de capital econômico e social. Assim, o sistema escolar só pode garantir completamente o valor dos títulos que outorga em sua própria esfera de reprodução. A posse de um diploma, por mais prestigioso que seja, não é por si mesma capaz de assegurar o acesso às posições mais elevadas e não é suficiente para dar acesso ao poder econômico. Ao contrário, como indica

(30) A parcela de alunos que praticam o *bridge* ou os esportes "elegantes" aumenta quando nos aproximamos do pólo do poder econômico.

(31) O que muitas vezes encontra-se ausente de qualquer análise que tende a considerar os consumos culturais como meros "consumos ostentatórios", negligenciando as gratificações diretamente palpáveis que se juntam às gratificações simbólicas. A mera ostentação da riqueza material, mesmo que não tenha uma função de legitimação tão evidente como a ostentação cultural, tem pelo menos o efeito junto a certas frações das classes dominantes de confirmar o êxito e atrair confiança, estima ou respeito que, em certas profissões, sobretudo as profissões liberais, podem constituir um fator importante de êxito.

(32) A análise secundária da pesquisa realizada pelo I.N.S.E.E. sobre mobilidade profissional permite estabelecer que a posição ocupada na empresa pelos engenheiros, administradores e técnicos de alta qualificação, encontra-se intimamente vinculada à origem social. Assim, os filhos de professores primários, de professores universitários e de profissionais liberais, são os mais representados em funções de direção enquanto os filhos de operários qualificados, de contramestres e técnicos estão mais representados em funções de produção, fabricação e manutenção.

o diagrama de correlação, o acesso às classes dominantes e, *a fortiori,* às frações dominantes dessas classes é relativamente independente das oportunidades de acesso ao ensino superior para aqueles indivíduos originários das frações mais próximas ao poder econômico e político-administrativo, os técnicos e dirigentes do setor público, os empresários industriais e grandes comerciantes. (Ver diagrama anexo e Quadro 14) [33]. Assim, à medida que nos afastamos da esfera escolar, o diploma parece perder sua eficácia própria de garantia de uma qualificação específica dando acesso a carreiras determinadas de acordo com regras formalizadas e homogêneas, até tornar-se uma simples condição permissiva, um direito de acesso cujo valor poderá ser explorado apenas pelos que detêm um elevado capital de relações sociais (em especial, no caso das profissões liberais). O diploma não passa, em última instância, de uma caução facultativa que serve para legitimar a herança.

Como a estrutura de distribuição do capital cultural não corresponde exatamente à estrutura do capital econômico e político, a autonomia relativa de que dispõe o mercado escolar só parece justificar a ideologia do mérito segundo a qual a justiça escolar forneceria uma espécie de recurso ou revanche àqueles que não possuem outro instrumento a não ser sua "inteligência" ou seu "mérito", quando se quer ignorar, de um lado, que "a inteligência" ou a boa vontade escolar representam tão-somente uma forma particular de capital — que vem juntar-se, na maioria dos casos, à posse do capital econômico e do capital correlato de poder e de relações sociais —, e de outro lado, que os detentores do capital econômico têm mais chances (em comparação com os que não o possuem) de deter também o capital cultural, e por assim dizer, de poder dispensá-lo pois o título escolar constitui moeda fraca cujo valor total só se faz sentir nos limites do mercado escolar.

---

(33) Ainda que o ingresso nas profissões liberais suponha a posse de títulos escolares elevados, o acesso às posições mais elevadas nestas profissões depende um pouco menos da posse de um capital econômico e social do que no setor industrial e comercial, o que explica a taxa muito elevada de hereditariedade profissional, sobretudo na elite médica onde existem verdadeiras dinastias profissionais.

Diagrama de correlação entre possibilidades de acesso às classes dirigentes e possibilidades de acesso aos estudos superiores conforme a origem social.

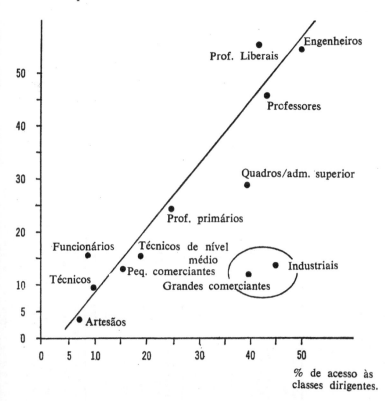

Fonte: Pesquisa do I.N.S.E.E. 1964, *Formação, Qualificação e Emprego*, utilização secundária realizada no C.S.E (Centro de Sociologia Européia).

Quadro 14. *Distribuição segundo a origem social e o nível do diploma das 200 maiores empresas francesas* (≠)

	Politécnica	Outra grande escola	Doutoramento ou licenciatura em Direito	Ciência Política.* Escola de Altos Estudos Comerciais **	Escolas menos importantes ***	Bacharelado e títulos menores	Total
Administradores, industriais, banqueiros	7,4	8,1	8,9	5,7	7,4	5,7	43,2
Alta administração (inclusive oficiais de patente superior)	5,7	0,8	0,8	0,8	0,8	1,6	10,5
Profissionais liberais	3,2	—	2,5	2,5	—	—	8,2
Engenheiros	4,0	2,5	0,8	1,6	—	—	8,9
Professores	0,8	—	1,6	—	0,8	—	3,2
Professores primários	1,6	—	—	—	—	—	1,6
Fabricantes, negociantes, comerciantes e artesãos	4,0	2,5	4,0	1,6	0,8	0,8	13,7
Pequenos funcionários	2,5	2,5	—	—	—	0,8	5,8
Proprietários de terras e agricultores	2,5	1,6	—	0,8	—	—	4,9
Total	31,7	18,0	18,6	13,0	9,8	8,9	100

Fonte: Estudo do Centro de Sociologia Européia a partir do *Who's who*.
(≠) Classificação das empresas feita pela revista *Entreprise* (novembro de 1969).

(*) Instituto de Estudos Políticos ("Sciences PO"): trata-se de um estabelecimento de ensino superior que inclui quatro seções, sendo que a mais importante é a seção *serviço público* que recebe uma parcela importante dos alunos que se destinam à Escola Nacional de Administração.
(**) Com ou sem licenciatura em direito.
(***) Pequena escola: por essa designação entendemos aquelas escolas que, no mais das vezes, recrutam alunos ao nível do bacharelado a fim de lhes dispensar uma formação como técnico ou engenheiro durante 2, 3 ou 4 anos. Entre outras, a Escola de Eletricidade e de Mecânica Industrial, Escola Especial de Eletrônica do Oeste).

8. Estrutura, Habitus e Prática*

Arquitetura gótica e pensamento escolástico é, com certeza, um dos mais belos desafios que já se fez ao positivismo. Pretender que podemos comparar a *Suma* e a catedral, como dois conjuntos inteligíveis compostos segundo métodos idênticos, por exemplo, a separação rigorosa entre as partes, a clareza expressa e explícita das hierarquias formais, a conciliação harmoniosa dos contrários, é expor-se a receber, no melhor dos casos, a homenagem respeitosa e prudente que "uma bela visão do espírito" [1] merece.

A idéia de que existe entre os diferentes aspectos de uma totalidade histórica, um parentesco de escolha (*Wahlverwandtschaft*) — para falar como Max Weber — ou, conforme dizem os lingüistas, uma afinidade estrutural, não é uma idéia nova. Mas a procura do lugar geométrico de todas as formas de expressão simbólica próprias de uma sociedade e de uma época, partiu antes de uma inspiração metafísica ou mística, que de uma intenção propriamente científica. Não é por acaso que, desde há muito tempo, a arquitetura gótica constitui um dos objetos prediletos do fervor intuitivista. Assim, para citar apenas um exemplo das numerosas interrogações que a "estrutura espiritual" da catedral gótica provocou, Hans Sedelmayr, seduzido pelo encanta-

---

(1) Cf. L. Grodecki, resenha in *Diogène*, Vol. 1, 1952, pp. 134-136; E. Gall, resenha em *Kunstchronik*, Vol. 6, 1953, pp. 42-49; J. Bony, resenha in *Burlington Magazine*, Vol. 95, 1953, pp. 111-112; R. Branner, "A Note on Gothic Architects and Scholars", *Burlington Magazine*, Vol. 99, 1957, p. 372 e ss,; resenha anônima in *Times Literary Supplement*, 24 de janeiro de 1958. (Devo estas referências a Erwin Panofsky).

(*) Novo título para o *Postface* que o autor escreveu para a tradução francesa de dois textos de Erwin Panofsky (respectivamente, *Abbot Suger on the Abbey Church of Saint-Denis* e *Gothic Architecture and Scholasticism*), publicados sob o título do segundo, *Architecture Gothique et Pensée Scolastique*, Paris, Minuit, 1967, pp. 135-167. Tradução de Wilson Campos Vieira.

mento da "catedral ideal", opõe a um estudo sistemático dos elementos da arquitetura, e a um exame metódico das características técnicas e das qualidades visuais da catedral, uma "fenomenologia" que reinterpreta as características concretas das formas em função de suas "significações" supostas, vendo na arquitetura gótica e artes associadas, a expressão figurada de uma certa liturgia, ou melhor, de uma maneira original, "agostiniana", de compreender a liturgia tradicional [2]. Se a decifração das "significações" corre o risco de ser apenas uma espécie de "teste projetivo" e se o crítico tem razão de notar que análises como a de Hans Sedelmayr são suscetíveis de cair num círculo vicioso — pelo fato de que os fenômenos interpretados, seja o "princípio do baldaquino", seja a "diafaneidade" mural ou a "suspensão das formas" (*das Schweben*), podem coincidir com as significações descobertas pelo autor só por terem sido constituídas e nomeadas em função destas significações [3] —, será que se deve repudiar, em nome de uma definição positivista do fato e da prova científica, qualquer tentativa de interpretação que não se atenha ao valor facial dos fenômenos?

De fato, não teria sentido postular a comparabilidade das diferentes ordens da realidade social, sem definir simultaneamente as condições que tornam a comparação possível e legítima: "Quando se quer estabelecer de que maneira o costume mental produzido pela escolástica primitiva e clássica pode ter afetado a arquitetura gótica primitiva e clássica, é preciso *colocar entre parênteses* o conteúdo nocional da doutrina e concentrar a atenção no seu *modus operandi*". Assim, para chegar à comparação sem cair na mistura heterogênea de dogmatismo e empirismo, de misticismo e positivismo, que caracteriza o intuitivismo [4], é preciso renunciar a procurar nos dados da intuição o princípio capaz de unificá-los realmente, e submeter as realidades comparadas a um tratamento que as torne identicamente disponíveis para a comparação: os objetos a serem comparados não são obtidos por uma simples apreensão empírica e intuitiva da realidade, mas devem ser conquistados contra as aparências imediatas e construídos por

---

(2) H. Sedelmayr, *Die Entstehung der Kathedrale* (A Criação da catedral). Zurique, Atlantis Verlag, 1950. Cf. L. Grodecki. "L'Interprétation de l'art gothique" *Critique*, outubro de 1952, pp. 847-857; "Architecture gothique et société médiévale", *Critique*, janeiro de 1955, pp. 25-35.
(3) L. Grodeck. "L'interprétation de l'art gothique". *Loc. cit.*, p. 856.
(4) Na sua ânsia de alcançar o princípio unificador dos diferentes aspectos da totalidade social, o intuitivismo apressa-se demais e, quando se trata de comparar sociedades diferentes ou diferentes subsistemas de uma mesma sociedade, tem a pretensão de chegar imediatamente, num esforço supremo, ao lugar geométrico das diferentes estruturas, poupando-se o esforço prévio para extrair as estruturas dos diferentes domínios.

uma análise metódica e um trabalho de abstração. Apenas evitando deixar-se levar pelas analogias superficiais, puramente formais e às vezes acidentais, poder-se-á extrair das realidades concretas as estruturas que nelas se exprimem e se ocultam, entre as quais se pode estabelecer a comparação destinada a descobrir as propriedades comuns.

Erwin Panofsky mostrou em outros estudos que a obra de arte pode ter significações de níveis diferentes, conforme o crivo de interpretação que for aplicado, e que as significações de nível inferior, isto é, as mais superficiais, permanecem parciais e mutiladas, portanto errôneas, enquanto escaparem as significações de nível superior que as englobam e transfiguram. A experiência mais ingênua encontra em primeiro lugar "a camada primária das significações que podemos penetrar com base em nossa experiência existencial" ou, em outras palavras, "o sentido fenomenal que pode subdividir--se em sentido das coisas e sentido das expressões" (ou ainda, conforme um escrito mais recente, em "sentido fatual" e "sentido expressivo", definidos como "sentido primário ou natural" das formas) [5]. Tal apreensão vale-se de "conceitos demonstrativos" que, como nota Erwin Panofsky, designam e apreendem apenas as propriedades sensíveis da obra (por exemplo, quando se descreve um pêssego como aveludado, ou uma renda como vaporosa), ou a experiência emocional que estas propriedades suscitam no espectador (quando se fala de cores sérias ou alegres) [6]. Para chegar à "camada secundária dos sentidos, que só pode ser decifrada a partir de um conhecimento transmitido de maneira literária" e que pode ser chamada "região do sentido do *significado*" [7], precisamos de "conceitos propriamente caracterizantes" que superem a simples designação das qualidades sensíveis e que, apreendendo as características estilísticas da obra de arte, constituam uma verdadeira "interpretação" da obra [8]. Nesta camada secundária, Erwin Panofsky distingue, de um lado, "o assunto secundário ou convencional", isto é, "os temas ou conceitos que se manifestam em imagens (histórias ou alegorias" (quando por exemplo, um grupo de personagens sen-

---

(5) E. Panofsky. Zum Problem der Beschreibung und Inhaltsdeutung von Werken der bildenden Kunst. *Logos*, XXI, 1932, pp. 103-119; "Iconography and Iconology: An Introduction to the Study of Renaissance Art". In: *Meaning in the Visual Arts*. New York, Doubleday and Co. 1955, p. 28.
(6) E. Panofsky. Ueber das Verhaeltnis der Kunstgeschichte zur Kunsttheorie. *Zeitschrift für Aesthetik und allgemeine Kunstwissenschaft*, XVIII, 1925, pp. 129-161.
(7) E. Panofsky. Zum Problem der Beschreibung und Inhaltsdeutung von Werken der bildenden Kunst. *Loc. cit.*
(8) E. Panofsky. Ueber das Verhaeltnis der Kunstgeschichte zur Kunsttheorie. *Loc. cit.*

tadas, numa certa disposição ao redor de uma mesa, representam a Ceia), cuja decifração compete à iconografia, e de outro lado, "o sentido ou o conteúdo intrínseco" que só se pode apreender — numa interpretação iconológica que é, para a iconografia, o que a etnologia é para a etnografia —, se as significações iconográficas e os métodos de composição forem tratados como "símbolos culturais", como expressões da cultura de uma nação, de uma época ou de uma classe e se procurar extrair "os princípios fundamentais que sustentam tanto a escolha e a apresentação dos motivos como a produção e interpretação das imagens, das histórias e das alegorias, os quais dão sentido também à composição formal e aos procedimentos técnicos", relacionando "o sentido intrínseco da obra com o maior número possível de documentos de civilização ligados historicamente a esta obra ou a tal grupo de obras" [9]. Nota-se, sem aprofundar mais a análise, que a compreensão baseada nas qualidades expressivas, por assim dizer "fisionômicas" da obra de arte, — com as quais uma certa representação romântica da experiência estética constrói a compreensão total da obra —, não passa de uma forma inferior e mutilada da experiência estética, se não for sustentada, controlada e corrigida pela história do estilo, dos tipos e dos "sintomas culturais". Os atos inferiores de decifração diferem essencialmente, quando constituem o todo da experiência estética ou quando são integrados numa apreensão unitária (que a análise rompe artificialmente), pois recebem então toda sua significação do ato de nível superior que os engloba e os ultrapassa numa interpretação mais adequada e mais específica; é somente a partir de uma interpretação iconológica que os arranjos formais e os procedimentos técnicos — e, através deles, as propriedades formais e expressivas —, ganham *sentido* e ao mesmo tempo, se revelam as falhas de uma interpretação pré-iconográfica e pré-iconológica: "Nos séculos XIV e XV, por exemplo, o tipo tradicional da Natividade, com a Virgem Maria estendida num leito, costuma ser substituído por um novo tipo que apresenta a Virgem de joelhos em adoração diante do menino Jesus. Do ponto de vista da composição, esta mudança se traduz pela substituição de um esquema retangular por um esquema triangular; do ponto de vista iconográfico, ela traduz a introdução de um novo tema, formulado nos escritos de autores como o Pseudo-Boaventura e Santa Brígida. Mas, ao mesmo tempo, tal mudança revela um novo tipo de sensibilidade próprio das últimas fases da Idade Média. Uma interpretação bastante

(9) "Iconography and Iconology". *Loc. cit.*, pp. 30-31 e 38-39.

exaustiva do sentido (ou do conteúdo) intrínseco poderia revelar que os procedimentos técnicos característicos de um país, de um período ou de um artista determinado — por exemplo, a preferência de Michelangelo pela escultura em pedra em vez da escultura de bronze, ou o uso particular que ele faz das hachuras nos desenhos — são sintomas da mesma atitude fundamental que se observa em todas as outras qualidades específicas de seu estilo" [10]. Assim, os diferentes níveis de significação, como os níveis da língua, *articulam-se* num sistema hierarquizado onde o englobante é por sua vez englobado, o significado, por sua vez, significante, sistema que a análise percorre nas suas operações ascendentes ou descendentes.

Se for verdade que a obra propõe significações de níveis diferentes conforme a "cifra" aplicada, uma representação mutilada da "cifra" condena a uma decifração mutilante. Assim, não basta reconhecer com Emile Mâle que "a arte da Idade Média é eminentemente simbólica", para descobrir toda a verdade do simbolismo medieval: "Os artistas, escreve Emile Mâle, foram tão hábeis quanto os teólogos para espiritualizar a matéria. Por exemplo, deram ao grande lustre de Aix-la--Chapelle a forma de uma cidade protegida por torres. Qual é esta cidade de luz? A inscrição nos informa de que é a Jerusalém celeste. As Beatitudes da alma prometidas aos eleitos são representadas entre as ameias, ao lado dos Apóstolos e dos Profetas que guardam a cidade santa. Eis aí uma maneira magnífica de realizar a visão de São João. O artista que colocou em cima de um incensório a imagem dos três jovens hebreus na fornalha soube tornar sensível um belo pensamento. O perfume que exalava do braseiro parecia ser a própria oração dos mártires. Esses devotos operários infundiam em suas obras toda a ternura de sua alma" [11]. A descoberta da significação iconográfica dessas representações — ao invés de aparecer como a manifestação de outra coisa, sendo por sua vez significante o significado —, só pode satisfazer plenamente no caso de admitir-se a filosofia da criação artística e a epistemologia da ciência do objeto cultural objetivamente mobilizada numa pesquisa puramente iconográfica. A intenção da obra concebida não como símbolo, mas como simples *alegoria,* como tradução sensível de um conceito ou de um "programa iconográfico", reduzir-se-ia à intenção consciente do criador: só diria aquilo que o autor

(10) E. Panofsky. "Iconography and Iconology". *Op. cit.*, p. 31.
(11) E. Mâle. *L'Art religieux du XIIe au XIIIe siècles.* Paris, Club du libraire, 1960, p. 53, (1ª ed. Paris, 1895).

disse e queria que ela dissesse. Portanto, a significação seria completamente esgotada com a descoberta da influência inspiradora, quer seja um modelo iconográfico como as miniaturas do *Apocalipse* de Beatus ou um tecido oriental, quer seja um documento literário, como os *Espelhos* de Vincent de Beauvais, ou idéias filosóficas e estéticas de uma personagem importante como Suger. Tal representação da obra de arte e de sua criação chega a exprimir-se explicitamente, ora no elogio da alegoria [12], ora na exaltação da individualidade criadora: "Acreditamos que a grande arte da Idade Média é uma obra coletiva e, nesta concepção, deve-se reconhecer uma grande parte de verdade, já que a arte exprime então o pensamento da Igreja. Contudo, este pensamento encarna-se em alguns homens superiores. Não são as multidões que criam mas os indivíduos" [13]. Opor a individualidade à coletividade para resguardar os direitos da individualidade criadora e os mistérios da criação singular, é privar-se de descobrir a coletividade no âmago da individualidade sob a forma da cultura — no sentido subjetivo da *cultivação* ou de *Bildung* — ou, para utilizar a linguagem de Erwin Panofsky, do *habitus* que faz o criador participar de sua coletividade, de sua época e, sem que este tenha consciência, orienta e dirige seus atos de criação aparentemente mais singulares.

Trata-se aqui também de um "programa artístico", do qual o positivismo historiográfico procuraria em vão o vestígio, porque este programa escapa, por essência, à consciência do criador e de todos aqueles que participam da cultura, porque não precisa ser intencionalmente expresso por alguém para *exprimir-se* e, pode exprimir-se sem exprimir uma vontade de expressão individual e consciente (ao contrário do que sugerem certas interpretações psicologistas da noção ambígua de *Kunstwollen*). "Quando pretendemos apreender os princípios fundamentais que embasam tanto a escolha e a apresentação dos motivos, como a produção e interpretação das imagens e das alegorias, os quais dão sentido também à composição formal e aos procedimentos técnicos utilizados, não devemos contar com um texto particular que viria ajustar-se a estes princípios fundamentais, tal como o Evangelho segundo São João (13,21 ss.) se ajustaria à iconografia da Ceia. Para apreender tais princípios, devemos executar um ato mental comparável a um diagnóstico; ato que — na falta de um termo mais conveniente — designarei pela expressão

(12) Cf. Emile Mâle. *Op. cit.*, pp. 218-222.
(13) *Op. cit.*, p. 17.

já desacreditada de *intuição sintética*" [14]. Isto significa que a intuição epistemologicamente fundada da ciência iconológica é o resultado de um trajeto metódico e, portanto, não tem nada em comum com a intuição apressada e não-controlada do intuitivismo; significa também que esta ciência deve renunciar à esperança de descobrir as provas circunstanciadas e palpáveis de suas descobertas: enquanto que a iconografia realiza com facilidade o ideal metodológico do positivismo, porque as próprias coisas (o lustre de Aix-la-Chapelle, por exemplo) lhe fornecem a "cifra" segundo a qual devem ser decifradas, a iconologia está por essência condenada ao *círculo metodológico* que pode facilmente tornar-se um círculo vicioso: obrigada, por necessidade de método, a apreender cada objeto particular nas suas relações com os objetos da mesma classe, a "corrigir", como diz Erwin Panofsky, a interpretação de uma obra particular por uma "história do estilo" que só pode ser construída a partir de obras particulares, a análise iconológica — como qualquer ciência estrutural — não deve esperar outras provas da verdade de suas descobertas, a não ser as verdades que elas fazem descobrir. "Tratando-se de fenômenos históricos ou de fenômenos naturais, a observação particular apresenta o caráter de um 'fato' só quando pode ser relacionada com outras observações análogas, de tal modo que o conjunto da série 'ganhe sentido' Portanto, este 'sentido' pode ser legitimamente utilizado a título de controle, para interpretar uma nova observação particular dentro da mesma classe de fenômenos. Todavia, se for impossível interpretar esta nova observação particular de acordo com o 'sentido' da série e, se for provado que não há possibilidade de erro, o 'sentido' da série deverá receber uma nova formulação capaz de incluir a nova observação particular. Este *circulus methodicus* vale, evidentemente, não só para a relação entre a interpretação dos motivos e a história do estilo, mas também para a relação entre a interpretação das imagens, histórias ou alegorias, e a história dos tipos, bem como para a relação entre a interpretação das significações intrínsecas e a história dos sintomas culturais em geral" [15]. Onde o positivismo vê apenas a audácia imprudente de um trajeto desprovido de rigor, Erwin Panofsky mostra o acréscimo de exigências imposto pelo aumento da exigência: longe de se abrigar, como a interpretação positivista, por detrás de uma acumulação indefinida de pequenos fatos verdadeiros, a interpretação estrutural en-

(14) E. Panofsky. *"Iconography and Iconology"*. *Op. cit.*, p. 38.
(15) E. Panofsky. *Loc. cit.*, p. 35, nº 1.

volve toda a verdade adquirida em cada verdade que se vai conquistar, porque toda a verdade está na verdade do todo. Avalia-se a audácia de uma pesquisa que, ao romper por decisão metodológica com o nível do sentido mais fenomenal, rejeita desde o início qualquer recurso às provas palpáveis e tangíveis que convencem aos positivistas, esses "amigos da Terra", — já que os documentos provam a verdade de uma interpretação só quando podem ser interpretados conforme os mesmos princípios de interpretação daquilo que eles provam —, e que se expõe em totalidade, a cada instante, às questões parciais e particulares do falso rigor positivista. É com modéstia que contrasta bastante com a *certitudo sui* do positivista ("A inscrição nos informa"...), que Erwin Panofsky apresenta o que chama "um elemento de prova", o *inter se disputando* do *Álbum* de Villard de Honnecourt. Na realidade, esta prova perfeitamente ajustada ao ideal positivista da historiografia iconográfica só pode convencer plenamente, se aceitarmos a interpretação estrural como sistema que é, por si só, a única prova de sua própria verdade; ora, nada nos autoriza a distinguir esta prova particular de todo o sistema de provas que foram apresentadas no livro e que valem pela coerência. No entanto, justifica-se o lugar de destaque que lhe deu Erwin Panofsky: com efeito, nesse caso, "o sentido da série" é não só capaz de "incluir a nova observação", mas também de constituí-la como tal, de *criar* literalmente, informando-a antecipadamente, uma realidade que o positivismo, desprovido de esquemas de interpretação, tinha ignorado completamente [16]. Mas, como o positivismo avalia a prova pela coerência do sistema de provas valendo-se de uma definição da experiência como resposta positiva ou negativa a uma pergunta isolada, ele pode, ademais, ver na construção sistemática dos fatos, somente o resultado de uma manipulação dos fatos inspirada pelo espírito de sistema e baseada, em definitivo, numa petição de princípio. E as circunstâncias são favoráveis, pois o estudioso que rompe com a concepção positivista do fato e da

(16) Parece significativo que Ernst Gall e Robert Branner dêem tanta importância em sua resenha (*loc. cit.*) à "crítica" desta prova. E. Gall vê no fato de a inscrição ter sido acrescentada ulteriormente (cf. H. R. Hahnloser. *Villard de Honnecourt*. Viena, 1935), — o que Erwin Panofsky indica explicitamente (nota 61), insistindo no fato extremamente significativo de esta expressão ter sido preferida a *inter se colloquendo*, muito mais corrente, e empregada por um arquiteto, a propósito de outros arquitetos —, um desmentido formal à tese do livro, concluindo que os construtores de catedrais não puderam ter uma consciência clara de seu comportamento. Mas Erwin Panofsky limitava-se a afirmar que "certos arquitetos franceses do século XIII agiram e pensaram conforme uma lógica estritamente escolástica", o que não quer dizer que tenham tido uma consciência reflexiva dos esquemas de pensamento e de ação que definem esta lógica.

prova, deve também renunciar à esperança positivista segundo a qual os indivíduos — ou os documentos deixados por eles — podem testemunhar a favor da verdade de uma interpretação de seus comportamentos e de suas obras, que sempre escapou à sua consciência e que só se pode alcançar indiretamente a partir da hipótese de sua inconsciência.

Assim, Erwin Panofsky, como ele mesmo diz, está apenas renovando radicalmente a *formulação* de um problema que já tinha sido colocado antes dele. Com efeito, a intuição — já expressa por Gottfried Semper (que via, na arte gótica, uma "simples tradução em pedra da filosofia escolástica") [17] e por Dehio (*Gothik ist eine steinerne Scholastik*") — segundo a qual existe uma relação entre a arte plástica e a teologia, levara os especialistas a pesquisar as "influências" diretas, por assim dizer, tangíveis que, por intermédio dos "programas iconográficos" — conforme Emile Mâle —, ou da simbólica — conforme J. Sauer — [18], deviam permitir a explicação do paralelismo observado na evolução da arte gótica e do pensamento escolástico. Se Erwin Panofsky lembra, de passagem, essas concordâncias (Cap. I), no gótico primitivo e tardio — épocas que não serão mais examinadas no decorrer do livro — e a unidade significante que elas revelam, seu intuito é levantar um problema particularmente original: as concordâncias cronológicas só se tornam significativas e significantes, se elas forem o índice de correspondências lógicas, ou melhor, iconológicas, das quais se pode dar uma explicação na ordem do sentido e revelar as causas; assim, o período central da evolução da arte gótica e do pensamento escolástico constitui um caso privilegiado (daí o lugar de destaque que tem na obra), já que é possível descobrir homologias estruturais completamente irredutíveis às traduções literais (logo, conscientemente operadas) da língua teológica para a língua arquitetônica, que E. Mâle ou J. Sauer percebiam e, ao mesmo tempo, descobrir o princípio determinante das mesmas na instituição escolar como "força formadora de hábitos". Portanto, a interrogação e a solução formuladas por Erwin Panofsky ultrapassam este caso particular tão significativo. Enquanto que o método estrutu-

---

(17) G. Semper. *Der Stil in den technischen und tektonischen Kuensten*, I, 1860, p. 19.

(18) Em sua obra, *Symbolik des Kirchengebaudes und seiner Austattung in der Auffassung des Mittelsalter* (Friburg-Brisgau, 1902, 2ª ed., 1624). J. Sauer quis extrair as significações litúrgicas e iconológicas das diferentes partes de igreja gótica, apoiando-se em textos de Honorius de Autun, Sicardus de Cremona e Durand de Mende.

ral se limita geralmente a estabelecer (o que já é muito) as homologias que se estabelecem entre as estruturas dos diferentes sistemas simbólicos de uma sociedade e de uma época, e os princípios de conversão formais que permitem passar de uns para os outros, considerando cada um isoladamente e por si mesmo, em sua autonomia relativa, Erwin Panofsky esforça-se por descobrir a "conexão (...) concreta" que possa explicar completa e concretamente a lógica e a existência destas homologias; com tal objetivo, Erwin Panofsky não se limita a invocar uma "visão unitária do mundo", ou "um espírito do tempo", nem a dar como explicação aquilo que se deve explicar [19], nem mesmo o indivíduo concreto — no caso particular, este ou aquele arquiteto — como lugar de coincidência ou de coexistência das estruturas que, muitas vezes, abriga apenas a ignorância. Propõe a explicação aparentemente mais ingênua (talvez porque ela elimine uma parte do mistério das correspondências) numa sociedade em que a transmissão da cultura é monopolizada por uma escola, as afinidades profundas que unem as obras humanas (e, evidentemente, as condutas e os pensamentos) têm seu princípio na instituição escolar investida da função de transmitir conscientemente e em certa medida inconscientemente ou, de modo mais preciso, de produzir indivíduos dotados do sistema de esquemas inconscientes (ou profundamente internalizados), o qual constitui sua cultura, ou melhor, seu *habitus,* ou seja, em suma, de transformar a herança coletiva em inconsciente individual e comum: relacionar as obras de uma época com as práticas da escola, é um dos meios de explicar, não só o que elas *proclamam,* mas também o que elas *traem,* pelo fato de participarem da simbólica de uma época e de uma sociedade.

Seria ingênuo suspender neste ponto a busca da explicação, como se a escola fosse um império num império, como se a cultura encontrasse nela seu começo absoluto: mas seria também ingênuo ignorar que, pela própria lógica de seu funcionamento, a escola modifica ou define o conteúdo e o espírito da cultura que transmite. Isto parece particularmente verdadeiro no caso do pensamento escolástico, pensamento de escola que deve suas características mais essenciais às escolas de pensamentos em meio às quais se constituiu [20]. Se é verdade, como observa Martin Grabmann, que as próprias

(19) Ernst Gall, em sua resenha (*loc. cit.*), quer voltar no entanto do *modus operandi* ao *Zeitgeist.*
(20) "O século XIII, escreve Gordon Leff, é o século das escolas rivais. Os pensadores mais eminentes podem ligar-se aos agostinianos, aos aristotélicos ou aos averroístas" (G. Leff. *Medieval Thought.* Harmondsworth, Penguin Books, 1958, 2ª ed., 1962, p. 170).

obras de Tomás de Aquino são "compostas em grande parte para a escola" [21], sem que tenham diretamente "nascido da escola e na escola", como a *Suma,* o método de exposição e de pensamento que se afirma magistralmente na *Suma* deve seus traços mais característicos à organização e às tradições pedagógicas da universidade parisiense do século XIII, bem como às funções pedagógicas que Tomás de Aquino lhe atribuía expressamente. Por exemplo, como não ver, no princípio de clarificação, a transposição de um imperativo propriamente pedagógico que devia impor-se, com rigor especial, a um ensino que, antes de mais nada, pretendia *tornar explícito* o sentido encerrado nas "autoridades"? O *modus dicendi compendiosus, apertus et facilis* — conforme a expressão pela qual Guillaume de Tocco caracteriza o ensinamento oral de Tomás de Aquino [22] — é o modo de exposição que "convém para a iniciação dos principiantes" (*congruit ad eruditionem incipientum*), como diz Tomás de Aquino no Prólogo da *Suma*: com efeito, Tomás de Aquino, pelo recurso a uma simplificação constante, pretende substituir a "multiplicação das questões, artigos e argumentos inúteis", a falta de ordem e de seqüência característica de uma exposição entregue aos acasos da discussão, pela clareza de um plano "ajustado à ordem da disciplina", plano que se manifesta de certa forma na própria obra e exclui tanto as prolixidades ocas como as repetições feitas para "engendrar o enfado ou a confusão no espírito dos ouvintes". Contudo, além da atenção concedida ao plano, a qual se traduz pelo propósito de torná-lo manifesto e patente, é a própria estrutura da exposição que trai a organização da prática escolar, através do modo de pensamento disciplinado pelo exercício de escola que é a *quaestio,* como "processo-verbal" da *disputatio*. Neste modo de pensamento, que é também uma técnica pedagógica, deve-se ver uma "invenção" associada ao desenvolvimento (estreitamente solidário de certo tipo de vida urbana) das escolas-catedrais e das universidades.

Entre o século X e o século XII, verifica-se um deslocamento concomitante das sedes do saber e da escola, a que corresponde uma mudança profunda das preocupações e do estilo da vida intelectual. A cultura sai dos mosteiros que permanecem isolados no campo, enquanto a nova escola se organiza junto aos bispados, nos centros urbanos, responden-

---

(21) M. Grabmann. *La somme théologique de Saint Thomas d'Aquin.* Trad. de E. Vansteenberghe. Paris, 1925, p. 13.
(22) G. de Tocco. *Vita s. Thomae Aquinatis,* c. XVII. Edit. Prümmer, p. 86, citado por M. Grabmann, *op. cit.,* p. 86.

do a novas exigências, participando de novos debates, refletindo enfim na sua organização e na sua atividade, todas as características das comunas [23]. Embora estejam muito próximas no tempo, a grande escola do Bec na Normandia, e a escola de Abelardo em Santa Genoveva, estão radicalmente separadas: de um lado, com a escola monástica de uma grande abadia, temos um ensino rigorosamente organizado, submetido a uma única regra e dominado pelos valores de piedade, que tem como centro a *lectio,* leitura, comentário e meditação dos textos consagrados; de outro, temos a primeira forma da universidade parisiense em que as oposições entre as escolas especializadas, concorrentes e rivais, conferem uma função primordial à *disputatio,* à dialética. Não é de estranhar que a situações tão diferentes correspondam tipos profundamente diferentes de interesses intelectuais, de métodos de pensamento e de produções do espírito. *Monachi non est docere, sed lugere.* À tradição mística e antidialética dos mosteiros, opõe-se a tendência escolástica para a racionalização da fé, inseparável — como mostrou Max Weber — de uma rotinização do saber tradicional e dos métodos de transmissão deste saber. Logo, grande parte das características do pensamento escolástico provém da lógica particular ao funcionamento da instituição escolar pela qual e para qual ele foi produzido, e talvez, até da instituição escolar em sua universalidade: tendo sua origem seja no processo do *Sic et non* que Pierre Abélard, após os canonistas, introduziu na prática universitária, seja nos escritos aristotélicos (os *Tópicos* [24], em particular), a *disputatio* como método que visa a conciliar os contrários, é com certeza o produto mais típico da instituição escolar, a qual, desde o momento em que se constitui como tal, com uma função específica e um corpo especializado de docentes, deve propor um *corpus* doutrinal coerente, ainda que ao preço de conciliações fictícias, como por exemplo aquelas que a filosofia tipicamente professoral da filosofia e da história da filosofia, a saber a *philosophia perennis,* autoriza.

Para dar à análise todo seu alcance (Erwin Panofsky esboça esta abertura, quando nota que "hábitos mentais" semelhantes aos dos escolásticos ou dos arquitetos góticos estão presentes em qualquer civilização), convém observar primeiro que os esquemas que organizam o pensamento dos homens cultos, nas sociedades dotadas de uma instituição escolar (por

---
(23) Cf. G. Paré, A. Brunet, P. Tremblay. *La renaissance du XII e siècle, les écoles et l'enseignement.* Paris-Ottawa, 1933, p. 21.
(24) Cf. M. Grabmann. *Geschichte der scholastichen Methode,* vol. II. Friburgo, 1911, p. 219 e ss.

exemplo, os princípios de organização do discurso que os tratados de Retórica designavam por figuras de palavras e figuras de pensamento), desempenham, sem dúvida, a mesma função que os esquemas inconscientes descobertos pelo etnólogo, quando analisa criações como ritos ou mitos nos indivíduos de sociedades desprovidas de tais instituições, a mesma função que essas "formas primitivas de classificação" — conforme a linguagem de Durkheim e de Mauss —, que não podem ser percebidas conscientemente, nem transmitidas de maneira explícita e metódica. Além disso, quando emprega o conceito escolástico de *habitus* para designar a cultura inculcada pela escola, Erwin Panofsky mostra que a cultura não é só um código comum, nem mesmo um repertório comum de respostas a problemas comuns ou um grupo de esquemas de pensamento particulares e particularizados; é, sobretudo, um conjunto de esquemas fundamentais, previamente assimilados, a partir dos quais se engendram, segundo uma arte da invenção semelhante à da escrita musical, uma infinidade de esquemas particulares, diretamente aplicados a situações particulares. Este *habitus* poderia ser definido, por analogia com a "gramática generativa" de Noam Chomsky, como o sistema dos esquemas interiorizados que permitem engendrar todos os pensamentos, percepções e as ações característicos de uma cultura, e somente esses. O que Erwin Panofsky quer extrair dos discursos concretos e particulares que as catedrais góticas ou as sumas teológicas constituem, talvez seja, em última análise, esta "forma interior" — para retomar a linguagem de Wilhelm von Humboldt —, isto é, o *modus operandi* capaz de engendrar tanto os pensamentos do teólogo como os esquemas do arquiteto, o qual funda a unidade da civilização do século XIII.

Portanto, é natural poder observar, em domínios que tudo separa ao nível fenomenal, a expressão desta disposição geral, geradora de esquemas particulares e suscetíveis de serem aplicados em domínios diferentes do pensamento e da ação. Assim, referindo-se explicitamente à interpretação da arquitetura gótica proposta por Erwin Panofsky, Robert Marichal estabelece um conjunto de homologias notáveis entre a escrita e a arquitetura góticas, e sua evolução respectiva: "O corte da ogiva começa muito cedo, a partir do século XI; no Ocidente, a ogiva aparece aproximadamente em 1075; foi na Inglaterra e no ducado da Normandia que os arqueólogos encontraram o primeiro emprego do cruzamento de ogiva, foi na Île-de-France que ela 'determinou um estilo'; é na Inglaterra e no ducado da Normandia que se manifesta a ogiva,

1. Janela de estilo gótico radiante.

2. Janela de estilo gótico flamejante e manuscrito em letras bastardas, cerca de 1432.
(Extraído de Robert Marichal, *L'Écriture et la Psychologie des peuples*.)

3. Manuscrito do século XI.

4. Manuscrito universitário parisiense do século XIII.

pela primeira vez, e (...) é também na Île-de-France e na Picardia que a escrita gótica parece ter sido canonizada" [25].

O *modus operandi* que, segundo Erwin Panofsky, aparece na catedral gótica, exprime-se também na composição gráfica dos manuscritos: "Basta ter aberto, um dia, uma *Suma* qualquer, para constatar que o autor sempre se preocupou em conduzir os leitores de proposição em proposição, para que estes tenham sempre em mente a progressão do raciocínio. São Tomás, no início da *Suma*, enumera as partes que a compõem; cada parte, cada tratado, cada questão, são precedidos por um sumário; cada artigo tem por título uma questão que começa por *utrum*; inicia com a exposição das objeções: a primeira anunciada por *videtur quod non*, cada uma das seguintes por *praeterea*; a seguir, depois da fórmula estereotipada *sed contra*, um argumento contrário, geralmente único, faz conhecer a resposta à pergunta, que é explicada e justificada pelo *corpus articuli* colocado no centro do dispositivo e introduzido pela frase (também estereotipada), *respondeo dicendum*; enfim, seguem, numeradas *ad primum, ad secundum* etc., as réplicas a cada uma das objeções apresentadas no início. Depois de copiar milhares de vezes este esquema, um escrevente, por mais distraído e estúpido que se possa imaginar, acaba contraindo o hábito de assim conduzir seu pensamento.

Todavia, se um leitor desavisado comparar o manuscrito dos séculos IX, X ou XI, um belo manuscrito evidentemente, de uma obra em prosa (Fig. 3), com um bom manuscrito da *Suma Teológica* (Fig. 4), terá a impressão de que o primeiro é mais claro, menos rebarbativo que o segundo, mas se examinar com mais cuidado, perceberá que o segundo permite acompanhar muito melhor o pensamento do autor.

Nos manuscritos dos séculos IX, X e XI (Fig. 3), ele vai encontrar ora uma página inteira, ora duas colunas compactas, sem espaço em branco; nenhuma divisão, nenhuma pontuação no texto; algumas maiúsculas discretas que não chamam a atenção, mesmo quando passam a margem, em alguns cortes importantes; em resumo, uma paginação admirável em regularidade e densidade, mas que não deixa de ser atraente, espaçada graças à fineza da escrita, à independência de cada letra, à distância entre as linhas. A página tem a elegância fria, o belo cenário das grandes arcadas cegas

---

(25) R. Marichal. "L'écriture latine et la civilisation occidentale du Ie siècle". In: Centre International de Synthèse, *L'Ecriture et la psychologie des peuples*, XXIIe semaine de Synthèse. Paris, Armand Colin, pp. 232-233.

do campanário da Abadia-dos-homens, em Caen, ou dos "frisos lombardos" da fachada de Marmoutier; ela é, por assim dizer, este "espaço impenetrável" que o edifício românico representa; não manifesta em nada a ordem do discurso.

Alguns manuscritos mais raros dos livros técnicos, as *Partitiones* de Cícero, por exemplo, às vezes dialogados, como o *De oratore* do mesmo Cícero, apresentam — como nossos livros impressos hoje — páginas divididas em pequenos parágrafos cuja última linha é mais ou menos branca; a leitura, e mesmo a pesquisa, é fácil, mas os cortes são freqüentemente arbitrários e todos os parágrafos estão no mesmo plano: a articulação lógica do pensamento, a subordinação das partes entre si não aparece... e há uma explicação: alguns, como o Plínio (*His. nat.*, Paris, Bibl. nac., 6 796), não passam de uma seqüência de observações isoladas enquanto, em outros, preocupações literárias levaram o autor muito mais a dissimular do que a revelar seu plano.

O manuscrito gótico escolástico não é menos denso que o manuscrito dos séculos IX, X ou XI; pelo contrário, os copistas têm, mais que nunca, horror ao espaço em branco: se a linha acaba com uma palavra curta demais para preencher a justificativa, eles ocupam o espaço livre com uma ou várias letras anuladas, isto é, expontuadas; se por um acaso devido às próprias condições de trabalho, um caderno acaba com várias linhas em branco, eles recopiam as últimas linhas enquadrando-as com um *va...cat* que as anula; as entrelinhas foram reduzidas; a escrita é mais apertada. Mas, como os filósofos, os copistas conseguiram conciliar as duas exigências contraditórias que se lhes impunham, *pro* e *contra*: o gosto pelo compacto e a necessidade de proceder por "partes de partes" hierarquicamente agrupadas. Tomemos o manuscrito (Paris, Bibl. nat., lat. 15 783) da *Suma Teológica* (Fig. 4): cada "questão" começa por uma letra ornada, em parte azul, em parte vermelha, sobre uma filigrana vermelha bastante complexa: cada artigo, por um A — de *Ad primum, Ad secundum* etc., alternativamente azul e vermelho, menor, e de uma filigrana mais simples que a letra da "questão". Para marcar nitidamente cada divisão do artigo, os livreiros inventaram o grande "pé-de-mosca", alternativamente vermelho e azul. No texto, as "questões" não são numeradas, mas levam o número na parte superior da página, no título corrente e, naturalmente, no índice. Num relance, qualquer que seja a página em que abre o livro, um leitor acostumado sabe onde está [26].

Portanto, é todo um sistema de expressão, de ordem completamente diferente, que se encontra integrado no sistema de interpretação proposto por Erwin Panofsky. Aliás, a análise de R. Marichal não mostra apenas como se constitui, na atividade diária do copista, o *habitus definido* pela interiorização dos princípios de clarificação e conciliação dos contrários, mostra também como tal *habitus* se atualiza concretamente na lógica específica de uma prática particular: "Podemos supor que os 'mestres' colaboraram com os livreiros na elaboração de uma arquitetura livresca que 'manifestava' claramente a trajetória de seu pensamento, mas livreiros e copistas estão imbuídos dos mesmos métodos: dentro da frase, levaram a 'divisão' do texto até a menor unidade logicamente concebível, separando definitivamente as palavras umas das outras (...) chegando até a recriar verdadeiros ideogramas. Além disso, — e nesses detalhes técnicos, não é provável que tenha havido intervenção dos 'mestres' —, dentro das palavras, em cada letra, em obediência a um *habitus* inveterado, eles evidenciaram os elementos irredutíveis: com efeito, o corte gótico 'divide' a letra, ao mesmo tempo que a 'compõe'; substituir uma curva por um ou vários ângulos agudos é decompor um movimento em seus 'tempos' elementares, como fazem os regulamentos militares para o manejo de armas. Ora, por um acaso singular, da mesma forma que o germe de todo o desenvolvimento da arquitetura gótica está no corte da ogiva — esse 'maciço' da abóbada —, não a origem (...) mas o emprego sistemático do corte, parece, se não resultar, pelo menos ter sido particularmente favorecido pela presença dos maciços na base: introduzindo na letra dos ângulos uma decomposição da haste, estes provocaram, por simetria, uma decomposição análoga das curvas superiores que o talhe particular do bico da pena começara por acaso; um indício (não me atrevo em falar de prova) da justeza desta interpretação encontra-se no fato de que as góticas italianas, que praticamente não têm 'corte', também nunca tiveram maciços e, em todo caso, é quase certo que foram os maciços que permitiram distinguir definitivamente as palavras" [27].

Destarte, a obediência aos próprios princípios que definiam o trajeto do pensamento teológico ou o arranjo do espaço arquitetônico, conduz a soluções e a realizações ao

(26) R. Marichal. *Loc. cit.*, pp. 236-240.
(27) R. Marichal. *Loc. cit.*, pp. 240-241.

mesmo tempo originais e redutíveis a esquemas mais gerais; de outro lado, a aplicação à escrita dos princípios que regem toda produção de obras culturais obedece, por sua vez, a um princípio que, ao contrário dos outros, os escolásticos não podiam nomear, pois trata-se do princípio que define a maneira de obedecer aos princípios, o qual exige que as operações constitutivas do *habitus* sejam levadas — por uma espécie de redobramento indefinido, do qual a arquitetura gótica também apresenta exemplos — até os limites do possível, como se o *habitus*, esta gramática geradora de condutas, tendesse a produzir todas as frases concretas das quais contém a virtualidade e que nenhum programa consciente, sobretudo imposto de fora, nunca poderia prever completamente.

Entende-se que Erwin Panofsky possa ter encontrado no *habitus* escolástico o princípio que permite explicar não só um estado da arquitetura gótica, mas também uma evolução "aparentemente errática, porém extremamente coerente, na realidade", como mostra a análise minuciosa das soluções que foram sucessivamente encontradas para três *quaestiones* arquitetônicas. Quando, a propósito da evolução da organização da parede da nave, Harry Bober contesta a pertinência do esquema "dialético" proposto por Erwin Panofsky e se propõe a ver nas diferentes etapas desta evolução "uma sucessão de soluções individuais, engenhosas e originais, mas independentes".[28], comete um erro sobre a lógica conforme a qual o *modus operandi* se atualiza: sem dúvida, as soluções de Pierre de Montereau ou de Hugues Libergier constituem atos de invenção e de criação, e nesse sentido, são extremamente originais e engenhosas; porém, nada impede que se possa descobrir o princípio que permite dar conta do que foi uma criação imprevisivelmente nova. Para tanto, basta observar que cada uma das *quaestiones*, ou melhor, cada uma das formas sucessivas que ela assumiu no curso de sua história (tomemos, por exemplo, a oposição entre a preocupação de clareza e o cuidado de preencher a página manuscrita), só pôde ter existido como tal para espíritos armados de uma certa problemática, ou seja, de uma certa maneira habitual de interrogar a realidade; além disso, cada uma das soluções sucessivas que levaram à solução final, pode ser entendida por referência ao esquema de pensamento fundamental que fazia surgir a questão e, ao mesmo tempo, orientava a procura de uma solução irredutível ao esquema e, por conseguinte, imprevisível — como, em outro campo, o mínimo

(28) H. Bober. *Art Bulletin*, Vol. 35, 1953, pp. 310-312.

ato de fala —, apesar de ser conforme *a posteriori* às regras da gramática. Entende-se então, que o *modus operandi* possa revelar-se no *opus operatum* e somente nele.

É provavelmente nesta mesma direção que se deve tentar ultrapassar a oposição entre a tese "funcionalista" e a tese "ilusionista". Seja, por exemplo, a homologia entre o cruzamento de ogiva e o da escrita gótica: não existe nenhuma relação entre as duas invenções técnicas, e é por mero acaso que ambas fazem prevalecer o arco ogival, em vez do arco redondo. "Seria fortuito, portanto, que os escreventes ingleses tivessem apontado sua pena em forma de bisel, enquanto os pedreiros construíam a abóbada em ogiva, mas não seria fortuito que os dois processos tivessem feito sucesso e dado origem a um estilo: foi porque ambos respondiam a certo gosto pelas formas angulosas, pela extensão em altura e, talvez, por efeitos pitorescos de perspectiva, de jogos de sombra e luz, que os encontramos tanto na nave ou nas naves laterais das catedrais como nas páginas dos manuscritos"[29]. A verdade última de um estilo não vem em germe numa inspiração original, mas define-se e redefine-se continuamente como significação em transformação, que se constrói a si mesma de acordo consigo mesma e em reação a si mesma. É no constante intercâmbio entre questões, as quais só existem para e por um espírito munido de determinados esquemas e soluções mais ou menos inovadoras, soluções obtidas graças à aplicação dos mesmos esquemas mas capazes de transformar o esquema inicial, que se constitui essa unidade de estilo e de sentido que, pelo menos em termos retrospectivos, parece ter precedido as obras anunciadoras do êxito final e que transforma, retrospectivamente, os diferentes momentos da série temporal em simples esboços preparatórios. Se a evolução de um estilo não se apresenta como o desenvolvimento autônomo de uma essência única e sempre idêntica a si mesma, nem como uma criação contínua de uma novidade imprevisível, mas como uma jornada que não exclui os pulos para frente, nem as voltas atrás, é porque o *habitus* do criador como sistema de esquemas orienta de maneira constante escolhas que, embora não sejam deliberadas, não deixam de ser sistemáticas e, embora não sejam ordenadas e organizadas expressamente em vista de um objetivo último, não deixam de ser portadoras de uma espécie de finalidade que se revelará só *post festum*. Esta autoconstituição de um sistema de obras unidas por um conjunto de relações significantes, rea-

(29) R. Marichal. *Loc. cit.*, p. 233.

liza-se na e pela associação da contingência e do sentido que se faz, se desfaz e se refaz incessantemente, segundo princípios tanto mais constantes quanto mais escapam completamente à consciência; na e pela transmutação permanente que introduz os acidentes da história das técnicas na história do estilo, transferindo-os para a ordem do sentido; na e pela invenção de obstáculos e dificuldades como que suscitados em nome dos próprios princípios de sua solução e cuja contrafinalidade a curto prazo pode esconder uma finalidade superior.

Trata-se, pois, da gênese de uma significação a partir de um acidente — que só se tornou a *origem* de um processo orientado para um sentido final, porque foi percebido, interrogado e tratado segundo a lógica de certo sistema de esquemas de pensamento, de percepção e de ação — que Erwin Panofsky comprova quando observa que os arcos ogivais de Caen e Durham começaram a falar antes de agir, ao passo que os arcobotantes começaram a agir antes de falar (outros elementos do edifício nunca cessaram, então, de falar e agir simultaneamente). As obras humanas que a abóbada ogival, o corte da escrita gótica ou o arcobotante representam, têm — para usar a linguagem da escolástica — uma *intenção* [30] ambígua, pelo fato de poderem ser apreendidas e apreciadas, seja por sua simples função técnica, seja por seu "valor óptico", o que supõe um "interesse privilegiado pela forma" [31]. Esta intenção objetiva, que nunca se reduz à intenção do criador [32], é função dos esquemas de pensamento, de percepção e de ação que o criador possui por pertencer a uma sociedade, uma época e uma classe [33]; por conseguinte, as categorias de interpretação do objeto devem ser extraídas do sistema concreto de relações significantes que define o objeto, e sua validade é medida pela fecundidade heurística e pela coerência do sistema de interpretação. Por não se correlacionar um estilo às suas próprias normas de perfeição, recai-se em interrogações estéreis ou em debates fictícios, e disto temos um bom exemplo no conflito entre os "funcionalistas" e os "artificialistas". Em termos mais precisos, Erwin Panofsky sugere que o costume francês de chamar "gótico clássico" o período

(30) E. Panofsky. "The History of Art as a Humanistic Discipline". In *Meaning in the Visual Arts. Op. cit.*, p. 11.
(31) E. Panofsky. *Loc. cit.*, p. 12.
(32) E. Panofsky. Der Begriff des Kunstwollens. *Zeitschrift für Aesthetik und allgemeine Kunstwissenschaft*. XIV, 1920, pp. 321-339.
(33) "O gosto clássico exigia que as cartas particulares, os discursos de tribunal e os broquéis dos heróis fossem 'artísticos' (mesmo de uma beleza factícia), ao passo que o gosto moderno exige que a arquitetura e os cinzeiros sejam funcionais (mesmo de uma eficácia factícia)" (E. Panofsky. "The History of Art as a Humanistic Discipline". *Op. cit.*, p. 13).

central do gótico levou freqüentemente os intérpretes a aplicarem inconscientemente à arquitetura gótica as normas plásticas dos gregos e dos romanos, ao invés de procurarem definir as normas específicas do "classicismo" gótico. A mesma análise seria provavelmente válida para o conceito de "racionalismo": o "racionalismo medieval" de que fala Erwin Panofsky, está para o "racionalismo" tal como o entendia Viollet-Le-Duc e para o "ilusionismo" de Pol Abraham, assim como o "classicismo" gótico definido segundo seus próprios critérios de perfeição, está para o conceito de "clássico" quando se lhe atribui, inconsciente ou conscientemente, uma validade transistórica. Para explicar a divisão da arquitetura da catedral em outras tantas hierarquias de elementos homólogos, Viollet-Le-Duc propõe uma explicação estritamente técnica: segundo ele, a repetição das mesmas formas e o emprego dos mesmos traçados geradores permitem reduzir o número dos "traços" (isto é, os esboços) dados como modelo aos operários. A explicação de Erwin Panofsky integra esta explicação: *nam et sensus ratio quaedam est* de Tomás de Aquino é a expressão mais adequada de uma "lógica visual" baseada na ambigüidade intrínseca da intenção objetiva presente em todas as obras culturais dos séculos XII e XIII.

Por último, gostaríamos de indagar se a filosofia da história da arte implícita na noção de *habitus* como gramática geradora, não se ajusta excessivamente bem (portanto, quase que de modo exclusivo) àquelas épocas em que um estilo atinge sua perfeição particular, épocas que exploram até realizá-las — e talvez esgotá-las — as possibilidades oferecidas por uma arte de inventar herdada, uma vez que na verdade não chegam propriamente a inventar uma nova arte de inventar? Com efeito, tudo se passa como se a ordem cronológica pudesse ser deduzida da ordem lógica, enquanto a história seria apenas o lugar onde se realiza a tendência à autocompletação do sistema das possibilidades lógicas, como por exemplo aquelas que definem um estilo. Mas o que acontece nos períodos de ruptura e de crise onde se engendra uma nova gramática geradora? Diante de inovadores que, como o abade Suger, rompem com as tradições estéticas de seu tempo e de seu meio, seria preciso aceitar a irredutibilidade da individualidade criadora?

Na verdade, para explicar esta criação de esquemas criadores, convém tratar o *habitus* singular do criador como tal, isto é, como princípio de unificação e de explicação do conjunto de condutas aparentemente discordantes, que constitui uma existência una. Uma biografia sistemática deste tipo obriga desde logo a inverter a relação que a iconografia tradicional estabelece entre as obras e os princípios estéticos ou filosóficos do criador: a leitura dos esclarecimentos iconográficos que Suger oferece à história no *Liber de Rebus in Administratione Sua Gestis* e no *Libellus Alter de Consecratione Ecclesiae Sancti Dyonisii*, mostra que o inovador encontrou na "metafísica da luz" do Pseudo-Dinis e de João Escoto Erígena, a ideologia que vinha milagrosamente consagrar, isto é, sancionar e santificar seu gosto de "vanguarda" por uma estética da luz e do deslumbramento. Nesse caso, não se pode considerar as representações filosóficas como princípio das realizações artísticas devendo-se buscar em outro lugar — sob pena de renunciar à explicação — a raiz de um gosto que se exprime tanto no estilo dos escritos como na escolha dos temas, dos objetos e das formas. Para fazer conhecer a força de uma análise cujo mérito consiste em querer abarcar num mesmo conjunto todos os aspectos da realidade, basta lembrar a relação que ela estabelece entre as posições estéticas de Suger e de São Bernardo e os diferentes traços sociologicamente pertinentes de suas biografias: de um lado, o asceta para quem a recusa absoluta de qualquer beleza material parece muito mais (em seu próprio radicalismo) uma "estética negativa" que uma indiferença pela arte; de outro, o esteta que se entrega a um gosto desenfreado por tudo que deslumbra. De um lado, o filho de família pobre, desde a infância destinado à Igreja que faz dele tudo o que ele é; de outro, um jovem nobre que, no fim da adolescência, se consagra ao mosteiro impondo-lhe seu rigorismo absoluto. Em princípio, isto seria suficiente para compreender as diferenças sistemáticas que opõem Suger e São Bernardo, em todos os pontos e em todos os campos, no estilo da fé, em sua imagem da vida religiosa, na ação temporal, e na relação com a beleza que nada mais é que uma dimensão de uma atitude mais geral perante a existência. Todavia, Erwin Panofsky procura definir ainda a natureza particular da relação de Suger com sua condição social e, por conseguinte, com a Igreja. Neste ponto, embora Panofsky não explore de modo explícito tal nexo, não podemos deixar de referir o gosto pelo esplendor e pelo luxo que Suger ousa afirmar e impor aos espíritos refinados que o rodeiam, aos outros traços que ostenta, como por exemplo seu gosto pelo convívio com os grandes ou o preciosismo um tanto pretensioso de seu estilo. E ao acrescentarmos com Panofsky um último traço, a pequena estatura de Suger, podemos ver numa atitude aberta diante da "pequeneza" física e sobretudo social, o princípio gerador e unificador desta personalidade singular e, por esta via, o princípio que permite compreender e explicar a forma singular de sua ação inovadora. Logo, não há nenhuma contradição em invocar, no estudo de uma época de transição e de ruptura que trata de um dos agentes principais da invenção de um novo estilo, outras formas formadoras de hábitos além daquela privilegiada pela análise da arquitetura gótica no apogeu. E não resta dúvida de que biografias sistemáticas dos criadores da época clássica, arquitetos ou escolásticos, permitiriam esclarecer variações singulares que nenhuma doutrinação escolar pode abolir completamente.

Enfim, se quiséssemos restituir como um todo o sistema das causas que explicam o êxito histórico das inovações do abade Suger, seria preciso reintroduzir alguns dos fatos que Suger invocou para justificar seu empreendimento, e que eliminamos por uma decisão metodológica. Por exemplo, parece indiscutível que, com o movimento de urbanização, com os grandes ajuntamentos propiciados pelos mercados, feiras e romarias, a necessidade de igrejas maiores se fazia sentir cada vez mais. De outro lado, não há dúvida de que a posição de Suger na hierarquia política e eclesiástica e a significação particular de sua abadia conferiam a suas iniciativas uma *legitimidade* excepcional, inclusive na ordem estética, de modo que, pelo menos nos domínios do poder real, os arquitetos foram obrigados (como nota Panofsky) a levar a sério os problemas legados por Suger, por mais embaraçosos que fossem, — por exemplo, no que diz respeito à fachada oeste —, e para cuja solução foi preciso um século. Não obstante, foi preciso por um momento rejeitar como simples racionalizações as razões dadas por Suger, isto é, tanto as suas referências à "metafísica da luz" como as justificações tiradas do aumento de público nas igrejas, uma vez que tais razões tendiam a estabelecer relações de dependência simples e direta, onde havia — para falar como Cournot — "séries causais independentes na ordem da causalidade", cuja "combinação ou encontro" engendrou o acaso particularmente feliz que foi o estilo gótico.

Diante de tais exercícios de virtuosidade metodológica, não podemos deixar de pensar numa frase de *Iconography and Iconology*: "O historiador da arte difere do espectador 'ingênuo' pelo fato de ser consciente do que faz" [34]. Seria preciso, escreveu Saussure no mesmo sentido, "mostrar ao lingüista o que ele faz", isto é, comenta Emile Benveniste,

(34) E. Panofsky. *"Iconography and Iconology".* Op. cit., p. 31.

mostrar "que operações prévias faz inconscientemente quando aborda os fatos lingüísticos"[35]. Como e até melhor do que nos escritos teóricos a que nos referimos para fundamentar nossa análise dos pressupostos epistemológicos atuantes neste livro, Erwin Panofsky mostra aqui de maneira estupenda que ele só pode fazer o que faz porque sabe, a cada instante, o que está fazendo e o que significa fazê-lo, pois as operações mais humildes da ciência, e também as mais nobres, valem o que vale a consciência teórica e epistemológica que acompanha estas operações.

---

(35) E. Benveniste. "Saussure après un demi-siècle". In *Problèmes de linguistique générale*. Paris, Gallimard, 1966, p. 38.

Este livro foi impresso na cidade de Cotia,
nas oficinas da Meta Brasil,
para a Editora Perspectiva.